荆楚文庫

〔康熙〕當陽縣志

〔清〕婁肇龍 修

〔清〕栗引之 纂

〔乾隆〕當陽縣志

〔清〕黄仁 修

〔清〕童鑾 纂

荆楚文庫編纂出版委員會
崇文書局

荊楚文庫

〔康熙〕當陽縣志
KANGXI DANGYANG XIANZHI
〔乾隆〕當陽縣志
QIANLONG DANGYANG XIANZHI

圖書在版編目（CIP）數據

〔康熙〕當陽縣志 /〔清〕婁肇龍修 ;〔清〕栗引之纂.
〔乾隆〕當陽縣志 /〔清〕黄仁修 ;〔清〕童鑾纂. --
武漢 : 崇文書局, 2022.10
（荊楚文庫. 方志編）
ISBN 978-7-5403-7025-1

Ⅰ. ①康… ②乾… Ⅱ. ①婁… ②黄… ③栗… ④童…
Ⅲ. ①當陽縣—地方志—清代 Ⅳ. ① K296.34

中國版本圖書館 CIP 數據核字（2022）第 202318 號

責任編輯：胡　欽　薛緒勒　陳金鑫
整體設計：范漢成　曾顯惠　思　蒙
責任校對：董　穎
責任印製：田偉根
出版發行：崇文書局有限公司（中國・武漢）
地址：武漢市雄楚大道 268 號 C 座
電話：（027）87677133　　郵政編碼：430070
録排：武漢鑫偉創圖文設計有限公司
印刷：湖北新華印務有限公司
開本：787mm×1092mm　1/16
印張：25.375
版次：2022 年 10 月第 1 版　2022 年 10 月第 1 次印刷
定價：120.00 元

ISBN 978-7-5403-7025-1
9 787540 370251 >

出版説明

湖北乃九省通衢，北學南學交會融通之地，文明昌盛，歷代文獻豐厚。守望傳統，編纂荆楚文獻，湖北淵源有自。清同治年間設立官書局，以整理鄉邦文獻爲旨趣。光緒年間張之洞督鄂後，以崇文書局推進典籍集成，湖北鄉賢身體力行之，編纂《湖北文徵》，集元明清三代湖北先哲遺作，收兩千七百餘作者文八千餘篇，洋洋六百萬言。盧氏兄弟輯録湖北先賢之作而成《湖北先正遺書》。至當代，武漢多所大學、圖書館在鄉邦典籍整理方面亦多所用力。爲傳承和弘揚優秀傳統文化，湖北省委、省政府決定編纂大型歷史文獻叢書《荆楚文庫》。

《荆楚文庫》以『搶救、保護、整理、出版』湖北文獻爲宗旨，分三編集藏。

甲、文獻編。收録歷代鄂籍人士著述，長期寓居湖北人士著述，省外人士探究湖北著述。包括傳世文獻、出土文獻和民間文獻。

乙、方志編。收録歷代省志、府縣志等。

丙、研究編。收録今人研究評述荆楚人物、史地、風物的學術著作和工具書及圖册。

文獻編、方志編録籍以一九四九年爲下限。

研究編簡體横排，文獻編繁體横排，方志編影印或點校出版。

《荆楚文庫》編纂出版委員會

二〇一五年十一月

總目録

荊楚文庫

〔康熙〕當陽縣志

〔清〕婁肇龍 修
〔清〕栗引之 纂

《荊楚文庫·方志編》編纂組

組　　長：劉偉成　陽海清（執行）

副 組 長：劉傑民（執行）王　濤　謝春枝　郝　敏　嚴繼東　范志毅（執行）

參編人員（以姓氏筆畫爲序）：

王　濤　李云超　宋澤宇　范志毅　郝　敏　柳　巍　馬盛南

陳建勛　夏漢群　梅　琳　陽海清　彭余焕　彭筱澂　楊愛華

雷　静　劉水清　劉偉成　劉傑民　戴　波　謝春枝　嚴繼東

編　　審：周　榮

顧　　問：沈乃文　李國慶　吴　格

前　言

《（康熙）當陽縣志》八卷，清婁肇龍修，清栗引之纂，清康熙八年（一六六九）刻本。

婁肇龍，浙江山陰（今浙江紹興）人，官當陽知縣。栗引之，字長伯，號博學，邑人，恩貢，授縣丞。

戰國秦昭襄王二十九年（公元前二七八年）始設當陽縣，秦統一後并入郢縣，漢復置當陽縣。唐先後改用基州、平州、玉州之名，武德八年（六二六）復置，貞元二十年（八〇四）廢當陽縣爲荆門縣，北宋復置，元屬荆門州，明洪武十年（一三七七）再改荆門縣，明洪武十三年（一三八〇）復置，屬荆門州，清因之，屬安陸府。據志後栗引之跋：明萬曆四年（一五七六）知縣任夢榛始修縣志，明崇禎三年（一六三〇）知縣曹應賓續輯。入清後，舊志僅存斷簡殘篇，不可稽考。康熙五年（一六六六）曾奉檄修志，於縣人劉鴻儒家尋得舊本，然『多散漫錯謬不可讀』，『麤爲補葺』，惜未成書。康熙八年肇龍莅任，延栗引之、楊州彦等依舊本廣爲補輯，匯輯成書。婁肇龍『復參以郡乘，繁者削之，漏者補之，手編成帙』。

是志乃當陽現存最早邑志，全書計分八卷，領三十三目，内容含星野、沿革、疆域、風俗、户口、城池、職官、人物、僑寓、寺觀、藝文等。據凡例，其『田賦、户口，邑有定額，……謹依康熙八年刊刻《賦役全書》』；其有治行之人物，『語多者另傳，少者著職名下，或選舉下』；其『孝友、貞烈有關風化，前志已載者存之。疊經兵火，續載僅得數人，多湮没不傳，不敢妄附』；其藝文，『凡有關建置公宇及邑中治務者爲一帙，不與山川紀勝同例』。乾隆邑志評價該志『一切治亂沿革，了如指掌，而如賦役、風俗、土宜諸條尤三致意焉』，其纂述之詳瞻，可以概見。然時值兵燹之後，古迹多湮，搜索雖勤，多舛訛遺漏，難於完善。

據《中國地方志聯合目録》，是志僅國家圖書館及臺灣省有藏。此次影印所據底本爲國圖藏本，該藏本總體書品較好，部分頁碼漫漶浮墨較重，偶有重影。（彭余焕）

目録

當陽縣志

當陽縣志序

嘗過都歷國遐邇名區每懷留覽有耳目之所及即有耳目所未及誠以一代之治一方之蹟貢賦與俗

未可得而全知也士民之淳漓吏宦之賢否又何從而晰之況欲周知天下之務未有不按圖披籍而能遍悉無遺者蓋世運推移

代以文字著明自唐虞迄三代尚書春秋遂已誌之周秦時猶於四八月遣輶軒之使求異代方言還奏藏於秘室此執簡於朝與

載筆於野者無殊理凡序志乘者久已詳之矣乙巳之秋龍奉

命佐荆越四年己酉代庖茲土閱城垣樓櫓俱廢望

人稱爲予難之予曰士人服古入官行吾志焉爾敢與地方爭難易哉遂捧符就道叱馭星馳儼覩之初憩車流覽遠望青谿互象

諸峯鬱蒼綿亘近澂遐邐清溪諸水瀠漱縈環雖澗畝之遺村墟落落而山川之鍾秀鱗鱗人物之叢接夔舉當君闢功彈丸視之

矣抵任後時當新歲承上接下案牘方殷將欲周覽勝槩而未遑也迺

上徵邑志飛檄頻催詢厥由來乃知當志一書於斷

簡殘篇之餘正經删纂婁公與邑　薦紳碩彦遠蒐近輯搦管成帙授之梓而未告竣也因亟請稾本披閱之則見夫山川紀也

方物詳也名臣大儒文章政教悉班班可攷也纖巨靡遺瞭如指掌刳其間摛詞簡雅寓意風規足爲千百世之鑒觀者要非小補

於鄉哉所謂續先啓後必待其人曩公與邑紳士其攸歸歟諸君子任其勞予竊享其逸矣雖然予之所應爲者諸君子有以先之

諸君子之欲爲而未盡舉者予安可不有以勸之則如學宮之傾圮未修也城垣樓櫓之敝缺未補也武安文定諸名蹟炳炳鱗鱗

皆未能輪奐聿觀也從此漸次整理俾廢者全興誠予之責也夫予敢不勉

旨

皇清康熙九年歲在庚戌春

仲之吉
賜進士出身知當陽縣事古
任城李芳佳木甫撰

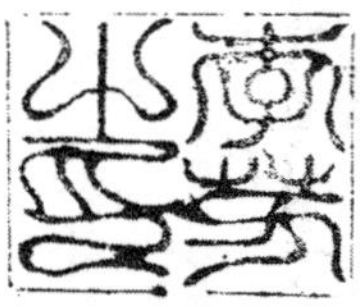

當陽縣志序

粤自列侯貢俗太史觀風
方陳輿獻上之
帝廷歷三代漢唐以迄今兹
代有成書誠以山川之勝
方物之殊人情土俗之淳
漓喆士賢臣之出處以及
政賦德教之繁簡盛衰靡
不具載詳攷稽資治化也
所關葢綦重哉我

朝定鼎興學崇文廿餘年來
博求典籍其於天下之志
乘一書不啻勤勤勸纂矣
然或海濫山陬篇殘簡斷
續先啓後必待其人于孟

讀當邑一志而有感焉予
以己酉季夏
命授當陽鄧聞吾鄉游楚者
道邑荒瘠狀謂彈丸僻邑
萬山交錯兵燹洊加土著

脩復非可以日月計謂
聖宮傾圮過半請於
上捐金以爲紳士大衆倡
復弁言以廣之皆樂趣第
穡事未畢不遑舉工憑弔

文定公墓亦捐脩祠宇爲
經學名臣護至於邑志尤
闔前繼後之最重者刼灰
後僅存殘簡亥豕殊甚錯
謬不倫今際

廣勵文教雖遐方
初附共思脫劍入學沐浴
新治吾邑
郡憲張公經營裁輯巍然
大篇與孟襄陽宋大夫今

古頡頏至今白雲螢香蘭
臺吐秀誠盛事哉
諸上臺復風喻州縣擬管
掞藻同先載籍以備通蒐
郵傳徵取當志不翅一而

再々而三久無以應
上命矣志之興廢存薪傳
於纖炬懸千鈞於一縷亟
亟此時爲敝作吏一日即
思仰體

朝廷弘文至意不敢一日
怠若事秉邑中士夫文學
集玉陽山殿清几案肅供
具適館授餐往還諮度勗
諸君子抽思濡毫俾得藉

手觀成早付剞劂爰是取錄舊志併丙午年紳士纂擬别藁合而釐清裒益之或爲脫稿或任參稽或加潤色自明崇禎庚午及

康熙己酉數十年間去亂就治另闢州眛暨西征大舉今始脩載兩閱月而告竣送龍校正案牘無暇稍加删酌觧囊募刻一脩閱焉而治亂得失因革損益上下千百年事歷歷在眉睫間非但廣耳目將爲觀風問俗者一助云梓成特以首言紀事非敢謂序曾

康熙八年孟冬月望日

承德郎湖廣安陸府荆門州同知州事署當陽縣事古越婁肇龍撰

當陽縣志目録

凡例

一邑中沿革事紀矯之前史乘之近代無徵者不書義取簡要便於披覽

一山川多經前人題品間有前志未載者搜出以便遊目

一田賦户口邑有定額兵燹後荒多熟少歷年編審歲賦增加不等謹依康熙八年刊刻賦役全書庶無舛謬

一典祀舊以文廟并寺觀首似為不倫今首文廟壇壝次之曾賜春秋祭者次之寺觀另為一目

一封爵多人事紀止列杜預舉其重耳餘詳在封爵

一治行人物語多者另傳少者著職名下或選舉下述有詳畧非人有軒輊也見在者依往例不立傳

一孝友貞烈有關風化前志已載者存之疊經兵火續載僅得數人多湮沒不傳不敢妄附

一貤封邑無多載依舊志著各子孫下不別為目

一古蹟邑中較多如鬼谷屬遠安龍興寺舊為玉泉別院久割入彝陵俱不剩入

一古今藝文歷年久或惠政在人者不必文盡工備存之凡有關建置公宇及邑中治務者為一帙不與山川紀勝同例

當陽縣志歷修姓氏 闕無攷

明萬曆四年 丙子

任夢榛 字山甫南直休寧人留守司經歷

姚會 邑孝廉

邑庠葛希俊

崇禎三年 庚午

曾應賓 字君[illegible]福建人本府通判

黃聖年 字逢永廣東南海人舉人本學教諭

羅繼恩 邑明經

當陽縣志 姓氏 附凡例後 〇三十

邑庠葛睿 歐陽焕

陶大賢 陳宏志

彝爵第

紀其姓氏者何昔人之善未可沒也庚午一修聶子登第出所藏舊乘盈箱以備采輯因是得有藏書今緣之役非劉子鴻儒拾殘編於灰燼之餘[illegible][illegible]於奚所從事後之君子其永念我守約主人識

總論

攷禹貢荆及衡陽惟荆州註甚詳此地之著於虞夏者周爲權國武王克權國始入於楚吳如郢王奔隨吳復伐楚徙都鄀當有變城應爲避吳北遷時事吳伐陳楚救之赤雲如鳥夾日而飛昭王卒於軍中當有昭丘又其歸櫬時亦漢景析江陵地寘當陽縣江漢沮漳兼有之後割地分疆而版始狹其置州置縣代亦不一明洪武十三年復當陽舊治嘉靖十年改屬安陸此分州建國設縣之大略也古制田下中賦上下當土磽确自不

當陽縣志 總論 〇一

能與荆郡同陸抗守江陵有海塡孟珙亦引沮漳水注之今沱江秋汎上湧與沮漳合雨集當境諸湖汪洋相楼頓有萬城大隄障之荆土始不爲壑是識險在水防患亦在水當之易旱易潦有然以治亂論之春秋時已[illegible]故由新莽及三國舊壘猶存晉枋宋末南北相持如[illegible]爲[illegible]當居其衝明至[illegible][illegible][illegible]戰始獲大定蓋緣介處荆襄無險可恃而西[illegible]蜀[illegible][illegible]嵩伏莽出沒不測古今談守禦者稱難若名宦流寓及理學循良忠烈著述前載經史近者輿頌表

春與山川同來焉爭此土者不暇紀高季昌艸竊不足
言楚括地數千里叔國與周同久乃平王讀禮信讒不
爲罷訃而伍胥者僭封豕長蛇辱故主走嗣君致吴人
陷郢無處非包胥一哭鬻熊後幾不能再衍宜其報之
烈之賢可畏哉

邑庠許登儁識

當陽縣志　卷〇　總論　〇二

當陽縣志　卷〇　圖　〇一

當陽縣圖
東抵荊門
天柱山
清溪寺
清溪橋
方山
北門
十里亭
古麥城
朝陽山
宋家渡
明月山
馬山
菜湖
南抵荊州
沮江

呼兒山
北抵南漳交界
將軍山
武安山
高家洞
楊棋崖
沮河
智者洞
行宮
臨沮
江川

當陽縣志

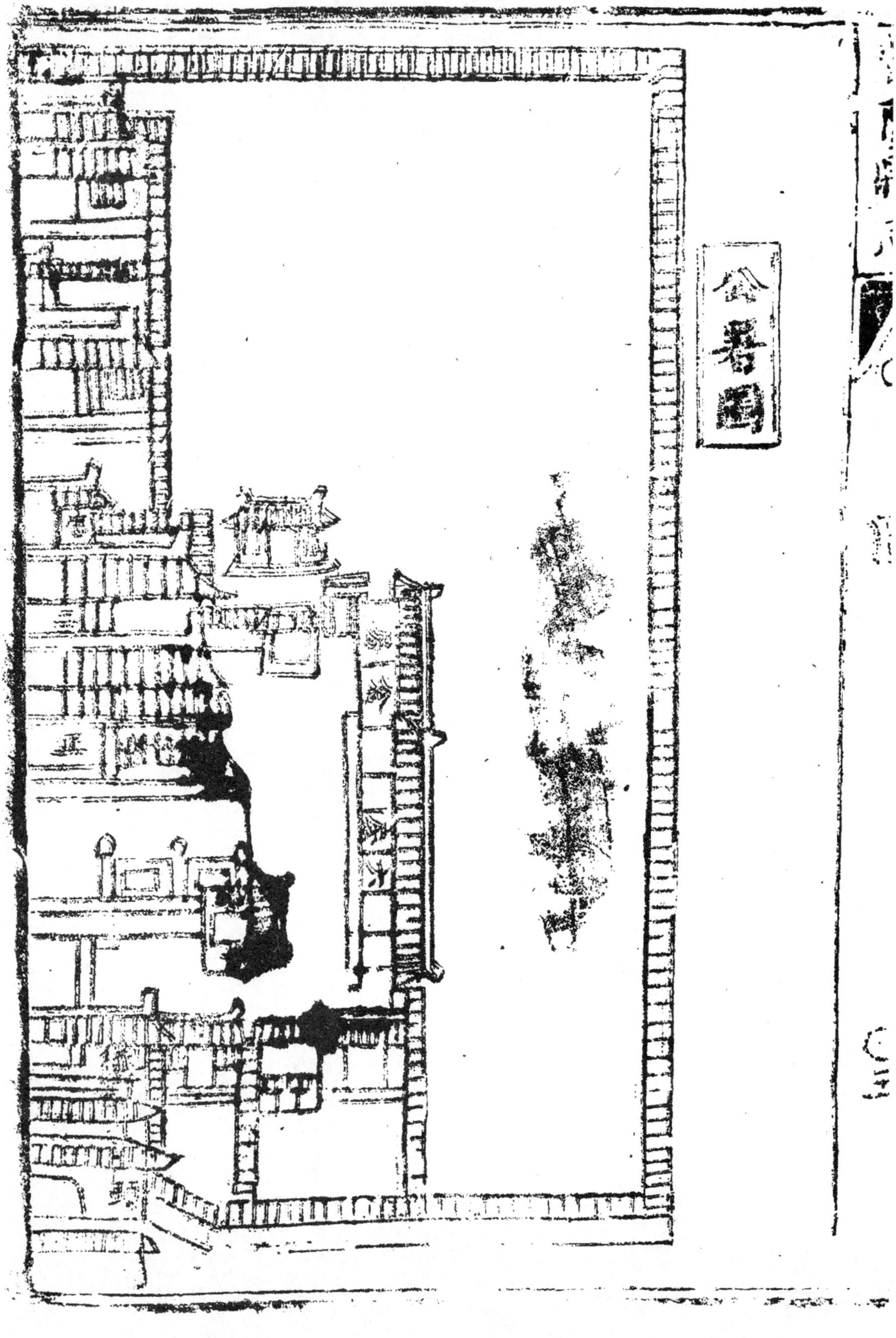
公署圖

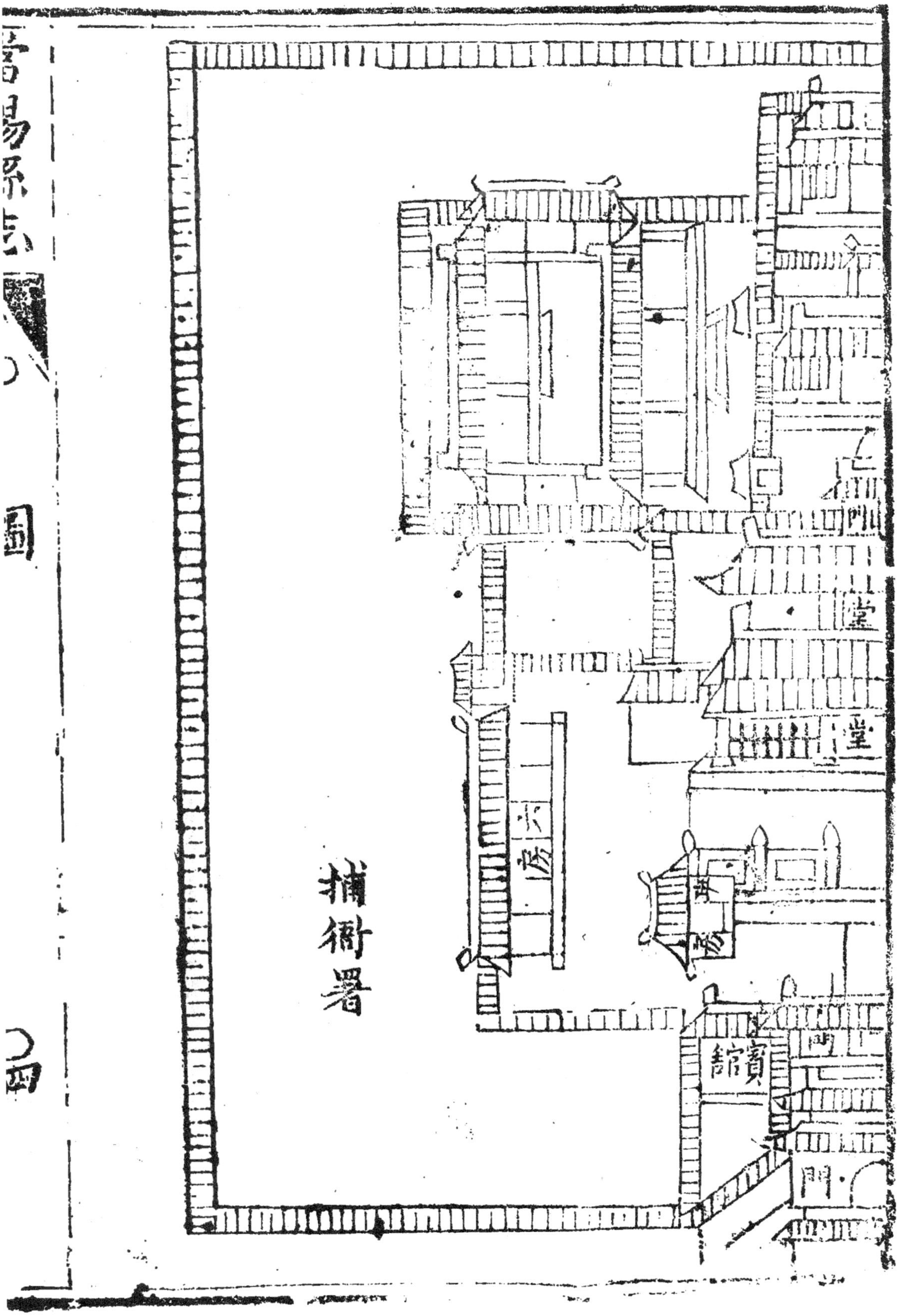
捕衙署
門
堂
堂
賓館
門
門

[illegible]陽縣志

圖

〇五

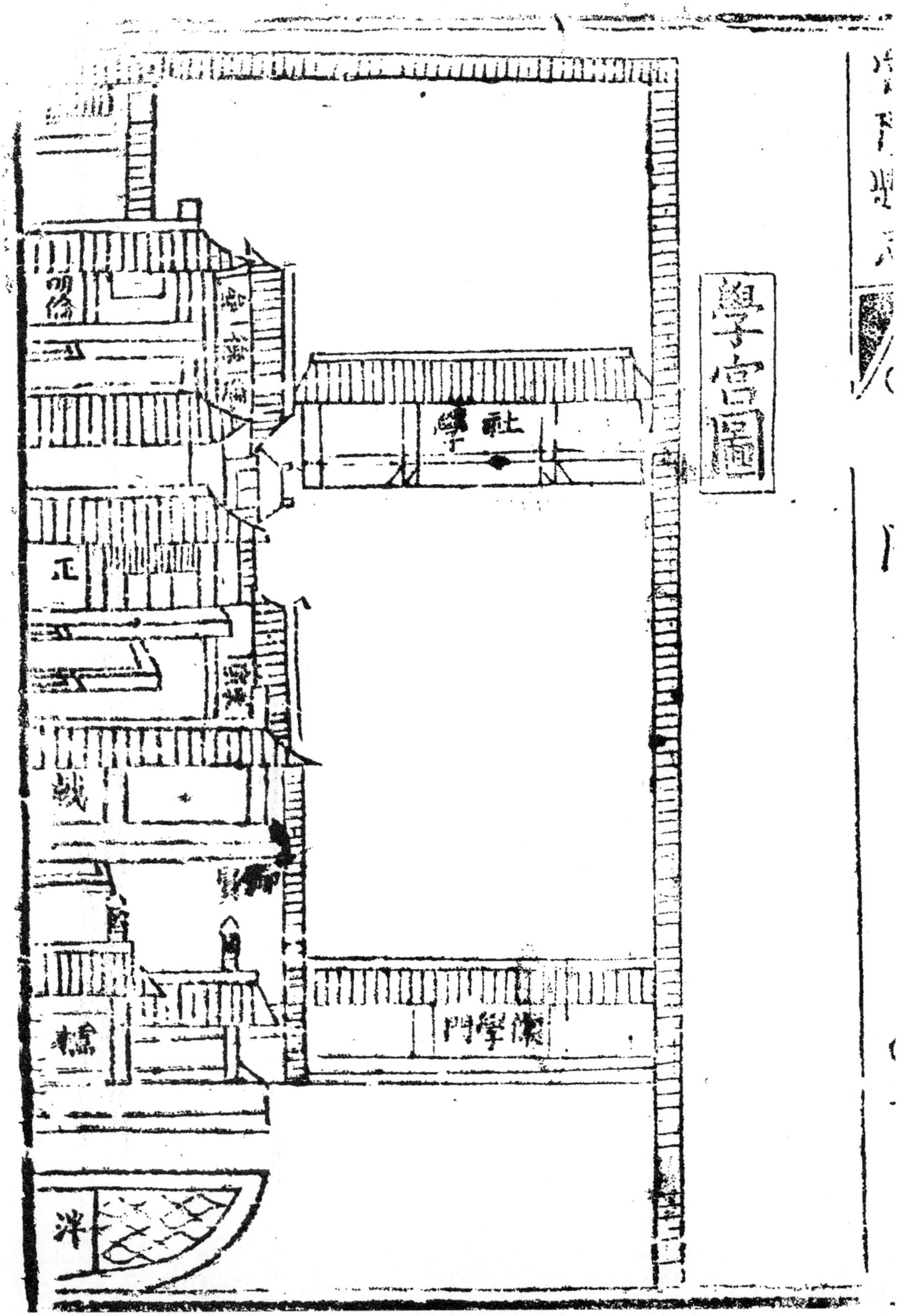
學宮圖
社學
明倫
正
儒學門
泮

當陽縣志　圖

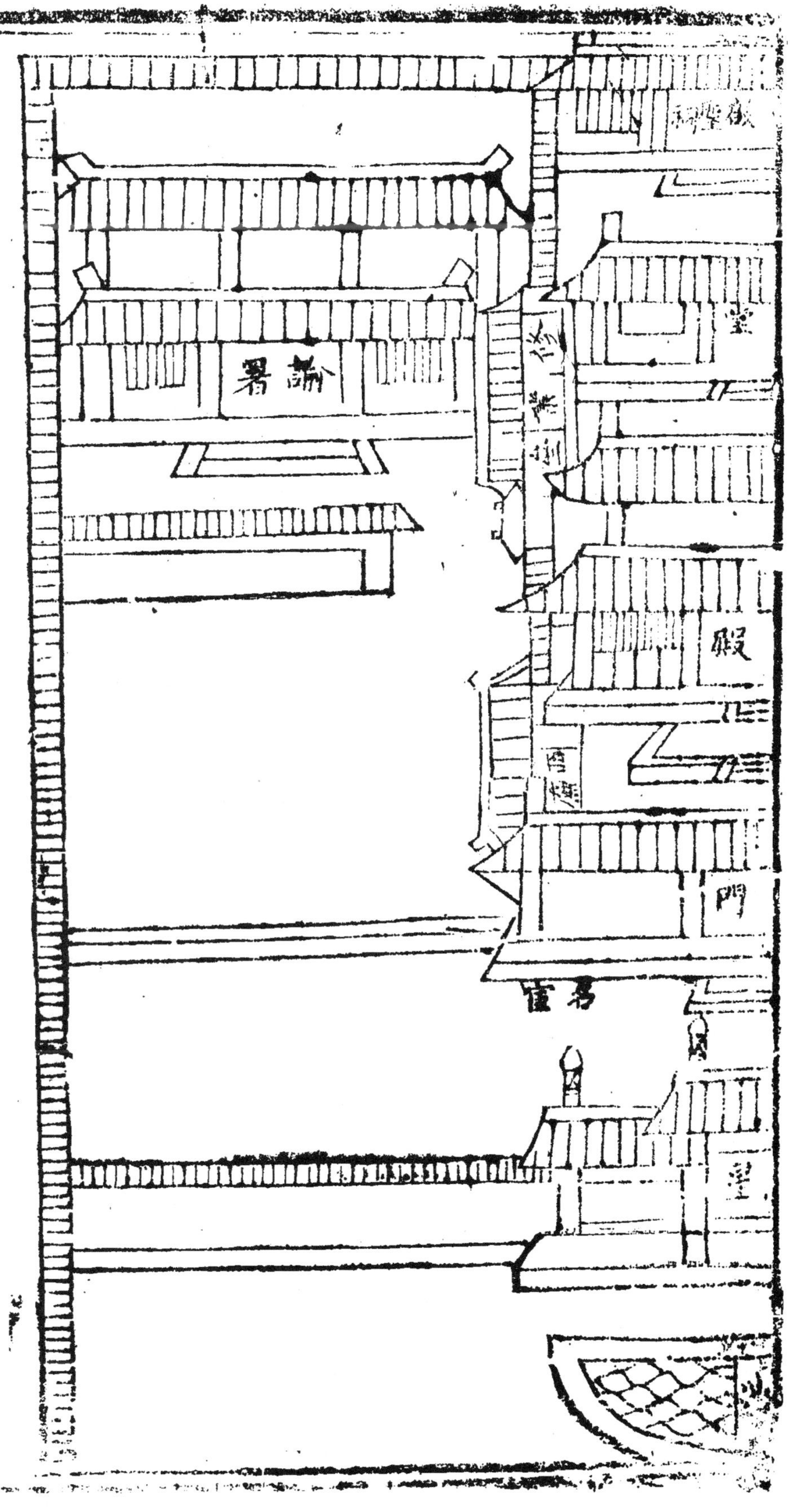

當陽縣志卷之一

安陸府荆門州同知署當陽縣事婁鑾龍重修

儒學訓導王圖來

典史魏承烈編梓

賜進士出身任直隸河間府任丘縣知縣林州彦

恩貢監候選縣丞東引之

生員許發儁

賈克生

李映蘭

汪鴻胤采緝

張肇元

熊虞

曹嗣吉

羅明慧
熊廣生參訂

輿地第一

禹貢荆山層稜而西百餘里曰景山是爲荆山之首景山出沮水荆山出漳水二水東行而山自西發其入縣西北界者曰青谿山連亘而來爲分水嶺嶺之東支爲顯烈廟諸山折而爲巴公嶺鳳凰山其停結爲玉陽山治城依焉分水嶺之西支爲玉泉山玉泉出焉是爲城之西障其兀立於南以捍沮江者紫蓋猿尾諸山也屏蔽城北者爲九子三牛綠林諸山連亘而錯列於沮水之東北者爲龍泉諸山當玉川沮川之交者許由山也其從東來而卑於漳水之上爲城之東障者爲方山爲廣福山漬溪山爲沮漳東南合溶之隈有三星圖臺淜陽德勝諸山其外則平隰沃衍濱於江沱焉邑地勢西高東下勢若建瓴扼巴蜀之吭拊江陵之背以襄郢爲藩垣以長林爲脣齒蓋自昔四戰之地云

星野第二

晉書南郡入翼十度盖起翼七度至十度主南郡也按南郡北起襄陽宜城南漳遠安歷當陽以漸抵於荆安諸屬而終於華容而襄陽實接均州光化穀城棗陽隨州爲南陽之南境乃荆豫之交均州光化起張十七度穀棗終翼六度襄陽起翼七度華容終翼十度以道里四停之當陽僅屬翼七度也若舉分星覇

此說近之

論曰近掌故家即彈丸地罔不考天官據分野徒貲姍笑然其說在不敢廢也今特表其近者存故事云然余聞軫旁一星實主長沙以此推之千八百國何獨不然且以全楚論楚之在域中也不猶當陽之在南鄙乎乃既分鶉尾周禮鄭註鶉尾楚也復假熒惑史記吳楚之疆候在熒惑占於鳥衡又繫星辰史記辰星以其宿命國正四時仲夏出井鬼東七舍爲楚而且曰主衡星經玉衡主荆曰主璇宋志北斗第二星曰璇其分楚曰主上臺宋志太微垣上臺二星一主荆楊曰主天市宋志天市垣西藩十一星南第二星曰楚

主帝車張衡云五車星五帝座也東南中一星曰司空主填星楚分幾兼經緯垣野而有之然則當陽雖蕞爾夫豈不足以摩張動軫步臺測衡也哉

沿革第三

成周時有權國盖今邑分土之始權國在禹貢荆山之南二百餘里東界邔今景陵京山之境西界夔今彝陵西皆是南界羅今枝江松滋鄀今江陵北界盧今南漳遠安國城在內方之東南

周惠王元年楚克權遷於那處按杜預左傳註權國在南郡當陽縣桑欽水經沔水自荆城東南流逕當陽縣章山東右會權口道元註章山即禹貢內方山權水出章山東南流逕權城北古之權國也東南有那口城權水又東入於沔致內方在荆門州東南晉隆安以前尚屬當陽以楚嘗封越章王於此因稱章山唐司馬承禎煉丹於此又稱司馬僊山

秦爲郢縣地

漢初爲南郡江陵地景帝析江陵地寘當陽縣屬南郡

三國蜀以編鄀地爲荆州領當陽時吳襲荆州魏表孫權領荆州牧又於襄郡寘南荆州盖有三荆州云

魏取編鄀當陽屬南荆州時邑爲吳魏邊境州治宜城襄陽間重地南荆

晉隆安五年析當陽及編縣地寘長林縣此爲荆門州之始荆門之

名始於唐末立武寧郡領之

梁析當陽地寘安居縣時爲西魏區遷都江陵故取此名此爲荆臺鄉之始詳後

西魏析當陽地寘綠林縣立上黄郡領之別立章山郡於漢水東

後周以當陽及編縣地寘平州領漳川遠安二郡

隋開皇七年改平州曰玉州屬荆州總管府九年廢玉州及所領二郡改綠林曰章山十八年改安居曰昭丘大業元年改昭丘曰荆臺今有荆臺鄉尋廢入當陽縣屬南郡

唐武德四年以章山縣屬基州州立於長林東境復寘平州在

沮境初為平縣六年改玉州八年州廢以當陽縣屬江陵郡
貞元二十一年以當陽并入荆門縣屬江陵府
後晉天福元年荆南節度使高季昌以荆門縣為荆門
軍移治當陽
宋開寶五年復置當陽縣屬荆門軍熙寧六年廢荆門
軍仍以當陽縣為荆門縣屬江陵府元祐三年復於
長林縣置荆門軍領之紹興十四年廢荆門縣徙長
林縣治當陽十六年復置當陽縣屬復州今沔陽州端平
三年徙荆門軍治當陽

元仍置當陽縣屬荆門府至元十五年移府治於古城
明洪武初徙縣治万城屬荆州四年復舊治改屬荆門
州十年省縣入州十三年仍置當陽縣屬本州
嘉靖十年改安陸州為承天府當陽隨本州隸焉
國朝改承天府為安陸府邑仍舊
論曰成周封建同姓與先代之裔錯處漢南荆之初
興攻取列國無虛歲遂盡諸姬而楚始大矣茲土在
楚為畿輔之邑入漢版而有當陽之名自漢以來天
下郡邑更張踪駁或名存而實非不可勝紀乃茲邑
自始建以迄於今或廢旋復殆二千年名實炳然豈
偶然哉

事紀第四

周惠王元年楚武王克權使鬭緡尹之以叛圍而殺之
遷權於那處使閻敖尹之文王即位與巴人伐申而
驚其師巴人叛楚而伐那處取之閻敖游涌而逸楚
子殺之其族為亂巴人因之以伐楚自是巴苗禍處
那城為沮漳苗蠻之始
匡王六年楚令尹越椒攻楚子師於漳澨

敬王十四年吳師入郢伍子胥造驢磨二城以攻麥城
引沮漳以灌紀南城
敬王三十一年楚昭王救陳卒於城父葬於是邑
漢建安十三年劉琮降魏漢昭烈自樊城將其衆十餘
萬人過當陽輜重數千輛謀保江陵曹操以精兵追
之及於景山昭烈棄妻子走趙雲從重圍中奪之而
出操兵復追及於長坂張飛將二十騎拒後據水橫
矛敵無敢近者糜竺保甘夫人趙雲抱子禪追昭烈
與關羽船會得濟沔長坂一統志名當陽坂元和志長坂屬當陽後屬長林據長林

舊亦當陽地水經註當陽故城在今城東一百四十里謂之東城在州東門外

建安二十四年關羽攻樊城曹操勸孫權躡之權使呂蒙襲江陵羽退保麥城旋北走蒙將馬忠邀擊於章鄉與子平俱遇害羽葬於城西五里

後漢章武闕吳伐魏當陽

晉太康元年以平吳功封鎮南將軍荊州都督杜預爲當陽侯

隆安五年以沮漳降蠻立武寧郡樂鄉長林二縣

後晉天福初南平王高季昌開府於荊臺設貢院於軍

治南

宋咸淳末元兵襲當陽縣尉謝微明及二子死之

元至正十二年紅巾賊俞君正再攻荊門知州聶炳力戰死賊支解之葬於邑西十五里

明成化初鄖賊劉千斤石和尚李胡子後先嘯聚詔官軍繫敗之都御史原傑招集流亡八萬五千餘人乃於遠安縣徙數百户以實當陽立漳河口巡簡司

崇禎七年正月流寇攻當陽城陷死者十餘萬計署縣事本府照磨何代諭留守經歷沈漳河巡簡徐蕙俱死之鎮草副將楊正芳率步卒五百人兼程尾之賊震其名宵遁邑至今祠祀之

崇禎九年賊再入境過野焚殺火光燭天南至江百里俱赤

崇禎十一年賊伏西山陡出殺掠撫院方孔炤駐縣堵勦楊羅兩將追至黃蓮坪食盡適窮戰死

崇禎十三年撫院宋一鶴監軍道孔貞會督理京營太監劉元斌總兵孫一元等駐縣進勦賊滕遁逃邑乔時爲官兵所停邑賴以安是年九月招降賊白貴等

安插當陽乾溪一帶

崇禎十四年二月流寇張獻忠自蜀中敗走當陽初獻賊爲督師楊嗣昌所困自棒漳縣宵遁督師偵得之檄下度其間道於某日可抵當陽如期果至賴降營白貴撫標都司楊治等儆守城始全

崇禎十五年闖賊屯襄諸郡皆下當不能支邑人渡江江南旋潰民回仍逃山谷城一空

崇禎十六年闖賊設僞令僞弁縣境苦之

國朝

順治元年甲申張獻忠破荆州旋入蜀至彝陵發兵掠

當陽縣

順治二年乙酉四月闖賊餘孽一隻虎攻城不下去七月復集高袁諸賊重圍攻擊城陷殺掠備至及行壯丁皆縶馬前南攻荆州填壕掘城前驅以殉是年冬小秦王張九儒住縣九儒初隸總兵左良玉營後叛爲賊潛伏興山一帶至是因荆門進士劉延嗣來降盤踞當陽盡籍民爲兵不願入營者裂筋敲骨慘死炮烙民食樹皮殆盡至人相食户口由此而絶

順治三年丙戌春

王師由縣入山進賊至遠安還七月僞弁降營廖得勝鎮縣復叛安陸協鎮賈三省過縣進之

順治四年丁亥虎賊衝當陽至合溶鎮旋退土暴周國酉與石寶砦叛民周宗習合營擾砦殺掠知縣孫茂槐單騎上聞檄安陸協鎮唐全荆將呂破砦斬之餘黨平

順治五年戊子春西山土暴殺知縣扈坤遊守道李石協鎮萬統兵至縣闕巨魁伏辜罷兵還七月虎賊攻破究城旋復道經當陽

順治六年己丑虎賊出遠安逼近當邑荆鎮總兵鄭四維統兵堵勦大捷部將呂騰蛟窮追戰死

順治十年癸巳虎賊餘孽李來亨突出當陽刼掠清溪河一帶荆將汪吉追戰死之自是荆鎮發兵輪戍遠安邑借爲蔽

康熙元年壬寅李來亨等盤踞竹房興巴一帶地險不下奉旨三省會勦秦軍上庸蜀軍巫山楚軍當陽轉輸絡繹往返兵夫不下數百萬越明年七月我師稍却復屯當邑是年冬益以禁旅復由當陽進三年秋大破之掃穴無遺顧是時地小事繁夫馬蝟集僅疲者本邑爲最不悉載

論曰紀事史體也非邑所宜僭也然予以爲邑志自與省郡志殊省郡轄數其事獨比於載籍可纂紀也若一邑之事見於古今者寥闊矣不鳩錄之其何鏡焉今以周楚以來邑之大事及有關於治亂者著於篇槩而觀之亦當世得失之林也

疆域第五

當陽西接彝陵北界鄀沮自漢迄今未之易也獨東南之境其初盖盡於漢津而踰有內方以抗編鄀自東晉割綠林長坂之地寘長林縣而地始縮明初統有德化荊臺沿江馬良四鄉後割沿江馬良入荊門旋復割入鍾祥而地又縮矣今止有荊臺德化二鄉初領三都尋分八鄙其疆域廣袤皆一百五十里東至荊門州之三界塚七十里至州治一百二十里西至彝陵州之土溪七十里至州治一百五十里南至枝

江縣之祜春坪六十里至縣治一百八十里北至遠安縣之綵水橋八十里至縣治七十里南至荊州府一百五十里西南至宜都縣二百一十里東北至荊門州西北至遠安縣如前西北至南漳之趙家河一百八十里至安陸府二百一十里至湖廣布政司水九百五十里陸九百里至北京水六千一百三十里陸三千六百八十里至江南水三千七百一十五里陸一千三百一十五里

論曰當陽居楚蜀之交初分土延袤數百里爲楚畿輔邑云東晉而後屢析屢割猶不失爲百里之封或者以小弱之謂彈丸黑子靡所展其驥足嗟乎地有難易豈以大小論哉士大夫得志行道爲天子分宰一方無愧保障足矣何必地廣民衆始稱弘濟耶

山川第六

玉陽山在縣署西北又名仲宣臺縣之主山也青溪之山入境分爲二支西爲玉泉山東支之盡爲玉陽山酈道元云縣城因岡爲阻北枕沮川即北川也又按

邑曰當陽盖以此山在荊山之陽其前平原廣野群峯廻合兩川縈環煙樹芳林錯綉掩映誠一邑之偉觀也按仲宣樓舊在山頂邑舊志即城南樓襄荊互爭借爲名勝致荊州仲宣樓乃五代高季興建名玉沙樓又名望江樓宋陳堯咨始改此名若襄陽止有漢水與賦中挾清漳倚曲沮無涉其在本邑無疑

鳳凰山在縣西四里玉陽之來脈分支展翼如鳳形

五鳳堆在縣城南傳漢時五鳳八龍見此故名去堆三里許即龍鳳川亦名八龍潭五鳳洲出述異記

玉泉山初名覆舟山在縣西三十里發自青谿高九百

丈尊特竦秀其上時有異氣非煙非霧亦名堆藍山
下為玉泉寺隋智者道場階東有泉湧出俗名金龍
池即玉泉郭璞遊僊詩序稱玉泉潛行九萬八千里
通天竺注震旦蓋指此寺東石鍾峽下有乳窟水邊
茗草蘿生葉如碧玉名僊掌茶詳載李白詩序寺東
顯烈山為關侯顯烈廟有廟里許逵智者洞道中多
奇石洞左有寒亭舊址亦名翠寒山下珠泉出焉每
鼓掌即串珠而上西流與玉泉合折而東逕巳公嶺
又東逕縣城南合沮水南宋度宗時四川宣撫張夢

當陽縣志　卷之一　〇十三

發欲號當陽之玉泉山以保聚流民賈似道不以上
聞韋遂寢巳公嶺近度門楞伽峯五代僧齊巳曾結廬其下有詩
楞伽峯在玉泉東七里為神秀道場唐僧法瑱自玉泉
至度門寺夾道皆植松因名七里松
雲夢山與青谿連上有三石高丈餘方廣如之名曰鍾
鼓石分列左右其上可容數坐石紋如棊枰傳為鬼
谷子手談處又傳諸葛屯兵處石色蒼幽時有嵐氣
籠罩亦奇觀也
一音寺巖在縣西三十里舊有一音寺峯巒翔疊為玉泉

之中路
紫蓋山在縣南五十里有南北兩峯頂四垂若蓋道書
第三十三洞天登其上江帆在目東南諸山皆可指
數舊傳楚夫人昇僊處其林石皆紺色下有綠水井
馨特異葛鉉嘗煉丹於此山頂有孝先閣丹井碧霞
洞山半為紫蓋寺唐貞元十四年天皇悟禪師建
紫紫山與紫蓋連五代僧天皇道悟居此有石室甚幽
狼尾山在縣南五十里
龍泉山在縣東北一十五里山自九子領脉重岡復嶺

當陽縣志　卷之一　〇十四

翼拖若城中峯孤峭其下即遠公道場右為胡康侯
祠墓左為龍泉即遠公卓錫湧泉處後有遠公洞宋
徽宗築明堂嘗取水於此接以金龍亦曰金龍潭潭
旁別流為紅泉
九子山在縣北十里九峯攢峯紫翠絪縕以擬九華麓
有僊姑洞甚高敞石磊磊如旋螺傳為曹何兩僊姑
栖真之所
武安山在縣北倒流橋西層折而上諸峯皆若拱揖
許由山在縣東十里沮水與玉谿之水合於其前舊有

廟址尚存

方山在縣東四十里漳水上層峯環列宋唐子方曾讀書於此上有紫金觀讀書臺山頂方廣故名俗誤呼豊山有石爐一元至正年造石塔一明正統間建

廣福山在縣東四十五里淯溪所自出

香爐山在縣東四十里有石爐一碣一鐫元正至壬申仲秋月

三星山在縣東六十里唐僧一行之遺蹟也下為三星寺寺前左右有三井傳一行鑿以禳三星者有塔高

一丈五尺又傳司馬承徵修煉於此

圖臺山在縣東六十里合溶上有彌陀閣

雲臺山去圖臺山里許上有燦霞觀古塔尚存傳為唐王貞公主建陳宗遜撰文庚遠書碑山之東有赤土坡鴻門塚傒女山金鷄塚東南有雙塚鳳凰山

鎮頸山在合溶水口上有梳粧池四時不涸李令一陽會濟之東北有德勝山

朝陽山在麥城古觀崔嵬沮漳夾繞人煙錯繡一方之勝梟縣西五十里亦有朝陽山上有觀

繫馬山近万城舊名馬山原隰寬衍傳關侯督荆州于秣馬之地側有畫頸山上有關侯廟田中土阜傳其下有軍器窖祀者即雷電作云

聖母洞在縣東三十五里聖水寺前

鐵山在縣西北青谿之分也山海經曰荆山其陰産鐵其陽産赤金此山發自荆山故以鐵名之

揚旗巖在縣西北四十里傳關侯揚旗處至今石鑄旗蹟猶存上有關侯廟

綠林山在縣東北一百二十里即王莽末年綠林兵起

處

百寶砦在縣北五十里四壁陡絶山腰有洞下臨漳流傳為石劉屯兵處

三牛嶺在縣北六十里山脊三石形似卧牛

鐵人谷在縣北七十里山谷間有四石皆巨鐵色人形故名

將軍山在縣北七十里接遠安界以山峯[illegible]遥[illegible][illegible][illegible]遠人避兵於上

藏馬峪在縣西十五里近軟溪傳關侯曾秣馬於此

巖兀洞在藏馬峪控山帶水古木參差

真武洞在王陽山麓鐫有真武洞天四字山環水遶沿
隄一帶園亭錯列境之勝者

石家洞在縣西二十里洞懸沮水之滸陡逼無逕由山
巔委折以入有僧習定其中

佛耳巖在縣西二十里巖石嶔崟俯臨沮水兩岸秀壁
相望其石多類佛耳巖間有洞攀陟頗艱云

七孔巖在縣西三十里壁立如削下有七孔因名

明月山在縣南四十里

紫雲山在縣東南百餘里傳元無聞和尚誦金剛經有
紫雲見故名

九女廟在縣北十五里削壁千尺俯臨沮水遥望疑張
素幕山半舊有洞深廣可數丈土人因之鑿石為數
十穴以避兵敵戶若蜂房貼壁挂梯級或縱或橫循
奔絕徑瞰之竟悄他如蓮家灣七孔崖鷺鷥岩一帶
率如是

高家洞在縣北五十里惟石臨溪山麓洞口豁闊行數
十步頗平曠可容數百人雲氣噓空陸離萬狀已復
巉巖陡起絕無遺逕捫蘿直上得小竇如瓠子項蛇
行乃得度平曠如前又漸細為門忽石笋倒垂界門
為兩不及地者盈尺下有潭窅不可測捷以石壽
然若空籟遊者避潭仄足抱崖乃得度謂之手扳巖
巖左甚宏敞有南臺北臺洞兩崖石乳幻結态作佛
龕藩涸趺坐如出塑工洞後削壁攀至頂穴達他洞
微見曦光至巖右幽闇窅幻霧氣薄人無敢窮其底
者

臥龍洞在縣北五十里山頂一竅深邃地底探者如入

鼠穴數十步得平曠處高廣十餘丈石乳螺結蝙蝠
倒栖其上斜通一徑濶數尺深約里許線自中出清
冷可掬

白龍洞即白龍谿水混遝聲河入沮水在縣北六十里俯臨溪澗峭
壁崚峋緣巖右仄徑達山腰洞作三竅高廣可十餘
丈石壁玲瓏或作五色石田七畛如阡陌狀清泉外
注下瀉於溪壁間隱隱有字稍入輒有氣中人燈炬
皆息洞後穴可通呼應皆能響答土人構閣其中一
避兵多為安云

青谿山在縣西北三十里爲邑西障本名青山有水西
青谿遂稱青谿山山發自房陵今鄖陽府房縣之景山東支
爲荆山西支爲青谿諸山述異記云青谿秀壁諸山
洞多乳窟則此山當名秀壁中有靈泉飛流砰湃是
爲青谿酈道元云叅源浮谿奇爲深峭盛弘之云綱
木旁生凌空交合危樓傾岳恒有落勢風泉傳響於
青林之下巖猿流聲於白雲之上遊者常苦目不周
翫情不給賞衆側多結道士精廬云谿水曲折窒許
東注於沮每秋冬之際沮流青碧異常蓋綠漢汚不

入吐納背石象也泉注當境參之一以寺爲瀘安不
具述
沮水左傳山海經皆爲雎文選註曁輿沮同出鄖陽府房縣漢爲房陵屬漢中景
山即荆山之首亦曰河山東南流逕遠安縣青谿注之逕縣城
北又南逕麥城西楚昭王墓東又南入天津湖與漳
水合
漳水出南漳縣荆山禹貢荆山及衡陽惟荆州以東山名也山海經云金玉是出
南流又折西南逕古編縣水經註城南臨漳水楚此當在今石人山之陽荆門
西北漳界上南逕縣北清溪注之又南逕麥城東南出步

倒灣右會沮水下流分爲二支一支南逕枝江界與
沱水合入江一支逕万城由荆州入江
澆水按水經註漳水逕麥城南澆水注之山海經云澆
水出東北宜諸之山今此地山水皆逸其名而東北
固多山谷若合溶之東南有洋子港別有流花墻界
溪港諸水皆入於漳澆水必在其中惜不可詳
沱江分自大江逕本縣南又東南與沮漳合經枝江縣
東入於江沮漳沱水在荆城西入江宋守孟珙引之東繞城北直入漢水遂與三海十八摀通
爲一爲江陵之險云

清溪水出縣東廣福山注於漳亦曰白蓮池即白社
熨斗陂在縣東南八十里按府志綠林山水流逕圓臺
山南滙爲熨斗陂唐李端自荆門赴夔州詩云琵琶
寺裏響空廊熨斗陂前濕戍荒指此也宋罷守吳獵
嘗混走馬湖熨斗陂之水西北至李公匱以限戎馬
今麥城東南十餘里有走馬堤乃走馬湖之堤址高數仞或以爲驪城非也驪城當在麥城之北此綠林
山乃綠林寨之山非縣北之山
金沙灘在縣南一百二十里沱江之灘也流沙如金傍
其中有贔屓過者不敢諠譁云有按山海經沮漳之出其神異記圖處之其

人面羊角虎爪出入有異光皆此

冉溪在縣北七十里

子胥港在麥城磨城之間亦名胥南港

昭溪港近三牛嶺港水迴環仍與漳合傳昭王返國與

宮女同濟此

淬劍池寰宇記云在縣北四十里傳歐冶子淬劍處按

楚王會命風胡子之越請歐冶子作劍純近昭溪港

村落俱以煉鐵爲業古鑿尚存或亦歐冶遺蹟云

論曰詩有之滔滔江漢南國之紀江漢之爲南國望

也久矣乃後之表楚者曰江漢沮漳楚之望也以沮

漳視江漢奚啻望洋窺井列四望何哉盖楚之先竄

僻處荆山云荆者之川紀於楚南者實惟沮漳楚之

秩沮漳猶周之瀍澗沮也列於四望不亦冥乎當陽

蕞爾當沮漳之滙實荆人本根之地楚之初興也遷

權鄀都肇郢蕤自漢以降畫疆置令建廢殺采往

往及焉若乃[illegible]滂迴而西方東蟠峨江注而虎爭西

抗背凭荆岫[illegible]盪巴陵按圖覆封稱名雖免其他一

丘一壑之[illegible]君羽客之所托栖時人[illegible]士之[illegible]

連有前壘在茲不具論

風俗第七

當陽自昔爲三國之錯壤在今日其風俗亦參雜焉其

女夫樸茂而好修盖猶有周南之遺其民質嗇近江

右剽悍近西川大約西北多山谷其民多食力勤苦

東南近江陵市集之所往往舍穡事而競錙利其婚

嫁往來不甚遠於禮獨居喪作佛事倣張寶客鼓吹

梵唄之聲不絕於耳此其疵也

論曰談治者多云更化革俗噫談何容易爲之治术

也行其所無事也爲治者因其勢而利導之亦猶然

無事也魯人獵較孔子亦獵較豈樂爲因循哉教固

有不可驟俗固有不可強也當陽民無甚狙詐而或

者竊憂其難治是未諳情實也川壅而潰傷人必多

而曰是水之罪也則將挾吳王之勁弩以射之乎毋

亦因其勢而利導之焉已矣余故論次其大都俾通

變宜民者采焉

方產第八

邑西北蓮花坪老鸛窠等鄉多山谿其土宜楙植其民

惟伐木誅茅之利山間頗有田宜稻東南清溪万城
等鄉多濱河其土坦昜宜稻粱菽麥宜綿宜桑其民
有蔴絲之利織紝之工其雞豚畜乘八鄉均焉
翎毛之屬常畜不書
篚幣之屬有土絹土綢綿布
五穀之屬有稻粱麥黍粟蕎蘇菽
果之屬有桃李梨栗棗柿榴柑橘
蔬之屬有葱蒜韮薤東瓜南瓜西瓜絲瓜壺蘿蔔芋莧
蕁芹筍蕨菌

木之屬有松栢檜椅桐桂梓梅桑柘椿槐樸楮檀楸楓
榆荆櫻柳椒
竹之屬有山竹水竹筀竹
花之屬有葵蓮菊蘭萱牡丹芍藥海棠玫瑰茉莉荼蘼
薔薇紫薇紅梅緋桃芙蓉瑞香丁香木香木蘭木筆
木槿金櫻玉簪龍爪雞冠月桂月儒水儒百合夜合
迎春蜀葵石楠石竹梔子紫荆芭蕉金細絲水晶毬
粉西施紅躑躅海東青紫鳳毛黃鶴翎
卉之屬有鹿胎馬鞭虎杖鼠尾排香宜男吉祥藺茹繡
毬陵絹鷄衣旱蓮蘋藻蘺莫葑蓼蘿黃蘚
藥之屬有香附蒼术茴香桔梗地黃枸杞牽牛山梔高
陸瓜蔞紫胡紫蘇薄荷細辛茅根梔子薯蕷何首烏
益母草五加皮天門冬麥門冬車前草土茯苓地骨
皮天花粉王不留行紫背天葵白茯苓百合芍藥
羽之屬有鵝雉鶯鴿鵲鶻鵪鳧鷗鷺鴛鴦鷂鳥鵲百
舌畫眉
毛之屬有虎豹獐鹿麂兎豺獺狐狸黃鼠栗鼠
鱗之屬有鯉鯽鰱鰍魴鱔鱖鰕

介之屬有龜鱉黿蟹蚌螺
蟲之屬有螢蠖蛭蜈蚣蚱蜢
論曰余讀禹貢而深嘆古人心之淳也籍其所有而
民不以爲病故可得而籍也及覽周職方物土之宜
視禹貢不啻敎焉則又疑之矣周官山賦海豈儉於
夏哉噫此旅勢之志也世風之升降亦從可窺矣余
讀山海經荆山其陰多鐵其陽多赤金而禹貢亦惟
金三品然則肖山之銅大嶺之璞皆不誣也而可復
羅而籍之乎宋人得玉而獻之非果忠也田父得珠

而擲之蹤果蟲也皆速罪之為懼也吾是嘆禹之明
德不可及也已然則方產之志如之何紀其常焉已
爾或曰美斯傳傳斯志爾當何紀焉余曰大美不言
不言之美美矣哉常也者有其美者也美也者失其
常者也野人有獻芹者使果美焉禍隨之矣可再獻
手
國家貢篚不尚異物各從其土為可繼焉循厥禹之明
德也山林之利官無私焉而關無有禁以福民也抑
不特福民益亦福官珠王之鄉清貧易厭即如茲邑

厥篚歲上綃有十二匹客遊者亦多言其土出狐皮
輒欲得之夫綃與布無別狐乃類狗其視異之貂遼
之貂亦不啻倍蓰矣而亦或以此得罪然則方產其
不可深論明矣

當陽縣志卷之一終

當陽縣志卷之二

田賦第九 原編捌里 新併肆里

原額田叁千伍百壹拾柒頃壹拾柒畝貳分陸厘捌系
內
上田壹千伍拾伍頃壹拾伍畝壹分柒厘捌毫貳系
肆忽 每畝科秋糧米伍合 該米伍百貳拾柒石伍斗柒升伍合
捌勺玖抄壹撮貳圭 每石派銀壹兩玖錢貳分壹厘玖毫伍系肆忽叁微叁塵壹纖
伍渺 共應徵併新加北絹顏料銀壹千壹拾叁兩玖錢
柒分陸厘柒毫陸系玖忽貳微捌塵伍纖陸渺

中田壹千肆百陸頃捌拾陸畝玖分肆毫叁系貳忽
每畝科秋糧米肆合 該米伍百陸拾貳石柒斗肆升柒合陸勺
壹抄柒撮貳圭捌粒 每石照前則例 共應徵併新加北絹顏
料銀壹千捌拾壹兩伍錢柒分伍厘貳毫貳系伍微
柒塵陸纖伍渺
下田壹千伍拾伍頃壹拾伍畝壹分柒厘捌毫貳系
肆忽 每畝科秋糧米叁合 該米叁百壹拾陸石伍斗肆升伍合
伍勺叁抄肆撮柒圭貳粒 每石照前則例 共應徵併新加北
絹顏料銀陸百捌兩叁錢捌分陸厘陸系壹忽伍微

柒塵肆纖肆渺
夏稅絲照官米壹石帶科稅絲貳錢柒分捌厘肆毫壹系貳忽陸微叁塵壹纖該絲壹
拾斤貳兩肆錢肆分叁厘肆毫壹系
原額地肆千捌百陸拾陸頃肆拾貳畝伍分陸毫伍系
內
上地柒百伍頃捌拾貳畝玖厘柒毫柒系每畝科秋糧米肆合
玖勺玖抄柒撮肆圭伍粒捌粟該米叁百伍拾貳石柒斗叁升肆勺
捌抄捌撮伍圭每石照前則例共應徵併新加妣絹顏料銀
陸百柒拾柒兩玖錢叁分壹厘捌毫玖系貳微貳塵

伍纖柒渺
中秋地陸百肆拾壹頃捌拾叁畝陸分柒厘陸毫捌
系叁忽每畝科秋糧米叁合玖勺玖抄玖撮玖圭玖粒玖粟該米貳百伍拾陸
石柒斗叁升貳合陸勺陸抄肆撮叁圭每石照前則例共應
徵併新加北絹顏料銀肆百玖拾叁兩肆錢貳分捌
厘肆毫伍系陸忽壹微玖塵壹纖
中稅地貳百玖拾玖頃貳拾伍畝柒分捌厘陸毫柒
系柒忽每畝科夏稅大小貳麥叁合玖勺玖抄玖撮玖圭叁粒壹粟該麥壹石壹
拾玖石柒斗叁合壹勺肆抄柒撮壹圭每麥壹石折銀壹兩壹錢

貳分貳厘壹毫柒系貳忽共銀壹百捌拾肆兩叁錢貳分伍厘貳
毫貳系柒忽玖微貳塵捌纖貳渺
下地柒百伍頃捌拾貳畝玖厘柒毫柒系每畝科夏稅大小麥
叁合該麥貳百壹拾壹石柒斗肆升陸合貳勺玖抄叁
撮壹圭每石照前則例共銀貳百叁拾柒兩陸錢壹分伍厘
柒毫陸系壹忽貳微貳塵陸渺
荻紫地伍拾貳頃柒拾捌畝貳分玖厘伍毫每畝科夏稅大
小貳麥肆合該麥貳拾壹石壹斗壹升叁合壹勺捌抄每石
照前則例共折銀貳拾叁兩陸錢玖分貳厘陸毫壹系玖

忽肆微貳塵柒纖
湖紫地捌拾陸頃捌拾柒畝壹分捌厘捌毫每畝科夏稅大
小貳麥肆合該麥叁拾肆石柒斗肆升捌合柒勺伍抄貳
撮每石照前則例共折銀叁拾捌兩玖錢玖分肆厘柒系陸
忽伍微貳塵叁渺
湖草地捌拾貳頃捌拾陸畝柒厘壹毫每畝科夏稅大小貳麥叁
合該麥貳拾肆石捌斗伍升捌合貳勺壹抄叁撮每石
照前則例共折銀貳拾柒兩捌錢玖分伍厘壹毫玖系貳
忽柒微玖塵捌纖陸渺

爍炭地叁頃伍拾柒畝叁分貳厘柒毫每畝科夏稅大小貳麥叁
合該麥壹石柒升壹合玖勺捌抄壹撮每石照前則例共折
銀壹兩貳錢貳厘玖毫肆系柒忽陸塵貳纖柒渺
山鄉地貳千貳百捌拾柒頃肆拾捌畝壹分壹厘陸
毫伍系每畝科夏稅大小貳麥壹合伍勺該麥叁百肆拾叁石壹斗
貳升貳合壹勺柒抄肆撮柒圭伍粒每石照前則例共折銀
叁百捌拾伍兩肆分貳厘玖系柒忽捌塵叁纖伍渺
夏稅系照官米壹石帶科系貳錢柒分捌厘肆毫壹系貳忽陸微叁塵壹纖該絲肆斤
陸兩叁錢玖分貳厘叁毫伍系柒忽伍微

當陽縣志　卷之二　〇四

桑地壹拾壹畝捌分伍厘每畝科桑系柒錢叁分貳厘零陸系柒忽伍微壹塵
該絲捌兩陸錢柒分伍厘
原額山肆千陸百捌拾貳頃伍拾柒畝捌分玖厘壹毫
叁系內
松草山柒百叁拾貳頃叁拾肆畝玖分陸厘柒毫柒
系每畝科夏稅大小貳麥叁勺該麥貳拾壹石玖斗柒升肆勺玖
抄叁圭壹粒每石照前則例共折銀貳拾肆兩陸錢伍分肆
厘陸毫伍系玖忽伍塵貳纖壹渺
荒石山叁千玖百伍拾頃貳拾貳畝玖分貳厘叁毫

陸系每畝科夏稅大小貳麥陸抄捌撮肆圭肆粒玖粟該麥貳拾柒石
玖合叁勺捌撮壹圭肆粒每石照前則例共折銀叁拾兩[illegible]
錢肆分貳厘柒毫伍系肆忽肆微玖塵肆纖
原額塘湖共叁百陸拾陸頃玖拾捌畝叁厘伍毫伍系
內
塘叁百陸頃捌拾柒畝肆分叁厘叁毫伍系每畝科秋[illegible]
肆合該米壹百貳拾貳石柒斗肆升玖合柒勺叁抄[illegible]
撮每米壹石照前則例共應徵併新加北絹顏料銀貳百叁[illegible]
伍兩玖錢壹分玖厘叁毫捌系貳忽玖微伍塵貳纖

當陽縣志　卷之二　〇五

貳渺
夏稅絲照官米壹石帶科稅絲柒錢柒分捌厘肆毫壹系貳忽陸微叁塵壹纖該系壹
拾肆兩壹錢柒分叁厘貳毫叁系貳忽伍纖
水湖叁拾頃陸拾畝貳厘玖毫每畝科夏稅大小貳麥叁勺該麥
玖斗壹升捌合捌撮柒圭每石照前則例共折銀壹兩叁分
貳毫伍系壹忽伍微貳塵伍纖
荒湖肆拾貳畝捌分每畝科夏稅大小貳麥叁勺該麥壹[illegible]貳合
捌勺肆抄每石照前則例共折銀壹分肆厘肆毫捌[illegible][illegible]纖
捌塵捌纖肆渺

塲貳拾玖頃叁畝柒分柒厘叁毫每畝科夏稅大小貳麥叁勺肆抄柒撮捌圭伍粒壹粟該麥捌斗柒升貳合叁勺叁抄壹撮玖
圭每石照前則例共折銀玖錢捌分壹厘壹毫肆系肆微壹
塵柒纖肆渺〇原丈量陞科米壹斗捌升貳合肆抄
叁撮照前則例共應徵併新加北絹顏料銀叁錢肆分玖
厘捌毫柒系捌忽叁微叁塵貳纖壹渺
已上共科原額秋糧米貳千壹百叁拾玖石捌升壹
合玖勺叁抄內貳斗以上起科沒官等田米捌石捌拾柒石貳斗壹升壹合玖勺壹斗以下
起科民米壹千貳百伍拾壹石捌斗柒升叁抄併丈量陞科米壹斗捌升貳合肆抄叁撮共實徵米貳千
壹百叁拾玖石貳斗陸升叁合玖勺柒抄叁撮奉例清丈不分官民一體編差

夏稅大麥柒百伍拾捌石肆升陸合貳抄又丈量陞
科麥伍斗柒升貳合貳勺實徵大麥柒百伍拾捌石
陸斗壹升捌合貳勺貳抄
小麥肆拾捌石伍斗伍升捌合伍勺貳麥共捌百柒
石壹斗柒升陸合柒勺貳抄
桑絲捌兩陸錢柒分伍厘帶泒夏稅絲壹拾捌斤柒
兩玖塵
已上原額田地山塘湖壩共壹萬叁千肆百叁拾叁
頃壹拾伍畝陸分玖厘肆毫壹系
額載秋糧米大小麥貳千玖百肆拾陸石肆斗肆升
陸勺玖抄叁撮內大麥貳石折米壹石
秋糧官民米貳千壹百叁拾玖石貳斗陸升叁合玖
勺柒抄叁撮遞年分別優免起科不等共應徵併新加北絹顏料
銀肆千壹百壹拾壹兩伍錢陸分柒厘陸毫伍系玖
忽壹微叁塵柒纖伍渺〇共大小麥捌百柒石壹斗
柒升陸合柒勺貳抄遞年分別優免起科不等該銀玖百伍兩柒
錢玖分壹厘壹毫叁系陸忽貳微貳塵陸纖捌渺

稅桑貳絲共壹拾伍斤壹拾伍兩陸錢捌分肆厘於秋糧內泒徵
原額人丁貳千叁拾丁遞年分別優免起科不等每丁泒銀玖錢陸分肆釐叁毫捌系
貳忽伍微貳塵貳纖壹渺共應徵併新加顏料銀壹千玖百伍拾
柒兩陸錢玖分陸厘伍毫貳系
已上田地稅糧丁絲共應徵併新加北絹顏料銀陸
千玖百柒拾伍兩伍分伍厘叁毫壹系伍忽叁微陸
塵肆纖叁渺
漕米正耗柒百柒拾玖石玖斗肆升里納兵餉米伍拾石叁斗叁升

玖分正耗脚每石俱折銀伍錢該銀肆百壹拾伍兩叁分玖厘伍毫
於稅糧內派徵解銀至產米地方買米交兌
萬曆肆拾陸柒捌叁年加增玖厘地畝遼餉正摃共
銀壹千壹百伍拾伍兩貳錢玖厘貳毫壹系貳忽叁
微伍塵

戶部項下

夏稅折色起運

原額解南農桑絹壹丈叁尺壹分貳厘伍毫每丈正銀壹錢
捌分叁厘叁毫肆系摃銀伍分共銀叁錢叁厘陸毫叁系肆微每錢京[illegible]

伍厘該銀壹分伍厘壹毫捌系

秋糧折色起運

京庫米捌百捌拾柒石貳斗壹升壹合玖勺每石折銀貳錢
伍分共銀貳百貳拾壹兩捌錢貳厘玖毫柒系伍忽每兩
京摃銀叁分遼餉銀壹分該銀捌兩捌錢柒分貳厘壹毫壹系玖
忽解官盤費每兩玖厘該銀貳兩柒分陸厘壹毫

塩鈔折色起運

解南戶口鈔本折正摃共銀貳拾捌兩陸分捌厘伍
毫貳系滯閏銀玖錢叁分伍厘陸毫壹系柒忽叁微
叁塵叁纖肆渺解官盤費每兩玖厘該銀貳錢伍分貳厘陸毫

夏稅本色起運

北京絹壹拾貳疋壹丈伍寸壹分叁厘伍毫每疋正銀柒錢
織費貳錢摃銀貳錢共銀壹拾叁兩伍錢捌分伍厘伍毫
新加北絹價銀每疋叁錢伍分共銀肆兩叁錢貳分貳厘陸
毫伍系

一摘裁

奉祀薪銀壹拾貳兩肆錢
民校等役工食共銀伍拾壹兩貳錢肆分陸厘

茶價雜項等共銀貳拾肆兩捌錢解費肆分叁厘貳毫
賦役舊編兄欵銀壹百貳兩肆分柒厘貳毫柒系貳
忽壹微貳塵伍纖肆渺
玖厘地畝餉銀壹千壹百肆拾肆兩玖錢伍厘叁系
陸忽柒微伍塵每兩京摃銀玖厘該銀壹拾兩叁錢肆厘壹
毫柒系伍忽陸微

禮部項下

夏稅折色起運

北京藥味正價共銀壹兩柒錢玖分陸厘貳系伍忽

每兩京揁銀肆分該銀柒分壹厘陸毫貳系□□忽解官盤費每兩玖
該銀壹分陸厘捌毫

兵部項下

夏秋折色起運

解南江濟水夫貳拾貳名每名銀肆兩□分伍厘該銀玖拾□兩
玖分每兩京揁銀壹分叁厘該銀壹兩壹錢柒分壹厘壹毫
系解官盤費每兩玖厘該銀捌錢貳分壹厘肆毫

工部項下

夏秋折色起運

綾疋正銀陸兩捌錢揁銀壹兩每兩京揁銀玖厘該銀柒分
貳毫帶閏銀壹錢捌分□厘捌毫肆系捌忽解官盤費每兩
玖厘該銀柒分捌毫
營繕司料銀叁拾捌兩肆錢貳分捌厘每兩京揁銀玖厘該
銀叁錢肆分伍厘捌毫壹系陸忽解官盤費每兩玖厘該銀叁錢肆分
捌厘玖毫
扣解辰州軍餉壹拾壹名每名銀柒兩貳錢共銀柒拾玖兩
貳錢無運原改沅陵縣屯田司料銀每兩京揁銀玖厘該銀柒錢壹分貳厘捌
毫解費每兩玖厘該銀柒錢壹分玖厘貳毫

軍需銀壹拾貳兩叁錢捌分柒厘玖毫壹系玖忽解官
盤費每兩玖厘該銀壹錢壹分肆厘肆毫
白硝麂皮壹拾張每張價銀肆錢共銀陸兩解官盤費每兩玖厘
該銀伍分肆厘如遇折色之年每兩另派京揁銀玖厘

丁糧內派湖洲雜課

熟鐵正銀貳拾陸兩柒錢柒分肆毫壹系伍忽每兩京揁
銀玖厘該銀貳錢肆分玖毫叁系叁忽柒微叁塵伍渺
帶閏銀壹兩伍錢叁分伍厘伍毫貳系伍忽解官盤費每兩
玖厘該銀貳錢肆分叁厘壹毫

線膠正銀壹兩陸錢捌分捌厘柒毫柒系伍忽每兩京揁
銀玖厘該銀壹分伍厘壹毫玖系捌忽玖微柒塵伍□
帶閏銀捌分解官盤費每兩玖厘該銀壹分伍厘叁毫
綾紗紙價銀貳拾叁兩伍錢伍分伍厘陸毫貳系捌
忽候部文到之年方不必每年帶徵

光祿寺項下

甲丁庫供應等銀柒拾兩每兩京揁銀貳分該銀壹兩肆錢
解官盤費每兩玖厘該銀陸錢肆分貳厘陸毫
新加顏料銀陸拾叁兩肆錢捌分捌厘肆毫

隨漕項下

楞木松板銀貳兩貳錢貳分捌厘肆毫

運糧官軍行月貳糧米壹百肆拾玖石叁斗每石折銀肆錢

該銀伍拾玖兩柒錢貳分兌糧運官領赴水次交兌下詳撥銀

叁陸耗簾輕齎銀壹百叁兩陸分叁厘伍毫每石兩解准損

銀壹兩該銀壹兩叁分陸毫叁系伍忽

淺船銀柒兩肆分柒厘解官盤費每兩玖厘該銀陸分叁厘肆毫貳系叁忽

部解兌糧運官盤纏銀伍兩

存留經制款項

郢東豐樂石城叁驛驛丞叁員

俸銀每員每年叁拾壹兩伍錢貳分共銀玖拾肆兩伍錢陸分

豐樂石城書辦貳名共銀壹拾肆兩肆錢順治玖年會議裁銀

貳兩肆錢康熙元年裁銀壹拾貳兩

皂隸陸名共銀肆拾叁兩貳錢順治玖年裁銀柒兩貳錢

本府倉大使正副貳員

俸銀每員每年叁拾壹兩伍錢貳分共銀陸拾叁兩肆分

皂隸肆名共銀貳拾捌兩捌錢順治玖年裁銀肆兩捌錢

本縣知縣

俸薪銀陸拾叁兩肆錢玖分順治拾四年裁銀壹拾捌兩肆錢玖分

糧紅紙張銀每年貳拾兩康熙柒年裁銀伍兩

修宅家伙銀每年貳拾兩順治玖年全裁

迎送上司傘扇銀每年壹拾兩順治拾貳拾肆年全裁

油燭銀每年壹拾兩順治拾肆年全裁

吏書壹拾貳名共銀壹百貳拾玖兩陸錢順治玖年裁銀伍拾

柒兩陸錢康熙元年全裁

門子貳名共銀壹拾肆兩肆錢順治九年裁銀貳兩肆錢康熙七年裁銀

陸兩

皂隸壹拾陸名共銀壹百壹拾伍兩貳錢順治九年裁銀壹拾

玖兩貳錢康熙柒年裁銀陸拾兩

馬快捌名每名歲支工食草料銀壹拾捌兩共銀壹百肆拾肆兩順治

九年拾六年康熙七年節次全裁

民壯伍拾名共銀叁百陸拾兩順治九年裁銀陸拾兩十六年裁銀壹百

貳拾兩康熙七年裁銀壹百叁拾貳兩

燈夫肆名共銀貳拾捌兩捌錢順治九年裁銀肆兩捌錢康熙十一年裁銀

壹拾捌兩

看監禁卒捌名共銀伍拾柒兩陸錢順治九年裁銀玖兩陸錢康熙

七年裁銀貳拾肆兩

修理倉監銀貳拾兩康熙七年裁銀壹拾叁兩柒錢叁分叁厘叁毫叁系肆忽

轎傘夫柒名共銀伍拾兩肆錢順治九年裁銀捌兩肆錢康熙七年裁銀陸兩

庫書壹名銀壹拾貳兩順治九年康熙元年節次全裁

倉書壹名銀壹拾貳兩順治九年康熙元年節次全裁

庫子肆名共銀貳拾捌兩捌錢順治九年裁銀肆兩捌錢康熙七年裁銀壹拾貳兩

斗級肆名共銀貳拾捌兩捌錢順治九年裁銀肆兩捌錢康熙七年裁銀

壹拾貳兩

典史

俸銀每年叁拾壹兩伍錢貳分

書手壹名銀柒兩貳錢順治九年康熙元年二次全裁

門子壹名銀柒兩貳錢順治九年裁銀壹兩貳錢

皂隸肆名共銀貳拾捌兩捌錢順治九年裁銀肆兩捌錢康熙七年裁銀壹拾貳兩

馬夫壹名銀柒兩貳錢順治九年裁銀壹兩貳錢

漳河巡簡壹員

俸銀叁拾壹兩伍錢貳分

書手壹名銀柒兩貳錢順治九年康熙元年二次全裁

皂隸貳名共銀壹拾肆兩肆錢順治九年裁銀貳兩肆錢

教諭訓導貳員

俸銀每員每年叁拾壹兩伍錢貳分共銀陸拾叁兩肆分順治十六年裁訓導壹員銀叁拾壹兩伍錢貳分

齋夫陸名共銀柒拾貳兩順治十六年裁銀叁拾陸兩康熙七年裁壹拾貳兩

膳夫貳名共銀肆拾兩順治十四年裁銀貳拾陸兩陸錢陸分陸厘陸毫陸系陸忽柒微

門子伍名共銀叁拾陸兩順治十六年裁銀壹拾肆兩肆錢康熙四年裁銀柒兩貳錢

學書壹名銀柒兩貳錢康熙元年全裁

教官買馬草料每員每年該銀壹拾貳兩共銀貳拾肆兩順治十六年裁銀壹拾貳兩

撥運

曆日銀叁兩陸錢柒分玖厘貳毫康熙七年裁銀壹兩壹錢玖分柒厘壹毫叁系玖忽陸微〇解官盤費每兩[illegible]銀叁分叁厘壹毫壹系貳忽捌微康熙七年全裁

科舉銀伍兩貳錢柒分康熙七年裁銀貳兩[illegible]錢[illegible]分五厘〇解京[illegible][illegible]

□玖厘該銀肆分柒厘肆毫叁系康熙七年全裁

驛站

郢東驛支應銀肆拾貳兩無閏

代編沔陽州原編豐樂驛支應銀壹拾兩

均徭

巡簡應役弓兵貳拾名每名銀肆兩帶閏銀陸分陸厘陸毫共銀捌拾

壹兩叁錢叁分壹厘柒毫順治十四年康熙七年節次全裁

各舖司兵徭編叁拾肆名每名歲支銀叁兩帶閏銀伍分共銀壹百

叁兩柒錢求克貳名每名歲支銀壹兩捌分帶閏銀壹分捌厘共銀貳兩

當陽縣志　卷之二　〇十六

壹錢玖分陸厘貳項共銀壹百伍兩捌錢玖分陸厘

内縣前舖徭編肆名求克壹名清水桑林貳舖各徭編肆名馮橋徭編叁名求克壹名黃沙王泉蓮花叁舖各徭編叁名金沙台渡峽口馬家梯子伍舖各徭編貳名康熙七年裁銀叁拾伍兩貳錢柒分捌厘陸毫

各河渡夫叁名每名歲支銀貳兩閏銀叁分叁厘叁毫共銀陸兩壹錢

本縣桑林合溶叁渡各壹名

各渡修船銀肆兩貳年壹次每年該銀貳兩貳項共

銀捌兩壹錢順治十四年裁銀肆兩伍分康熙七年裁銀壹兩貳錢伍分□厘貳毫

府前總舖舖兵貳名每名歲支銀陸兩帶閏銀壹錢共銀壹拾貳兩

貳錢康熙七年裁銀肆兩陸分陸厘陸毫

協編新鎮弓兵伍名每名歲支銀肆兩帶閏銀陸分陸厘陸毫共銀貳拾

兩叁錢叁分叁厘叁毫順治十四年康熙七年節次全裁

迎送皂隸貳拾伍名每名歲支銀伍兩帶閏銀捌分叁厘叁毫內扣除壹拾叁名工食抵經制外額設走差壹拾貳名該工食銀陸拾兩玖錢玖分玖厘陸毫康熙七年全裁

走遞夫馬

排夫貳百伍拾名內扣除本縣轎傘夫陸名抵經制外餘走遞貳百肆拾肆名歲

支銀柒兩貳錢帶閏銀壹錢貳分共銀壹千柒百捌拾陸兩捌分

腳馬肆拾伍匹每匹銀貳拾肆兩帶閏銀肆錢共銀壹千玖拾捌兩

代派沔陽州原編鍾祥縣除新增價銀派鍾祥編徵

當陽縣志　卷之二　〇十七

外奉縣資編銀壹拾捌兩肆錢貳分捌厘捌毫當鍾徵叁

錢柒厘貳毫

存留祭祀款項

龍亭儀仗修理銀貳兩康熙七年裁銀壹兩

龍亭儀仗修理銀貳兩康熙七年裁銀壹兩

文廟貳祭共銀肆拾兩

啟聖祠貳祭共銀柒兩

名宦鄉賢貳祭共銀柒兩

山川壇貳祭共銀壹拾貳兩

社稷壇貳祭共銀壹拾兩
邑厲壇叁祭共銀壹拾貳兩
鄉飲貳次共銀捌兩 順治十四年裁銀肆兩康熙七年裁銀貳兩肆錢貳分肆毫貳
系捌忽
香燭米銀壹兩貳錢陸分
本府應 朝覲盤費銀肆兩貳錢叁年壹次每年該銀
壹兩肆錢 順治十四年裁銀玖錢叁分叁釐叁毫康熙七年裁銀肆錢叁分玖釐玖毫陸忽
門神桃符春牛芒神花鞭酒席開印封印牲醴香燭
等銀肆兩 順治十四年全裁

新舊會試舉人以壹名爲率給長夫銀貳拾肆兩叁
年壹次每年該銀捌兩 康熙七年全裁
歲貢生員正貢盤費除搖編外花紅旗匾酒席銀壹
拾貳兩 具呈討作興縉紳於備用銀內支給正陪貳名赴考脚力銀各壹兩 共銀壹拾
肆兩貳年壹貢每年該銀柒兩 康熙叁年全裁
歲貢盤費銀壹拾伍兩 康熙三年全裁
科舉生員以拾名爲率 每名盤費銀貳兩花紅銀玖錢酒席銀壹錢 共銀
叁拾兩叁年壹次每年該銀壹拾兩 康熙七年全裁
提學道歲科考生童合用試卷供應給賞等項每年

銀叁拾兩 餘銀扣銀叁兩協濟鍾祥縣搭廠外餘扣筭實用銀數造冊申學道印發本縣
存縣除扣銀叁兩協濟鍾祥縣廠不裁外順治十四年裁銀壹拾叁兩伍錢
代派鍾祥縣歲貢盤費銀叁兩貳錢 康熙三年全裁
府學額承貢衛齋學科舉生員盤費共銀壹拾兩叁
年壹次每年該銀叁兩叁錢叁分肆釐 康熙七年全裁
本縣朝覲盤費銀 正官肆拾兩首領官貳拾伍兩該吏壹拾兩造冊紙劄工食銀陸兩
共銀捌拾壹兩叁年壹次每年該銀貳拾柒兩 順治十四
年裁銀壹拾捌兩康熙七年裁銀捌兩肆錢捌分叁釐叁毫壹系
廩生貳拾名共銀壹百肆拾肆兩 順治十四年康熙二年節次全裁

孤貧玖名口各支縣倉米叁石陸斗 每石折銀伍錢 該銀壹
拾陸兩貳錢
孤貧玖名口 每名歲給布銀叁錢 該銀貳兩柒錢 如有閘除扣銀貯庫
伏新收支給以免加編
供應銀壹百兩 內答應欽差部差過往差使油燭柴炭廩給口糧等項如數內支給順治十四年全裁
備用銀肆拾伍兩 抵經制 實存銀叁拾貳兩肆錢 康熙七年
全裁
雜項稅課 丁糧外派
起運 市戶經紀出辦

戶部項下
本縣門攤銀壹拾兩每兩京續銀玖重該銀玖分
茶稅銀壹拾兩每兩京續銀玖重該銀玖分
全書外坐派藩府租銀貳兩叁錢叁分柒厘解京盤費每兩玖厘該銀貳分壹重叁系叁忽平費共銀貳兩叁錢伍分捌厘叁系叁忽
原額田地山塘湖壩共壹萬叁千肆百叁拾叁頃壹拾伍畝陸分玖厘肆毫壹系
額載秋糧米貳千壹百叁拾玖石貳斗陸升叁合玖勺柒抄叁撮

原額夏稅大小麥捌百柒石壹斗柒升陸合柒勺貳抄
額徵并新加共銀伍千壹拾柒兩叁錢伍分捌厘柒毫玖系伍忽叁微陸塵肆纖叁渺
秋糧貳綿壹拾伍斤壹拾伍兩陸錢捌分肆厘稅鐵叫帶纖
原荒田地塘山湖壩共壹萬壹千玖百玖頃貳拾叁畝肆分捌厘捌毫貳系
原荒米麥共貳千叁百陸石壹斗壹升壹合捌勺伍抄肆撮柒圭柒粒
荒蕪無徵銀叁千柒百伍拾伍兩玖錢陸分貳厘玖毫肆系捌微肆塵柒纖肆渺陸漠
順治十五年墾中田壹拾頃科糧肆石派銀柒兩玖錢柒分叁厘叁毫壹系貳忽
順治十六年墾中田叁頃肆拾壹畝柒分科糧壹石叁斗陸升陸合捌勺派銀貳兩柒錢貳分肆厘陸毫捌系陸忽玖微
順治十七年墾田叁拾壹頃貳拾畝科糧壹拾伍石陸斗派銀叁拾壹兩陸錢捌分肆厘貳毫肆系
順治十八年墾田貳頃伍拾伍畝科糧壹石壹升貳合派銀貳兩捌毫陸系陸忽壹纖肆渺

康熙元年墾田貳頃壹拾陸畝捌分科糧壹石捌升肆合派銀貳兩肆錢玖分壹厘貳毫壹系肆忽叁微壹塵
康熙貳年墾田地柒頃陸拾叁畝柒分伍厘科糧叁石伍升伍合派銀柒兩貳分玖毫叁忽叁微肆塵捌纖壹渺
康熙三年墾田地伍拾頃壹拾捌畝玖分陸厘科糧貳拾石派銀肆拾伍兩玖錢陸分叁厘叁毫陸系柒微捌渺
康熙四年墾田地壹千伍拾叁頃壹拾玖畝陸分叁毫捌系玖忽科糧叁百貳拾玖石壹斗貳升貳合叁

合陸抄壹撮柒圭柒粒爪銀陸百伍拾叁兩捌錢壹
分捌釐陸毫捌系叁忽捌微貳塵柒纖貳渺是年新墾荒照藩司報部則例每糧壹斗叁拾貳畝攤派
實荒田地山塘壹萬柒百肆拾捌頃捌拾柒畝陸分
柒釐肆毫叁系壹忽
實荒糧麥壹千玖百叁拾石捌斗柒升壹合陸勺玖
抄叁撮
實荒銀叁千玖拾肆兩柒錢貳分陸釐肆毫貳系肆
忽壹微柒塵貳纖陸渺陸漠

當陽縣志　卷之二　〇二十二

成熟新墾田地塘共貳千陸百捌拾肆頃貳拾捌畝
壹釐貳毫柒系玖忽
成熟併新墾糧麥壹千壹拾伍石伍斗陸升玖合
實徵併新墾共銀壹千玖百貳拾貳兩陸錢叁分貳
釐叁毫柒系壹忽壹微玖塵壹纖陸渺肆漠
原額人丁貳千叁拾丁
額徵并新加銀壹千玖百伍拾柒兩陸錢玖分陸釐
伍毫貳系
逃亡人丁壹千叁百壹拾玖丁壹斗壹合捌勺

無徵銀壹千貳百柒拾貳兩壹錢壹分捌釐陸毫捌
系壹忽壹微肆塵柒纖伍渺陸漠
見在并新墾增人丁柒百壹拾丁捌斗玖升捌合貳
勺內除奉　文豁免故夫叁丁除豁免銀貳兩捌錢
玖分叁釐壹毫肆系柒忽伍微陸塵陸纖叁渺
實徵銀陸百捌拾貳兩陸錢捌分肆釐陸毫玖系壹
忽貳微捌塵陸纖壹渺肆漠
玖釐餉銀壹千壹百伍拾伍兩貳錢玖釐貳毫壹系
貳忽叁微伍塵除荒銀捌百肆拾伍兩貳分玖釐柒

當陽縣志　卷之二　〇二十三

毫陸系壹忽肆微貳塵叁纖叁渺
實徵銀叁百壹拾兩壹錢柒分玖釐肆毫伍系玖纖
貳塵陸纖柒渺
已上田地塘山湖壩人丁玖釐遼餉額徵併新加共
銀捌千壹百叁拾兩貳錢陸分肆釐伍毫貳系柒忽
柒微壹塵肆纖叁渺除荒銀伍千貳百壹拾壹兩捌
錢柒分肆釐捌毫陸系陸忽柒微肆塵叁纖伍渺貳
漠又除豁免運夫丁銀貳兩捌錢玖分叁釐壹毫肆
系柒忽伍微陸塵陸纖叁渺

實徵并新墾銀貳千玖百壹拾伍兩肆錢玖分陸厘
伍毫壹系叁忽肆微肆纖肆渺捌漠
起運戶禮工先條遼賦役舊編冗欵等項共銀壹千玖
百叁拾伍兩捌錢貳分貳厘壹毫伍系陸忽玖微壹
塵肆纖叁渺除荒銀壹千伍拾柒兩捌厘陸毫伍系
伍忽貳微肆纖柒渺又除豁免運夫丁銀肆錢玖分
壹毫叁忽肆微
實徵銀捌百柒拾捌兩叁錢貳分叁厘叁毫玖系捌
忽叁微玖纖陸渺

解責銀肆兩伍錢玖分柒厘除荒銀貳兩肆錢玖厘
陸毫貳系壹忽伍塵又除豁免運夫丁銀壹厘叁毫
柒系捌忽玖微伍塵
實徵銀貳兩壹錢捌分陸厘
撥運存留官役俸食驛站夫馬祭祀等項共銀叁千捌
百貳拾捌兩捌錢貳分貳厘壹系伍忽柒微除荒銀
貳千捌百叁拾柒兩肆錢伍分柒厘叁毫伍系玖忽
柒微叁塵捌纖捌渺貳漠又除豁免運夫丁銀壹兩
玖錢叁分貳厘捌毫貳系伍忽伍微壹塵陸纖叁渺

實徵銀玖百捌拾玖兩肆錢叁分壹厘捌毫叁系肆
微肆塵肆纖捌渺捌漠
順治九年裁役工食等銀貳百叁拾玖兩陸錢除荒
銀壹百柒拾柒兩陸錢陸分玖厘捌毫陸系又除豁
免運夫丁銀肆分壹厘玖毫壹系
實徵銀陸拾壹兩捌錢捌分捌厘貳毫叁系
順治十二四年裁官役油燭家伙等項共銀叁百伍
拾陸兩肆錢柒分貳厘肆毫陸系陸忽柒微除荒銀
貳百伍拾捌兩貳錢柒分貳厘玖毫壹系柒微又除

豁免運夫丁銀伍分肆厘貳毫伍系陸忽
實徵銀玖拾捌兩壹錢肆分伍厘叁毫
順治十六年裁民壯馬快草料工食銀叁百兩叁錢
貳分除荒銀貳百壹拾玖兩貳錢陸分柒厘玖毫肆
系柒忽柒微又除豁免運夫丁銀伍分柒厘叁毫伍
系貳忽叁微
實徵銀捌拾兩玖錢玖分肆厘柒毫
康熙元二年裁書辦工食廩糧共銀壹百陸拾叁兩
貳錢除荒銀壹百壹拾柒兩叁錢肆分伍厘捌毫伍

系貳忽肆微又除豁免運夫丁銀貳分捌厘伍毫肆
系伍忽
實徵銀肆拾伍兩捌錢貳分伍厘玖毫貳忽陸微
康熙三年裁歲貢盤費銀貳拾伍兩貳錢除荒銀壹
拾柒兩叁錢肆厘捌毫肆系又除豁免運夫丁銀壹
分壹厘肆毫柒系陸忽
實徵銀柒兩捌錢捌分叁厘陸毫捌系肆忽
康熙四年裁教諭門子工食銀柒兩貳錢除荒銀伍
兩貳錢捌分陸厘貳毫玖系肆忽又除豁免運夫丁

銀玖厘玖毫叁系陸忽
實徵銀壹兩玖錢叁厘柒毫柒系
康熙七年裁官役俸食梩紅等項共銀伍百捌拾叁
兩柒錢伍分伍厘捌毫陸系肆微除荒銀叁百柒拾
陸兩捌錢叁分伍厘肆系柒忽又除豁免運夫丁銀
貳錢陸分貳厘貳毫壹系貳忽
實徵銀貳百陸兩陸錢伍分捌厘陸毫壹忽肆微
兵部江濟水夫銀玖拾貳兩捌分貳厘伍毫柒系除荒
銀貳拾柒兩伍錢伍分叁毫柒系

實徵銀陸拾肆兩伍錢叁分貳厘貳毫
陸潤項丁共銀壹百柒拾捌兩捌分玖厘伍毫叁系伍
忽除荒銀壹拾貳兩叁錢玖分玖厘肆毫貳系伍忽
玖微伍塵又除運夫丁銀叁厘壹毫貳系肆忽壹微
實徵銀壹百陸拾伍兩陸錢捌分陸厘玖毫捌系肆
忽玖微伍塵
解費銀陸分叁厘肆毫貳系叁忽除荒銀叁厘肆毫
捌系叁忽又除運夫丁銀貳系捌忽叁微
實徵銀伍分玖厘玖毫壹系壹忽柒微

秋糧本色起運
兌軍本色正米伍百伍拾柒石壹斗每石耗米肆斗
該米貳百貳拾貳石捌斗肆升易正米壹石里納盤
脚米貳升船脚米柒升共該船脚米伍拾石壹斗叁
升玖合
正耗脚共米捌百叁拾石柒升玖合每石折銀伍錢
共銀肆百壹拾伍兩叁分玖厘伍毫內除荒銀壹百
叁兩陸分叁厘伍毫
實徵銀叁百壹拾壹兩玖錢柒分陸厘臨期領銀赴產米地方買

米交又糧遞條陳於肆斗外加耗米貳斗順治九年奉文議除

湖州雜課

門攤茶税共銀[illegible]錢捌分除荒銀壹拾兩玖

分

實徵銀壹拾兩玖分

民糧代派稿租銀貳兩叁錢伍分捌厘叁系叁忽全熟

新徵麂皮京顔銀伍分肆厘

一租田數項

原額田壹拾壹頃玖拾柒畝每畝派銀叁分陸厘

當陽縣志　卷之二　〇二十八

額徵銀肆拾叁兩玖分貳厘

玖厘倫銀壹兩肆錢肆分玖厘叁毫貳系柒忽陸微

一安顯衛屯歸併舍餘閑丁貳拾貳名每名徵銀貳錢

新增閑丁貳拾貳名

新舊共肆拾肆名共徵銀捌兩捌錢此項徑解糧道衙門

班匠匠戶自辦

南京人匠除奏豁壹名外實在納班玖名四年一班

納班每名銀壹兩捌錢遇閏加銀陸錢每年該徵銀

伍兩肆錢　存人匠壹名每年徵銀壹兩貳[illegible]

論曰當陽去郢二百里而遙四封不越一同大都東
南易潦西北易旱每春夏閒沮漳兩岸萬山層疊土
枯石瘠小暵輒槁其沿陂堧而耕者一當霪雨汪洋
澎湃陵谷異狀若滋泥湖魚兒嘴水天一色矣其平
原沃壤半屬豪藩強軍民之勝畚鍤而從事者不過
山谿澗渭湑終歲猶時有崩塌之苦至若荒石諸山
皆不毛之地明萬曆清丈時以刁民告訐皆得灘糧
一登籍遂為成案矣至箕斂之法最甚者當年斗級
兩差十年輪應一歲之費咸出其戶籍甲月以弊滋

當陽縣志　卷之二　〇二十九

已派而重派小費而大派暫行而久派私事而公派
糧之所徵有定額而民之所納無成科破產流亡率
多坐此幸司邑者憫其苦上聞撤下盡革之規為畫
一自康熙五年始嘗之百鈞之材一人舉之其與百
人舉之難易之懸殊明甚抑聞之賦於常賦之外謂
之曰賸使里胥仍得以為政其欲不饜而爭也得乎
當陽之病不在腠理或者且治其標方其治標而離
技方餌其為生也幾何矣盡一之說治標之說也按
脉察徵而調劑之是所望於醫之聖者早從事焉庶

其有瘳爾

當陽縣志卷之二終

當陽縣志卷之三

戶口第十

國制戶口十年一編覈登耗也故册籍必舊管新收并列焉今以舊志所載與前届見届并列以見久近差殊之概

本縣舊志載萬曆元年編戶壹千叁百捌拾肆口柒千壹百伍拾捌丁貳千伍百陸拾壹

本縣萬曆四十年編戶壹千柒百貳拾肆丁肆千玖百叁拾陸口叁千肆百叁拾肆

本縣天啟二年編戶壹千柒百陸拾丁肆千玖百叁拾捌口叁千肆百陸拾玖

崇禎十五年知縣倪編戶請詳平丁每糧壹石隨丁陸斗捌升捌合玖勺柒抄伍撮　載丁貳千叁拾丁

國朝

順治三年編戶逃絶丁壹千捌百捌拾肆丁肆斗存丁壹百肆拾伍丁陸斗

順治七年編戶逃丁壹百貳拾叁丁陸升貳合存丁貳百陸拾捌丁陸斗陸升貳合

順治九年編戶添丁叁拾伍丁存丁叁百叁丁陸斗陸
升貳合
順治十二十四兩年編戶添丁壹百壹拾叁丁伍斗叁
升叁合貳勺積丁肆百壹拾柒丁壹斗玖升伍合貳
勺
順治十七年編戶并節年墾丁添丁陸拾叁丁叁斗壹
升柒合肆勺存丁肆百捌拾丁伍斗壹升貳合陸勺
康熙四年墾丁貳百叁拾丁叁斗捌升伍合陸勺存丁
柒百壹拾丁捌斗玖升捌合貳勺

論曰東漢諫吏往往以增戶受上賞亦或以偽增被
誅夫課最有本不求其休養生息之實而以戶口多
寡較是不揣本而齊末也近世吏治戶口登耗不甚
關黜陟無偽增之弊苦增不如法爾夫有增必有減
今減不必在消耗而增不必在饒羨至欲不增不減
而游移褒益之間主者既不能盡其民而一一料之
冊籍勢不得不付之所司而里胥為政增亦惟命減
亦惟命貧富始盡在此輩掌中矣若當陽之弊殆有
甚焉蓋其產不皆可耕之土其賦不皆有田之租按
其籍居然恒產責其逋薾然白丁至於賦與丁析無
立錐者丁枯矣已物故者丁絕矣崇禎間倪令之以
丁隨糧庶幾救弊云

夫馬第十一

邑當蜀黔滇入都之要路明成化間知縣姜英以古道
迂僻請於上闢夫路置夫馬取給於歲課焉排夫貳
百伍拾名每名銀柒兩貳錢帶閏銀壹錢貳分脚馬
肆拾伍匹每匹銀貳拾肆兩帶閏銀肆錢排夫皆籍
之於官鏟次應役脚馬皆官自召募民甚便之

國朝順治初遭躪賊蹂田地荒蕪夫馬倉口無出順治
十七年奉文設脚馬柒匹工料銀壹伯陸拾柒兩伍
錢排夫叁拾柒名工食銀貳伯柒拾貳兩捌錢在本
縣領給
康熙三年奉文加馬貳拾叁匹驛遞協濟工料銀伍伯
柒兩伍錢每年赴驛鹽道領給
論曰當允邑也僻處山谷自冠烽頻仍西道荊襄邑
雖殘夫馬備焉宜也然斯邑馬政之敝在牧之於民
而困之於官有包當之弊焉有跳越之弊焉有催馬

借馬之弊焉且以官馬寄民厩奸猾利其芻秣如秦越人之相視肥瘠漠不相關欲政之無敝得乎近奉功令飭縣長吏皆得自驗覊槽不煩厮養勞在官則逸在民矣弊竇安所從生哉惟協濟之設因工料不足則以他屬撥補之有協濟則必無存留有存留則不必盡事協濟益亦事之易明者當陽夫馬每歲除荒實徵銀七百一十四兩除支排夫工食二百七十兩八錢四分外抵驛馬脚馬之工料恒苦不敷乃於其中除銀二百六十三兩有奇爲存留僕僕焉檄令上

觧反以他屬不切之痛癢割補當陽是何異餒其腹以飽人之食而後冀他人之食以自飽其腹也緩急容可恃乎且其觧本縣存留也不能假以時日其領他屬協濟也遂不勝其紆廻不幸水旱不時而協濟亦因之爲盈縮傷哉馬也爲公家任馳驅者并爲他屬分災患矣今以存留之數與協濟合較之可抵其半何如以存剩本縣者養本縣之官馬不足者肰後就近撥補之省里道之跋涉而有司且得以時其緩急寧非計之上者或曰加馬權也存留亦權也余曰協濟權也抵充亦權也權之爲言通變之謂也敢爲當事者借一箸云

城池第十二

縣城周廻六百四十丈有奇高二丈厚一丈二尺門四東曰紫蓋西曰玉陽南曰鳳川北曰清漳樓櫓亦四其北曰仲宣仍黃令所題也敵臺守舖各七水門五通城皆甎甃城西北跨玉陽山東南以沮水玉泉水爲池西北則引真武港水環之明萬曆乙亥署縣事經歷任夢榛所修也按邑在漢初治長林之地所爲

古城東城是也後移治茲城歷代皆土垣爾明初移治万城尋廢明洪武十三年復寘縣於故地城久圮成化丙戌以劉石之亂州同知嚴端始築土城廣一里袤一百二十步尋圮知縣姜英築之正德中劉六等作亂知縣劉理始甃以石城逼沮水築石磯於東北以障之水怒决輒齧城隆慶間知縣張松始疏河故道捍以長堤水患甦弭復議修城未果至是巡撫趙賢守道王旋巡道鄧林喬郡守趙賡經巡本邑乃命夢榛董其成至崇禎七年毀薄城環垜以女墻低

崇禎九年知縣藍懷瑞增築女墻復於城外浚壕云

皇清順治二年闖逆餘孽高李等盤踞西山城再陷毀爲平址順治十二年知縣唐彦褒修復如舊𦨶頻年崩塌時費補葺或謂始事之速云

論曰邑城無石雖制也使隨壞弗修禦暴保民之謂何邑治凡數徙城因之爲廢興自任參軍華石運甓有堅城焉

國初毀於寇踵事者猶得借丕基以告厥成功而後知參軍之績爲不可及也已謀國者其善始哉

守禦第十三

邑本無兵衛成化間因劉千斤作亂都御史白圭請撥遠安千戶所官軍一百一員名輪班戍守萬曆元年都御史孫應鰲撤回惟是民壯即古之鄉兵也募民爲之直取於里甲領之者主簿兵械皆自備無事擒取防守城池庫獄有警則用以應敵此民壯之制也其額原議設一百一十二名今編一百名除扣解辰州運餉一十一名扣解本府貼役十名奉例裁革一十九名外實存聽役六十名其漳河口巡簡司則以劉賊平後流民嘯聚都御史白圭奏請增設原額四十名今編三十名漳河口二十五名奉例裁革二十名新鎮五名全革實存應役一十名其募查亦取諸里甲於本處盤結巡緝後漸裁惟供縣役守禦遂弛

國朝分防

順治十年安協中軍守備孫光喆

順治十七年安協守備朱之璜

康熙元年荊鎮中營守備龍　英

康熙五年荊門營守備吳世相

康熙六年荊門營把總曹虬龍　康熙十年遠安營千總吳嗛智

論曰當思邑立民壯凡以衛民也乃昔以衛民今以禦民矣設之以爲禦也而得禦焉奚賴此民壯爲哉當陽斗邑上下千餘年間覽其往蹟亂多治少大約荊豫梁孟有事則此土首當其鋒他不具述

清興乙酉之變舉數十萬之衆潰不旋踵較三國南宋時受禍爲更烈後知當陽徒有百年之險而實無一朝之恃也

聖天子軫念疆域雖狀莽已剪凡邊縣扼要處所皆令

置兵備守誠安不忘危之意也後有追咎之能爾等以防禦前之爲謀不甚疎哉

隄防第十四

邑因岡爲墉北抗沮水每山水驟發滙爲洪流越其故道衝齧縣治民不安居明嘉靖壬辰當事者於城垣之東北爲石磯以捍之不數年圮隆慶庚午知縣張崧於河北二里許開河故道自西口至東口袤一千五百弓抵東南舊河深四丈廣八丈徑達合溶而乃於南岸築長堤廣十丈高二丈頂有三丈又築新堤

於城之西北山嘴可三百五十丈高廣如前萬曆間堤稍決知縣鄭汲修之天啓間河又決知縣郗如川治之

其在合溶者萬曆初水決曹家口剗沮河淺壬子漳水亦潰而合流去市五里許故河遂竭貿遷不通民甚病之戊申知縣李邦元築堤於曹家口障之旋潰乙卯知縣李一陽集鄉老議謂兩河幷築枉瀾難挽舍沮水聽其循曹家湖獨濬漳水遵故道庠生謝曰源李公濤殷楚等欲全集事至今便焉

在万城者長一千一百九十二丈故本邑李家埠一帶隄腠潰臨川江江陵在其下流嘉靖間江水兩決荆民漂沒無數萬曆初當事者以本邑隸承天護隄之民不均痛瘝乃將前隄內除九百五十丈仍屬當陽其李家埠一帶一百九十丈召民朱徐二等一百二十八戶居其上責令修守准免兩縣門差而本縣尉每歲爲之勘驗遂爲成規　在濕泥湖者長一千三百丈　脊寓港者長一千四百丈

順治十四年隄多潰決康熙四年麥城倒口荆右衛弁

當陽民住隄內者同修羅家灣明荆藩王府與當陽民隄內有田者照畝起夫同修濕泥湖脊寓港亦如之

堰九十二其爲一名者曰古曰舊曰平曰舊汊曰香新曰雙莫曰孤生曰放生曰天生曰邉曰長沖曰小門曰倒流曰倒流橋曰長流陂曰高草曰蒲草曰假草曰深曰藕曰蔡葉曰葛藤曰大蓮曰漸蓮曰小蓮花曰大蓮花曰黄沙曰金沙塘曰黑沖曰黄土曰蘇水曰清水曰白水曰尖山曰峯山曰雲陂曰海曰牛角

曰廣子曰鴨兒溪曰石救曰牛車曰挖鎗曰畢工垱曰官火燒墻曰甕子汊曰走窰曰豐安曰岩埠墻曰馬家曰易家曰于家港曰周二港曰樊家墻曰鞏河曰馮橋曰姚溪曰石龍其爲名一而再見者曰深曰長曰長沉曰邊山曰蓮花曰河曰三汊曰桑林名之而三見者曰大垱曰畢曰清溪曰香爐在一處名而見者曰新終焉明天啟間知縣胡如川矣夫變鐵花錦論曰吾觀於隄防得爲政焉先正有言爲陂勿費鎮利弟宜除害觀於隄防而知其言不我欺也不鑿隄

而承攢流民曰害矣築隄而勞民費財焉甚非害乎賤築隄而民勞其害小不築而使田爲湝民爲魚其害大如秦城一帶頻年潰決甫議修築鄉民爭若溺爲害已而去之功成沿隄之民獲寧宇焉尚得謂之害乎此猶一方事也縣西北大隄障狂瀾河東下不使爲城民食德已久前經水變中潰二十餘丈河勢將由故道爲後隄慮者修築實亟焉

公署第十五

縣署在玉陽山東南半里明洪武元年知縣郝守遵遷治方城患水十三年知縣魏忠還復舊治自是知縣張義劉誠劉珵相繼增修

正堂廳事三楹西偏爲贊政廳軒前爲露臺兩翼爲六房兩承發司舖長司居東架閣庫居西前爲儀門儀門之西爲賓館東爲土地祠祠東舊爲預備倉天啟中知縣胡如川徙倉於賓館之後以其地爲關帝廟三義祠狀是邑囹圄居東賓館居西迎賓於倉禁之間非制也崇禎甲戌正堂燬署縣事署守經歷張維然修

國朝順治二年後署全燬正佐皆視事合溶鎮順治八年士民捐修捲棚三間玉枝棚三間內衙十餘間知縣匀延齡始視事城中順治十二年知縣唐彥褒重修捲棚三間修六房十二間皂隷棚二間順治十七年知縣朱景辰修寅賓館仍舊處

縣丞衙舊在正堂東明成化間汰負其基尚存

主簿衙在正堂東入自露臺負裁基尚存

典史衙在正堂西入自儀門外今燬

申明亭在陰陽學北旌善亭在縣治東俱明成化間知縣莫潛建崇禎間知縣倪瑞胤重修今燬

漳河口巡簡司在縣北一百里明成化二年知縣劉石魁平都御史白圭奏設今燬

儒學三署舊俱在縣治之西玉陽山麓文廟之旁號房射圃咸具自明嘉靖丙午文廟改遷學署遂散處故地嗣是文廟又兩遷學署散處如故碑亭經閣號房射圃俱廢東西兩齋與民居錯列正署向在山麓知

縣胡如川改附聖宮未畢其後崇禎已巳知縣任興建乃啟聖宮之廢址

國朝順治乙酉城陷學署俱燼知縣唐彥褒修諭署於明倫堂右修訓署於學山麓訓裁署應歸學爲尊經文昌兩閣

附録學租本學自己酉奪田改學丁如劉地聽王所存逆花坪等處田數取佃戶宋玉陽等課租共銀貳拾兩正內鈔縣糧銀叁兩玖錢零納提學道租銀陸兩貳錢除外餘銀陸兩玖錢爲三齋經紅常劉書手工食及各衙門一切費用近以舊署隙地起租稍益之

分防正署與訓署隣順治間知縣唐彥褒募四里民勞二所爲之

社學舊在西門外明成化十八年知縣姜英建後改城内萬曆三十八年知縣李啟元爲遷學費變賣仍遷於城外明崇禎間知縣倪瑞胤復遷城北門内尋燬

國朝順治已亥知縣許毓仁建於明倫堂右

陰陽學舊在縣東明洪武三十五年訓術李思昌建正德間知縣莫潛改縣治西隅今廢

醫學舊在縣承流坊之東明天順六年典史張銘修正德間知縣莫潛改縣治西今廢

僧會司在報恩寺舊有道會司在玉陽觀今廢

常平倉在縣治內預備倉在縣治東明正統間知縣張義建天啟中知縣胡如川改遷賓館後今廢

急遞鋪總鋪在縣南迤東南往江陵二鋪曰金沙曰合溶迤西往夔陵三鋪曰黃沙曰蓮花曰玉泉迤北往荆門三鋪曰清水曰桑林曰馮橋迤西北往遠安四鋪曰梯子曰峽口曰馬家曰分水

演武場在東門外明季燬

國朝順治間知縣唐彥褒重建朱景辰增修

養濟院在報恩寺右今廢

行臺布政分司在縣治東成化十年知縣劉誠建按察
分司在縣治東典史張銘建府館在縣治南明正統
間知縣張義建萬曆間知縣方嶽重修己酉知縣李
啟元以按司之地作學宮改布政分司爲都察院府
館爲察院今燬

論曰邑自漢以來負山帶川扼要當險千有餘年万
城一舉未幾復歸舊治巖巖翼翼規度畢張後經寇
燹僅存儀門數椽餘皆灰燼繼起者漸次修葺體制
麤備而已行司西署越在皐莽上客駐麾別館縣尉

借寓民房皆爲闕典近學舊有尊經閣文昌閣圮廢
已久司訓既裁寥寥冷齋當爲弘文廣化地似難久
假釐正振興俟後之君子云

坊衢第十六

邑之西路爲滇蜀孔道明成化中知縣姜英所闢玉泉
以西漸入巑岏其西北趨樑子鋪爲遠安道巒險峩
之其東南趨金沙鋪爲荆州道其東北趨淯溪爲入
州扺上道皆平陸其在城有東西南北文里學山九
六街

表舊九二十一在縣治左右曰承流曰宣化在縣[illegible]
左右曰希聖曰育賢在布政行署曰承宣曰撫字在
按察行署曰激濁曰揚清在縣東曰通衢曰凌波縣西
曰滇蜀通衢爲劉讓者曰奉常爲張濤者曰奉直大
夫爲劉煥者曰清朝御史爲何散者曰五馬爲李讓
者曰聯捷進士曰理學名家爲何治安者曰凌雲爲
何治者曰鵰鶚爲槐蔭者曰應奎爲朱玉者曰騰
蛟起鳳爲諸縉紳氏者曰貞節

万城舊治有六門東曰紅山鳳凰西曰沮州雲物南
曰海潮迎月北曰平楚明林十字街之南曰紫門曰

石關門明魏隆慶時并廢有三江六渡口
皆淩毅河附訛

論曰在明中葉姜侯闢路而蜀道通使車絡繹驛騷
無年澌澌攘攘往來日繁道者既平輪蹄錯織
而哀鴻未甚還集豈昔之康莊今之畏塗耶噫一路
也擊壤而嬉則平陽有康衢之頌葛屨履霜則小東
有周行之嗟履之者其愼旃

鄉市第十七

邑舊有荆臺德化沿江馬良四鄉後割沿江馬良二鄉
入荆門州今所轄荆臺德化二鄉明洪武十三年設

一二三都在縣東正統七年設四五都在縣南成化八年巖必治嗣仍增設六七八都在縣北其屬鄉則散處四封舉其可名者在北曰大松□曰孔子山曰洪市坪在西莊瓦窑頭曰黃蓮寺曰袁子坊曰三興坪在西曰普寺嶺曰乾溪曰章鄉曰蓮花坪曰巴公嶺曰黃沙舖在南曰紫蓋鄉曰明月山曰易家坪在東南曰万城曰魚兒嘴曰淤泥湖曰楊柳湖曰麥城曰合溶曰青楊坪曰栢木港在東曰官壋曰黃陵坂曰沙溪河在東北曰淯溪河曰桑林舖其市鎮爲

合溶者在縣東南五十里沮漳二水至此合流故名俗呼河溶景泰三年典史張銘招集商賈立耆老治之爲清溪河口者在縣東北四十里其在各鄉者曰乾溪曰鞏河曰草埠曰蓄藤港曰胥家港曰周二港大小凡八市肆貿遷之聚轄合溶云

論曰邑之民食其土之毛其利不出於四封而四方之異物無從至化居惟視合溶肆來鹽布帛而外亦無奇貨可居曩有保甲之設弭盜也今則疲於勾攝矣復有鄉約之設宣化也今則僕僕公庭矣　子有言觀於鄉而知王道之易易也夫王道者修其教不易其俗齊其政不易其宜故易易爾觀於鄉者不於其鄉也夫亦知所從事矣

津梁第十八

邑之渡三曰沮河曰漳河曰合溶渡夫三名歲編額銀六兩有奇

橋九曰玉陽在縣西二里石刻元至大改元吉月石匠王伯任鑿曰太平在縣西曰三里在縣東南明景泰三年重建曰普濟在縣西北六十里明正統十三年重建曰朝天在縣東十里曰謝河在縣東十五里曰普通在縣東六十里明景泰二年重

建曰楊子港在縣東南合溶鎮景泰四年典史張銘建萬曆知縣胡朝修曰倒流在縣西北六十里又有順化玉虹二橋

論曰古者以道梁覘政恒垂不治之誅故雨畢而除道水涸而成梁先王之教也今當陽郵表津梁委之不治或者恩其歛怨溪漲水溢民多病涉汨沒巨浪中者歲有其人其以之覘政也信然

典祀第十九

文廟兩廡土地祠春秋祀

啟聖祠春秋祀與府學同

名宦祠春秋祀　漢馮野王　晉杜預　唐田仁會
宋謝嶶明　元張彥文餘缺
鄉賢祠春秋祀　梁鄧元起　元衛應辰張顯　明歐陽琦
餘缺
文廟在縣治東殿宇如制東西列兩廡前為戟門為櫺
星門為泮池為門屏禰後為明倫堂東列進德齋西
列修業齋後為啟聖祠而戟門之東隅為名宦祠西
隅為鄉賢祠土地祠寓焉按邑之文廟舊在玉陽山
宋以前無考元知縣張彥文修至元中知縣王元賓

趙珪修至順初縣監侯某修明洪武初知縣祁守道
改遷万城尋復故趾春玉陽山前經兩徙其始在縣
之右偏即今之尉基也時風氣完聚科名蔚起既而
誤遷於山巔之右陡露弗宜嘉靖丙午知縣侯嘉祥
遷於縣北五里洪市坪與學署分隔一水非制也萬
曆庚辰知縣胡翱改遷西門外報恩寺左學署在城
內如故文廟北向尤非制也已酉知縣黃蔚元教諭
余鮫始徙入城基址原臬司行臺地泮池知縣卜汝
隨始建於櫺星門內知縣胡汝川以其逼徙於外又

改啟聖不宜偏處割奉市地遷明倫堂後又以學宮
不宜右昂復建大魁閣三元閣於巽方修兩坊於學
之左右
皇清順治乙酉城陷正殿兩廡啟聖名宦鄉賢祠俱燼
止存明倫堂櫺星門順治十三年知縣唐彥褒修復
佐事者署教諭舉人黃鳴陽訓導饒亮士督修生員
張奮鵬陳其芝許登儁李映蘭有記順治十六年知
縣許毓仁修啟聖祠康熙元年大兵進山財糧學宮
兩廡進德修業齋名宦鄉賢祠俱圮尊經閣敬一亭

土地祠尚屬闕典
上壇在城西春秋祀中祀風雲雷雨左祀竟內山川右
祀本縣城隍
下壇在城南春秋祀左祀社右祀稷
厲壇在城北歲二月七月十月望日祭城隍主之
關王廟春秋祀廟在墓前歷代建明成化十五年知縣
姜英修嘉靖丙辰都督太監陸炳重修崇禎十二年
知縣區懷瑞重修拜殿有記十三年督理京營太監
劉元斌拓地環墻數百丈植松栢壘石圍塚施田二

十五畝開部楊嗣昌爲之記正殿圮

國朝順治中知縣匀延齡補葺康熙四年知縣門可榮

重修大殿其後殿左殿昭驍王祠廟門方丈垣墻俱

住持僧克順措修西北五里岡上有小關廟

張趙祠在縣東北五里官橋春秋祀　漢西鄉侯張飛

順平侯趙雲

胡文定公祠在縣北十五里龍泉寺右春秋祀

雙忠祠在縣東柘林灘上祀申包胥屈原今廢訛呼雙

塚子

趙忠肅忠靖祠在万城龍湫腦祀宋趙方趙葵父子今

廢

四賢堂祀宋賢唐質肅胡文定朱漢上陸象山在玉陽

觀旁亦曰玉陽書院

四公祠在玉陽觀旁明萬曆丙子邑人建以報修城趙

王鄧趙四公今廢

楊公祠明崇禎年間邑人祀鎮筸副總楊正芳今爲白

衣菴祀廢木主猶存

城隍廟在儒學東

五顯廟在儒學東

三義祠在縣治東明天啟間知縣胡汝川以倉地建

北關廟在北門外街口

泰山廟在城

水府廟一在[illegible]門外一在[illegible]門外堤上後殿圮邑庠陳其芝助修

張侯廟在縣北六十里倒流橋

羅列廟在玉泉寺西詳寺觀

楚莊王廟在黄泥岡廟久廢詳丘墓

[illegible]王廟今失所在

論曰聞之周人設大學於東膠東膠國中也設小學

於虞庠虞庠西郊也虞夏殷周之學一以國一以郊

也不專一也其爲教也左之右之郊之遂之屏而遠

之遠變也而其爲庠不變也邑之庠屢變也屢變非

也雖然中國而授室賜四方均也虞夏殷周之制不

盡宜於今也變之是也釋菜之奠章教也既奠而有

聞於其鄉者秩焉敬德也施不没於其宮者秩焉懷

惠也境以内有及於民者秩焉賽功也鄉人一爲没於

其境者秩焉卹忠也没而亡歸者秩焉爲之主[illegible]

是者不在祀典謂之叢祠叢之言藂也泰山借也南
配元君瀆也水府多也山川繞之也五顯藏也抑又
聞之鬼神幽也禮樂明也一闔之內刑名禮樂連衡
而居而鬼神參治焉君子以爲猶禖也

封爵第二十

漢劉　盃　封當陽縣侯

宋　楊　安帝永寧元年遣大鴻臚持節至墓追封當陽侯

晉杜　預　字元凱杜陵人尚主拜豈樂亭侯太康元年以荆州都督平吳進爵當陽縣侯後轉征南大將軍謚成

王　戎　當陽侯

陶　臻　字彥遐潯陽人長沙公侃兄子有勇略咸和中賜爵當陽亭侯爲南郡太守後贈平南將軍謚肅

劉　勔　鍾沮伯

劉宋陳　胤叔　泰始初封當陽縣子

劉　秉　字彥節宋宗室元徽二年以尚書令封當陽縣侯昇平元年與中書監袁粲誅蕭道成不克死之子兆之

梁鄧元起　邑人天監初封當陽縣侯有傳

蕭大心　字仁恕簡文帝第二子大通四年封當陽公簡文爲心謝表曰白食之餘無黃童之對荀彧入榛異子烏之辯遂後早達茅社風開并賦大同元年爲郢州刺史

樊子蓋　封當陽縣侯陳武帝時爲郢州刺史

魏徐元孝　永平二年以克三關功封當陽開國伯

論曰自封建罷五等亡爵有其號而無其土供之而
已然殊庸偉閥垂姓名於千秋者即帶礪莫永於此
焉有土之君且有贖然削色者矣之數公者未暇具
述若杜征南功德被於襄沔民嘗父之矣當陽其報
功之地爲可泯也陶長沙驅馳郢鄂四十年子亦食
報於是邑斯無愧杜父矣至於鄧忠侯爵以其邑功
實炳於汗青榮名流於桑梓豈不亦奇男子哉然其
初本仕齊梁武一招即赴視劉令公凜凜大義寧爲

袁粲殉毋爲褚淵生爵適相繼能無色恧余故叙著
之使尚論者鏡焉

職官第二十一

歷代

春秋闞　緡　楚武王時爲權尹詳見事紀

闞　敖　繼闞緡爲權尹詳見事紀

秦楚英　布　當陽君

漢馮野王　當陽長有傳

劉宋劉　虬　字靈預一字德明本涅陽人徙居江陵抗節好學泰始中爲當陽令罷歸辟召解不入學累辟不就以江陵西沙洲去人遠乃徙居之率時有白雲徘徊簷戶又香風吟颺云子之

遺之孝武帝嘗詰虬盧見二子曰之遺兕以文章顯之宇必以功名著後果然

陳周弘直　當陽令

隋皇甫昆　當陽令

唐田仁會　平州判史，有傳　盧壽童　當陽令　張　憤　當陽令，貞元中任

鄭見利　當陽令　黄　駉　當陽令

宋謝擬明　當陽尉，有傳

元張彥文　至正間任知縣，有傳　王元賓　至元間任知縣，修復學宮

趙．珪　銅梁人，至正間知縣，修明倫堂

明當陽縣知縣

洪武　祁守道　魏　忠　徐　稱

胡原宏

永樂　蔡　榮　海陽人，舉人　楊　鐸　兩□人

宣德　蔡　浩　海陽人

正統　張　義　浙江人，監生　金　遠　遼陽縣人，監生

景泰　盧　進　寶應人　楊　福　雲南人，監生

天順　婁　義　南永人，監生　陸　肥　豐城人，舉人

成化　黃　恕　歸德人，舉人　劉　鉞　安福人，舉人

彝　英　莆陽　劉　松　臨桂人，舉人，有惠政

弘治　徐　恒　武康人，監生　胡伯安　舉人　胡振遠　舉人

阮　華　新昌人，監生，廉介

正德　武　儀　宜賓人，舉人　劉　理　武城監生　陳　章　永川人，舉人，有良稱

趙神甫　舉人　莫　潛　臨桂舉人　張　鐸　贛縣人，監生

嘉靖　沈　序　綿州人，監生　高　英　宜山選貢　張　模　涪州人，舉人

侯嘉祥　有傳　秦　覺　雲陽舉人　李應魁　祥符人，選貢

俞　詔　莆田人，舉人　周士弘　南陵舉人　吉行健　有傳

吳　蒙　都昌人，歲貢　張　松　有傳

萬曆　方　徹　富順人，舉人　張維翰　四川安縣人，歲貢

胡　朝　樂至人，歲貢，修舉廢墜，有賢能之譽　李履純　杞縣人，舉人

王國珍　順天舉人　馮君來　台州歲貢　趙思基　有傳

鄭　汲　南城人，歲貢　方維翰　廣西平陽人，選貢

曹養正　有傳　羅應曉　泰州舉人

馮　仕　號慕溪，錢唐人，舉人，平訟愛民，折節課士　李啟元　號還樸，晉江人，選貢

吳之宮　號玉樓，沙河人，舉人　李一陽　浙江人，舉人，陞同知

吳士忠　號滄洲，歙縣舉人，陞知州　卜汝隨　有傳

天啟　胡如川　號行素，安居人，歲貢，陞寧州知州

崇禎　任　昺　號荆含，宜興人，舉人　張拱端　號紘公，華亭人，舉人

晏秉直 號太初陝西人歲貢

區懷瑞 號洞叟廣東人舉人有傳　倪瑞胤 江南太平人有傳

國朝

順治 孫茂槐 山東人有傳　扈坤 遼東人　勾延齡 山西大同人貢士

冀彌煥 河南人貢士　倪三策 直隸人舉人

唐彥裘 號倚旭浙江人進士修城修學析多折漕皆其仝績　徐天麟 江南舒城人貢士

許毓仁 遼東廣寧人貢士

朱景辰 號新葵福建將樂人貢士

康熙 門可欒 號維光遼東海州人蔭生

當陽縣志　卷之三　〇二十六

明縣丞

成化 王著 慶雲人監生　方海 仁和人監生

廖弼 新喻人監生　成化二年增設巡簡因裁此員

明主簿

弘治 陳貴 內江人　廖昶 蓬州人監生

正德 劉存 淄川人有能　馬繡 滎澤人監生

王復登 宜賓人監生有惠政

嘉靖 祝繼昭 海寧人　許昆 彭水人監生

蔣能佐　謝體尚 吉水人監生

魏崇仁 □州人　張亞倚 □湖人歲貢

趙良翰 上饒人　彭璋 什邡人歲貢

魏朝英 □陽人監生　張繼興 涇陽人

毛存仁 長州人監生　符洛 江西人歲貢

魏棨 山東人恩貢　王三顧 山東人監生

胡夢暘 南直人歲貢　楊象賢 雲南人歲貢

李昊 歲貢　金萬瑚 徽州人監生

王時卿 山西人儒士　姜效禮 南直人　馬公寅 四川人選貢

蔣明臣 浙江人　原奇 江西人　徐上選 浙江人

陳心學 北直人監生　華應元 浙江人

天啟 凌經世 南直人

崇禎 王家棟 浙江仁和人監生

當陽縣志　卷之三　〇二十七

明典史

宣德 劉文先 閬中人

正統 朱子惠 大庾人

天順 張銘 永新人

成化 鄧廣 定遠人　曹信 鄧州人

弘治 周識 蕭縣人　李泰 墊江人　周宗義

陳綱五河人　劉澄進遠人　[illegible]
正德　胡信鄞縣人　李惟實　高鳳內江人
嘉靖　鄭時臣　胡昺嘉定人　梁翼巴縣人
薛楠華亭人　龍琛瀘州人　李寬黄巖人
徐世良餘姚人　任仲德西充人
隆慶　鄭進金谿人　陳應元合州人
萬歷　郭汝應龍泉人　王相　陳作新
黄舜章廣西人　黄朝恩福建人　黄福科江西人
周文藻江西人望吏目　黄日熙　區環福建人

羅繼美四川人　蕭繼定福建人　劉嘉謨四川人
黄拜仁陝西人　宋德隆江西人　關應壽浙江人
李時會福建人　郭紹椿福建人　李旻福建人
天啓　張啓明華亭人
崇禎　仵鳳才陝西人　張其維　陳朝昇
孟文邦　周時旺
國朝
順治　言嘉典浙江人　曹一勳陝西富平人　[illegible]
桂一鰲江南池州人　柳維邦浙江金華人

魏承韓直隸通州人
明漳河口巡簡司巡簡
李自慶　淦尭弼四川人　萬達英[illegible]
王好耕山東人　李恩山西人　王鎧興[illegible]
李如春九江人　閔三德北直人
崇禎　胡日省平湖人　徐萬化
國朝
順治　劉溥直隸人　葉大成　鄧輝江[illegible]州人
康熙　邵從龍浙江人

明當陽縣儒學教諭
正統　葉子白永平人
鄭崇號三山，福州人，進士，卒於任，因家焉。子振進士編修，孫儼、玄孫餘慶皆以明經顯
成化　陳旻鄞縣人　田制安福人監生
弘治　孟鐄閬縣人舉人　孫達懷寧人監生
劉垂
正德　楊洲昆明人舉人
嘉靖　黄楷江津人監生　支樟灌縣人監生
宋佐臨桂人舉人　左祐建昌人歲貢

史諫　石巨川 偉南　楊琛 化州人 歲貢

徐登 越嶲人 歲貢　戴賓 永嘉人 歲貢

楊文煥 浪州人 舉人

隆慶 吳瑞 涪州人 歲貢　李景清 湖口人 歲貢

萬曆 橦用傳 馮平人 舉人　胡維楨　賀逢堯

曹珩 石阡人 舉人 潛江知縣　劉淡 宜城人 歲貢

瞿成名 黃岡人 舉人 陞夔府同知　沈文輔 蘄陰衛人 歲貢

姜宗魯 均州人 歲貢　張胤祖 麻陽人 歲貢 史稚有知人之鑒

余鉸 號潛龍 咸寧人 舉人　辛以忠 號蓋宇 昌人 舉人

王如春 鄖陽城人 歲貢　王芳 桂南　鄭應戴 台州人 歲

天啟 單鍾元 高安人 歲貢　鄭時舉 號炎吾 靖州人 歲貢 陞新蔡知縣

崇禎 黃聖年 字邊永 南海人 舉人　周有紀 武昌人 舉人

馮應祥 江南人　毛應龍 石門人

國朝

順治 黃鳴陽 蕲州人 舉人　陳民懷 應城人 舉人 中辛丑進士

傅楙 孝感人 歲貢 纂修支經 ... 心太 嶽避山 上臺嘉之

訓導

胡茂彰 ... 人

隆叔遐　沈俊 新昌人

成化 吳嚴 松潘人　尹鯛

弘治 徐本固 合州人　陳剛　王相 大寧人

正德 徐集 眉州人　蔡禧　周鳳陽 [illegible]

嘉靖 楊亨　盧銳 鎮江人　吳仁 鶴慶人

李勝宗 安縣人　陳仰 永嘉人　董測 寧波人

程箕 築溪人　郭文華 安南人　王巽 孝豐人

陳惠 合州人

隆慶 姚志仁 廬州人　夏業 峨嵋人　閔旦

鄧林椿 鄖陽人　王可相 彞陵人

萬曆 謝遇　李天華　傅應袞 富順人

王尚國　郭泮　夏宗什

譚鎬　王國士　李詩

王一晃　高應選 江夏人　駱尚儒 澧州人

李璲春 澧州人　張燦南　羅芝 威遠人

黃柯 波寧人　孫斯佑　廖世卿 石門人

陳大賓 零陵人 陞知縣　劉一鶚 泰和人

王道淳 桑植人　譚汝廉 醴陵人　袁崇書 公安人

周倈　蔡相衡雅州人陞湘潭諭

黃裳吉興國人陞穀城諭

天啟　房宜興歸州人陞黃安諭

張文煥鄖陽人簡樸有操諭文咸中程法士至今思之　王維翰廣西馬平人

崇禎　熊化麟號仁襄四川建昌衛人　李應甲號完初廣西宣山人

劉　周　馬騰蛟雲南人

國朝

順治　黃序漢陽人歲貢陞監利縣諭

王晉錫咸寧人歲貢陞巴東諭

饒亮士崇陽人歲貢陞谷城縣諭

梁充軏竹山人歲貢後奉裁

康熙　王圖末澧州人歲貢

論曰今之縣古子男國也周官縣正掌其縣之政令而賞罰之此縣令所由始漢以來更立博士文學掾以教其弟子儒與吏始異趣政與教始分途矣然有分之者亦有合而統之者逮明丞簿全設廣文三席彬彬乎與齊盛哉厥後裁丞裁簿復裁訓一人清興仍其制未幾學裁諭存訓沿革因時然兩三載致績新故代謝邑紀其氏名者何曰示勸也有功德於民者不能泯也宦斯土者有父道焉有師道焉苟能才思敏贍治具聿彰雖千百年事如在甌閭後之君子可指而數之至宰縣入為臺郎射鵰亦擱詞賦叔孫迂談制典禮榮及弟子官雖異等豈不皆為大用地哉

當陽縣志卷之三終

當陽縣志卷之四

選舉第二十二

進士前代缺

明永樂壬辰科　李讓 大理寺評事歷廣東右參議有傳

國朝

順治壬辰科　陳其炅 授浙江處州府推官

己亥科　楊州彥 授直隸河間府任丘縣知縣

舉人前代缺

明洪武壬子科　甸治安 江西建昌府教授

永樂辛卯科　李讓 進士　甸志 四川井鹽學訓導

倪孝儒

甲午科　朱玉 中應天府鄉試

嘉靖己酉科　姚會 四川南溪知縣有傳

乙卯科　張楠 直隸宿松知縣

隆慶丁卯科　聶武 陝西富平知縣有傳

萬曆乙酉科　李應麟 中順天府鄉試初授井鹽知縣遷鎮寧州知州有傳

癸卯科　周仲庠

乙卯科　栗聯芳

戊午科　周際明 初任廣東廉州府推官又任淮安府鹽運判又任雲南武定府推官又陞河南鄧州知州〇是科縣令吳士忠前後加科登額四名併增設驛贊賓興之盛自此始

天啟丁卯科　熊穎捷 有傳

崇禎庚午科　汪士傑 順治間授山西靜樂縣知縣卒於官

癸酉科　李大年 署竹溪歷任桂陽州學正見任永州府教授

丙子科　王鎬 有傳　郭之郁 署寶慶新寧教諭

壬午科　陳其炅 中壬辰科進士

國朝

順治辛卯科　楊州彥 中己亥科進士　張旦生 康熙[illegible]科潛江人

明貢生前代缺

洪武　劉煥 字炯文授山西道御史封父母遷山西按察司副使致仕

張濬 字伯源任睢州知州擢刑部員外郎進階奉直大夫父宗仁贈如其官遷郎中

何毅 字道遠授常州府通判遷漳州府知府

劉讓 戶部員外郎

永樂　尚文 魚臺縣丞

何銘 慶府典儀

薛賢 藁城知縣

陳福

正統　褚恭

劉英 布政司檢校

李崐

李晟

景泰王讓　張麒　張憲
劉冨
天順劉佐濟南府簡校　唐禮上高主簿　曹渙
魏忠　鄭經分宜縣丞　周冕歸安縣丞
熊泰　王本
成化馮亮寧羌判官　趙旭唐縣主簿　何源宜賓主簿
向仕廉順慶府判　李賢崇寧主簿　尚璉溧水主簿
劉宣重慶衛較　胡灝烏經縣丞遷清江縣知縣
胡格黃州府訓導　陳禎弋陽主簿

弘治歐陽琦有傳　李慶　宋輝
盧綸　江潮汀州照磨　賀表息縣丞
郭儒　楊文心　曹偶桐廬縣丞
何聰　嚴端　甯璽成都府經歷
正德宋端恕　唐濟　曹鸞太平府經歷
黃榮華亭主簿　張欽慶符知縣　李長春理問
姚廷用有傳　鄭儼彭山縣訓　曹璋
嚴中泰
嘉靖許翺考知縣衛未授仕卒後裔讀書代有人登雋尹其四世孫

李太翔縣丞　馮正經照磨　馮正綸衛經歷
黃冕推官　李天祿主簿　車必榮
楊孔麟衛經歷　鄭芳訓導　楊孔鰲主簿
張祥訓導　吳欽縣丞　陳宣主簿
張琛知縣　黃裳典簿　鄢琥主簿
周憲　羅鵬　黃鰲訓導
徐文學訓導　何吉　廖禎
李榮春　車星博學能文鹽井衛授再遷
汪璠有文名擬元未果　張大川

隆慶顧仁訓導　熊一鶚秀水縣丞　毋壽訓導
黃元
萬曆劉東魯鹽城縣丞　馮元　葛希賢有傳
李應麟選貢有傳　曾秉　龔仕
陳旨安陸縣教　黎獻重厚雅博授官不仕
毋儀　李應兆　周希文
史希楚選貢有傳　吳九思台江知縣有傳
葛希俊秀水縣丞有傳　龔偉　吳大濂
謝滋沈丘訓陞沈丘諭　李寀雩都諭視篆龍南

張耀然　馮世廉 仁和縣丞有傳

周鴻謨 歷順慶府授致仕　劉家相 歷饒州府授致仕

李深 歷崇陽諭致仕　鄭餘慶 有傳

梁國相 歷彭澤諭致仕　梅遇春 蒲圻縣諭致仕

黃大中 歷墊江諭

泰昌 黃之通 恩選

天啟 周琮 恩選　金大赤 澧州訓導　賀登元

崇禎 劉士奇 恩選　羅繼思　殷芝

歐陽煥 考授知縣銜　陶大賢 任湘潭訓　白之彥 乙亥拔貢

殷華 安陸縣教諭　金門彥 襄陽教諭

當陽縣志　卷之四　〇五

梁焜 己卯副榜科貢　謝曰藻

陳九章

國朝

順治 周毓鳳 恩貢考州同銜　廖養毅 歷任江陵枝江教職

范念祖 恩貢先任直隸保定府通判見任江南松江府同知

詹南 初任岳州華容學訓轉任永州新田學諭　陶喆 恩貢考授府判銜

周敬修 歷任德安教授任直隸元城縣丞見任山東青州府益都縣丞

梁山金 任江南寧國縣知縣

范文叔 任永州府教職奉裁候補　黃鳳岐 恩貢

武科

國朝

康熙 朱斌元 癸卯科武鄉試邑人鍾祥籍　郭達 丙午科武鄉試荊門人

明監生

正德 汪濟 毋老終養不仕授教職銜　汪漢

張鑽　黃榜 池州判

當陽縣志　卷之四　〇六

嘉靖 宋朝猷　黎宗國　李梁 東鄉主簿

李棟 寧州同知　張松 白河主簿　張機

江滋　張校 邛州吏目　汪璞

李科 衛經歷　邵正　汪正潮

黃見　張桃　李玠 涿州吏目

宋庚 蘭州判官　馮庠 鴻臚寺序班　李瑶

張百川 峽江主簿　汪正憲　馮度

宋明

聶鈞 初任江西贛州府經歷硯篆興國石城尋陞廣東雷州府經歷慈惠清慎有聲

梁　暘　張如川　汪　鋒

汪　鋅　汪　錄麗河池州同知孝廉士傑父

黎　教　黄夢蓮　嚴其儀

李宗珠　馮世勲　馮世美

萬曆張偉然成都王簿　姚　慎北勝吏目　汪　棫邑庠鴻亂祖

聶登瀛　黎替化附生入監　張春然

劉　釆　饒　銘任東鄉簿

劉　載御史煥之孫移授南城兵馬恩封父母遷肇昌府通判

張沛川

崇禎張崇彥授鴻臚寺序班　聶登俊由附生入監授鴻臚寺序班

徐文昭授京衛經歷　熊隆胤附監授鴻臚寺序班恩封父一爵母謝氏

黎敷化授徐州衛經歷　劉　軒御史煥之孫

李　燿附監授楚府審理　張忠成邑庠擧元父

黎時化　張維圻　黎遵化

張曰然

國朝

康熙范文釗　趙州牧　楊大儀

論曰今士起家科目以冀名於朝而焜燿其鄉里此世俗所謂得志也噫世之得志也此乎夫惟其以此爲得志也故不得志者輒搖擊曰國家以資格限人夫以資格取人爲限之云乎且人之不可以一格收也明矣而格之不能限人也亦明矣今有學如公孫弘而以齒擯者乎有略如卜式文如司馬相如而以貲擯者乎使學不必如弘也而平津略不必如式也而御史大夫文不必如相如也而使綺繡士則得志矣國家其何利之有吾以爲士亦衆無挽此格而已烏在而不得志哉

治行第二十三

漢馮野王字君卿潞人奉世子受業博士通詩年十八上書次補當陽長以治行入爲左馮翊歲信著京師遷大鴻臚上欲用爲三公以野王女弟在掖庭避嫌出爲扶風太守後弟立相繼爲郡治行與野王埒民有大馮君小馮君之謠

唐田仁會雍州長安人累遷左武衛中郎將永徽中爲平州刺史歲旱自暴以禱而大雨穀遂登民歌之曰

父母有我兮田使君挺精誠兮上天聞中田致雨兮山出雲倉廩實兮禮義申願君常在兮不速貧仕至太府少卿右衛將軍所得祿有羸輒入之官年七十八卒謚曰威

宋謝徽明弋陽人疊山先生枋得之伯父也以特奏恩爲當陽尉攝縣事天基節上壽元兵奄至徽明出戰死二子趙抱父屍亦死

元張彥文保定人至正二十八年任當陽知縣適縣治始創彥文安輯人民增益戶口興學勸士去任民思之

王元賓至元間知縣時兵燹學廢元賓至乃相舊址修復如制

明魏　忠洪武十三年任知縣邑治方城遭水患忠徙復舊治增修廨宇創學興教風化以行

姜　英福建政和人舉人成化中知縣蒞事公勤館民平易開西川便路賓馬遞邑自是爲通衢生殖以振惠政甚多陞監察御史去民歌之曰姜當陽古循良自去後德難忘

侯嘉祥廣西梧州人嘉靖中知縣時邑始改隸多徵求又川路夫馬務派額設嘉祥撙節措處不以德怨動念後雖繁而民不擾自奉甚薄贖鍰毫不自潤民羅仲仁夜殺二弟以盜告嘉祥察其詞色叱之曰汝殺弟當誰捕囚伏一邑稱神陞綿州知州民爲立十善碑

石巨川江西寧州人舉人嘉靖中署教諭深於濂溪之學燕居危坐課士以悍本爲先論文軌於先正士習一變

吉行健四川西充人舉人嘉靖末任知縣卓達有能廉恕不擾幾於刑措

張　松號湛源廣西宜山人舉人隆慶中任知縣爲政廉平時境內多流劫松設法捕之邑賴以安沮水壅決壞城松疏河道南北築長堤數百丈以捍三月竣事遂爲永利牲豁幽秋公餘吟詠不廢

任夢榛字山甫南直休寧人監生萬曆初雲南大理府判任留守司經歷來署縣事有幹略節愛兼著初署孝感奉檄築城底績會邑城惡上復委夢榛治之

□爲土垣易圮夢榛悉易甎甃數屬有方民樂趨□
朞月而竣復以餘力修邑志亦其功也
趙恩基廣東番禺人舉人萬曆中任知縣精敏彊□
於法無所撓未終仕民甚誦之
曹養正四川綿竹人舉人萬曆中任知縣有風裁釐
姦弊輕徭賦并無寃民嘗曰吾以三無負者官此一□
方奈何以民之性命供吾喜怒以民之膏血殃吾子
孫也儀卒百姓哀泣如喪所親
卜汝隨號心源山東益都人歲薦萬曆末任知縣清

嚴簡靜合滌鎭商民湊集繩菩盜㑹設柵欄嚴保甲
法民以安奉上檄督夫於沅戚略甚著知而知衛督
偷勞粹卒於道樞經本邑民攀號不絶
王　芳賓應人萬曆四十六年任教諭風格高整教
訓崇吉卒芳爲治殮具稽俸入請當事賻扶櫬以歸
黃聖年字逢求廣東南海人崇禎間由舉人署本學
教諭温文醖雅喜作詩古文詞著有堂草邑志纂
賴爲編集云
區懷瑞字啟圖廣東人舉人崇禎間授本邑令治尚

淳和學推淹雅有詩文集行世尤長經濟賊嘗率大
隊攻城民皆震怖㑹猶剪竹蒔花從容應敵防禦不
疎所著有玉陽稿今亡
饒瑞胤字清涯江南當塗人明經崇禎末任本邑令
清靜無擾政勤邑中糧與丁析有當田已盡而丁存
本戸者民甚苦之値供審㑹令丁隨糧轉照糧過戸
遂爲成例至今稱便云
國朝
孫茂槐山東萊陽人順治三年由特用授本邑令單

騎赴任身衣皂綈多補綻甫下車奴痤白骨隨瘞碑
冢招撫流亡哀鴻漸集以人代牛汗滴禾土㑹見輙
下馬流涕或勞以酒有子矜不能自給㑹或謀其晨
夕助其喪具惠民愛士不啻古人尤嫉惡有蠹民者
立杖斃之胥隷無敢索民錢粟者邑之西北爲土暴
周國西等盤踞甚爲邑苦㑹上閣勦之旋以憂疾卒
於官遠近莫不泣下㑹官一載沒無遺金上臺憫其
苦咸贈金扶櫬以歸
門可榮字維光遼東海州人以父蔭爲郎性醇和英

敏有幹略本邑西河一帶舊防久決其中土著畢
強半率不任修築侯控之上憲至得命軍民協修房
也初邑中里役十年輪應者曰當年曰斗級歲之時
悉出其所籍甲每繁重難應侯軫其情上請革之民
稱便焉

論曰吏治莫盛於漢卓魯龔黃後世尠稱焉三載計
殿最今不有勝於古者乎大都國史不及載者列之
郡乘郡乘不盡錄者詳之邑志自漢迄今吏茲土者
荒略不具述此十數公者今昔見思必有入其深者
矣
朝廷秉風江漢閣上其狀珥筆紀之豈第一邑垂不朽
哉抑聞之先儒廉以爲本守法不失傳不傳非所計
也

人物第二十四

梁鄧元起字仲居邑人初仕齊爲武寧太守梁兵起元
起率衆會於夏口齊和帝即位拜廣州刺史中興元
年改益州刺史仍爲前軍建康平進征虜將軍梁天
監初封當陽縣侯武帝之初起也益州刺史劉季連
持兩端聞元起至發兵拒守元起至巴西太守朱士
略降蜀人競來歸元起糧乏或請括巴西二郡涪令
季膺諫曰前有嚴敵後無繼援人始附若糾以刻薄
衆心一離雖悔無及元起曰善膺退率富人上軍資
得米三萬斛元起進屯西平季連路絕計窮乃降元
起入城珍寶山積悉推與佐吏以鄉人庾黔婁爲長
史（黔婁江陵人曾爲編令昇陵令）又得荊州刺史蕭遙欣故客蔣元
濟任以州事庾峻潔蔣善謀相須爲理尋以老母歸
養詔徵爲右將軍以西昌侯蕭淵藻代之時魏將王
景胤攻東西晉壽告急元起倉卒便發帝亦假元起
節征討諸軍將救漢中會淵藻至入城求良馬元起
曰年少郎子何用馬爲淵藻恚醉殺之誣以反帝疑
焉有司追劾削爵詔減邑之半封松滋縣侯故吏廣

漢羅研諸闕訟之帝曰果如我所量使讓淵藻曰元
起爲汝報讐汝爲讐報讐忠孝如何乃貶淵藻贈元
起征西將軍仍給鼓吹謚忠侯元起遇害黔婁身營
斂殯攜其櫬歸里
元衛應辰邑人自號館沮散人博學篤行隱居弗仕有
古逸民風至大間人
張灝邑人至正中以材德舉任江西道廉訪使振
揚風紀有名於時
明李讓邑人登永樂壬辰科進士性端慤務自砥礪

初授大理寺評事歷廣東右參議居官清苦不渝有
治聲卒於官
歐陽琦字獻修文忠公之裔也祖希德自廬陵宦荊
州因家當陽琦幼穎十四餼邑庠弘治中應歲薦或
諷以仕琦曰吾有老母以祿養不若以色養也與弟
瑺朝夕膝下孝友之聲騰於遠近晚尤躭嗜五經年
八十有四自題墓而卒
姚廷用字舜卿其先臨江人父徙籍本邑用由國子
生授四川嘉定州同知時守尚嚴明廷用以慈和濟

之任太史有齡爲諸生時廷用識拔之遷衛輝府通
判卒於皖城廷用素好施構及道卒倉皇間有爲其
親預製者假以殮人謂陰德之報廷用佐州六年民
甚德之祀於學宮
姚會字文甫廷用之孫也少耽學性孝親疾輒侍
立不寐無倦色中嘉靖己酉科署教嘉定即廷用舊
治士入敬愛歷四川南溪知縣行十二善政大得民
心將奏績偶有大宦歸里吏白故事當執手版會怒
笞之即告歸士民留之不得乃立祠至今尸祝不忘

聶武字仁卿其先河南人宋忠靖公真叔之後父
大傑徙籍本邑武登隆慶丁卯科任陝西富平知縣
發摘如神不避疆禦有淫僧收匿婦女經年亡問者
武廉得狀置之法焚其寺一邑稱神明後自以不能
阿上凡七請歸居鄉敦讓好施
葛希賢字子良其先貴溪人祖雄徙本邑希賢十歲
能文十四入鄉闈藩使見其幼亟索卷觀之大驚賞
既入彀藩使不覺喜溢曰此葛生也主者引嫌罷去
相顧歎惋而已萬曆間以歲薦授浙江紹興府判剖

決如流上虞民有殺人應抵者親識懷金為其地希
賢犧然曰人命至重鬼神難欺汝將墨吏我耶慚而
退試生童數千人一夕竟其牘詰旦一一誦述臧否
亡遺者諸生服其神捷會上某有所需於其屬希賢
持不可喟然曰嚇我者止此官耳吾妥往而不得遂
拂衣歸性孝友異母弟希俊少孤撫之以歲薦為秀
永丞廉平有聲
李應麟字振公邑人萬曆乙酉以選貢中順天鄉試
性高介絕跡公府初任四川井鹽知縣清苦有異政

遷鎮寧知州卒於官貧至無以為殮
鄭克昌字伯賢福州人祖崇進士本學教諭因家焉
克昌少為諸生不售遂棄去放浪山水以吟詠自娛
遠安鮑令慕其高數造訪皆不納本邑馮令強一識
面終不報嘗采禹貢周官以及管韓荀賈諸篇彙為
一書以見志子餘慶字五雲歲薦歷教諭篤行有父
風
馮世廉字湊如邑人以歲薦任浙江仁和縣丞明敏
過人疑獄一讞立決甫一載即乞休優游林下二十

年卒
吳九思號時泉本新淦人隸籍本邑以歲薦任黃岡
訓俸入輒以資寒士進士鄒之易諸生符善貧失偶
九思為之殮故婚新之易戴之如父還合江令有士
董翼亦貧學遇之翼後登第九思卒翼過墓涕泣甚
哀
史希楚字景猗邑人以選貢歷知華縣敦俗勸學以
德讓為先林居謝絕塵務人罕覿其面
楊誌字石父其先清江人五代祖在廷遷當陽誌

儀表豐偉聲如洪鐘少喜古文詞兄弟六七人皆試
有司為諸生誌獨不出或強之笑曰吾族當與諸兄
弟取青紫足矣而諸從每試歸誌輒置酒笑樂三十
餘始出遍遊竟內山水時一至吳越而蹤跡多在湖
湘生平不喜見富貴人長沙禹山宗王善詞賦誌乃
以布衣取重稱方外交罷邑有司造廬欲一見不可
得子弟疑倨誌曰予布衣又腹大不能為深揖故不
敢耳庸倨乎一日於遊次覽鏡見白髭驚曰予老矣
堂上且有兩華髮人安可漫出自是嘯詠田間寸餘

然卒年六十六誌為詩瀟宕清真有幽思無婁韻源
得風騷之致遺草數卷大都沅湘間語多幽折田居
語多和暢未易材也
金大赤字大純以明經歷寧州華容教職素以孝著
年七十致仕母周氏年九十三崇禎甲戌城陷賊欲
殺其母赤罵賊與母及子鑰俱死
陶鑄陶治邑人甲戌城陷兄弟被執度不能俱免請
留一人奉先祀兄弟爭死賊兩殺之
游龍飛邑人事母以孝聞人呼為游孝子母有疾刲

股奉之邑令匾旌其門曰純孝
熊穎提字非熊性樸謹中崇禎丁卯鄉試署江陵諭
闖逆屯襄入遠安鳴鳳山與都司旁應新據險協守
賊環攻之砦將潰遺書與兄曰朝廷不忍負祖宗何
可辱投崖死
王　鎬字世求中崇禎丙子鄉試與試吳偉業評其
文奇橫淵古癸未闖逆屯襄偽徵下不應偽令械之
去至清溪市鎬餉解者酒乘醉遁南漳山寺偽令索
之急適有僕物故鎬陽與櫬歸殯于庭令子弟執衰

偽令發棺驗其詐親屬皆逮繫鎬聞之拍案大呼氣
遂絕
梁國相字調元南陽葉縣人明成化間入本邑籍由
明經任萍鄉訓陞彭澤諭投冠歸和易近人於後學
不厭教誨事繼母以孝聞卒年八十餘子五人長燿
次焜文章有教寧國令山奔其冢孫
聶登衢字瞿衍少敏悟十九補弟子員每試輒冠軍
闖逆偽辟至偽令強之衢痛哭髡其髮自歸江籬和
尚

國朝
陳其美字公彥號靜菴先為福之閩縣人徙吉水徙
黃陂始隸籍本邑美生而孝友雅度能容讀書寒暑
不輟登順治壬辰科進士任浙江處州府司李自奉
儉約治尚清靜決獄多所平反分闈校士稱得人卒
于官年五十五舁櫬歸圖卷數卷而已先因亂客潛
遂家焉載潛志流寓
劉鴻儒字介臣邑明經性豪爽不拘小節諸生時以
邑中事自任每上書當事遍陳利弊咸可其議人有
過輒面折之無所回容授湘鄉縣司訓未之任卒年

五十九邑人惜焉

烈女

明曹氏淯溪里人盧友傑妻曹勝女弘治十六年傑死守節嘉靖十八年奏聞旌表建坊

宋氏邑人李宗濂妻太學生宋明之女生子李耀濂故二十七歲苦節課子由庠入監任楚府審理壽五十八卒

王氏邑庠劉拱辰妻年二十二夫死守節事繼姑克孝萬曆中事聞有司歲給庫銀貳兩學使者屢旌其

門七十三歲卒

羅氏邑庠張銑妻貢生羅鵬女生子如松一歲而銑死羅氏年二十七守節壽六十一卒

吳氏邑人汪珚妻荊州衛職吳綱女歸一年珚死吳氏年二十一守節壽八十六卒

王氏邑人汪鋭妻年二十夫死家貧無子王氏厲志苦守嫁二女無所眖餘蓄以授嗣子以壽終

龔氏邑人蕭宗禹妾庠生龔種德妹歸蕭載夫死氏矢必死不食七日卒

劉氏邑人粟春芳妻生次子升之甫七日而春芳死劉氏年二十六守節後三十年甲戌城陷劉與二子俱死於兵

鄭氏邑庠劉賢妻崇禎甲戌城陷賊欲污之氏入室舉火自焚侍婢奪其懷中子出不知所終賢亦死遂絕

張氏邑庠汪若濬妻甲戌城陷罵賊死之

論曰或疑陳仲弓一太丘長爾苟非門地高顯荀陳交譽亦安能取重月旦轂施至今乎余曰是誠有之

然苟以高顯而已何復有公慚卿卿慚長之論故知太丘之德不可誣也叔孫穆叔以德功言為三不朽余以為提一不朽爾世固有無德之功無德之言亦安在其不朽也茲數公者惟御以功著其他皆以德重不竟其施其文詞亦不顯於世然余以為有其不朽矣故論著之竊卿孤煢欲泣淩齒彼豈有覬於後世顧其志操雖與日月爭光可也余固次於士夫之後非徒女訓亦為烈丈夫勸焉

僑寓第二十五

漢王 粲字仲宣山陽高平人獻帝西遷家長安善屬文蔡邕見而奇之曰王公孫有異才吾不如也吾家書籍文章盡當與之年十七辟除黄門侍郎以西京亂不就鄉人劉表爲荆州牧粲依之粲貌寢通侻表不甚重作登樓賦以自傷其贈士孫文始詩有曰遷於荆楚在漳之湄蓋寓當陽也表卒劉琮降魏粲辟爲丞相掾遷軍謀祭酒侍中魏建制度悉咨之建安二十二年從征吴道卒

唐杜 觀杜甫弟甫在蜀有續得觀書迎就當陽居止

詩

五代梁 震蜀人後梁開平元年進士取道歸蜀時荆督高季昌僭號開府荆臺慕其名留之欲辟爲判官耻不就乃曰震素不慕官榮公不以爲愚願以白衣侍樽俎許之震終身止稱前進士季昌亦禮重之稱先輩而不名昌卒子從誨辟過其廬贈遺特厚他日謂震曰吾自念平生奉養已過乃捐去玩好省刑薄歛境内以安震曰先生待我以布衣交以嗣王屬我今能自立不墜其業吾告老矣固請退築室於土洲披鶴氅乘黄牛詣村自稱荆臺隱士荆臺隋縣

宋唐 介字子方江陵人嘗客當陽讀書漳水上仁宗朝擢進士爲武陵尉歴平江任知令入爲御史裏行轉殿中侍御史劾宰相文彦博貪緑宮掖帝怒甚將遠竄介徐曰臣忠憤所激鼎鑊不避何辭於謫帝意召彦博入介責之曰彦博宜自省即有之不可隱彦博拜謝不已帝怒益甚貶春州别駕旋改英州帝慮介或道死有殺直臣名命中使護之直聲動天下數月起歴郴潭復諸州尋復原官入對帝曰卿遷謫以來未嘗以私書至京師可謂不易所守矣久之請

解職出知揚州徙江東轉運使彦博再相薦介曰願介所言誠中臣病尋進天章閣待制復知諫院多所論劾尋請外英宗立召爲御史中丞明年以龍圖閣學士知太原府夏人數擾境土多築堡介悉撤之諭以利害不敢動神宗立以三司使召尋拜參知政事帝欲用王安石介言其難大任因求罷安石既執政介數與爭論帝意主安石介不勝憤疽卒年六十謚質肅子淑問義問孫恕皆有名

胡安國字康侯建寧崇安人徙居湖南之潭州紹
聖四年登進士授太學博士提舉湖南學事蔡京素惡
安國羅致獄竟除名讀書衡山紫蓋峯下著春秋傳
政和元年除提舉成都學值母喪移江東父沒終喪
稱疾築室墓旁將終身焉宣和末薦除屯田郎辭靖
康初累除太常起居郎不就朝旨趣行比至以疾在
告遷召見安國條奏聖學正心等事語移晷暑甚汗
浹御衣乃退遣中書宣旨且曰他日去即不強留除
中書舍人時議分天下為四道安國謂權重抗衡將

不可制後金人大入諸道悉擁衆不復北顧如安國
言尋為耿南仲所排出知通州逾旬金人薄都城欽
宗亟召安國詔不達高宗即位以給事中召黃潛善
惡之罷三年樞密張浚薦再除給事中閱駕幸吳越
引疾還紹興初復除給事中高宗以左氏傳付安國
點定安國言春秋經世大典非空言比左氏繁碎不
宜虛費光陰當潛心聖經帝稱善除兼侍讀專講春
秋尋以劾朱勝非為呂頤浩所排落職歸五年除待
制知永州辭自請提舉江州太平觀詔纂修所著春

秋傳帝謂深得聖人之旨諫官陳公輔等承宰相風
旨交章論之除知永州辭復提舉太平觀進寶文閣
直學士卒年六十五贈四官又詔賜田十頃恤其孤
謚文定子宏寧弟之子寅初生不舉安國取以為子
此出楚紀攷荊門舊志云公父寓荊湖間及公為蔡京所扼退居潭濱迎父就養子寅宏寧皆貫荊門又攷公之甥范如圭父舜卒於荊門圭從公受春秋後冠陷長沙圭寓荊門父之乃攜父櫬還閩而宋人李英作荊門軍貢院記亦稱朱震胡寅范如圭皆由此科舉云則公之寓此土必有說惜本傳不詳爾

朱震字子發荊門軍人政和進士初仕州縣以廉
稱胡安國一見大器之薦於高宗召為司勳員外郎

不至會趙鼎入為參知上諸當世人才鼎以震對復
召為祠部員外遷秘書少監侍經筵轉起居郎建國
公出閣以震為贊讀兼翊善條陳吏治多見采納時
徽宗未祔廟太常請行明堂祭震力言其不可卒用
陳公輔言行之震謙病旋之貢舉以足疾不果震經
學深醇有漢上易解大旨以易傳為宗合邵張諸家
異同之論而於象數加詳云震嘗讀書於當陽學者
稱漢上先生弟巽字子權與震師事呂祖謙稱二朱
侯仲良字師聖河南人寓當陽顏其居曰時習良二

程之甥師事程顥而胡安國子宏師事良以傳其父之學朱熹嘗稱良之學曰清白勁止

何　參癸陵人博學孝義不求聞達隱居當陽稱處士云

論曰王公孫文章之士年少有名而卒流落兵戈之間依表歸操咸非其意也荆臺隱士所遇略同均有足悲者子方先生歷仁英神三君皆明主也亦不謂不知遇矣而旋蹶旋起卒挹於異己者以殁徒以犯顔敢諫表著天下論者惜焉胡文公始遭遇哲宗親擢高第亡何沮抑幾不免矣朱若侯二公文定之友何公後先皆篤志尚行之士非託諸空言者使各得行其所學詎僅修明程氏之緒而已嗟乎士積學修文立風節以垂後世亦自其力顧欲遭時遘會以施於當日蓋亦有命哉

當陽縣志卷之四終

當陽縣志卷之五

古蹟第二十六

古權國城在内方山東南與那口城皆本縣之故土

那口城在權國城東

麥城在縣東南五十里夾沮漳二水傳楚昭王築關侯為吕蒙所襲走此

驢城在縣東南五十餘里亦夾沮漳二水

磨城與驢城對隔沮水傳二城伍子胥築以攻麥城者諺云東驢西磨麥城自破

糜城在縣東南六十里地名八渠傳蜀將糜芳守江陵時築

方城在縣東南一百二十里本名方城縣傳唐郭子儀築又傳是高氏所築宋末荆湖制置使趙方嘗立荆門東西山堡因繕此城子葵復鎮荆湖避父諱改今名攷郭子儀討安慶緒圍相州引漳水灌城乃襄陽之境襄鄴間有古方城此蓋兩城名偶同亦近漳水泚稱州方城山

東城在縣東一百四十里今州城東即縣之故城見水經注五代高氏曾移荆門軍於古城元至元間亦移荆門府於古城皆指此

古綠麻縣城在縣東北一百二十里綠麻山上基尚存宋呂文煥御鏡邊居鎮築即今沙洋地○按高氏曾於此築堤亘一百三十里抵潛江捍漢水

荆臺縣故城在縣東六十里今有荆臺鋪

故荆門軍高季昌僭稱南平王改縣為軍治方城又徙於古城按季昌嘗於當陽荆門之南設貢院宋紹興間復試生於此知荆門軍吳與業修於城西北隅備武庫地撤而新之為屋七十四楹規制甲於他郡今練樹店下高廟則季昌廟也

洗耳溪在許由山下相傳許由隱此泉流四時不涸

三家市即古三户津在縣東柘林灘舊有雙營廟詳典祀

太子岡在縣北四里元文宗為太子時駐驛所也百官進食皆不受惟啜一茶克學詩云

玉輅金根駐此岡一色鳳鸞隨進霞觴豈知四十餘年後老樹殘碑送夕陽

三公臺在城西南明萬曆間中丞趙賢守篇王從巡臬鄒林喬三公同登此因名

當陽坂即長坂張翼德橫矛處詳事紀　淬劍池　昭溪港　胥寓港

綠林山　仲宣樓　白蓮池　白社　丹井　寒亭

乳窟　七里松　樊夫人昇仙處　唐子方讀書臺

胡文定書院已上互見山川寺觀　礼山書院在沮河北朱震侯與兄弟讀書處

時習館侯師聖讀書處今文昌閣地　四賢堂詳典祀　袁中郎兄弟讀書處在玉泉柴紫菴創有松桂菴堆藍亭爽籟亭俱圮菴後鑿小洞曰幻霞洞存

邵子明李安期碑　張說碑　唐賢詩碣

吳道子觀音像碑　鐵鍋　鐵塔　鐵釜　鐵鍾

雲板　龍眉龍角　別部司馬印　壽亭侯印已上俱詳玉泉寺

論曰稽古度務政之經也匯第一方事也邑古蹟列載詳矣復錄焉備覽也夫蹟曰古孜所從也山川聚邑之名古今辨駁者多矣爲是邑之古物也者雖湮必稽不爲是邑之古物也者雖著必割示信也後之君子守其土思其朔因而張弛之資於政九州皆肰故曰匯第一方事也

丘墓第二十七

楚昭王墓在縣南八十里詳事紀

楚三王墓在漳沮湖側今未詳所在今兩河口柘木港花栗園諸處皆傳有華表出地尺餘崇禎元年土橋寺耕夫偶啟一壙見墓門扁閉云大抵楚自遷郢而後此地必多貴戚之家不必皆王又近紀盈山有高氏瞻冢七

荆王墓在黄泥岡按漢唐宋封荆王者三而漢荆王賈實居淮東宋荆王元儼未嘗之國惟唐荆王元景高祖第子貞觀十年徙封荆尋為荆州都督有惠政後以罪誅此或其墓也一云是楚之先王岡上舊有楚莊王廟

關壯繆墓在縣西五里地名章鄉明成化三年知縣黄恕奏請春秋祀

胡光禄墓在縣北二十里苦竹溪荆門舊志胡文定父名淵字澤之文定爲
蔡京所惡退居漳濱迎父就養卒葬於此後贈光禄大夫云而省志則云淵仕光禄皆不知何據今衡山
亦有胡淵墓又說爲文定公墓

胡文定墓在縣北十五里龍泉上荆門舊志文定卒葬龍泉山三子寅宏寧
俱貫荆門乃湘潭亦有胡文定墓而省志云寧後徙湖南卒於湘潭豈湖南諸墓乃公諸子之窆耶〇明
成化三年知縣黃恕奏請春秋祀〇按舊志墓祠即公舊居後爲書院環墓古松合抱者尚存四十三株

幹廉使墓在縣西十五里題云山南江北道肅政廉防
使幹公之墓

聶知州墓在縣西十五里玉泉東題云荆門州兼勸農

事聶公之墓聶公名炳字韞夫江夏人元至正間守
荆門州甫半載淮漢賊起荆門不守公出募土兵復
荆門江陵未幾賊復來攻公晝夜血戰死於黃沙舖
葬焉

樊妃冢在縣北二十里古塚纍纍土人呼爲樊妃十二
陵云按唐張曲江詩序云郢城西北有大古冢數十觀其封域多是楚時諸王而年代久遠不可復
識唯直西有樊妃塚因後人爲墟松栢故行路盡知之今一統志載妃塚在安陸府城西而載郢城在荆
州府城東北三里若以荆之郢城論則邑正在其南西而安陸府實在其東南去郢城甚遠且曲江往復
邑中玉泉紫蓋間詩章疊見距今之所謂妃塚若十餘里而序中行路盡知之語又與今土人所呼相符
則疑邑塚較眞姑記於此

義塚在西門外

論曰楚昭失國踉蹌毒及先骨可謂辱矣此其卒也
寧死不敢移灾於其臣不敢矯舉於非祀夫子聞而
嘉之曰是知天道矣其不失國也宜哉此一言也楚
昭於是乎不朽矣是以君子愼晚節焉至於精光凜
烈千載如生甚且殘丘斷壟爭相取重於千百年之
後惟恐不隸於其土若是則雍門之悲牛山之涕夫
豈足以動志士之頫也哉

寺觀第二十八

報恩寺在縣南一里明洪武十三年僧圓讓建內設僧
會司寺有山水林木之勝爲邑中諸刹之冠總持閣
燬邑紳汪士傑助修僧德愚募正殿圮
大清康熙五年知縣門可榮重修寺主山名萬壽山係祝禧處

玉泉寺在縣西三十里隋開皇初詔爲智者禪師建賜
寺額時智者爲晉王尊禮人競施捨層臺複殿規制
甚麗中有玉泉縈繞唐神秀禪師增修貞觀中僧法
瑱夾道植松萬株宋天禧末明肅皇后重建別搆行

宮賜常住田二今茅庵莊是自是峭壁懸崖亭觀相望為荊
楚叢林之首紹興中兵燹僧璉重修端平甲午又燬
元世祖丁丑僧珍重修至正丁酉又燬明成化中僧
廣鎮重建尋圮萬曆三十年慈聖太后賜千金給僧
正誨重建正殿崇禎十五年荊州惠藩施三百金給
蜀僧海福葺正殿明季浸為虎穴人跡罕到福年
七十許猶蘿荊榛斧柯不釋手者數載
國朝順治五年守巡道石鳳臺李正茂行部經玉泉憐
其苦示免里役自是義旻繼之本赤繼之梵唄鼓復

起福之功居多云按智公自天台歸荊州過當陽望
沮漳山色堆藍欲卜青谿建道場嫌地隘步至金龍
池上趺坐入定見一人前致敬曰予即關某死有餘
烈敢王此山禪師何枉神足師曰欲於此地建道場
爾神曰此去一舍山如覆船其土深厚弟子願與子
平建寺願安禪七日以須其成師既出定見湫潭千
丈化為平址棟宇煥麗巧奪人目關公即受五戒皈
依稱弟子時以事出神異奏上隋主勅賜名玉泉寺
玉泉正殿左為韋馱殿闔邑修　千光堂僧本赤重修

大悲閣桑鎮金萬鎰修僧寂聰募邑紳粟引之邑舉
汪鴻亂共施田五十畝粟引之又施田二十六畝付
東禪堂以供四方行脚其糧俱載粟戶未入寺籍又
縣民左應登施田五石報恩寺道亭施田三石亦在
東禪堂糧載本寺冊　禪堂智者講經臺般舟堂
勅書樓鍾鼓樓今廢
正殿右為十方堂藏經閣即來青閣明萬曆間邑人任
乘舟建仍置田十餘畝以供行脚　文殊樓湖南道
朱廷寀修　伽藍殿桑鎮副將華承恩修　傳燈樓

知縣門可榮修俱僧寂崇募海福募金贖寺田一分
退居觀音閣僧寂禩募修　紫藤菴南堂曰淨名明公安吏部袁中
道建祀諸護法居士者中為維摩詰左為關侯右為太史袁宗道黃輝雷思霈吏部袁宏道諸公
正殿後為毘盧殿湖南道張登雲修僧寂聰募　觀音殿今廢
正殿前為彌勒殿僧海福重修性闓造像
行宮梳粧樓在寺前宋明肅皇后微時經此及為后勅
建此宮今遺址蝘蜓尚存　黎異有詩
嶽歸菴陶看菴即北菴俱廢普通塔院僧寂聰募造
顯烈廟在寺東里許唐貞元節度使裴均重建明嘉靖

[illegible]僧重建橋榭萬曆間知縣胡朝修葺

後三義殿

大清康熙二年彝鎮副將賈從喆修僧照賢募廟址覆山脊石駢亘其中鏟之後隆起凭欄眺望堆藍勝處盡在目中

宋勅修傳燈錄處在智者洞前溪之北天禧末命翰林學士宋綬宋祁與僧道原等修集顗秀以來諸僧錄成命曰景德傳燈錄

寒亭在智者洞左菩提菴古木蕭森亭下有溪景色幽

絕宋人詩話云荆門軍玉泉山寒亭過客多題詩或謂亭名翠寒

唐賢詩碣碑亭宋慶曆間荆門軍守曲臺謝公錄唐人玉泉詩八篇大理評事張田爲之序元至大間寺僧廣鑄舁回本寺碑亭圮

大清康熙四年邑紳楊州彥劉鴻儒梁山金粟引之重修

卯子明李安期二碑今失

吳道子觀音碑高七尺今稍蝕

鐵鑊在殿前重三千斤隋大業十一年造

鐵塔在殿前十三級高七丈重十萬六千六百斤宋嘉祐六年荆門軍當陽縣玉泉鄉山口村八渠都吉造

鐵釜三名重三千斤二爲元至正五年乙酉造一爲至正辛卯年造

鐘二一爲至大元年造一爲延祐七年造今存雲板一元祐七年造今失

龍肴龍角宋明肅后賜以鎮山者今失宋天禧末年賜

別部司馬印關羽司馬印皆三連環紐按玉泉舊志此二印至元世尚存又胡琦傳云別部司馬印方一寸

其一印方一寸五分兩環相連系於鈕文半訛惟司馬二字可辨今失

壽亭侯印宋紹興間洞庭漁人獲送廟中淳熙四年僧真慈將獻於東宮印發光怪不果元皇慶元年僧廣鑄以印及龍肴龍角上獻賜勅護歸故寺有勅書樓

按漢壽縣名吳改爲吳壽即今武寧縣亭侯爵名亞於縣侯

玉泉別院

大通寺在寺東七里楞伽峯之前詳禪宗

度門寺在大通禪師塔前明萬曆間僧正誨道場旁有

石碑一張說文靈藏用八分書刻塔地久後民聞與邑人劉知松傳之
一音寺去寺北五里巖嶺有寺亦智者道場今廢土人
呼爲音寺巖
龍興寺在寺南二十里久割入夷陵
大雲寺在玉泉之南舊有大雲寺今南菴是其遺址元
鍾鑄有大雲庄即真公蘭若
大清康熙六年僧寂輝募建
蓮花寺去玉泉西十餘里相傳智者時陸地生蓮故建
宋元寺燬而田存以名庄觀元今并田亦失矣以名

坪
壽山寺在布袍塔院之旁墻址石礎尚存形如斗迴水
環遶於前佛耳峰巖於右亦勝地也玉泉別院止此
玉泉八景
珠泉跳玉　鐵鑊棲金　飛臺鏡月　溪水港天
知識禪關　舊貫碑碣　鄧亭夕照　畫閣朝陽
寺本爭土而箏於鄧牌僧徒續食遷臺嘯於馬棧香
積化爲屠場明嘉靖間僧別爲號今制甚圓後胡尹
如川華之以吏役領其事至清康熙間西
征車馬如織大當供具皆棄殘多所指實又爲古今
之不相
侔云

龍泉寺在縣北十五里晉孝武時慧遠法師道場元皇
慶元年僧惠燈重建明詔萬壽戒師月溪和尚主之
寺有鐵碑一今失其常住田供寺香火及文定祠春秋祭享之需
清溪寺在縣北四十里碑云晉遠法師倡遣之所後兵
燹明永樂乙未僧義了重建正統二年僧智念復建別
構朝陽菴於寺北天順二年僧惠旻請於朝勅賜寺
額勅書今失古有白蓮池晉大元間遠公至此掬水以浴俄白蓮湧數水面因名又名白社劉巽有詩
祥雲寺在縣北四十里香爐山元至正間建今廢
善濟寺在縣北六十里三牛嶺山水奇秀明永樂間秀

峰禪師結菴於上正統七年僧福海改爲寺今圮
紫蓋寺在縣南六十里唐貞元十四年天皇悟禪師建
後兵燹明永樂二年僧勝㦤重建詳山川
觀音寺在縣東南五十里合溶市古剎也地舊名洋子
山明洪武初僧繼清正統間僧玅超成化丙午僧術
昂嘉靖乙酉相繼修建寺有雲版一元至正元年造
聖水寺在縣東南三十里寺前有石洞名聖母歲旱居
民取水祈雨多應唐德宗爲道明禪師建久廢明永
樂間僧玅道復建寺於絕巘俯瞰四圍峯巒獻秀殆

幽勝處
祁母寺在縣東四十里元延祐七年廣福禪師建
雲披寺在縣東三十五里
三星寺在縣東六十里元至正元年僧道琳重建詳山川
圓通寺在縣北五十里明宣德二年僧了能建
洪山寺在縣南三十里
普通寺在縣南七十里
慈化寺在縣東南三十里存黃龍祖師開建明萬曆間
邑紳汪鐻庠生汪若濤重建前環港水外帶沮河古

剎之勝者
紫瀾寺在縣南六十里明永樂十三年勝義禪師重建
當里寺在縣東南五十里
五仰菴在城北明天啟間邑孝廉粟聯芳建姪粟引之重修
潮音菴在城北隄層巒拱列林木清映郭外一勝槩也
七寶菴在城北明崇禎間邑庠張清川建今廢
仰善菴在城南邑紳汪鐻建今廢
三慧菴在縣南六十里明天啟間邑庠汪宗洪建
玉陽觀在玉陽山內有玉虛閣玉毋祠明崇禎巳巳主

簿王家棟重建正殿天啟三年典史郭紹椿重建
永興觀在縣東街唐元和中創宋端平間廢明天順三
年道士曾智鉉改東門外正殿地
大清康熙四年住持僧來金募修又捐貲重新神像
後觀在南門外今廢
紫蓋觀在縣南花陂荊南記云有金牛每日晦輒出光
照一方
紫金觀在縣北四十里方山詳山川
棲霞觀在縣東六十里圓臺山詳山川

大魁閣在學宮左明天啟間知縣胡如川建崇禎庚午
邑庠梁燿汪士傑等重修尋燬
國朝順治間知縣徐天麐許毓仁修復
文昌閣在玉陽山麓知縣胡如川建今燬
三元閣在東門外知縣胡如川建顏曰東壁昌運城東
稍曠故於合水之處建此以固風氣云今廢
玉津閣在北關明崇禎間典史張啟明建今廢
論曰寺觀者山川之眉目靈秀之表章所以萃畸人
廣道術歷代以來莫之廢也雖緩神槩天宅固亦琳

洞花臺參差掩映其在山水之間可知也九轉成而丹竈冷三笑絶而白蓮荒滄塵劫火不必千年鬼工儒斧未多覯也玉泉不借壯繆龍泉不依文定則二刹廢久矣雖然品泉選石騷人狂客之所有事爾乃若市門可以巢僊居塲可以證果則又何必攀松結桂展衣飛錫之爲後後聊憶此盧生所以八海無得而深公所以買山見譏也

禪宗第二十九

晋慧遠雁門樓煩人姓賈氏師事釋道安石勒將亂安

與師四百餘人渡襄陽襄陽陷振錫南遊當侶道於邑之廣福山今清溪寺龍泉寺皆其道塲後結宇廬山六十後不復出八十三歲終

隋智者名顗姓陳氏穎川人或曰荆州茅穗里人幼祝髮從師南嶽誦法華經有悟遊天臺謁定光禪師留佛隴山陳宣帝詔割始豐縣調給師少帝詔師至金陵居光宅寺隋晋王廣迎師維揚執弟子禮既克金陵師因西上止於玉泉山廣奏請立寺尋還天台館終謂其徒曰莊嚴淨土易往無人火車相毀猶得往生况戒定慧力言訖唱三寶而逝建寺三十六所著曰棲霞靈巖玉泉國清乃天下四絶云

唐弘景玉泉寺僧懷讓惠眞皆師之詔居京師主法席後偕道俊還山中宗命朝士賦詩餞別

神秀河南尉氏人姓李氏少爲諸生遊學江表博綜多聞年五十受具於東都天宮寺聞法於蘄州忍大師服勤六年忍嘆曰吾度人多矣圓解妙悟無如秀者東山之法盡在秀矣儀鳳中隸玉泉寺結廬於寺之東曰度門天后詔至都師老許肩輿上殿命於舊

山寘度門寺中宗即位尤加禮重神龍二年終於天宮寺壽百餘歲謚大通敕歸葬楞伽峯之麓張説撰碑存

懷讓六祖能禪師之首座也姓杜氏金州人年十歲樂佛書時有三藏鈜靜過舍告其父母曰此子若出家必獲上乘垂拱三年辭親來玉泉寺依弘景律師通天二年詣曹溪謁六祖侍左右一十五年天寶三年寂於衡山般若寺謚大慧

惠眞南陽人號蘭若和尚坊州刺史張大禮之子兒

時每啼聞誦經則上十三受具於西京開業寺事僧
滿意時玉泉僧弘景居京師表請京輔名僧十四人
同往南泉以眞爲首眞居南泉三十年中宗聞其名
欲召之弘景啟曰此人進斂則可願上勿強也僧一
行自嵩山來師事眞及奉詔泣辭曰弟子於綏南法
中痛無少分天寶十年卒年七十九刑部侍郎韋虛
舟護其喪葬於西岩賜謚大慧孜南泉在玉泉之南今南菴是其遺址按懷讓已謚大慧而眞碑又云一行亦謚大慧是同時有三大慧也
一行內黃人張公瑾孫幼頴異善記覽尤精曆象[illegible]

當陽縣志　卷之五　〇十六

爲僧隱於嵩山師事沙門普寂後住當陽山依悟眞
習梵律開元五年鉉宗強起之敕考正前代曆法造
開元大衍曆十五年卒年四十五師少時從道士尹
崇借揚雄太鉉經數日還之崇疑其不解師曰已究
其義矣因出所撰大衍鉉圖示崇崇大驚及被召鉉
宗以宮人籍試之一覽記憶無遺鉉宗呼爲聖人初
漢洛下閎造曆云後八百歲當差一日必有聖人正
之至是師果正其謬云
法常襄陽人姓鄭氏幼從師於邑之玉泉寺初參大

寂問如何是佛寂曰即心是佛師大悟遂之四明山
子貞舊隱縛茆以處貞元中鹽官會下有僧採拄杖
迷路至庵所問和尚在此多少時師曰祇見四山青
又黃又問出山路向甚麼處去師曰隨流去僧歸舉
似鹽官令招之師荅以偈曰摧殘枯木倚寒林幾度
逢春不變心樵客遇之猶不顧郢人那得苦追尋又
云一池荷葉衣無盡數樹松花食有餘剛被世人知
住處又移茅舍入深居一日聞鼯鼠聲謂其徒曰即
此物非他物汝等諸人善自護持吾今逝矣言訖示

當陽縣志　卷之五　〇十七

滅
宋道悟本荊州天皇寺僧初居邑之紫紫山學徒嚮風
裴均時官江陵問法勤至師坐而揖之裴愈加敬向
元和丁亥四月示疾先期告逝至晦日大衆問疾師
驀召典座座近前師曰會麽曰不會師拈枕子拋於
地上遂寂塔於郘東
思達玉泉寺僧也僧問如何是一印印空師曰萬象
收歸古鑑中曰如何是一印印水師曰秋蟾影落千
江裏曰如何是一印印泥師曰細觀衣彩未生時

慕容玉泉寺僧宋明肅劉后益州華陽人少失父（父劉通爲都指揮興國中從征太原卒）依舅龔美后善播鼗美以鍛銀爲業攜后入京過寺師識其異厚遇之贈以金時真宗在東宮知客張耆引后入見悅而納之及正后位天禧末有詔召師時師已往長蘆辭且曰玉泉無僧堂長蘆無山門詔修玉泉寺賜額景德禪師建行宮於其側仍遣中使賜三千金寘常住田賜龍眉龍角鎮寺因命官修景德傳燈錄寺之中興實由師也

承皓姓王氏玉泉寺住持依大力院出家後遊方參

北塔發明心要得大自在三昧製犢鼻褌書歷代祖師名字曰惟有文殊普賢較些子且書於帶上叢林目爲布褌自贊粥稀後坐床窄先臥耳聵愛高聲眼昏宜字大冬至示衆曰晷運推移布褌赫赤莫怪不洗無來換替僧入室次狗子在室中師叱一聲狗便出去師曰狗却會你却不會師示寂門人圍繞師笑曰吾年八十一老死歸塚出兒郎齊着力一年三百六十日言畢而逝

宗璉玉泉寺住持合州董氏子紹興間寺遺災火師修復請於有司重給田土

元鍾山名廣鑄玉泉寺住持皇慶初以壽亭侯印及龍眉龍角獻於朝勅旨護歸都城法侶咸賦詩餞送唐賢詩碑向燕没於荆門師請於州歸回本寺以補山中之闕文併以宋朝所賜寺田公據勒之石

明無跡名正誨邑人劉鐘子母李氏十歲祝髮於石寶山名求燈讀儒書多解義以不了梵咒故不之喜年二十見僧持緇門警訓者讀之泣下作偈曰善財與我原同姓不証菩提誓不休遂詣荆南訪天柱和尚

於普仰寺天柱器而留之改名正誨居三年遍閱大藏柱没乃游伏牛尋柱遺跡因之兩都登講席慈聖太后賜千金修玉泉寺請大藏貯寺中誨初不知度門所在天柱在普仰時曾口授北宗五十六字云在度門寺秀國師碑及誨自都歸省訪度門於玉泉東七里見古寺曰大通秀國師之塔碑在榛莽中慺然修治因於塔前建復度門寺裒足養母專修淨土天啟六年正月先期告逝至期端坐說偈曰人間去住是尋常處處名山古道場一念不生三世佛誰能直

下可承當有僧問曰究竟竟何誨以手拍案云究竟
到彼岸遂逝塔於楞伽峯麓秀大師塔之旁著有八
識略莊子註及詩文諸稿
論曰浮屠始於東漢梵唄譯於後秦蕭梁而教愈熾
厥後南北分宗互相競勝吾予不甚非之謂王法所
不及糾者佛法或足以攝之也如晉慧遠分祖席於
蓮社由豫而匡廬東晉後禁足不復出陶劉諸公稱
友善焉智顗受隋煬供養妙悟機警談辨如流東土
十七祖顗尤雅好山水其時往來則有徐鄉諸公唐

北秀屹然西京法主張燕公執弟子禮問法勅至此
皆淨土之表表而未聞君子非之者咸藉勝茲邑香
臺寶樹各盛一時逓續者豈塔帽戒衣遂稱的派耶
昔昌黎崇儒以闢佛陽明氏借釋以詮儒理或相因
事必有爲嗟乎學佛老不善僅足以蠹貨財學孔氏
不善乃至於蠹天下此禪宗所由紀也歟

僊籍第三十

漢葛鉉字孝先句容人稚川從祖也吳時居石門縣北
二十里石室修煉遇親朋輒邀止折草刺樹以杯盛
之飲之皆旨酒取瓦礫草木之實勸客皆脯棗
邑之紫蓋山丹井存焉其上常有雲氣籠罩俗名攀
倒井謂鉉初以丹試雛雞斃將咒器投井中頃雞化
爲鳳乃倒井以出之省志云是葛洪

晉張鷟字彥悅冀州人張華之族也永康中隨父任
當陽棄俗修眞南遊至寶慈觀仙去

梁胡伯女年十四有悟宋大通間遊當陽圓臺山築室
環列羣書獨居七十年蛻解去

唐樊夫人劉綱之妻也綱爲上虞令曉檄召鬼神禁制

變化事嘗與夫人較術卒不勝後偕仙去貞元中夫
人遊湘潭隱姓字但稱湘媼止人舍十有餘載常以
丹篆療人病後里人張拱棹媼之洞庭遇一道士始
知其爲樊夫人後於紫蓋飛昇祠尚存

司馬承禎字子微河內人亦曰天台人少事潘師正
遍遊名山嘗修煉於內方山邑之三星山李白自序
有云予昔於江陵見天台司馬子微是也則天開元
間屢被召至京力請還天台後令築壇居王屋山年
八十九卒弟子表稱卒時雙鶴白雲之異詔贈貞一

先生至今內方山猶稱馬仙山云按損藁金剪刀作臨字行似訛誤作

瓶玲玲如振玉額上小日如錢曜射一席

王眞公主字持盈唐睿宗之第九女初封崇昌縣主太極元年與姊西成公主俱請出家師事史崇玄闢元初賜西成爲金仙主爲王眞嘗修煉於邑之鳳臺山今爛霞觀是其遺跡舊有陳宗遜碑今失

曹何兩仙姑莫詳其始有洞在九子山麓山東南里許爲河北堰有人於曉旦時見兩女子淨舟堰由通視之則鐵舟也俄入於水因祠姑山上

論曰當閱道藏鹹字函卷三十有二中載古今眞人列仙四百四十有七事多影響假借不可爲據漢武言世間豈有仙人盡妖妄爾豈其然乎邑仙蹟不多見存其已載者以備攷焉大都慧業文人骨性不常苟能致虛守靜陶然有得不言仙仙在其中矣魏野上王魏公詩其一端也何必排雲馭鶴始稱輕舉哉

祥異第三十一

漢元康四年邑獲白虎威鳳

晉太安三年七月戊辰邑地裂三處廣三丈長三尺有餘步長

元泰定四年秋八月當陽地震

至元元年十二月芝草生於覆舟山一本五幹高尺有二寸一本二幹高五寸有半皆兩岐二本相依附瑰奇如珊瑚枝其高者結爲華蓋慶雲之狀十二月朔荆門州以獻

明洪武十三年大水崩嚙万城縣治西北盡陷河中乃徙復舊治

弘治二年當陽旱四年又旱五年大旱

嘉靖五年旱

嘉靖十一年大水

嘉靖十八年旱

萬曆四十五年自四月至九月不雨飛蝗蔽天食苗稼殆盡其年大饑

崇禎二年旱三年復旱有虎噬人獲之

崇禎六年地震龜山夜鳴山頂祖師殿木魚忽自鬧鬨隨有陷城之變

崇禎十三年飛蝗蔽天民間產牛有一身兩頭兩尾

之異

崇禎十六年桃李冬花

國朝

順治四年五年虎狼遍山谷吞噬甚衆有村落無孑遺者

順治六年七月邑大水

順治十五年五月西山蛟起邑大水潰城西大堤十許丈沿岸屋宅皆漂男女沒者甚衆是月有風自南來如山崩地震卷屋拔樹所過陂塘盡涸

順治十七年大旱無禾

康熙七年邑大水

論曰子産曰天道遠人道邇此言祥灾有本也叩頭反風在長者自以爲偶然然虎渡河蝗不入境以身殉隄而水退若此者往往有之豈皆偶然耶則必有其本矣治如黄覇猶以神爵取容賢如王旦冠準不免唯諾於天書然則尼父作春秋書灾不書祥豈無故哉

叢談第三十二

不見於史冊故列諸談

漢武帝時邑南有八龍五鳳見

後漢昭烈走長坂趙雲大戰曹兵獲一劍乃曹洪劍也劍鐵如泥手刃曹兵數百人血濺草上至今草生猶有血點諺云當陽草點點斑斑如血掃借問明公何事困子龍一戰旌旗倒

晉杜預嘗醉卧帳中人聞其嘔吐聲於戶外窺之但見一巨蟒垂頭而吐云

唐昭宗光化二年邑廨有劉文龍井井中有龍窠將雨輒有雲氣自中出忽一道士稱自嵩山來取井中龍

窠及草樂去其後邑令黄馴嘗繫馬於井旁或止之不以爲意至歲餘令及馬皆斃

明洪武十三年既徙縣治還舊其万城舊城磚石移修湘獻王府毀至北門忽有異蜂數十萬螫人争射不止衆懼而罷或謂此乃高氏舊城其上有關侯廟神所憑云今北城門甕尚存

永樂辛卯元旦忽有三虎在沮河北逐之不知所往是科鄉榜李讓向志倪孝儒三人同登

萬曆丁卯方開學有一兔從櫺星門躍出學諭吳端

云此科必卯生者中式及中聶武果辛卯生

大通塔前地先年有謀侵者以火燬張說碑忽驟雨滅火懼而止又有人謀王泉寺常住田其夕夢赤面人大如山亦懼而止

玉泉山有獸狀如鹿上下陵谷如飛每鳴於澗谷則雨鳴於岡阜則有高軒過驗之不爽

萬曆乙卯玉泉紫葢菴老桂五月中忽放花一大枝一小枝寺僧折以報邑令令曰雙桂聯芳此科中式必栗生矣秋栗聯芳果中式明年公安孝廉袁中道登春榜此菴乃袁所建也

論曰宇宙内有不可不必理窮之者亦有不必以理窮之者不可不窮之而不窮焉則黑白淆矣不必窮之而必窮焉則凾葢隘矣然惟不可不窮也而窮之不必窮也而不窮之此說之所以多也志之有餘也昉於國語國語者傳之餘也餘似可無餘譬則工作成而竹頭木屑在所棄矣然不棄焉未始無一朝之用志之餘餘也亦或以此乎

當陽縣志卷之五終

當陽縣志卷之六

藝文第三十三

藝文上

登樓賦

漢　王粲字仲宣山陽高平人

登茲樓以四望兮聊假日以消憂覽斯宇之所處兮實顯敞而寡仇挾清漳之通浦兮倚曲沮之長洲背墳衍之廣陸兮臨臯隰之沃流北彌陶牧西接昭丘華實蔽野黍稷盈疇雖信美而非吾土兮曾何足以少留遭紛濁而遷逝兮漫踰紀以迄今情眷眷而懷歸兮孰憂思

之可任憑軒檻以遙望兮向北風而開襟平原遠而極目兮蔽荆山之高岑路逶迤而修迥兮川既漾而濟深悲舊鄉之壅隔兮涕橫墜而弗禁昔尼父之在陳兮有歸歟之歎音鍾儀幽而楚奏兮莊舄顯而越吟人情同於懷土兮豈窮達而異心惟日月之逾邁兮俟河清乎其未極冀王道之一平兮假高衢而騁力懼匏瓜之徒懸兮畏井渫之莫食步棲遲以徒倚兮白日忽其將匿風蕭瑟而并興兮天慘慘而無色獸狂顧以求群兮鳥相鳴而舉翼原野闃其無人兮征夫行而未息心悽愴以

感發兮意切怛而愴惻循階除而下降兮氣交憤於胸臆夜參半而不寐兮帳盤桓以反側

荆門軍貢院記　　宋李　英

荆門軍古玉州當陽地山秋秀麗甲湖湘楚漢以來人物相望未易枚舉近世如內翰朱公震秋宗胡公寅秘校范公如圭李由科舉清規勁節照耀千古故士知尊經學重名誼往往以三公爲軌範中更兵革士氣小不振側附焉於諸宮紹興龍集己卯復試於本軍從郡太守洪公适之請也貢闈舊在軍治之南初極簡陋歲久

而傾欹殆將壓焉吳興葉公爲郡之明年政修人和加惠士類以爲事有若緩而甚急者莫此爲重乃更相爽塏得故武庫於郡城西北隅即而葺之爲屋七十有四楹撤而新之繚以周垣重門廳廡翼如也木章竹幹瓦甓石鐵悉備於累月前工傭於市匠食於官而費不取於催計經始於季春不越月而成邑之吏民咸知輸與之美覩他郡爲最彼冠戴佩觿操觚抱槧之士群試於此亦足增氣矣嘗聞後世士不素厲取士之制雖不逮古而得人之盛則皆由此途選夫以豪傑之士與規較三日之長以求合有司程度固不足以盡其材欲使士先器識擯浮僞毋以決科祿怵其良心則異時謀王斷國上不負朝廷下不負所學於以續前賢風數於將來是則葉君之屬望於士者可不勉乎葉君名箋字正之石林先生之裔也得諸家傳知所先務如此是惡得而不書

當陽縣儒學碑記　　元無名氏

學以化民縣以長民而民地之本也當陽望邑古爲平州事簡俗醇先王道化之國宋慶曆中州縣立學教養

生息英材如菁莪樸棫之盛厥後漢上朱公震以易名世同時文定胡公安國時習侯公仲良講道於龍潭之上河洛之學被於東南大賢倡之也中更分裂重以乙未兵火邑境遂墟衿佩佻達田卒汙萊廢已久矣大元混一崇儒重道詔江南興學校立提舉蠲徭役有司祗若德意惟謹獨當陽生聚僅完學未遑也至元丁丑保定張公奉命佩印來職長民所部荒落壓氓七家公勞來還定百爲克闢不數年閒戶增七千有奇慨然又曰斯民既庶且富教可緩乎乃議興學縣尹王君元賓贊

贊其謀於是景岡相基得遺址於玉州之陽几山清聳帶水還會雖寸鍚粒粟役甚難也公赤手經營視爲已任爲有王事屢輙賢勞於外未嘗一日不衡厥心薦領省符董餉數萬事畢還邑謂學之不建非吾責耶晨夕坐於學躬蒞其役暑寒易節堅忍暫勵用不足割俸以濟工不給指膳以周材弗備厚直以充惟誠惟一感動人心僚吏協贊士民畢力鄉社以下不飭而服勤不懈而恭事會按察使者行縣勉勵庠公勤勞而亟成之遂旣厥役正殿儼如廊廡翼如有宏其門有嚴其堂營創

規畫視舊加壯廟貌禮器率應圖式正朔歛謁二丁奠祀春誦夏弦有典有則盛事鉅觀燦然復舉而人不知勞豈勢迫之哉蓋得人之深樂爲用也昔周大夫不說學閔子騫憂之戰國時不信道孟軻氏距之學乃人心天理於不遑暇之中自有不容已者況公未嘗爲言語文字之學治建成邑而能約己自勵以敷教勸學爲心所就乃爾若其弄筆以徼利達莫適於用可少愧矣張公此舉賢於人矣夫使人如公用心何患美化之不行也列治狀告之司學轉於憲台將聞諸朝廷以俟褒嘉公論題之舍菜若成興學之士蒲英等辭曰子立學者也宜記敢摭實而書至元二十八年八月辛亥立

重建明倫堂記

元徐　驥邑人

在昔聖人申命司徒敷教寰宇厥後家塾黨庠術序國學風化以陶人倫以厚潤澤漸被靡閭遹遐古者門閭有塾里中有道德者教焉業擅專門生則師沒則祖而祭故三代詳於設學漢唐是因選賢與能文翁治蜀常袞師閩事業有成芳潤清簡唐武德中詔州及鄉皆寘學宋仁宗二十有三年復詔州縣立學時守令自堂而

搆由萬而獲家詩戶書文風郁郁故實可考今也混同文軌惠恤章縫內而辟雍外而侯泮以及州邑罔不修舉崇化興賢四方風動而當陽西枕峽山東帶漳水古曰玉州始因兵燹士民挈徙隣鄙逮至元丁丑鄙邑政平還定安集遠近聞風負粒屬繈列市受廛剪蕪剔蓍日就倫理夜無犬吠春有犢耕邑令王君元賓議教化本原莫重於學乃相舊址始建禮殿宮門作東西迨述前軌嚴嚴翼翼制度復舉奠祀有又厥後銅梁趙珪繼任其事始搆堂設講席衿佩來遊執經待問矣歷歲

滋久風雨震淩迺年畧施營餙簡陋猶故棟折榱頹勢將就圮咸謂弗加作新胡以經久至順初元秋九月縣監侯某資性通敏器局整嚴爲政有經觸事有晝衆服其信今年春謂縣尹李茂實曰國家以法化爲宏綱台省以學校爲機要當陽小邑甚簡而靜今前廟譜嚴獨明倫堂左歆右側弗稱瞻視吾將撤而爲新財學計凉薄奈何茂實對曰茲事舍公其孰爲自有鳥中樓閣奚憂地上宮室哉侯哂曰固當勉爲匪唱孰和乃縮俸金屬寓士衛琦是贊毗由此士友聞者樂奉芝楮願相其

成獲多助矣匠石行山訪求大木揆尤良者不足則遠市江瀆瀟湘良材度可給用審視舊規湫隘爰加恢拓晝工於堵斧斤刀鋸昕夕展力旬月就緒柱石平正梁棟穹隆陶瓦駢幪氣象巍峩庭宇軒豁如跂斯翼如翬斯飛黝堊膏澤光彩輝映師氈增高賓席加整先進後進各以序次肇工於癸酉暮春之初底績於是歲八月旣望不擾不煩事皆克集將洎吉日合樂以落之在鄉善士謀曰是舉也邑長首建嘉謀同寅官屬羽翼弘多盍識其事爲吾邑榮僉言曰然衛琦來諗曰邑庠璧成大夫張主力也彌縫纖悉夙夜究心職教力也傾書以示來裔敢草創以請驥以老疾辭不獲而白聖道行乎天下日月有明容光必照詎以鄙邑爲間哉昔子游宰武城聖人樂聞其絃歌學道愛人語意深遠則知治邑必有教晉杜預以平吳大功封當陽侯則知當陽古爲名勝地時宰不以及瓜爲傳舍而以修泮爲急務眞見超卓遠邁時流矧今朝政嘉靖化瑟更張文科取人一十載餘矣士由是途紆靑拖紫者衆吾玉州士來游來歌如琢如磨升斯堂者巍冠而講唐虞州貢鄉英身登

高第足躡亨衢必有自楚望出者吾黨懋哉元統元年十一月

張侯濬河記

明王可大 吳江人進士水利同知

利民之生孰有重於建城導河者哉他郡邑城與河每不相涉也卜地而城之順流而導之因其勢度其宜而已爾楚之郡邑盡濱於江之南北蜀江自岷山而下至枝江而分流爲患愈滋楚之荆承二郡承之被其溢蕩者十九溺巳積歲矣乃當陽邑治故無城賴土垣以爲防又當漳沮二水會流之衝漳水出於南漳沮水出於

房陵左氏稱爲楚之望自古而已重視之其二水去邑爲甚迫夫水勢分則柔合則奔突勇悍茍下無所洩其駛而四汜也不可防已邑舊有河去土垣可一里許歲自庚申以來江水大溢而諸河亦淤舊河遂湮塞不能受其橫流水撤而薄於垣當事者爲石磯於垣之東北以障之益邑地東北平下土疎泄滲斥水亟而磯決遂食垣之半并及官舍民廬是水之不利於民者久矣在宋元於江陵路開九穴十三口以洩其怒而民患稍息況大水之會者可不導其舊河哉水淺則盜熾邑令張

君松設穽獲盜逾三十人而餘盜尚洶洶也乃謀於郡伯頤菴何公大指曰松無善治不能弭盜然多自他所來者又不能回究診河壅其故道内侵於土垣及於公私之舍公其謂何公曰噫是在我矣不建城無以衛民不導河無以得地然則導河其最先且亟乎乃告之守臺仰明李公公又曰噫是在我矣然久歉之際不可重困於民也吾計之廩有穀千石以備賑者令散以濬河即所以賑恤也又計之總居民及里夫共二千名假其力以食此穀即可無饑矣於是上之撫按兩台兩台僉

曰守道之言是也乃下之頤菴公暨荆門守袁君一虬督之張令及衛經劉日南日程其工不三月而河復其故道起自西口至東口止袤一千五十弓抵東南舊河深四丈廣八丈徑達合溶市與川江合尋將濬河之土築爲南岸長堤廣十丈高壹丈頂有三丈不必他有所營而屹然外郭矣又以其餘土起新堤於邑之西北山嘴可三百五十弓高廣及頂亦如前堤其當奔決之處捍以竹木更樹楊以實其根兩堤相帶内以城外以河害實弭也益河成而可以舟得以化居有無不至坐裔

也可以洩即有庚申之水無慮也可以溉不爲旱魃所窘也民之樂而安之也其利可勝數哉由是量地爲基相勢爲工以埴以石以畚以築并其東北者而盡城之他所之盜將闌而遠遁也以故邑之人垂白及髫者皆欣欣然曰令之功太守之德也主其成者兩臺之績守臺之仁也令烎謂予曰松無善治重爲上官憂茲河成矣城可建矣公幸勉之以無忘膚功予曰噫予遷楚四載凡三建城未有不得地而可施工者況予今責在水利哉是在我矣太守德之守臺仁之兩臺是之令功之

予樂其成雖不文不敢沒其美也河成而巡臺南山趙公來按都府毅菴馬公亦以遷客至當陽其成者也乃爲之歌使邑之垂白及髫者歲時伏臘歌以世之歌曰漳水洋洋沮水瀼瀼以漲以溢蕩我孔陽河伯殄我食我舊疆河獻而墳地遜而荒太守曰吁爾毋庸傷上顧下咸爲爾之蹙乃鳩爾工乃豫爾梁乃繳爾具乃定爾方河伯告順水復爾常還爾舊疆永妥無殃爾舟爾濟爾淨爾方爾魚爾鰲爾轂爾秧爾收爾穫爾食爾倉爾朝爾夕爾祀爾嘗婦歌於壟夫歌於場農歌於野士歌

於房以石以甃以板以箱以墉以臯以崇以翔闢爾之戶露爾之藏靡有盜賊於萬斯廂我鄰我守不即我良我守我令不我騷擾百世傳之以永鴻慶時隆慶四年

修城四公祠碑記

袁昌祚 號莞沙東莞人 夷陵知州

余自鄂渚還西陵方濟漳水望玉山之陽屹然崇墉其下有祠趨而問之曰以城祠也夫城延百堵畢力民頗不稱勞焉而祠之者此何以故其士遂對曰茲四公之大有造於吾土也其敢以忘報祀異日者劉石挺亂俎矣襄漢之郊暨施南土蠻憑恃其篁箐谿谷梟張横嘯而當陽以無城故日岌岌也然此猶以農業之時言之爾今天子即位詔天下郡邑城及江南郡邑適承平之弟識盜掠其藏累繫窮逸於是沛然下令薄責諸守宰及按部之使者更責之而當陽故瞻然衛術也縣官恇懔恐不足以固層圍其齊民蕩然慮不足以愼益藏咸夙夜竭其力以守而未暇也自中丞趙公問俗下邑始晝城議而守藩巡臬及我郡伯先後協謀以授事於任參軍而祗役焉負山帶河亘以隄防其上環數百雉司警之子持柝而夜擊則狂夫瞿然無敢易慮故縣官得

以安意齋閣而一其政齊民得以安居於作息而奉其教則四公之遺也其敢忘報祀余語之曰有功於民則祀之禮也顧四公所爲功旁有大於斯者即若祠豈直爲當陽尸祝哉荊襄表介江漢扼東南上游而當陽中距若手樞焉臂引宛洛腋控秦韓背洞巴蜀膺拊襄沔脉維吳越蓋昔人所稱用武之國也昭王紹霸始築麥城自伍子胥有驢磨之役而麥城弗守王奔於隨迄於三國則關羽糜芳保阻築渠稱重鎭矣國家既平劉石之亂尚書白公始議緣漳河寘封人徙遠安數百戶守

之而城未之議也肅皇帝昭受天命而當陽始隸興都爲湯沐邑視昔彌重乃歲未有城慭惟四公始協謀而墉之用以拱翼陵廟而施及於東南非淺尠也故曰即若祠豈直爲當陽尸祝哉於是士民喜曰吾儕知報功未識其大信若是言是四公大有造於家國也其敢以忘報祀祠之制中丞趙公居中守藩王公巡臬鄧公左右之邑伯趙公又左之皆同堂異室各正南面距玉山之陽其上爲三公之台以中丞及藩臬二公向閭俗登茲山設甲帳云參軍既畢城又能世四公之功於祠中

其能足紀因併紀之趙公名賢汝陽人王公名旋太康人鄧公名林喬內江人趙公名瘳涇縣參軍名夢榛休寧人

當陽縣新建儒學記　王在晉 號岵雲黎陽人尚書時爲督學

當陽舊有學宮居縣右偏風氣宣洩會臬署雲連比肩并峙形家言縣治匯匽右昂學當徙徙而之它地脉綿薄巳又遷之郊出郭六七里巳又遷之城南學益三徙矣城南面北榛棘中薙築爲宮垣棟傾鑽窪衢塾側豢盛之姦趦在草莽廣文之鱣寄於蕭寺披衣冠而訴聖

術者與牧樵之趾交錯於塗諸生時從沙中聚語曰先王之道不北面大學之禮雖詔於天子無北面文明向離明而幽之其奚以妥素王之靈去習坎而應重明之運盍徙諸諸士子以告令君令君白諸當事曰經始勿亟其計所以程材鳩工之費令君揖而前願自克任毋煩我稿民於是舍故墟易地直撫月倖鐲鏹金以肇茲役而諸學博亦減苜蓿之需佐土木之急卜基縣治之左筮吉陽月望辰鳩力畢張戒期克庀樓堂間內闢爲廣術饗殿聿成兩廡并列啟聖祠明倫堂兩堂後山敬

一亭尊經閣雄鎮左角鑿泮池開雲路沮漳之流繞爲渾鬱塋鬱之氣廊廡閣達矣廟貌既飭官師亥長率子弟諸督學使者請有言以紀厥事使者曰懿哉令君之有是舉也藉地靈之龢羡補人力之纖嗇人文其有興乎多士其彬彬競奮乎荊山之陽有美玉焉探其穴抉其藏而窮奇珍異造物不能以自秘故大塊間氣之鍾必有人以宣之導之有開必先間人者天也成天者人也荊郢之墟埒於神皋輿壤先皇帝乘乾應運天紘地維揭揚震厲山川苞孕亦既雲興飈發矣茲邑分荊

郢之鍾毓清英之秀層巒疊巘從西陵飛度矗接巫雲南標紫蓋西挺冠玉緑水珠泉清旻瀲灧巴蜀荆襄之絡繹而江漢沮漳之紆縈傳稱楚望詎不信然余以沅湘雲夢蒐獵楚材以及竟陵雲杜之豪其能摛演微言敷揚藻麗者於京瀦荆沔之間得巨擘焉然京瀦荆河士材固張士氣稍溢風會之靡波流不返而安居百里之地猶存渾噩樸愿之遺夫樸者至文所由生而眞材之所輩出者也在中之美含而未露得人以宣之導之而連城之寶現矣適不虛行時維有待諸士不聞爾邑

寓賢所爲漢荆州文學記者乎有漢荆州牧則象天地執儀憲極設教導化叙經志業用建雍泮焉立師保焉宣德音以贊之隆嘉禮以範之五載之間道化大行童幼孫進武人革面總角佩觿委介免胄比肩繼踵川逝雲涌疊疊如也競競如也於時當陽長坂戎馬在郊而立教興賢博求儒術聞人流寓名士雲集負書荷器自遠而至者三百餘人保釐一方六路咸秩而翊贊道中天聖化昭明之日乎今君嘉惠人文栽盈數畝亦以施立豊其養宇勤其教植濟濟莘莘爰居爰處勤學謀議庖廚六經異饌百家詳延方聞之士咸登諸朝漸漬被化者奚啻三百竟陵雲杜之豪不得獨擅其美矣故以地氣之奇贏補人力之纖嗇責在令君因地氣之纖嗇振之以人力之奇贏責於多士荆山有璞吾將剖之清廟瑚璉有所底授豪傑之士必應運而興予於令君及諸學博翹首以觀其成焉是役也所費八百鏹爲時六月令君李啟元福建安溪縣人教諭舉人余較咸寧人訓導陳大賓求州人廖世卿石門人督工生員劉家相李琛黄大中梁國相金大赤耆老羅世卿王大節栗實

美倒得并書萬曆庚戌仲春立

當陽胡侯惠政紀畧　朱光祚號上愚江陵人尚書

先是萬曆壬子春余以奉常使獻陵取道當陽遊玉泉不勝穆然咨嗟嘆寺僧之無與講淨業也哀哉欲淨而不能有驅之者矣於是以方丈爲傳舍二三苾芻日攘刃行屠伯事哀哉安得惠人而與之引噴珠之泉洗生殺之業乎暇讀李本寧太史遊寺詩飯牛依磬鉢妝豕辦組庸酥酪清齋少袈裟俗禮恭歲當饑饉後地拒牲來衝上客頻傳食空王豈薦封是詩也可以興矣歲饑

癸亥去余經行之年一紀有蜀德讓君子胡君謁選宰當陽過而問余余因此去以不忍人之心行不忍人之政當戒殺玉泉罷僧寮續食爲第一義君頷之今甲子九月余驟驟蒙惠道中聽輿人之誦廩廩德讓者必曰胡君曰胡君會弛擔里門有子矜數輩揖余而曰先生有大造於吾邑也夫何以故曰吾邑侯賢何賢乎曰悉數之不終其姑舉大略如華合溶地保華僕糧排年收頭華玉泉僧人供具墾荒田抵積負而逋民不擾平百貨之價而市不知有官嚴保約而人爭耒耜於田野息

萑符之警至羣諸士於仲宣樓作賦論文劃俸授餼則又非治辦俗吏所能企然侯皆不言所利而曰先生之教是先生有大造於吾邑也余避舍而曰夫政言之非艱行之爲難令君以忠厚敏肅之資行清寧惠一之政益天錫非人力余何力之與有然以數百年無人爬梳之痛癢余試言之侯聽之輒決江河以行之不可不紀雖然見任官例不得立碑聞諸與臺憲觀察使君允移刻榜夫榜以木不終歲之計惟石乃永永求非以爲侯也爲有害已而去其籍使後之人無所考據者設也即欲不碑不可得矣此邑人自爲意非以爲侯余亦爲當陽之人不爲侯故它職政不具書侯名如川字汝濟蜀之安居人

元荊門州守聶韞夫先生墓記

黃聖年 字逢永南海人教諭

當陽城西十五里黃沙舖有元荊門守聶先生之墓焉即先生致命之地也先生歿至今殆三百年先生之廟食當在本州而封樹於茲不宜闕然即志牒亦僅辨先生姓名而已至於先生之行履文章邑之人固未之詳

也余小子職在掌故讀先生之文竊感先生之節而思是邑之文獻未周先生之封樹或弗戒也稍爲增治蓬顆拂拭遺碣因采論先生之大都以誌於邑之人焉按傳先生姓聶諱炳字韞夫江夏人元泰定四年進士初授承事郎同知平昌州事先生早孤母改適自平昌還始知之即迎母以歸父之轉寶慶路推官會峒猺冦邊湖廣行省理問官時悍卒多掠民爲俘先生言於禿赤釋其無驗者數千人至正十二年遷知荊門州纔半歲淮漢賊犯荊門不守先生出募土兵得衆七萬復荊門

文與四川行省平章咬住復江陵其功甚多既而蘄黃
安陸之賊復熾賊帥俞君正合兵來攻荊門先生率孤
軍晝夜血戰援絕城陷爲賊所執嚼口罵不絕賊以刀
抉其齒盡乃斷其臂而支解之先生登第時試大別山
賦其文曰厥祀馮翼孰鉉孰黃清濁既凝高下以彰融
然而江河瀰波峙焉而山岳儲祥維大別之名山獨巋
然於南荒爾其氣通淮漢勢壓荊楊總江漢之統會奮
衡岳之輝光深根浸滛乎后土雲彩洞燭乎圓蒼高標
迥出於九嶷倒影傍接於三湘荅聖賢之經歷雖千載

而不忘爾乃層巒崇崒疊障巑岏石痕欲駁土花若殷
藍膏綠液紅注碧珊樓臺翬飛於翠崦石梁龍矯於蒼
灣浮屠聳其側儼臺峙其間聯靈栢之茸茸雜蒼苔兮
斑斑幽芳野草秋菊春蘭至若地利之富物產之珍以
守則阜以財則殷殊形詭狀不可殫論靈蹤神亦曷可
并陳吾嘗凌絕頂賦遠遊呼鵬鳥以逍遙招黃鶴而驂
猶酹宋玉於秋巒之亭邀太白於郢官之舟洞庭之水
未波蒼梧之雲不流烏林煙滅曹瞞之魂已冷赤壁風
高蘇仙之句嘗留登高作賦把酒澆愁嗟爾娛樂則有

加矣感慨亦有之矣其有德神禹之德而憂神禹之憂
者乎當其九州爲壑四海一煙而神禹出焉巨靈奔天
吳飄截天柱之巉嵒擘蒼翠之嶙峋其導水之功孰爲
之耶然吾徒今日得囿於禮樂之教者非前日手胼足
胝之功狃於袵席之安者非前日克勤克儉之庸乎噫
嘻時異事殊風流雲徃撫乾坤其瞬息觀古今於俛仰
益猶迹神禹之迹於千百載之下矣豈無心神禹之心
於千百載之上也哉嗟乎即先生斯賦其浩氣奇節固
已概見矣輓近之士競驅馳於尺幅一受事輙苟且持

祿及至危迫首鼠反面者毋論即捐七尺以殉亦計無
復之爾非能盡力竭謀至於莫可爲而後已也以視先
生收拾餘燼於屠城敗邑之後晝夜攻禦力盡舌繼其
受支剝之慘而靡餘憾焉其名實相去何如也嗟乎若
先生者無愧其文矣享於斯土者若關壯繆若胡文定
咸以杯土之故有司得以請於朝飭廟貌祠春秋而先
生至今闕如也毋亦掌故之失職以至是雖然先生之
節義文章久而彌著讀其文聞其風將必有表章先生
而俎豆於關胡之列者余小子又焉能爲有無時崇禎

庚午十一月朔日記

當陽縣修儒學記

國朝許鑅　邑庠代

當邑原分自江陵於楚屬郡縣爲最古歷唐宋徙冥不一至洪武初始復舊治儒學亦經三遷始卜宅於邑治之左介江漢而控荆襄山川形勝前記已詳不具述維乙酉秋攙搶布熾吾楚獨裂當城遂再陷雉堞樓櫓毀爲平址宍及學宮僅遺明倫堂數楹爾雖春秋展祀而先聖先賢分祭未妥諸士子憤恨於邑閱十餘年無能爲也檇李唐侯來自甲午冬甫至境周視太息曰有土

若是不亟亟議保聚豈刻楮三年始成一葉乎欲建宮墻必先營城邑經文緯武將次第及焉進邑人而謀之咸負鍤樂趨不數月而竣言言其城湯湯其流荆以北郢以西屹然保障矣越明年集諸子衿曰城既固圖冠方屨尚越在草莽辟廱鍾鼓其共免之爰是邑人士感侯廣勵通學弟子負其捐貲助脩縉紳及里民咸佽之貲凡殿廡門墻無不弘麗備具是役也不煩穡事經營諸務分給以董其成適學憲狄公較士如郢侯見當庠寥寥乃請加額以廣貲序俾遊其門者環橋講課鄰門

人弟子之樂事載在昔廣文之席寓於別館非制也詹復搆宾兩學署較舊舍而弘大之不但憑城講學凡造茲土者罔不有快閣之安而前舍芸窻生師蒙祉受賜固不多歟考學宮前制下天子一等郡邑有成例不敢過侈也明天啟間有請祀孔廟三代者未果惟啟聖祠遵嘉靖輔臣議今尚未舉將有待也夫君人者上注臣人者下注無入而藏無出而陽人情以官爲傳舍矣侯獨拮据三年沐風雨而奏績是以守藩宋公巡臬李公與司李周公行部至縣皆稱侯之廉於官而勤於治直

指張公嘉侯治行援於薦剡發金至當佽脩遣師環甲守之弛朝廷之封域而彰侯之勳勞也衆士頌侯鐫之石問言於某某不敏然職在學義不能辭敢載筆直書至於蒞當如請折漕折麥減徭清糧諸善績邑先生若別有記不悉載侯諱彥襄字倚旭己丑進士浙江桐鄉人

當陽縣志卷之六終

當陽縣志卷之七

藝文下

荆南節度使江陵尹裴公重修玉泉關廟記

唐董侹 大理寺評事

玉泉寺覆船山東去當陽三十里叠嶂回擁飛泉迤邐信荆人之淨界域中之絶景也寺西北三百步有蜀將軍都督荆州事關公遺廟存焉將軍姓關名羽河東解人公族功績詳於國史先是陳光大中智顗禪師者至自天台宴坐喬木之下夜分忽與神遇云願捨此地爲

僧坊請師出山以觀其用指期之夕萬壑震動風號雷虢前壁巨嶺下堙澄潭良材叢僕周匝其上輪奐之用則無乏焉惟將軍當三國之時負萬人之敵孟德且避其鋒孔明謂之絶倫其於殉義感恩死生一致斬良擒禁此其效也嗚呼生爲英賢沒爲明神雰嚮此山之下邦之興廢歲之豐荒於是乎繫昔陳法和假神以虜任約梁宣帝資神以拒王琳斯其故老安可誣也至今緇黄入寺若嚴官在旁無敢褻瀆荆南節度使工部尚書江陵尹裴均曰政成事舉典從禮順以爲神道之教依

人而行攘彼妖昏祐我烝庶而祠廟墮毁厥懸斷絶豈守宰牧人之意耶乃命邑令張憤始經其事爰從舊址式展新規欒櫨博敞容衛端肅唯彙時禪坐之榻今則延袤數十圍矣神明扶持不凋不衰胡可度思矧營建之日白龜出於新橋若有所感寺僧咸見亦爲異也尚書以小子曾忝下介多聞故實見命紀事文豈足徵其增創制度則列於碑右貞元十八年辛卯

壽亭侯印記

宋司馬知白

關公忠勇殉身國事英濟廟食當陽之玉泉逮今千載

之下凜凜若生四方依嚮尊祀不絶曰雨曰暘其應如嚮每歲寺中必大爲籠餅以祭極於齋潔方曝麥於庭鼠雀不敢近有犯輙自殞以此人咸敬而畏之紹興中洞庭漁人獲公壽亭侯印競以爲金報於官納長沙庫中時有光焰吏不敢安之移文荆門送還公入廟印徑二寸共制甚古印鈕有連環四面相貫上有一大環總之所以佩也淳熙四年冬元菴眞慈摹畫印狀具本末將獻於東宫是夕印留方丈光發於函輝燭楹廡亦異矣哉噫公之殁世寖遠城郭丘隴曰就荒蕪而佩章獨

存略無訛缺自非神物護持安得如此其久且全耶寺有仁宗皇帝所錫龍鵮龍角二物亦與此印同藏名山永爲鎮竇焉予與元菴爲方外遊遠訪雲蹤悉所經見故得而辨之如公生平功烈具載蜀志殁靈顯烈則見於前人碑碣茲弗及也時大宋淳熙五年三月

加封英濟王碑記　宋蕭　軫荆門軍教諭

爲臣而忠於君世固有之均於忠而處之難者爲可尚袵金革至死不厭非難也當其義利之未分是非之莫辨而見之在我若不淀誠難也胥不盡忠於楚而盡忠

於吳不足推也平不謀於項而謀於劉義不足取也三國鼎峙漢祚已移　天下英雄豪傑雲合響應孰不願爲曹公執鞭弭以驅馳者壯穆嘗受曹之恩矣其於先主君臣之分未定也惓惓於主不渝其初非見之明守之確行之剛者詎能爾耶天數人事不符功業垂成山虧一簣遺英餘烈猶足爲千載之福澤何其盛哉記謂能禦大災能捍大患者祀之郢人於王食焉必祀事焉必咨焉求弗獲奚禱弗應曰雨而雨曰暘而暘王之力也疫厲不作饑饉不臻王之恩也盜賊屛息田里舉安王之唉也淳熙十四年襄陽王公銖世其家擁麾謂王之有功於民也遂列其狀於部使者上之朝廷以求加封褒崇節槩不吝爵好贈曰英濟寵渥極矣誥命以十五年十一月二十四日下奉命之日遐邇歡騰老稚夾道縱觀舉手加額咸曰非王之受其賜民之受其賜也其得民之深也如此哉王廟食當縣覆船山之玉泉寺住山比丘慶思來請記於軫且以彰王之德俟朝廷之命於王之墓古人觀書之際辨姦諛於既殁表忠義於已往不於此記而又奚記茲軫之心亦太守王公之心

也故書淳熙十六年正月上元吉

重建義勇武安王廟碑　徐　階華亭人大學士

義勇武安王有廟在當陽縣之西五里葢王於是葬焉古所謂章鄉者也廟始建於成化丁亥凡曰殿者三曰門者二曰堂曰祭臺者各一請於朝詔得以春秋薦俎豆事載於碑其後星漸圮而有司莫能葺嘉靖丙辰春司禮太監黃公太保都督陸公出其祿賜之餘得白金二千五百兩屬守備太監張公方撤而新之又建坊於其前作鐘鼓樓作諸廟祀之具咸備繚以周垣而守之

以僧若干人其冬十月告成事昔韓昌黎推尊孔子以爲祀而徧天下者惟社稷與孔子爲然按史王葬於漢建安二十四年至於今千四百歲矣其褒贈之典代以益崇而廟祀亦徧天下與孔子等何其盛也自古有功德於人者然則必食其報然其功德有及有不及則其廟祀亦必因之獨忠義之事接於耳目而有激於心則不必功德之及我而慨想感泣自有歷百世而不能已者所謂民之秉彝也當漢之季謀臣策士咸知天下之勢必歸曹操而王獨以正統所在委身昭烈反爲操所

執操禮之甚厚而王迄無二心去強歸弱繼之以死此忠義之尤者乎孔子述六經垂訓萬世感人以功德王感人以忠義其廟祀徧天下固宜也世或疑孔明益德與王同事昭烈其忠義亦同而廟祀之盛皆不及王以爲事同而報異者夫益德非王比也孔明之事著在蜀爾王始見執於操其刺顔良舍而歸蜀魏之人舉能言之至降于禁斬龐德操欲徙都以避而吳之君臣宵夜謀王以忠爲快王歿操日以強吳亦遂臣於魏識者於是咎陸遜而思魯肅之慮遠則吳之人又無不知王矣父老子弟轉相告語傳之四海流及後世而各有激於秉彝之良此王所以著於孔明者歟敏曰王廟祀徧天下宜也廟繫牲有石二公請予書其重建之歲予因論王所以致此者系之詩俾歌以祀王黄公名錦在司禮務德而奉公陸公名炳有文武才其志在安社稷觀於茲舉可以得其人之概矣詩曰王之廟兮何所枕崇岡兮俯遠浦左旗張兮右懸鼓王廟兮儼然生中處兮神在天從昭烈兮日周旋翊之人兮聚正氣春秋兮奉王祀牲牷肥兮酒醴旨王自天兮來下青龍刀兮赤兔馬

長髯飄兮頰渥赭王至兮入廟鐃鼓喧兮管籥噪歆且食兮不顧以笑於嘻兮明神下爲河嶽兮上爲星辰伊降福兮獨此邦之人扶天常兮植人紀德千萬年兮相我天子秩廟祀兮自今維始嘉靖戊午仲秋

重修玉泉漢壽亭侯廟記

孫繼魯 號松山雲南人 提學副使

松山子校士過當陽自夷陵午憩玉泉寺周覽壯麗特勝判南以覆舟山祀壽亭關侯也乃詣玉泉觀侯廟將頓於草木蒼莽中乃言曰山如覆舟玉泉出焉侯致命

地也玉泉寺勝以侯致命覆舟山則寺固侯勝多年矣浮屠立不經說誣侯顯護法玉泉弗治其廟豈知所自與乃屬承天知府吳君惺督知縣侯嘉祥董沙門脩葺之尋落成時予恭月竣事全楚歸節武昌嘉祥以知府意來求記予惟古今人臣未有不本於精忠而能射精光於霄壤與日月爭明者也侯之精忠從昭烈於四海鼎沸顛沛流離中雖操權百計私交不一少渝從致昭烈跨有荊益祀漢偏安固孔明籌策膚公而侯之熊虎疆場真如雲雨摧翊鮫龍此其功豈小補於昭烈哉及

以新得荊州留侯鎮後天若祚之則威震華夏有終荊州之軍既向宛洛益州之衆得出秦川乃高帝南鄭入關中光武南陽定河北算也而孔明草廬計不徒矣無何吳魏合謀掩侯不備子明所謂擁百萬之衆不可與爭鋒賢能爲用而不可圖者一旦戮力傾侯矣使昭烈悉蜀土甲兵恐亦應援之難觀於幸峽窺吳一面往事可知矣況侯圍樊偃罷孤軍當此兩雄乎其致命覆舟山者天也故侯亡則荊州失荊州失則宛洛無軍向之望宛洛無軍向之望則益州之衆竟不能出秦川而興漢室也昭烈孔明所以竭力經營者未捷無成焉爾已此侯亡漢室不興之兆先見矣何待秋夜營墜渭濱星殞哉故侯之精忠昭當年其精光宜射霄壤間與日月爭明者也魯變侯廟成輒論其大較畀嘉祥勒之覆舟山以表侯精忠精光以風天下後世爲人臣者固以警玉泉寺俾勿壞侯廟毋重忘所自以誣侯顯護法云嘉靖二十二年癸亥正月

重新宋胡文定公廟碑　劉績 字用熙

人生所以參贊天地者也六經載參贊天地之道者也

六經無傳則人道滅而天地或幾乎息矣故天地不能一日無人人不能一日無六經述者發揮經旨亦不可一日忘功不祀也周衰孔子道不行取魯史成事筆削寓至當之理立不易之法救末世陷溺納而歸文武之道孟子以其功并禹周公益無位則明道正人心有位則行道去人害一而已矣後莫究其說左氏叙事雜以俗禮公穀釋義多拘日月斷斷焉偯偯焉甚至人主不得聞誅說學士不得相傳習至宋高宗時胡文定公奉詔著述用專精覈發意暢快謂是書乃百王之法度萬

世之準繩可以處大事決大疑得作者心於千載上破冢者藏於千載下然後大綱炳炳如日星徵公則是經不傳矣公沒去今三百餘年墓在當陽北十五里成化丁亥有司奏請立祠繪像於側春秋祀以少牢越四十年憲副安城劉君時讓讀公書師其人觸權貴屢僨興觀風過拜遂拓舊址有寢有堂有廡有廳官屬其役民樂其事不日克成以安公靈非以圭爵而尊非以族釁而親是故澤在本支有時而斬勳在社稷有時而泯功在六經則歷千萬世猶晨昏也公諱安國字康侯建寧

崇安人地志謂父淵寓蹟荆湖閒至公爲蔡京惡退居當陽之漳濱淵墓在焉誌傳父沒築室墓旁耕種自給若將終身即今龍泉寺僧所攘出也公自云平生出處內斷於心淨世名利如蠛蠓過前其行可知矣作楚歌使土人饗公辭曰漳水㵐濙兮逸公塋骨肉野土兮氣昭明鬱金酒兮灌地黃燎蕭光兮達紫庭求上下兮不可得公何之兮憂增內華兮　君尊兮臣卑道尊兮莫亨兮此時公來復來兮何期松柏兮雖然獨秀遺像兮生氣若舊食此土兮非能夭壽從則吉兮悖則凶世德

世兮人心同

關伯子陪享祠記

李瑤春澧州人本學諭

伯子武安王子平也王祠廟遍天下而臨沮實王死難之所王墓在焉蒞茲土者歲時脩故事展謁王墓三爵而享之萬歷壬寅仲夏邑侯錢塘馮公拜王墓下余亦從事其後拜已裴徊悽愴嘆王大節凜凜已復咨嗟長吁嘆乎之同死國難而不獲公一爵於王王之靈其弗懟乎越日則出蜀太史黃公所作關平詩示余余讀之詞旨激烈與侯意合侯退而捐貲鳩治搆一宇於王祠

之西以俎豆之以懟武安王靈而終太史之志至是祠成而屬余記余惟忠義之在天地間至不可磨滅之物故死而生之闕焉無聞或沉淪千百世之上而千百世下蒐輯而表章之皆是物王以孤軍戰死死漢也而平死王卽所以死漢何也方荆州失守之日吳扼其吭魏附其背而王父子以數百騎退守麥城日夜堅壁以俟外援其時荆州諸將各懷二心而西川遠在數千里之外臨沮之變實出天亡而平屢戰不休繼之以死上以報君父而下以釁吾私視胡糜劉孟輩不啻犬豕嗚呼

乎亦英傑也哉夫有乎若此王於是益不朽乎祠[illegible]
已此太史所爲侈諸詩章而邑侯之咨嗟長吁有[illegible]
而捜摭遺逸以備掌故太史事也倘舉廢墜以光典[illegible]
賢令責也沉淪於建安表章於今日俾靈爽有依忠[illegible]
用勸而奸諛邪佞之夫慚悚而不敢肆則秉彜之在人
心也嗚呼孰謂忠義可磨滅哉太史名耀南克人五言
律詩一首附録於左

玉泉寺智者禪師碑文　隋皇甫毘當陽縣令

蓋聞乾元資始三辰著象於天坤道資生萬物動行於

地皇王於是建國賢聖所以垂文起名教而莫同制[illegible]
儀而有別至如畫卦觀文益取隨時之象綜經織緯參
通爲政之辭大禮同和大樂同節安上治民移風易俗
斯迺生前之事略矣可言死後之間仲尼弗語縱佚[illegible]
雲縈空玄霸拂樹餌金丹而九轉吞玉髓而千年乘雲
也駕九色之鉉龍遊漢焉控三山之素鵠逍遙瑤臺之
上容與珠闕之間未窺解脫之門終趣蓋纏之境雖證
覺淵冲眞如妙有不生不滅無相無言隨緣應質則[illegible]
[illegible]彩隨[illegible]音則因機亦說故有[illegible]

金丈六之身八部般若之文四種悉檀之義神通自在
慧力無窮因導化行開示悟入皈依者盡發菩提迴向
焉普登常樂是以獼猴建塔遂生忉利之天野雁聊華
後往彌陀之國豈直曰藏沙門孤游正道月光童子獨
見如來四生因茲度脫六道藉此超蘇實大宅之高車
爲河之大筏若乃周室昭王之世影奪恒星漢朝明帝
之時光夢如日使旋西域化漸東都寶像南宮沖心北
面自摩騰入洛羅什遊秦名教更弘道風斯熾經臺像
閣寶塔香山麗溢巖阿綺盈都邑豈期後魏眞君之歲

後周建德之年靈廟一除伽藍再滅形容殘毀文字散
遺響落瓊鍾[illegible]沉寶鐸僞禪者舊卷其舌而不談護戒
先賢毀其形而晦影世絕調心之路時虧汲引之途無
出世之津梁失生民之大望我隋皇帝乘乾御宇握鏡
拔圖友愛蒼生君臨赤子天地同其大德日月合其重
光鼓之以雷霆潤之以風雨除暴亂致太平張四維朝
萬國功成作樂治定制禮正道無爲區寰有截闡泥洹
之路開般若之門宣十二分之經流四千年之法精勤
者舊捨俗歸僧淨住初童持心秉戒非直法輪再轉法

鼓還鳴四海於是無虞兆民因而有賴委羽乘毛之國
慕風化以來庭靈禽嘉貺之辭應圖書而萃苑巍巍也
非境智之思量蕩蕩乎豈言談而能盡玉泉寺者基此
山焉智顗禪師之所居也敕旨正名著額其山嵬嶨崔
峩崎嶇嶄巖峯嶷偃蓋巒似覆船巨力窮奇之象洪崖
譎詭之形岡曲抱而成垣水縈迴而結乳鸚啼碧樹之
澗日月爲之蔽虧霄液由之散聚前瞻江路御望荆岑
光帶昭丘右通巴峽禪師本姓陳氏頴川人也少稟生
知童眞剃落從師南嶽蘊道天台膺智洪才之響非直

播於江南知機妙辯之敏固亦聞於河朔皇帝外子太
尉公晉王性稟孝慈情包惻隱能臣能子匡國匡家蘊
神機之智垂汎愛之心布君子之風偃羣民之草往以
偽陳綱紊受律行師策妙指縱威稜江海遂尅定金陵
化平銅柱三吳霧卷百越塵清師乃因王利涉便緣因
師受戒師至此而投院王奏聞而起寺於是異域才情
之客慕其道而雲臻他鄉鍊行之僧味其風而雨集師
精研道理盡意談絃語證禪支心開定本樂崇導義若
扼海而無窮辯句清辭似懸河而自瀉居門之表雖盈

量以爭販處少之徒從窮崖而莫反爾乃信心檀越積
善通人咸施一材俱投一瓦憑茲衆力事若神功營之
不日而成飾以經時而就層臺迥閣複殿連房寒暑異
形陰陽殊制雕簷繡栱與危岫而爭高鑿礎鐫基共盤
巖而等固風光出其戶牖雲霧生其棟梁華炫耀於金
盤氣芬芳於玉樹工圖相好湛若金儀匠寫眞容凝如
滿月殿起三層之柱簴懸自響之鐘堂開千葉之華蓮
捧飛來之座燈光不滅灌海逾明剎柱俱低承幡自舉
吉祥柔滑之草爛熳依庭逆風和氣之香氤氳滿院斜

通洞穴直柱凝泉色似瑠璃味同甘露波投鴛鴦浪瀉
陸堂飲腹消痾洗軀愈疾石柱銅梁之狀影如邁池桃
蹊菊浦之華香浮柰苑可謂山類耆闍寺同離越似龍
宮而出現疑鹿野以飛來竊以前王[illegible]惟論體國之
功今共刊碑求記菩提之道余任宰屬城寺居所部文
雖寫意書不盡言其詞曰二儀開廓四氣氛氳方以類
聚物以羣分通賢通聖明后明君隨機設教觀化垂文
樂章既造禮儀方制定彼親疎決茲疑滯披圖辨物屬
辭明例惟化一生不論三世鉉都玉簡紫函銀經解尸

遺骨飲液吞精乘龍萬紀控鵠千齡終非實相猶是應
情唯有大雄湛然常住不生不滅無來無去千門妙旨
一音演諭度脫衆生涅槃雙樹夢通劉后感應姬王恒
星掩耀滿月澄光寫形東國指聖西方慈悲願海善逝
津梁法顯還晉摩騰入洛花散經臺香流像閣釋教欝
起桑門盛作露法珠幡風吟寶鐸眞君建德運鍾滅道
淪沒四生毁除三寶我皇啟聖德侔蒼昊紹法更弘眞
儀再造陳氏僭號王赫斯征句吳霧卷閩越廓清因逢
智者延謁山庭珠生浮漢玉出深荆華峰崒屹石洞淵

懸芬芳菊浦滴瀝瓊泉盤渦似谷疊嶺疑船來儀宴坐
觸地蕭然妙辯悉檀深窮般若緇素雲會挹其河瀉或
施之材或捉之尾經始不日翻成大厦更起龍宮還閉
鹿野山連紫蓋江抱黃牛西臨月峽東接昭丘春颷夏
牖水殿山樓旃檀圍繞琳碧還周座吐芙蓉龕懸石鏡
白毫相好紺髮輝映銀鸞徘徊錦鱗游泳騰猴心靜怖
鴿影定猗歟哲王命也蕃屏自天生德孝誠俱秉旦奭
非儔聞平詎并出總連轡入調鍾鼎搆此伽藍寳貲力
請魔殿巙嵯須彌欝律倏覩劫終俄看燒訖豈如彼岸
堅先皆出金石不朽天地可畢鐫勒岩阿永垂懋實

度門寺大通禪師碑文　唐　張　說（字道濟洛陽人右丞相）

夫總四大者成乎身矣立萬始者主乎心矣身是虛哉
即身見空始同妙用心非實也觀心若幻乃等眞如若
數入焉妙本乖言說出焉眞宗隱故如來有意傳要道
力持至德萬劫而遙付法印一念而頓授佛身誰其弘
之實大通禪師其人也禪師尊稱大通諱神秀本姓李
陳留尉氏人也心洞九漏縣解先覺身長八尺秀眉大
耳應王伯之象合聖賢之度少爲諸生遊問江表老莊

玄旨書易大義三乘經論四分律儀說通訓詁音參吳
晉爛乎如襲孔翠玲然如振金玉既而獨鑒潛發多聞
旁施逮知天命之年自技人間之世企聞蘄州有忍禪
師禪門之法胤也自菩提達摩天竺東來以法傳惠可
惠可傳僧璨僧璨傳道信道信傳弘忍繼明重跡相承
五光乃不遠遐阻翻飛謁詣虛受沃心懸會高悟與眞
乘同轍繼楫忘識湛見本心住寂滅境行無是處有師
而成即燃燈佛所無依而說是空王法門服勤六年不
捨晝夜大師歎曰東山之法盡在秀矣命之洗足引之

弄坐於是涕辭而去退藏於密儀鳳中始隸玉泉名在僧籙寺東七里地坦山雄目之曰此正楞伽孤峯度門蘭若蔭松藉草吾將老焉雲從龍風從虎大道出賢人覩岐陽之地就去成都華陰之山學來如市未云多也後進得以拂三有超四禪升七十味道三十不過是也爾其開法大略則惠念以息想極力以攝心其入也品均凡聖其到也行無前後趣定之前萬緣盡閉發慧之後一切皆如特奉楞伽遞為心要過此以往未之或知久視年中禪師春秋高矣詔請而來趺坐覲君肩輿上

殿屈萬乘而稽首灑九重而宴居傳聖道者不北面有盛德者無臣禮遂推為兩京法主三帝國師仰佛日之再中慶優曇之一現猒處都邑婉其秘旨每帝王分座后妃臨席鵷鷺四布龍象三繞時熾炭待礦故對默而心降時診饑授味故告約而義領一雨溥霑於衆緑萬籟各吹於本分非夫安住無畏應變無方者孰能至爾乎聖敬日崇朝恩代積當陽初會之所寘寺曰度門尉氏先人之宅寘寺曰報恩軾閭名鄉表德非儗倫厥謚肇長懷虛壑累乞還山既聽中駐久矣衷懇無他患苦

魄散神全形遺力謝神龍二年二月二十八日夜中命趺坐泪如化滅禪師武德八年乙酉受具於天宮至是年丙午後終於此寺蓋僧臘八十矣生於隋末百有餘歲未嘗自言故人莫審其數也 三界火心 四部水背榱崩梁壞雷動雨泣凡諸寶身生是金口故其喪也如執親焉詔使男哀侯王歸賵三月二日冊謚大通展飾終之〻義禮也時厥五日假安闕塞緩及葬之期懷也宸駕臨誠至午橋王公悲送至伊水羽儀陳設至山龕仲秋季望還詔乃下帝諾先許寘遂宿心太常卿鼓吹導

引城門郎護監喪葬是日天子出龍門泫金棺登高停蹕目盡迴輿自伊及江扶道哀侯幡花百輦香雲千里維十月哉生魄明即舊居後岡安神起墖國錢嚴飾賜逾百萬巨鍾是先帝所鑄羣經是後皇所錫金榜御題華幡內造墖寺尊重遠稱標絕初禪師形解東洛相見南荆白露積晦於禪山素蓮寄生於坐榻則雙林變色泗水逆流至人遠代同符異感百日卒哭也在龍華寺設大會八千人度二七 八 二祥練縞也咸就西明道場設如[illegible]會萬迴菩薩乞施後宮寶衣盈箱珍價敵國親

舉寵賚倚供巡香其廣福博因存沒如此日月逾邁榮
落相推於戲法子衣戀未極痛慈舟之遽失恨涌塔之
遐開石城之歎也不孤廬山之碑焉可作竊比夫子貢
之論夫子也生於天地不知天地之高厚飲於江海不
知江海之廣深强名無跡以慰其銘曰頷珠內隱匪指
莫效心鏡外塵匪磨莫照海藏安靜風識牵樂不入度
門孰探法要偉哉禪伯獨立天下功收密詣解却名假
諸無所得解亦都捨月影空如現於悟者無量善衆爲
父爲師露清熱惱光射昏疑冀將住世萬壽無期奈何

過隙一朝去之嗟我門人憂心斷續進憶瞻仰退思付
囑靜不離定空非滅覺念茲在茲敢告無學

唐賢留題玉泉寺詩序　宋張　田（大理評事謫郢）

田少與中州士人品第天下佳山水處或道荆門之玉
泉昇之棲霞齊之靈巖台之國清諸寺以爲四絕景德
中天子知其地勝異率詔擇名僧居之明年復表其額
故結方外之遊者一或不至不足爲好事慶曆七年春
田自武當再謫郢且趍荆州宰毋兄荆去玉泉方再宿
心竊幸之意平昔之慕今遂適焉又明年春始造山山

之雄絕崛峻上薄氣象長松萬株夾道十里如大師企
胄申令既令奮肰將作高蟠亟撐虎鳳軒翥寺掛巖腹
翠微傍來危樓橫橋下瞰清瀨一逕西北玉泉之源纍
纍明珠直出數寶風霽月皎鑑人毛髮時集友人獨攜
二三子留山中攀幽覽勝下上臨顧或嘯天外却醉水
邊回頭身世使人羞恥之郢之明日道出軍下軍守曲
臺謝公好古博雅君子也喜田之遊且曰玉泉子之境
土恨守符未能往前使寺僧錄唐賢留題自曲江而下
止近代浮屠齊巳方得八篇僧云異日詩殊多蕪往有

大水漂去予惜其遂散亡欲鑱石以紀其事子爲我序
焉敢拜命因道山之崖略慶曆八年七月七日謹序

唐賢詩碣跋　元僧廣鑄（號鍾山玉泉寺僧）

玉泉覆船蓋龍神宅也自智者大師開山二神護法高
僧碩德繼續提倡遂爲楚漢叢林之首由古而今殿堂
樓閣歲時增修曩昔方丈而上峭肰懸崖亭觀相望曰
楞伽峯曰慈雲曰山月曰松風曰惺惺曰彼岸曰寒亭
花逕曲折迴隔塵凡巨棟飛甍修篁古木突兀於煙雲
杳靄間得唐代名公曲江諸賢題品而覆船之名增重

於曾追宋朝眞宗景德初元額加寺錫眞茅庵二莊田地實慕容禪師住山時也越四十餘載慶曆八年荆門太守譙侯命當代悟空本禪師抄出唐賢題詠八篇大理評事張公爲之序鑱石於郡之泉亭至大辛亥又歷二百六十餘年矣近歲泉上碑刻率皆散失而此碑亦爲好事取去深慮珠璣錦繡久則漫滅殊負前賢立碣之盛心於是請於郡侯奉直杜公迎載而歸蕩拭塵垢表而出之以補山中之缺文至大四年辛亥良月既望

移立唐賢詩碣記

元　衛應辰　邑人

僕嘗聞昔唐太師顔魯公製祖亭文勒碑於江州祖將軍廟其後與州吏遷此於九江驛磨之以刊其諸驛之功歐陽詹作文以吊之蓋痛前賢芳迹不幸而泯而悼小人無知殊不辨乎蘭鮑之美惡也荆門之玉泉爲天下名山四絕之冠有唐賢曲江張丞相及孟襄陽諸公留題詩韻備道其美宋慶曆間郡守謝公好古博雅君子也始命匠鑱碑文請於大理評事張君爲文序之以立石於荆門蒙惠二泉之衕用增江山之勝俾往來賢士大夫遊者獲爲美觀兵火以來屹然獨在若有神明護之莫之廢也元運更新車書混一郡治復古碑乃鑿欣豈謂有資力遷之他所欲泯其舊而圖其新幾與顔魯公祖亭碑者同罹其害當代住持鍾山公聞之見義必爲不違他恤亟到州隨命役徒挽歸龜趺如舊而立石焉此較於顔魯公祖亭碑何當時不幸而張曲江孟襄陽諸賢碑文雖經異世塵劫獲遇斯人而何其大幸也歟吾聞君子樂道人之善吾黨不可無一語以述其事因不自揆爲其㮣倂借張丞相留題五言古風詩韻輒成一章以頌其美知我罪我無以其僭爲誚云

勅賜清溪寺記

明　李賢　南陽人大學士

荆南玉陽廣福山清溪禪寺者僧智念重建也寺創始於晉武帝太元丙戌年間遠公法師倡道茲山山之前一水縈迴曰清溪清徹可愛師嘗於是水浴身時白蓮開數莖遍嘆異歷元寺燬於兵至明永樂乙未了義禪師居之脩葺弗果正統二年春南浦大師之弟子智念訪天下名山諸祖遺跡至是寺喟然嘆曰有心皆是福無地不名坤遂卓錫焉寺據廣福山之勝九峯諸山獻秀舒奇美樹嘉花菁葱聚鬱誠天造地設之境也而邑

人嘗覺忠等不負靈山付囑之說力施以成其志厥用不足勧其鄉之豈家巨族協力贊助何是智念偕徒惠旻等發荊榛闢土壤市材鳩工首創大佛殿高四尋有奇深廣倍之殿後建法堂左右爲地藏圓通寺殿其前則鍾鼓樓門方丈禪室庫度之屋靡不備焉計其經始訖於落成閱十寒暑實十一年丙寅秋也寶相玉毫輝映霄漢其宏大盛偉之觀振古罕有天順改元皇帝復登寶位庶政一新雨露之恩均施溥被其崇奬道化之心至矣故智念得以疏於上獲賜金額仍詔禮部劄付

焚脩使天下人知佛之所以爲教君子貴之以廣其善小人羨之以悛其不善王化之助豈小補哉智念稽顙闕下感恩弗勝復屬予記仰惟佛心天子膺上天之眷既極其厚而崇奬先佛之道又極其隆智念嗣佛之教得際遇明時膺兹恩眷不獨榮於己而光於寺且有光於荊陽諸山不獨光榮於諸山而天下國家嗣釋氏之教者咸有光焉天恩至此復何言哉予聞智念克以仁慈脩己以至誠待物而身心戒定故能感諸檀施而成此善果也後之居是寺者豈可視爲土木之事而忽之也乎智念滇南人別號竟空併記之天順二年秋既望

脩度門寺大通禪師塔院碑

汪道昆字伯玉歙縣人兵部左侍郎

震旦五宗始分南北皆自廣梅入室一用裸一缽瞻要之覺有後先成功則一南宗之師曰大鑑北宗之師曰大通自依法授南檀經首倡有學率左袒而主北無學輙右袒而主南其徒遇若交綏守若分壘顧教有頓漸性無成虧鏡懸則景全頓也非漸也自至則果熟漸也非頓也大鑑得之觕若不涉階梯大通得之楞伽不容

毫髮當其時居爲首座出爲帝師頤獨推轂南宗退然而避上舍年踰久視終世忘其言其無際若須彌無量若阿耨深若龍藏閟若蟄雷大鑑先登大通踵乎其後北經南而始極南規北而始圓南即家君北亦不失爲貴介高譚者率任耳而區別益嘗大方而未盡耶往肇林作無遮會誨公與大比丘四十八人俱余故以多聞多公未竟也其後函中作華嚴會誨公與四衆俱余故以神解多公未竟也歷七年所其年壬辰公杖錫西來發自荊楚自述其閑關衡嶽深求觕若楞伽默識真參

登不二法旣度慶門遺址爲唐勑建大通道場並舍利
於是乎藏歸然張燕國公之碑在焉沙門不守沒於民
間善男子胡如松恢復之是爲毋氏外弟迄今鞠爲茂
草乃在父母之邦自我而失宗祧耶非法嗣也遂循乞
法王子長者子大臣身宰官身居士身施五百緡措据
經始即未能光復舊物庶幾堂搆一新方外之政在君
侯預勤豐碑紀盛事余聞有德司契世方尚右而公左
之大道無方寧以一隅作所右無不有左無不宜由方
廣而得圓通則上德也公操左劵而務自下始亦刓方

爲圓雖然猶有缴也吾祖受然若言佛言能者得之得
之心得之佛爾大通登座書偈要亦有槪於師心鑪錘
之間含光承景具在吾道南矣其徒擁赤幟以行猥云
教外別傳無用語言文字唾諸佛言如糟粕味諸語錄
若醍醐箄路柴車虛張警蹕匹夫何罪罪在無擠五祖
業已前知衣止法止自是而後從者如流或搶榆枋或
出蒼莽自以爲飛之至也烏能涉九萬里而南耶大通
不言躬行漸脩頓悟方諸普賢行肖迦葉默存日計絀
而歲計贏徐行可跂捷足退無却步進無前塗無生而
生無住而住楞伽即然爲然爲即楞伽斯其不二法也
往從詩禪譏禪說異曰無思無爲毋意必毋固我無
可無不可聊因極並入梓加意有志普度發心歷階而
進下學上達爲非虛言願氏數對則汲溝鑄之佘何非
宗教與禪朱熹之迹於坐忘疑駁乎宋賢粹然忠恕還道
吾儒釋氏得一而守吾宗浸假與道參贊翊而一異也
此異一異也非道非非道道在茲乎擬於倫類則南詹
對北炎寒鑄器以治爲求道主聞見而縛心知東越起
峨一洗之旣殺良知爲鍱日其徒懌頻而趨審操說鈴

爲鈺幾乎行則蠅勞行則流齒以元命伯子雁行或未
之逮大通則鑿知也斷足以縣一乘否則南北分岐七
華均耳是擧也斷道其中與乎撰以啲儒惡開至道道
無名數非一非二彼之則異端我之則全體無端何異
彼自不生無體何全我亦不立梅公得我心之同然矣
度門畢事爵命東林雖公總持法門旣衆從公至矣萬
歷壬辰九月

楞伽峯度門禪院記　聶登第字爲汲邑人

在玉泉山之東七里許山峰岫折榮幛環列林泉周匝

花香鳥語泉自冠玉山下縈廻曲澗迤逶山麓舊為神
秀說法棲息之地後即敕塟於此墖楙歸然猶存下建
大通禪寺以秀謚大通禪師故也香火舊盛近頗式微
余兄聶發東甞為檀施增脩佛像鍾磬之聲稍振紆折
而上是為度門菴萬曆中無跡法師正誨所錫建也正
誨本當陽人氏世居玉泉劉鏜子母李氏方娠偶聞鍾
音誕師是夕星光觸戶頗異自石寶山祝髮乃歸度門
戒德精嚴深究經旨寓金陵數十年遍游廬山五臺峩
瑞冠官帝京諸大元老官府士民敬禮首登講座念玉

泉傾圮母老九十乃募金數千兩還新智者寺剎重營
神秀墖址併建度門禪院前為山門層樓後為法堂正
殿旁為習靜密室亭梅池蓮松竹並茂時與搢紳詩文
唱和說法拈花遠近皈向諸藩宦寮競迎供養師以年
高靜息羣獻金繒紫衲綵旛晃耀仍繪師像庋恍頂禮
白下兵部侍郎汪道昆作有重脩度門禪院碑記堂額
曰北宗祕地大學士趙志皐題曰正法眼藏行人汪紹
伊題曉與荊南進士袁小脩吏部徐六治邑孝廉吳聯
芳冏際明并余數輩往還共結方外交師年八十有四

召徒衆兩等說偈而逝師以廣長舌散優曇花片語禪
機隨人拈授度門法會於是中興焉

遊玉泉記　袁中道

出當陽城西踄重阜見諸山顯負象峙而其中一峯尊
特竦秀氣宇如王姸美如冠者即玉泉山也其上時有
異氣非烟非霧如𣯶羅綿與諸山特異山以泉得名故
二十里外得泉為入沮道皆蓊蓊脩澗至巳公嶺下兩
泉之水繞度門而出會於玉泉其水較洪岸畔多石水
始汩汩有聲從此兩掖多坦迤之山泉出其㢤遊人不

復與泉相捨時見磚埒皆先朝所脩馳道迤寺得嶺如
竈背延村市駢列逾此如一寶諸山左右障泉殺始勵
嶠右壁半落如赤霞左為諸山靡籠得圖阜以精、、冶窣
坡其上中如來巷是謂寺門入門泉自東來帶寺有危
橋正殿依山如屏兩峯袖遶上有智者道場四字黃太
史筆昔智者從天台歸荊州登紀山望當陽山色如藍
上有紫雲輪囷如蓋遂杖策孤征過玉泉至青溪欲建
道場意嫌迫隘遂還玉泉止金龍池趺坐枯樹𥁕致關
公皈依寘建福庭湫潭千丈化為平址棟宇煥麗巧奪

人目昔王遵立水瓢子堤完眞王應運渟沱水合世法
猶然況人天眼目百靈護持者乎當時尺一有事出神
心理應望表語而畫家亦傳關將軍起玉泉圖良亦有
以其後北秀復居此地天后作檀越金榜玉題侔於鬼
工是固一時也宋明肅劉后蜀人少隨其父入都過此
寺僧慕容禪師見而異之爲之禮及撫育仁宗正位長
秋大加護持重爲嚴飾是又一時也浸至近代僅存一
殿欹側欲頹跡公居度門傷其荒蕪有志繕修此走神
京大開講肆時黃平倩及予兄弟三人過之跡公言及

此寺幾欲墮淚於是平倩中郎各草一疏不盈一春宮
府朝野金錢麕集其始終營綜中郎極爲苦心今遂煥
然復還舊觀雖不同當時之靈秘亦大有異緣山後一
壁舊多喬木作殿時伐以資用正如剪髮緇衣甚可悼
惜近禁采屢年穉松嬌姹能增黛色寺固大龍湫也雖
累土爲基今尚如珠在函拾級登後山如可瞰遠崗脊
大士閣基夫殿不毗陽以含沖氣閣不毗陰以矚原隰
闕一不可姑待來者殿左有吳道子畫大士碑作天男
象衣褶最古殿右爲藏經閣尚方新頒金疊爛然光色

各一池清泉從殿後出匯爲池注於玉泉或云那伽之
宮在焉故一山出泉甃之以種芙蓉最佳相傳即金龍
池出護世殿得前橋復與泉遇東行二百餘步爲乳窟
窟中石作珂色懸乳如蠟淚前一壁如幻霞玉泉之水
當其根而後出時作壯籟其絕壁有坎相當云前人穴
以架閣下隱隱有字盡駁予謂是張孟及元微之所書
自可惜若是俗筆能疥煙雲水霜苔蘚亦太解意憶元
微之遊此山詩云松門接官路則當時官路原在門外
曰泉脈過僧房則當時僧房正對清泉流水周於戶下

光景可想今重墻圍裹惟恐見泉乃知塡蟬翼帖規方
竹杖者何代箴有過洞兩崖多石骨較狹屢以石丸渡
至響水潭有巨石亘溪中去地丈餘泉從石墜忽作大
聲墜而復躍激爲浪花濤雪沾濡衣屨山行稍倦童子
以蒲團從坐泉上稍瞑目疾雷破山急雨隨之大似振
秦皇帝驅山鐸也過此兩崖愈狹霤泉以出石骨爲泉
所蝕作篆籀文乃捨溪復上山徑至關侯廟前水始寂
是謂泉源過橋撫掌背如珠串上沸侯所封當爲漢壽
之亭侯而宋紹興中洞庭漁人網得一印上一鈕方二

寸有奇其上一大環徑四寸下連四環皆繫印上製甚奇文爲壽亭侯印不知何故豈唐宋間不識字人作贋物以入神廟者耶廟外列名人詩碑依稀見張孟等字不暇讀去廟數十步泉聲甫寂而石浪逼人矣道有二其左即走蠶叢道也其右往智者洞諸嶂圍之從一罅入如花源道旁怪石磊磊色或如墨如煙可坐可臥其立而欹者下可逃雨右嶺上爲宋修傳燈錄院今廢又里許至智者菴旁爲智者洞石理甚堅若夏屋洞下有井與大江爲盛衰春水漲通於玉泉爲洪流綠洞後登

山石欹不受足屢躓至一處稍平即朝暾閣舊基萬山層疊中忽見山口近林遠水甚暢迹公與予議復之以祠中郎覺孤危難住下智者洞右得少平地乃喜曰蘭若在是矣相與少坐洞中予謂迹公曰此地似與吾邑人有緣蓋智者亦公安人也智者俗姓陳父名起祖梁封益陽侯居公安以公安即舊華容地故亦曰華容人有二子長曰鍼次曰道先道先即智者其母夫人釜鼠在公安舊頭里今猶稱聖母墳旁有智者所建報恩寺其爲邑人無疑若祠中郎於此信乎與邑人大有緣矣尋舊路歸復於乳窟看月　泉得月如谿曉濃雪晚宿於

講經臺

遊紫蓋記

袁中道

往玉泉入春數日走度門商畧游事首紫蓋度老不能從與僧寶公偕沿途多峻嶺四望玉泉甚尊特其後爲青溪茅平諸山上帶殘雪日光映射寶公云大似晴雲映覆山巒予曰雲色稍陳不若雪色之鮮霽照人也過聖水寺相傳葛稚川鍊丹於此取水又數里爲吳王墳巋隆隆起吳王不應葬至此豈吾王之訛耶楚都在沮

漳間宜此地有王家陵墓所云昭丘皆相去不甚遠也此地望沮漳兩岸之樹分行交樾不可紀極路從山後以達於寺蓋有大行少室伏牛鉉嶽諸山蜿蜒而行至此地忽止其前平原千里江南諸山皆不可指數若天氣晴明可望見江上風帆數月滿眼峯巒忽見平曠如挈手亦覺爽豁往時有客自玉泉青溪紫蓋來者吾即問三山孰佳答曰皆佳不能優劣及予親至然後知品題煙雲悲慧人不能大都紫蓋寬博玉泉尊特青溪秀媚紫蓋門戶也玉泉堂奧也青溪園囿也遊者以漸而入

㵎深彌妍若欲紫蓋爲青溪是以亭臺花木之娛而貴之縣旛列戟之處亦少蘊藉矣此山爲三十三洞天以南北二山四垂如蓋林石皆紺故名紫蓋予自山後嶺上來不見垂蓋之美而林石亦無紺者所云絲水耳磐亦僅存智井爾山頂有仙祠即葛稚川煉丹處予記列仙傳煉丹紫蓋乃葛稚川祖葛僊公弦字孝先非稚川也孝先跣行屈氏二女作饘施之後分餌丹二女皆仙去至云山主爲劉綱樊夫人劉綱爲上虞令亦非是中人不應作山主俱誣甚且此寺肇基於遠法師天皇悟

從荆州天皇寺移居此往時樹木極茂後盡伐去今新栽松嬌姹如綠雲寺僧等頗嚴守護不過十餘年後又成佳蓧林矣夜宿於藏經樓下晚送寶公歸公安予歸玉泉行嶺上復望見遠山晴雪殊快至聖水寺從徑路趨玉泉與中於諸山外見玉泉屹立有若久客望故鄉暢適不可言喻豈非宿緣過金家溪畔西合流處得一小庵少憩過此山峰多茂樹無童者踰光石嶺石淨潤不受塵下嶺即玉泉寺田

遊佛耳巖記　　袁中道

去青溪天里地曰乾溪有馮茂才者邀過其宅五宅有佛耳巖可遊遂同往諸山圍裹忽見平曠前即逕水山水間一佳聚落近巖石壁接連若鐵垣沉碧中苔繡蔓縈巖在削壁俯澄潭潭邊石路淨滑可攀以濯足諸山皆鳥綠上予初怖之後於近舟迄二篙上下各以一人持之予攀扶而上石脚淺不受足幾墮上復援予以繩乃得至洞頗寬博據山水之湊沮水自房陵來遲高安兩岸秀壁相望雲破霞裂其崖如佛耳者極多不知何代所鑿安得以一舟徧攬其勝也

柴紫菴記　　袁中道

玉泉右掖之山一峯直下如象鼻突止即爲菴有堂三楹曰淨名以祠護法居士者也舒其後闢爲小室二一居僧一予自居堂中望前山如繡屏坪下有木犀一株可十圍每開香清一山其右墻外小室三楹爲香積厨以虎落菴之後所云象鼻突止者瞰之皆石骨鑿一洞曰紉霞以其中有霞紋也可容一案四人清涼沁骨從洞右登山緣鼻而上可百步得亭曰堆藍圃以塼瓷以通風望西南山色如墨花淋漓惟九子在西北稍爲樹

蔽其鍔菴門外左有小臺號玉泉水殺甚厲可望後山帷石老樹游雲弄姿堂中所祠者上為維摩詰左為武安右為伯脩中郎近得西川黃太史平倩之訃予哭而祠之平倩長伯脩六歲故位在伯脩上海內交遊多矣獨祠數公者以皆有功德於玉泉者也即有功德於玉泉而非道德文藻無遜前三公者亦不敢濫祠後度門之意以雷太史何思生平護持玉泉甚力亦得附位在中郎下創始於萬曆辛亥春會以他事歸至壬子六月初四日落成而總名之紫紫以玉泉亦名紫紫山也

興復玉泉文　陳其美進士

古今名山勝蹟率有神靈司護其間適廢適興理準乎數而扶危救弊人生乎神吾邑玉泉峯巒列翠環匝長春晴爽登眺濃煙瑞結輕雲繚繞狀與天台棲霞靈巖最不後先其神則關夫子在焉隋文帝時智者禪師欲建道場關夫子現身受戒神僊鬼運天奪人工遂爾湫潭平址殿宇巍峨事上隋主敕賜玉泉所自來矣唐中宗將有北秀法主談經闡教肇起一代宋仁宗時明肅太后重加脩飾其元后父自蜀負石過寺慕容禪師感夢敬禮之所致也後名祐祖慈雲燈傳不絕塵宗踵盛明有無跡禪師詣京請藏葢殿脩廊成功甚鉅遺碣猶存此數師者皆具大智慧大願力作山門六柱石以故法歸一鉢寺延千禩明季烽火連綿樗梵絕響惠藩曾蠲金付僧海福從風鶴中力為振飾然古刹雖新而室虛無人矣越

大清鼎興其中招從得遍雲和尚登壇說法衆始翕聚悔懺昔非今佛殿闢於榛蕪鼓鍾懸於淪僕王相復生禪宗繼立當代稱為護持有隋弘規不湮於七代之後噫

非師之功而誰之功歟雖然玉泉山僻土厚僧野性樸西南驛路取道溪谷遊客居士苦於辦結則後之為山門主者非圓通經藏皈依菩提鮮不愧於歷代道場毋曰雲散水流資質愚鈍可漫然不加之意也昔法融禪定有獸獻花生公講律頑石點頭等而上之塔葬舍利笠蓋如來芳矩未墜取範靡遙誠體大師之訓而行之起廢為與當與茲山之靈並隆於無替也余丙戌走潛晤適師於湖漬煙水間無日不思為歸玉泉計師以余有風雅功成請贈余為文以銘之銘曰昔自關聖為

寺開先宏敞壯麗珠寶玉藏為智者皈顯烈玉泉禪林
種地代續迦烟延及有唐神秀乃嫡三帝宗肯度門杖
錫追夫布袍鐵面電的吼顯獅子闡若霹靂元稱慈雲
教網弘濟明鍾誨師望隆京邸縉紳大夫堆藍昆弟寶
琅玉軸錫自堂陛清惟性闍朋羅拏書開山講戒百職
驅除憂蒸冬栗濟泊講籙盤旋幽曲艮凝谷虛莫高匪
山今古惟綠莫潔匪泉旦宵惟瀑代有高僧演鉢五六
能護法者神錫其福

當陽縣志卷之七終

當陽縣志卷之八

四言古

贈士孫文始

士孫萌字文始年十五能屬文初父瑞知王允必敗命萌將家屬至荊州及天子都許昌追論誅卓之功封萌為澹津亭侯當就國粲贈以詩此因詩中遷於荊楚在漳之湄二語故錄之

漢王粲

天降喪亂靡國不夷我暨我友自彼京師宗守盪失
越用遁違遷於荊楚在漳之湄在漳之湄亦克宴處
和通篪塤比德車輔既度禮義卒獲笑語庶茲永日

無諐厥緒雖曰無諐時不我已同心離事乃有逝止
橫此大江淹彼南汜我思弗及載坐載起惟彼南汜
君子居之悠悠我心薄言慕之人亦有言靡詰不思
矧伊嬿婉胡不悽而晨風夕逝託與之期瞻仰王室
慨其永歎良人在外誰佐天官四國方阻俾爾歸藩
爾之歸藩作式下國無曰蠻裔不度汝德慎爾所主
率由嘉則龍雖勿用志亦靡忒悠悠澹澧鬱彼唐林
雖則同域邈其迴深白駒遠志古人所箴允矣君子
不遐厥心既往既來無密爾音

五言古

過龍泉寺精舍呈易業二公

唐孟浩然 荆州幕

停午聞山鍾起行散愁疾尋林采芝去谷轉松翠密
傍見精舍開長廊飯僧畢石渠流雪水金子耀霜橘
竹房思舊遊過憩終永日入洞窺石髓傍崖采蜂蜜
日暮辭遠公虎谿相送出

答族姪僧中孚贈玉泉仙人掌茶并序

李白 字太白

余聞荆州玉泉寺近青溪諸山山洞往往有乳窟窟中多玉泉交流中有白蝙蝠大如鴉按僊經蝙蝠一名僊鼠千歲之後體白如雪棲則倒懸蓋飲乳水而長生也其水邊處處有茗草羅生枝葉如碧玉唯玉泉真公常采而飲之年八十餘歲顏色如桃花而此茗清香滑熟異於他者所以能還童振枯扶人壽也余遊金陵見宗僧中孚示余茶數十片拳然重疊其狀如掌號爲仙人掌茶蓋新出乎玉泉之山曠古未覩因持之見遺兼贈詩要余荅之遂有此作後之高僧大隱知仙人掌茶發乎中孚禪子及青蓮居士李白也

嘗聞玉泉山山洞多乳窟僊鼠如白鴉倒懸深谿月
茗生此中石玉泉流不歇根柯灑芳津采服潤肌骨
叢老卷綠葉枝枝相接連曝成僊人掌似拍洪崖肩
舉世未之見其名定誰傳宗英乃禪伯投贈有佳篇
清鏡燭無鹽顧慚西子妍朝坐有餘興長吟播諸天

玉泉道中作

元稹 字微之河南人時爲江陵士曹

楚俗物候晚孟冬纔有霜早農半華實夕水含風涼
遐思雲外寺峯巒渺相望松門接官路泉脈連僧房
微露上弦月暗焚初夜香谷深煙霧淨山虛鍾磬長
念此清境遠復憂塵事妨行行且前路勿滯分寸光

題文定公書堂

宋張栻 字敬夫綿州人曾守江陵

入門認碧溪循流識深源念我昔此來及今七寒暄
人事幾經變寒花故猶存堂堂武夷翁道義世所尊
永袖霜雪手栞書貴丘園當時經行地尚想笑語溫

愛此亭下水烟若玻璃盤晴看浪花凉靜見潛鱗翻朝暮迎日月俯仰鑑乾坤因之發深感倚檻更無言

宿龍泉寺

明栢　溪

伏劍賦遠遊名山資幽討側聞龍泉勝江山愜夙好列障獻奇姿千峯勢相抱碧澗蟠蛟龍青林隱猿鳥山嵐滋石芝晴日曬瑶草雲封石門幽月傍佛樓小老衲觧人情石榻爲予掃煑茗撷松花焚香分麝腦平生西方願稽首白足老暫謝塵世心跏趺坐青曉

何時解天刑繕性息煩惱古碣篆烟殘鶴夢清未了

人日同度門谿足上玉泉

袁宏道 字中郎公安人吏部郎中

燒却門符紙匝地競如蝗青着稚齒兒堂上誦夫子予也亦皇皇趍時治山水瓢笠共山僧緇老附行李是堅即吾居是雲即吾市逸思觸東風吐若爭春燕冒霜遵修途十里黃埃起

二

西省東衡匡天公賜我履道遠不能從玉泉且經始幾年說堆藍未語頰先赧夢中見青谿石根帶雪洗疊身智者洞扣我先卿里卿人說卿事眞切彌可喜問我氏伊何作講堂者是 隋天台講堂乃袁子雄作

登玉泉來青閣

雷思霈 字何思夷陵人翰林

石磴幾千級蓊勃夾長栢奔泉冷山骨卧聽知水脉夕陽空翠生滿身變衣色倏皷豊隆怒四顧靡雲黑驚起老蛟精倒捲銀河瀉素朝天闕霧亭檻俯石壁乍聞深澗濤吼山山欲劈峯饒林木青溪猶沙路白

我家萬山中終日對山碧別來已四載見此欲有得塵土污緇衣城中車馬客

遊紫葢山

楊　讃 邑庠

我里紫葢山朝朝山色紫及予陟其巔漠漠蒼煙裏丹泉瓢飲豊盈虛有至理凭闌呼孝先孝先鬱不起一練裊秋空居人指江水

謁關侯墓

黄聖年 字逢永南海人舉人本學教諭

立志在春秋取義植幽獨凜凜煙霄間耿光灼人目
蜀藪祭崇封森森羅宰木靈衣颯神爽閟宮敞肅穆
驚飈紫騮怒陰霆寶刀燈流眄感覇圖山川阨全蜀
漢燼自不然丹心此焉燭誰云數尺土英毅馳九服

坐東郊

楊　誌 字石父 邑山人

人境番氛雜絕無開口笑蕭蕭草莽間寂寂抱幽妙
藉他作穩眠登高極清眺俛仰從所欲滄浪與同調
宿鷺鮮避人潛鱗不上釣所以山澤心何曾慕廊廟

有酒滿青罍欲醉復大叫何物送殘盃明月出孤嶠

遊玉泉

陳大佑 邑庠

西來千萬峯堆藍獨尊特在昔髫亂時亂離走澤國
飽聞玉泉勝蠟屐殊未得乘閒采眞來會際烽烟息
翩如遠遊人須眉亦相識石壁俯青泉蒼松染黛色
茫又埜馬中靜嘆分晷刻何時賦歸由誅茅北山北
結伴隨緇流卅路任傾側

七言古

謁關帝祠

明　余一龍 新安人

天不少延赤帝子雲長事業空傳史鱗經幾向夜挑
燈漢咼那容人桀指戚逼阿瞞避欲遷神誅吳將封
還死當陽遺墓尚依然寄語奸雄休過此

袁宏道

黃平倩至玉泉以書見要倍道趨之馬上感舊有作

曉枕濃和鬱清嘍知是家人呼我字翩然一鶴自東

飛嘶得巴江賤子至饑花滿幅堆明戀要我共踏青
溪翠招帆一掣截長波馬不待鞭捶以轡須藍疊綠
瀉平田綱林綢葉點青膩當時京國好兄弟謝堂佳
月城西寺幾年拋後嘆吹雲又作飛鴻留爪地老去
怕逢緣熟人夢回每說金華事欲知銷折幾番心看
我衣衫重疊泪

五月十三日玉泉道中

袁中道 公安人

千山萬山雨忽至大珠小珠溪裏沸此是關公洗刀

雨霑身也帶英雄氣疾雷先雨雨如霆停車且認玉
泉樹志士奇窮避地皆將軍血戰灰心處

玉泉鐵塔歌

鍾　惺　字伯敬景陵人提學

五金惟鐵最愚劣化爲浮圖萬象列立山水中精神
子瘦幹高莖疎其節日星撒氣氷霜結佛數恒沙萬
生臧鮫人出波鱗介别商周墨玉漢凹凸似非鑪冶
出鑴鍥臥蟠盤螭不瑣屑元氣淋漓取精竭阿育之
鉢藏敢泄鬼物司之莫能竊其中出入風雷截流出

峨眉神僧掣闌係運數浮陰閱匿光送影大地閉摩
挲情文耳目悦如几案間可擺撥巨細靈頑理難絜
勿云巧力傷樸拙請循其本仍古鐵

隋大業十一年鑊歌

鍾　惺

大哉形神相亭毒金鐵斯壽衆形促爲將神氣視金
鐵金鐵猶爲有形屬大業之鑊到於今水火退盡存
者金以置佛前配古壇後人不信爲釜鬲天道三十
年一變後火前薪不相見之一鐵萬古此毅色宛對鑄
若刻者而自唐以後諸不朽有此鑊皆指未有呼嗟
形反能不化不以精麄爲近久

玉泉鐵塔歌

譚元春　字友夏景陵人解元

冶人爲冶道歧繖神奇可以救頑鐵瘦硬清老變鑄
纈雲風起手波濤結漢玉漢製鑪性緘眞宰嵌空佛
流血半山霤雨蝕飑鮑僵層天眼聵蠑蟻古苔難生
蟊虛嚙水鸛銜梟巢鳴咽俯臨隋鑊氣精聚自忘其
高若同列因思古人意想别金石土木無妖孽神之

格思焉敢褻

隋大業十一年鑊歌

譚元春

鑊兮鑊兮不復鑊兮以之薌香大損沇水以之煑泉
將苦提攜其放置於山水車馬之間者使夫過而悶
仰而思念虖汲後之古人後此鑊生先此鑊朽而困
是以發深省而悲啼

玉泉鐵塔歌

聶燮第　邑庠

玉泉之穴發峨峨冠玉之峯挺巖巒[illegible]九龍九千
乾竺來峯較青溪紫盖危尊特突兀古塢聳危標非
土非木亦非石遙望天半一枝雲倒懸星河夜撲入
近窺玉笋嵌空抽梵界孤撑震旦國嶽市樵䢼信往
還珠潭水碓互舂𦂳于霄松檜森森霜潛地苓脂沉
琥珀猿猱朝啼柏樹哀鐸鈴寶響楚燐慵君不見軒
昂貯砂注遺予又不見露盤辭漢泪血濕曷如阿育
王塔到今存香鏤華鐘飯盂鉢瀑浪蛟龍長寄蟠瀾
天風雨飈翻逼我耽洞壑醉遊豪踏訪高逸煙霞客

有時興至揮禿帚頻掃斷崖驚㲼絕靜看慧月琉璃
塔頂明照遍金剛園雖無生滅

玉泉即事

梁　燿　邑庠

汲山井陟山嶺虎豹橫野人警遑遑去城市鬧沸連
郢郢短笻欲志歸松掛夕陽景閒披鶴氅裊纖殘松
花餅一桃臥匡床晨鐘發深省

沮漲鎣

楊州彥　邑進士

西潭昨夜老蛟怒黑雲翻落秋霖注雷叩一派飛[illegible]
飛千溪萬壑奔不住黃河水色灩澦波移來後却臨
沮路細魚鱗倒駭洪濤巨驚車翻失故步疑如三家
村裏兒乍踏都城生恐怖洄湍蝕岸入灘沙橫流直
下拔根樹土不勝水木不生遂使五行戀氣數野航
如葉競先登逢人舌敝公無渡眼花逐浪掉頭看怪
底一身坐雲霧

覆舟山行

梁　霈　邑人

堆藍山色絕比擬西南林叡信尤美如何其形覆如
舡為問何年曾覆此我聞古人善藏舟將誰戚棧將
誰艤迸出流泉珠萬斛遶飛瀉澗樸宮儀蒙茸竹樹
冠其顛晴朝雨暮圍羅綺僧從大漢建安來寺自楊
隋大業始門前車馬足轢碌強半高官稱時宰景物
攖心各有託風雅淋漓良可像我來騎驢到山巔儒
掌旋烹玉泉水詰曲蘿逕行欲徧躑躅老樹同凭倚
斑駁古錢何時物內有青蛙鳴不已癸未迄今廿載
餘九轉光陰一何駛噫嚱昔遊者盡淪亡爾獨泊此將

焉俟將欲乘爾泛滄溟直踏神山三萬里

五言律

送沙門弘景道俊鉉莊還荊州應制 弘景玉泉寺僧先是景表請高僧十四人同住寺

唐宋之問

一乘歸淨域萬騎餞通莊就日離亭近彌天別路長荊南旋杖缽渭北限津梁何日舒真果還來入帝鄉

宿玉泉寺

周樸

野寺度殘夏空房欲暮時夜聽猿不睡秋思客先知

竹迥煙生薄山高月上遲又登塵路去難與老僧期

玉泉寺

周樸

寺還名玉泉澄水亦遺賢物尚猶如此人爭合偶肰溪流雲斷外山峻鳥飛前動日長廊下高僧正坐禪

送惠稚法師歸玉泉

賈島 字閬仙范陽人

祇到瀟湘地洞庭湖未遊飲泉看月白下峽聽猿愁講不停雷雨吟當近海流降霜歸楚夕星冷玉泉秋

題玉泉大師智者影堂

五代　僧齊巳

大化鍾擎頂靈踪亦玉泉由來負高尚獨伺好山川
洞壑藏諸怪松杉列瘦煙千秋空樹影猶似覆長禪

玉泉寺

明張四知

寶地何年結祇園此日逢泉流飛瀑布搶勢湧芙蓉
野鳥來深竹閒雲出遠峯塵纓如可謝從此託孤蹤

玉泉寺

陳講

寺僻泉揮玉溪斂水渙文洞門收急雨谷口吐寒雲
長笛林邊落疎鍾花外聞老僧閑未了榻穩臥斜曛

玉泉寺　四首之二

李維楨　字本寧京山人禮部尚書

策馬不能去徘徊雙楚間地偏芳艸合天與白雲閑
開逕惟聞鳥閑門猶見山長松掛明月一鶴夜深還

又

西成山盡好後此一峯幽水月心俱寂金銀氣渾浮
氤光暗不夜春色淡如秋雙頂青宵上孤雲任去留

過關王廟

楊　渊　昆明人舉人教諭

三國由來遠英雄跡未沉西風吹馬過黃葉擁階深
山帶吞吳氣天知復漢心當年有遺恨滿吊欲霑襟

玉泉寺懸玉菴上人舍

陳文燭

石林依靜宇絕頂玉堪憐缽洗珠泉裏燈明鐵塔前
僧能談上界我亦指西天蒸暑仍行役聊為半日眠

清晨登玉泉山先日大雨

孫文龍　常熟人本府知府

雨過溪流急山開曙色分寒煙依澗樹飛旆出松雲
鍾乳清猶滴仙茶翠不聞玉泉疑倒噴曇坐歎斜曛

平將軍祠

黃　輝　南充人翰林

嗚咽沮流過低徊柳蔭攢一抔存化碧百戰付圖丹
宥子宜陪食無人語禮官表應忠孝魄長共國殤寒

正陽如日紫蓋道中

袁中道

野容遊山與還隨春艸生近雲遮馬過遠埜照人明
西嶺着如疊南田掌似平斷鴻零落甚伏有道林兄

度門得饗水澤將結菴作鄰志書

袁中道

岫色當門易泉聲繞屋難飛湍鮮草木發響撼峰巒
正好風漸颸偏宜月下看從此溪畔石常有雨蒲團

龍泉胡文定墓

袁中道

長袖峰如折寒妝騎古丘犢荒麋跡亂階淨鶴翎零
風氣有時息松聲不肯休春王正月裏一盞酹康侯

題聖水寺 無跡法師薙髮地有田四十畝今亡矣

雷思霈

聖水何年寺深山半夜鐘洞猶開法席無地卸田農
天眼千山月湖晉雨洞松檜朱龍小栗為說艸茸茸

遊慈化寺

雷思霈

一入臨沮境嵐煙似黛鬟村村皆佛土處處是儒山
萬兩隨身至春雲遞鳥還漫遊存野性濁酒笑酡顏

祐憂僧門人粟聯芳遊紫蓋

李遠 字生培安居人御史

紫氣蒸如蓋雲鬟拂翠蘿藤須攜裡入丹熟有人逢
榻靜閒敲月風輕漫度鐘似人如有在且自溯洄從

登紫蓋閣

粟聯芳 字仲芳號沖和邑參秦

閣在最高頭江帆一望收石林盧綠水煙樹卧荒丘
境僻堪逃吏樵從劉貯條舉先呼可起昔令此生浮

玉泉寺

粟聯芳

堆藍還僊叠滄海學年陵秋月三千佛空花五百僧
松濤晴澆雨石火夜燒燈老不歸吳際寒拏何所憑

又

曲澗流泉白重巖野澗幽燈懸雙塔晚葉落萬峰秋
冬至風常到春來艸自柔那知生滅相無不是淨漚

玉泉謁關祠

鍾惺

義勇歸何處淒肰向此中始知眞佛子郎是大英雄

丘壑延神理機鋒谿慦衆厭聞懷古者祠下說孤忠

爲圃漫賦

楊誌

野情終不厭乘曉理芳蕪土潤受鋤淺泉乾抱甕遲

露花低壓帽風蔓軟扶籬有適存吾拙惟應圃者知

遊麥城

楊誌

霽色分江口長歌走麥城野花誰是主芳草不知名

路轉人煙隘沙乾馬足輕勝遊感已醉村笛兩三聲

望音寺崖

僧正誨

說是隋朝寺稜稜在幾層村連雲起伏山接水奔騰

覆嶺千盤樹橫崖一掛藤半峯荊棘路歷望不堪登

將發玉泉

徐鑛 字絹雲江陵人吏部

曠遠江城北名山望已通稻翻千頃綠花發一溪紅

晚照人行處春先鳥語中前村好問宿籬落霧濛濛

遊入度門寺

國朝 汪士傑 邑孝廉

昔年曾住此三月解蒙莊梅甕春如結雲廬臘自長

力農皆佛子耐客一羲皇入夜蓮花漏殷殷仍殿床

紫紫庵

郭之都 邑孝廉

何必隋朝寺茲菴亦甚幽茶煙生竹霧梧葉飯禪牀

鐘曉山還暝雲流水自浮衷家兄弟好選勝總吾儔

聖水寺尋遍雲和尚結菴處

栗引之 邑明經

絕頂流清梵梯危貫討尋山能豁鈍眼水亦壞塵心

落葉三秋雨奔濤一帶琴茆菴何處是洞口暮雲深

五言排律

紫蓋山還經玉泉寺

唐張九齡

指途登楚望策馬傍荆岑稍稍松篁入泠泠澗谷深
觀奇逐幽渺歷險忘嶇嶔上界投佛影中天揚梵音
焚香懺在昔禮足誓來今靈異若有對聖儒其可忍
高僧聞逝者遠俗是初心蘚駁經行處猿啼燕坐林
歸真已寂滅留跡豈湮沉法施自此廣何云千萬金

先至玉泉寺屬窮冬冰閉崖谷無色及仲春行縣

復往焉故有此作

張九齡

靈境信幽絕芳時重躋攀再來㸔勝一遇非無緣
萬木柔可結千花敷欲然松間鳴好鳥竹下流清泉
石壁開精舍金光照法筵真空本自寂假有聊相宣
復此灰心者仍追巢頂禪簡書雖有畏身世亦俱捐

陪張相公祠紫蓋山遊玉泉寺

孟浩然

望秩宣王命齋心待漏行青衿列胄子從事有參卿
五馬尋歸路雙林指化城聞鐘度門近照膽玉泉清
皂蓋依巖憩緇徒擁錫迎天宮上兜率法界豁幽明
欲就終焉志先聞智者名人隨逝水沒山覰覆舟傾
想像若在眼周流空復情謝公還欲卧誰與濟蒼生

度門寺

元稹

北祖三禪地西山萬樹松門臨溪一帶橋映竹千重
剪鑿基階正包藏景氣濃諸岩分院宇雙嶺抱垣墉
舍利開層塔香爐占小峯道場居士置經藏大師封

太子知栽植神王守要衝由旬排講座丈六寫真容
佛語迦陵說僧行猛虎從修羅擡日炬臯室散霜峰
晝井垂枯朽穿池救噞喁蕉非難敗壞槿喻暫丰茸
寶界留遺事金棺滅去蹤鉢傳烘瑪瑙石長翠芙蓉
影帳紗全落繩牀土半壅（金棺已下并寺中所有）荒林迷醉象
危壁亞盤龍行色憐初月歸程待曉鐘心源雖了了
塵世苦憧憧宿蔭高聲戢齋糧并力舂他生再來此
還願總相逢

次張曲江韻

元衡應宸邑人

先賢碑碣在遠寓白雲岑閱歷干戈久消磨歲月深
時欣逢太運誰挽過崎嶔寺復追前世人今嗣好音
宏辭傳自昔美畫見於今殊迹幾塵滅高人重討尋
重新誠盛德廢舊是何心麗藻輝禪刹神機邁少林
斯文無泯絕萬事有升沉屹立招提境充勝布地金

遊玉泉寺僧談征調供億之苦因賦

明李維楨

逕曲泉能遶山迴寺忽逢舟誰藏大壑玉自斷羣峯

翠壁蒼苔淨丹崖紫氣重登高窮下界選勝疑南宗
梵宇隋唐搆伊蒲楚蜀供嵐況不辦增風寂一聞鍾
樹古曾栖鶴溪深尚臥龍殿陰寒薜荔簷際蔭芙蓉
蘚剝生金碣藤牽化石松天花春已謝雲碓夜猶舂
藻井纏蟲網珠林過虎蹤傳燈遙乞火伐木近交筇
問道無聞士營身亦老農飯牛依磬缽牧豕辦租庸
酥酪清齋少袈裟俗禮恭歲當饑饉後地撫征來衝
上客頻傳食空王豈素封攢眉今夕酒[illegible][illegible]曾相容

七言律

覽玉泉張孟二公題版

五代僧齊巳

高顏雙懸張曲江聯題兼是孟襄陽後人才地誰稱
短前輩經天畫負長勝景飽於閑採拾靈蹤消得正
思量時移兩板成塵迹猶掛吾師舊影堂

報恩寺

明沈慶　餘杭人副使

荊楚西來第一峰梵宮森列業重重閑經清唳松陰

鶴聽法香翻缽水龍徑曲每憐蒼樹合林深時有白
雲封凭高撫景興無盡回首楹廊遍晚鍾

報恩寺步沈公韻

鄭崇　懷安人進士本學教諭

梵宮深隱玉陽峯駐馬閑登紫翠重祇樹風生聞唳
鶴空堂雲出見降龍地幽應少紅塵到碣古偏多碧
蘚封自是勝遊歸路晚半林殘照度疏鍾

龍泉寺

方豪　開化人僉事

獨訪高賢停使車，兩愁暮日住禪廬。龍潭夜遶軒窗
冷，疊鼓秋傳澗谷虛。竹裡經行僧寔澈，松花飽喫月
明。物吾生未必與凡骨，何事頻年理簿書。

仲宣樓

童　時

登樓四望欲銷憂，極目平原艸木秋。歲月忽驚人已
遠，江山如待客重遊。峽中水接濤聲迴，城上雲連樹
色稠。公殿魏回腸往事，不堪為客更淹留。

玉泉寺

童　時

古剎巍巍倚碧空，鬱繞四面夕陽紅。入山影野林闇
塔，過水聲傳澗底鐘。千樹鳥啼秋雨裏，萬峯寒箇玉
泉中。停車坐愛忘歸去，莫怪詩人興未窮。

宿玉泉寺

孔　詹　句容人，荊門知州

野徑幽深鎖梵宮，千章灌水響龍藏。香煙古篆半簾
霧，茶漱清泉兩腋風。鶴伴老僧歸夕照，山留行客駐
霜楓。前朝殿閣渾秋草，眺望淒然一慨中。

煉丹井

鄧　鉞

僊井依然梵寺中，試窺一鑑倒晴峯。飛花水底紅樹
積，古蘚山中綠甸封。千載無人丹竈冷，一杯留客野
僧供。我來翹首遼東鶴，華表淩雲駐短笻。

題龍泉寺

鄭　鉞　萬州人，副使

駿馬東風不計程，無邊佳處闢山名。日斜蒼口僧留
宿，路遶雲中鶴出迎。夾澗幽松含晚色，近簷啼鳥喚
春聲。上方坐久渾忘却，藤捲前峯曉正晴。

過玉泉寺留宿

張　卯　舉至

江郭風清夕照收，玉泉峯外倚天樓。詩成野寺含明
月，夢入瀟湘吊碧流。河洛十旬同闊古，巴巫千里正
悲秋。蒼松翠栢沉沉夜，誰共燈前話杞憂。

龍泉逢任山甫參軍夜話

張佳胤　字肖甫，四川人

逢君長坂日輪西，話久亭前北斗低。闊道春鴻心共

折且憑卻釀醉相攜龍泉向疸終相合馬首凌茫去
漸迷城楚功名方薦達英將杖棘壓卑棲

謁關帝廟

鄭克昌

英雄非數誰能死拭淚封陵倍慘愴衰麻三分嘘火
德○○一綫繫春王青天獨照丹心色白面爐焚汗
血香堪笑孫曹多鬼蜮揶揄躑躅荒凉

度門漫興卅韻之二

[illegible]

天語曾聞示至象二兩經他一樹秋勤破薄寺埋荒
草廢墻無魯遠叢煙來物外傳念海變滄桑千載鬼
神憐參久不識摩勒寺沉龍金沙佛塞西

又

瀑林叢葉卷煙雜古香蔘蔘躡曲嶝二鄉黃鳥樹雨
坐孤峯個個為靈行溪壑見鐘梁葉鳥破袖拂蔬藥
憐兄隱顯去來千載後度門不異雁入城
戲中春暮夏入闊至象出　常何斷橋

僧[illegible]

坐中獨有一碑存張說文章在度門玉札西來九萬
里碧波東逝兩三村深林始信爲昏幻大悟方如佛
自尊南北二宗分破了爲他隻履付兒孫

示度門

袁宏道

北幸曾記蜀號將黃紹親封下赤墀三十四年薄宦
客一千七衆講經師藍堆山續關皇詔儀掌恭抽穀
兩旗鬼斧神工仍七日直教皇座象碑

度門見袁中郎兄弟

黃輝

度門烘雨桂花泥想像隋朝一片壁龍甲歸山椎寺
出嬌紫檬橪待卷棲飛騰化骨天台北頭羅寒泉印
度西勝地風緣應不薄留吾先去破苔踐

同徐上舍陪袁太史宿紫蓋

劉芳節　且都人　華察

衡岳飛來第一峯峯形如蓋紫蒙茸懸山舊鋸湖孫
獨蓮社新盟得次宗百丈俄窺丹井碧一龕深佛
燈紅松黃也解廣禪韻却共籬鈴語夜風

百家洞

栗聯芳

望中雲窟出巖巔馳馬還從頂上旋一壑朝來能盪
日千山圍處不遮天堪宜樵徑依雲闢恰好僧房對
月眠已識周何皆有累誓於此地學參禪

眺王仲宣樓

劉楚先 字衡野江陵人大學士

西京新命重鳴騶何向危城作寓遊華衛頻虞傷去
漢詞人通逸尚依劉疏櫺自拭昭丘月離黍空含渭

井烌名在江山猶借勝芳華邊艷麗樵頭

龍泉寺過胡文定墓

楊懿

飍馬迢迢一逕偏萬峰深處見諸天山頭白鶴飛來
雪潭底金龍噴作泉蕺桂有情留小隱松楸無語怨
南遷登臨莫問興亡事煙雨霏霏度石田

九日與伯敬居易在玉泉

譚元春

豈意登高如此清重陽何止愛其名鏤依寒寺藏興
發葉下平沙醉重輕颯爽能飛四時雨藹森不學象
峰晴閒心一意吾泉去吾到源邊月亦明

舟過玉泉聞梵憶同鍾伯敬舊遊時夷陵雨讀孟
春也

譚元春

上年書吐落嵐光又手香山衣履舊留新客存依洞
登文人鑄畫念騎鹿士青樊黃融新雪倫成霜葉對
夕陽咽何春禽啼不徹行來村矣水聲六方

登仲宣樓在玉陽山樓今廢至今猶之爲臺

黃聖年

維花兩卷本巖題刻貫西來抱玉陽編御陰森樹口
遣且事沿邊樊陵黃金碑漫憐仙攀片石馬嘶驚古
戰場烟帳王孫歸計鑄山川緣落賦亦長

追懷子龍槎石父山人

黃聖年

妙消昭丘蛛復淒鏡涗依舊鏡雙谿遺畫不必公孫
付絕筆何煩漢使續白首昂藏悲國馬青雲飛遁笑
家雞嘘波七澤知亡賊獨步山舞一杖藜

紫蓋寺

梁峴 邑明經

古道青苔過雨痕止右蹬陟表黃昏禪心不比堦前
草蛻擭偏爭榮下源春至藥苗常自種夜來貝葉幾
人翻棲檜四合天難問且坐山扉聽鳥言

紫蓋寺

國朝 汪士傑

策杖問探紫蓋奇白衣隨處禁松脂遊山戴雨頻浸
骨載酒逢僧不皺眉采藥問人收幾種談禪傍我坐

三尼夜深頓覺諸緣靜疑是雪峯星見時

堆藍山

揚州彥

到處名巖推險峭堆藍翻以樸成尊安禪趺坐降諸
衲短髮蕭頽俯象孫亂石觸泉醒鶴夢愁雲匝樹冷
山魂幾時移向濟轂裏小結茆亭倒挂門

玉泉寺

梁山金 邑紳

欲譜名山恨未全堆藍絕勝可人憐細尋石路攀

寺不讓茶經第一泉意到忘時方味佛身經封後且
迯禪從今權作煙霞計載酒長吟踞此巔

玉泉寺

粟引之

堆藍不與衆峯羣涎玉漱珠眼底分雲表鐘聲衝斷
壑樹迴巖氣湧香雲與刑拜指前朝鵰苔蘚斜封短
碣文萬古名山雖護法鷓風却憶漢將軍

知岩洞

旺鳩胤 邑庠

春深人事頻從容信步禪扉問北宗怪石嶢崎蹲虎
豹蒼藤曲曲舞亂龍佛書讀罷山花落僧飯熟時野
客逢趺坐伊人不可見空餘洞口暮雲封

五言絶句

梳粧樓

明黎　巽邑庠

畫樓不可見寶奩欲草荒鏡作空山月無人更理粧

堆藍

袁中道

朝向堆藍去暮向堆藍還堆藍無所愿只愿樹遮山

乳窩月下聽泉

袁中道

一月在寒松雨山如畫明欣欣已成行樹影隔石上

玉泉山居

袁中道

小閣桃島泉盡松巖峭橫刁刁一夜風泉殺在山頂

仲宣樓故址

聶繁

東景已西馳瀟湘懷此鳥空憐倒健迎晴連薦劍表

七言絶句

寒亭在玉泉山

無名氏

朔風凛凛雪漫漫未是寒亭分外寒六月炎雲天下雨請君來此凭欄干

四賢堂

元劉　巽字公敍邑明經

父子康侯朱弟兄象山輩出踵明經直書抗疏繼簪錦諸老遺風尚典刑

白社

劉　巽

易觀凝鉛紗出御玉律不夜桃長春滿巾白髮林泉隱千載高風白社人

玉泉寺行宮

明劉汝顒

此地曾經鳳輦過明時林鳥解春歌行宮花草斜陽畔零落琛珠蚤遊波

報恩寺留別鄉僧

任翰

仲宣樓下水如煙細草平沙接梵天老去蜀僧歸未
得清秋魂斷楚雲邊

子胥港

孔克孝

春漲瀰漫帶雪流柳陰終日繫扁舟伍員已去英名
在都付溪翁看白鷗

玉泉寺

孔克孝

紫煙深鎖覆船峯泉眼飛花激玉龍日午禪堂僧飯
罷隱然天外數聲鍾

雨後自當陽赴玉泉寺

李維楨

綠樹村村初霽雨藍輿步步欲凌煙東風芳草看如
此流水桃花若個邊

又

和罷郢歌飛白雪望來蜀道上青天荷衣不礙紅塵
染自向山中浣玉泉

初得玉泉響水潭

僧正謐

到處名山策杖行歸來還愛玉泉清乞錢買得蹊三
畝流水聲中過一生

又

斷崖曲水石磷磷好向茅廬寄此身綠樹不翻紅葉
雨青山還照白頭人

紫蓋六景

白雲峯

白雲峯上葛鉉家僊醉瓊漿佛醉茶北望堆藍三十
里無詩空過好煙霞

煉丹井

九萬西來一色分倒含明月與星文劉剛未到葛鉉
去千載丹砂問水雲

碧霞洞

枝倒清泉飲馬時碧霞潭洞草離離靈蹤掃地無人
問唯有遮天老樹知

望僊臺

青鞋連夜和雲栽送到寒爐只有灰我輩不知居氏
女高名猶有望仙臺

正法樓

慈尊樓望倚雲開紫蓋仙人聽法來貝葉且教遮眼
去開天香火即蓬萊

西方境

人間處處有西方看底心毫十萬長一個念頭清淨
了蓮花臺上吐清香

過當陽信宿年姪聶見龍山房

劉楚先

旅館霜空月倍明丹楓搖落夜烏驚無端漫作羈栖
客愁聽山城漏五更

歸經玉泉

鍾惺

猶是山中九月秌來時流水夜中幽泉聲不在有泉
處曾向林蟬嶺月求

歸經玉泉

譚元春

蟬立山光山薄寒曉秌聲短應泉雖幽鍾秀合禪[illegible]
性音在其中請細觀

登寒亭舊址

黃聖年

滿池梅陰長綠苔亂山深處一菴開嵐光撲袂渾忘
却只道清寒分外來

大水謠

匡懷瑞 邑令

九子山中鳩亂啼合溶鎮上馬頻嘶溪霖十日沮漳
泛時有衙官來護隄

贊銘

關侯贊

明湘獻王 諱柏高帝第十一子

猗歟亭侯偶與漢室劍氣凌雲精忠貫日千載英靈
永言迪吉祐我邦家軍民賴弼

壽亭侯印贊

黎　巽

於赫我侯忠勇絕倫爰錫寶印遺於漢津得之者誰
洞庭漁人乃置禪房靈光若神叉之祠下千年護珍

乳窟銘 有序

黎　巽

唐李白謂玉泉寺近清谿諸山山洞往往有乳窟
歲深蒙蔽不可復識參軍任山甫近得之蔓草中
淵實殊異惜無僝人掌茶如貞公所來者黎子作
銘窟旁庸紀佳勝銘曰
於戲乳窟下環清谿茗草紛披白蝠縣栖絕崖幽洞
允多壽藤我斟玉乳共飲山僧貞公安在白也爲誰
家冢千載銘以識之

偈銘

曰古偈自何代紀隋煬歷千載鎮佛宮藏幽怪黑人
剛來不壞

銕塔銘

巍巍浮圖十有三級範形奇古太清凌逼淨理可了
勝〇所宗登攀移目頓忘西東

鐘銘

洪鐘雄雄其聲隱㦛嗟彼追蠡九經幾年洗苔識篆
近在宋元既不可叩予欲無言

釜銘

維彼巨釜淵乎其有容也誰爲大烹藉之以飧饔也
爰戒僧子可使其常空空而不可使塵埃之或封也

雲板銘

誰製雲璈其聲則洪試令擊之黃鐘之宮清曉梵香
夜深梵放聞此聲者永撤諸障

[illegible]
炳耀至今歸繙者不知凡幾篇藝文有志將以存其
實紀興廢非徒披華挾藻爭勝名場也則政教風化
攸關者抑在剕莽中亟爲蒐入若夫騷人墨客品題
煙霞篇章或未盡登遺珠之嘆知不免歟

當陽縣志卷之八終

當陽縣志跋

邑志前不可攷明萬曆丙
子留後參軍五安任公夢
榛城功既竣曾事纂修迨
崇禎庚午耙別駕海澄曾
公應賓攝邑篆踵而新之
時學博南海黃公聖年偕
諸胄彥遍探博采書成覩
稱備
清興二十年伏莽在郊舊章放
佚司邑者奚暇談及文治
西征一舉畏壘悉平殘編

剩簡尚越在草間丙午
檄徵當志始購求遺籍得之
劉子鴻儒笥中多散漫錯
譌不可讀如理敗椽𧝘黶爲
補葺而已功未就也己酉
夏五月州司馬山陰

婁公會縣正缺來茲土登眺
之暇喟然嘆曰沮漳
楚之望也當其古邑戲仲
宣有樓子方有臺武安文
定松栢存焉俯仰今古矍
然以修廢爲念而邑志
尤其胥務矣命小子暨我
師友袁輯前文旁搜近蹟
歷年屯兵百戰由亂就治
諸大事要爲加詳　公復
參以邸乘繆者削之漏者
補之手編成帙授諸梓以

備輶軒之采嗟乎自丙子
至今百餘年志凡三修皆
觀成於代署者之手斯文
廢興寔系偶矣周公瑾曰
哀定多微詞有所避也生
李有異議有所黨也是與

也[illegible]事直書無[illegible]無[illegible]則公之大造於吾邑不徒以簿書發功徵發爲能已昔楊晃臣諸人作唐書歐陽公以宋祁共事久遂得刻名人謂其能讓善余小子濫竽論次俾附簡末諒亦諸君子遜美之意也夫

旹

康熙捌年己酉孟冬月吉日

邑後學梟引之撰

荆楚文库

（乾隆）當陽縣志

（清）黄仁修
（清）童鑾纂

《荆楚文庫·方志編》編纂組

組　　長：劉偉成　陽海清（執行）

副 組 長：劉傑民（執行）　王　濤　謝春枝　郝　敏　嚴繼東

參編人員（以姓氏筆畫爲序）：

王　濤　李云超　宋澤宇　郝　敏　柳　巍　馬盛南　夏漢群

陳建勛　梅　琳　陽海清　彭余焕　彭筱澂　楊　萍　楊愛華

劉水清　劉偉成　劉傑民　戴　波　謝春枝　嚴繼東

編　　審：周　榮

顧　　問：沈乃文　李國慶　吴　格

前言

《〔乾隆〕當陽縣志》九卷首一卷，清黃仁修，清童鑾纂，清乾隆五十九年（一七九四）刻本。内封鐫『乾隆甲寅夏鐫 當陽縣志 板藏尊經閣』。

黃仁，字安宅，四川大竹（今四川達州）人，乾隆二十七年（一七六二）舉人，五十五年（一七九〇）官當陽知縣。童鑾，湖北蘄州（今湖北黄岡）人，乾隆副榜，乾隆五十四年（一七八九）官當陽縣教諭。

秦始置當陽縣，其後建制屢更，縣名數易，其沿革請參《〔康熙〕當陽縣志》影印前言。明萬曆四年（一五七六）知縣任夢榛始修縣志，明崇禎三年（一六三〇）知縣曹應賓續輯，惜今皆無傳本。現存最早當陽縣志爲康熙八年（一六六九）知縣婁肇龍所修，乾隆二十八年（一七六三）知縣苗肇岱續修，大體成書，未及付梓。黃仁蒞任，取邑志而閱之，『垂光簡册者，不一而足』，嘆其『百年未輯，殊爲闕典』，又恰『逢大憲彙修《楚北通志》』，檄縣采訪，以備編輯，童鑾隨以儒學所藏續修志稿呈上，而『舛訛遺漏，亦復不少』，仁乃集邑紳耆并設館於回峰書院，『取前稿一一就正諸先生，芟繁就雅，補未逮，析未詳』，閱二月而成初稿，但仍『覺牴牾猶多』，遂『再搜剔補析』，最後由邑令黃仁筆削定稿。

志分九門四十餘目，内容依次爲方輿志（星野、沿革、疆域、山川、古蹟、風俗、物産）、建置志（城池、學宫、公署、兵防、隄防）、典禮志（文廟、武廟、壇廟）、賦役志（户口、賦税、祥異）、職官志（令宰佐雜、儒學表、循吏、封爵表）、選舉志（甲乙科貢士表、武科）、人物志（宦蹟、忠節、孝義、篤行、文苑、隱逸、僑寓、仙釋）、列女志（節婦、烈婦、貞女、賢母）、藝文志（賦、記、碑、傳、論、説、跋、贊銘、詩）。卷首收黃仁、童鑾自序及分修曹世焕跋，收圖有四（總圖、公署圖、學宫圖、書院圖），另有目録、例言、修志姓氏。據例言，其『方輿』一門，舊志『分列錯置，不便考證』，今志理順方輿門的内容并重新排序：首星野，次沿革，以下依次爲疆域、山川、古蹟、風俗和物産。而以『「事紀」附沿革，「形勝」「總甲」附疆域，「陵墓」附古蹟』便於檢索；其賦役，『謹依乾隆四十年（一七七五）全書刊刻』，户口爲賦役之本，列於首，祥異所載水旱豐凶，列於末；其人物，舊匯爲一類，今分而述之，從其類也；其列女，舊統人物志内，今分節婦、烈婦、貞女、賢母四類，頗爲詳盡。

據《中國地方志聯合目録》，是志故宫、湖北省圖書館有藏；另有抄本，華東師大有藏。查湖北省圖書館藏本，爲静電複製本，品相不佳。另據湖北省古籍普查數據，松滋市圖書館亦有收藏，且版面清晰，字迹工整，整體書品較好，遂購爲底本。《故宫珍本叢刊》《華東師範大學圖書館藏稀見方志叢刊》均影印收録。（彭余焕）

目録

當陽縣志

當陽縣志

卷之首

卷之一

乾隆甲寅夏鐫

當陽縣志

尊經閣藏板

當陽縣志序

當陽古權國余向應春官試北上道經斯地者三見其山川秀麗風俗敦龐因意其中名臣碩儒政事文章與夫忠孝節

烈之人瑰異奇特之行必有卓卓堪紀者惜不獲披覽邑乘一印證之歲辛亥適奉

命承乏茲土亟取邑志閱之炳炳麟麟垂光簡冊者不一而足深喜符吾向者所意致此志成於康熙八年距今百餘歲矣

聖天子文教覃敷海隅咸若斯邑雖僻處山陬雲蒸霞蔚而起者即名區不過焉百年來稍

殊為闕典余有志纂修而未逮也會壬子

大憲彙修楚北通志檄縣採訪事實以備編輯淅陽 童君隨以儒學所藏續修志稿進

凡所紀述頗為整理但其中舛訛遺漏亦復不少因集薦紳耆彥設館迴峯書院請集商榷取舊稿釐定之分門別類刪其太繁補所未備雖拘文牽義雜言莫善而徵顯闡幽片長不遺且一為披覽而吏治民風治亂得失燎若指掌官斯土者即此因地制宜不亦可攬其全而稽也乎今夏帙

竣都人士索序於余予回憶向時曾經此地一過客耳豈料即是邑之主人哉此中不無宿緣焉因不揣固陋而序之

旹

乾隆甲寅夏五古賓黃仁題於玉陽官署之數洛軒

序

國朝嘗条自康熙八年煥然一新然明季餘氣未靖士庶未盡還集採訪雖周不無脫漏越今

上戊寅歲前侯苗以宰邑先輩博搜密訂已臻大備未幾他遷不及授梓抄本貯署

尊經閣己酉忝奉

簡命司鐸於茲涖任後簡閱書籍得原抄讀之喜且懼謂一經蠹蝕必遺他年亥豕之訛因諭同學諸子勉其續纂皆書肩適

制憲畢大人檄修省志行下被署通邑抄本白　明府黃公公慨然以為任召集邑紳諸先生囑其事增於後文酌於前以勸其皆曰以總理之任屬忝固辭不獲命勉應之然寔仗　賢廣文明新與　諸公

序　一

序　二

之直方其所是者進之非者退之不敢與以己見昔孔子作春秋其義者曰竊取則謗隨之焉敢以筆削自多乎執準是非之公而已是爲序

乾隆五十九年歲次甲寅夏五蘄陽童璧撰

跋

志之成也難矣執邑

國初喜有成書矣然其體未大備咸時爲之欲乾隆戊寅白田苗公復議編輯脫稿未梓其時纂修者學博漢陽方深柳也分修者邑先達郭章菴林恬菴兩公也分門別類體既整理可觀詞亦博贍而文然視

國初參之太史以著其潔有間
矣且志建置遺脩學宮書院
雜典禮中志典禮文廟則不
該核闕帝尤爲簡褻傳循吏
叅以諭雖古官師不分然後

世設官設師儒吏分途矣而
表止沿革學校中或錯落列
女不另門析類雜而無紀舊
志各論多擯棄戶口田賦未
入編諸如此類雖言完善歲

壬子
上憲徵邑志癸丑孟春與熊君
畊心謬承　邑主育堂黃公
命曰取前稿一一就正諸先
生芟繁就雅補未逮析未詳

閱兩月稿錄上　賫及秋議
授梓覺牴牾猶多爰再搜剔
補析今春始進呈　育堂公
披閱筆削夫合三先生之學
問文章知史事而爲邑志猶

如此況不能學問文章知史事者乎甚矣其難也雖然坐井觀者見其所見云云尔明武進薛公序宋元史自謂於學問文章知史事雖未可妄

議心術則不敢不正小子無知此心將毋同

乾隆五十九年歲次甲寅天貺節邑後學曹世煥跋

總圖

當陽縣志
天柱山
鴻橋舖
東抵荆門
圓通寺
清溪寺
清溪市
方山
万寿山
脚東港
慈化寺
官垱
河溶
三星寺
宋家渡
麥城
朝陽山
北門
東門
南門
書院
明月山
報恩寺
三公台
菜湖
羅家湾
馬山
南抵荆州

當陽縣志
圖
呼兒山
北抵南漳遠安界山
白龍洞
石馬槽
武安山
觀音寺
將軍山
黑龍洞
牛頭嶺
高家洞
張飛廟
楊旗崖
九女廟
雲霧山
峽口
清溪水
乾溪
紅巖子
沮河
玉陽山
小關廟
關陵
文廟
武廟
城守
捕衙
縣署
城隍廟
西門
智者洞
長坂趙子龍救主處
得勝碑
行宮
尖山
玉泉寺
川江

輿圖說

禹貢荆山層稜而西百餘里曰景山是爲荆山之首景山出沮水荆山出漳水二水東行兩山自西發其入縣西北界者曰青谿山連亘而來爲分水嶺嶺之東支爲顯烈廟諸山折而爲己公嶺鳳凰山其停結爲玉陽山治城依焉分水嶺之西支爲玉泉山玉泉出焉是爲城之西障其兀立於南以捍沱江者紫蓋狠尾諸山也屏蔽城北者爲九子三牛綠林諸山連亘而錯列於沮水之東北者爲

龍泉諸山當玉川沮川之交者許由山也其從東來而卓於漳水之上爲城之東障者爲方山爲廣福山爲沮漳東南合溶之間有三星圓臺朝陽德勝諸山其外則平隰沃衍瀕於江沱邑地勢西高東下勢若建瓴扼巴蜀之吭拊江陵之背以襄陽爲藩垣以長林爲唇齒蓋自昔四戰之地云

公署圖

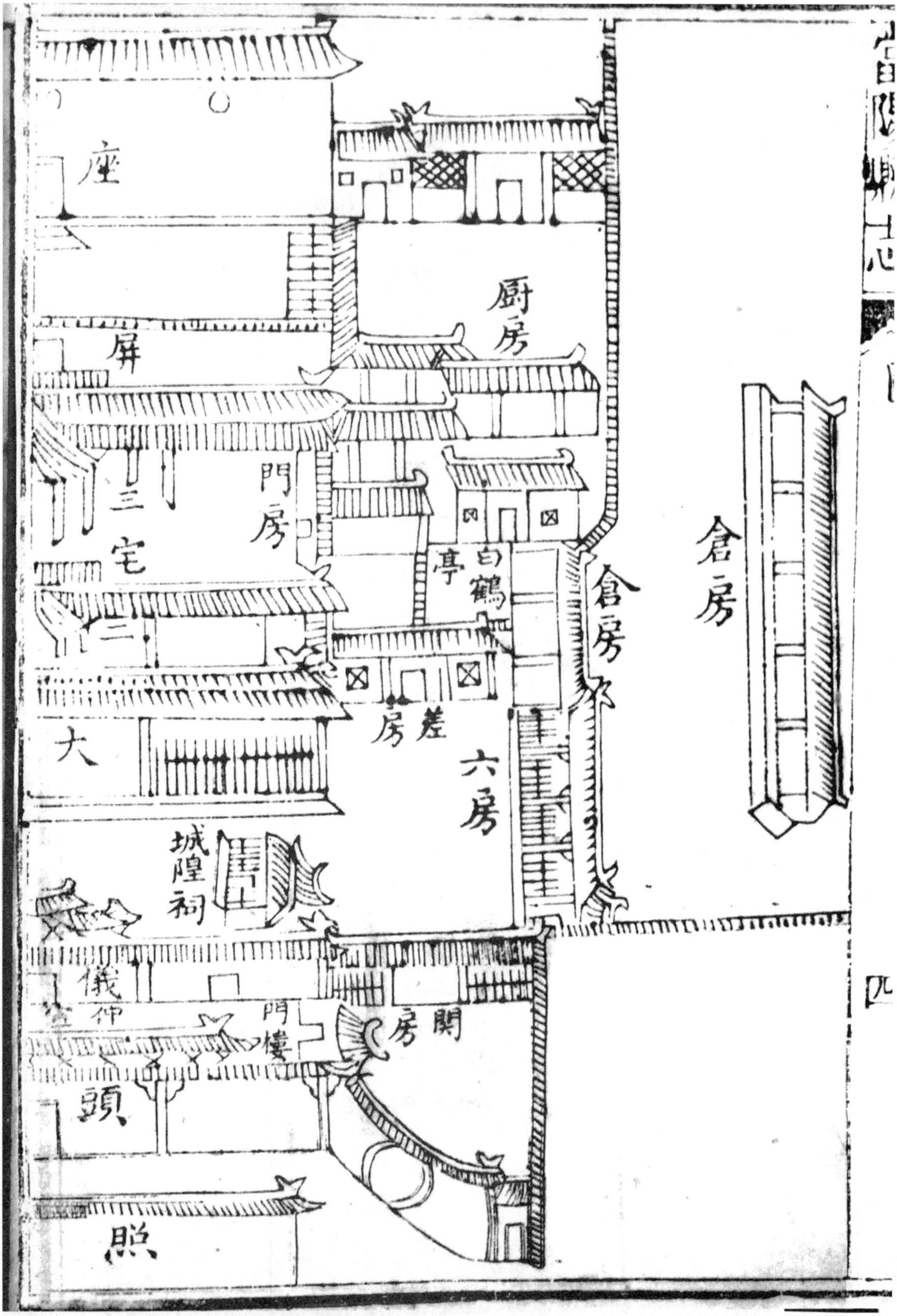
座
屏
三
宅
門房
廚房
白鶴亭
倉房
倉房
二
差房
大
六房
城隍祠
儀
門樓
頭
照
四

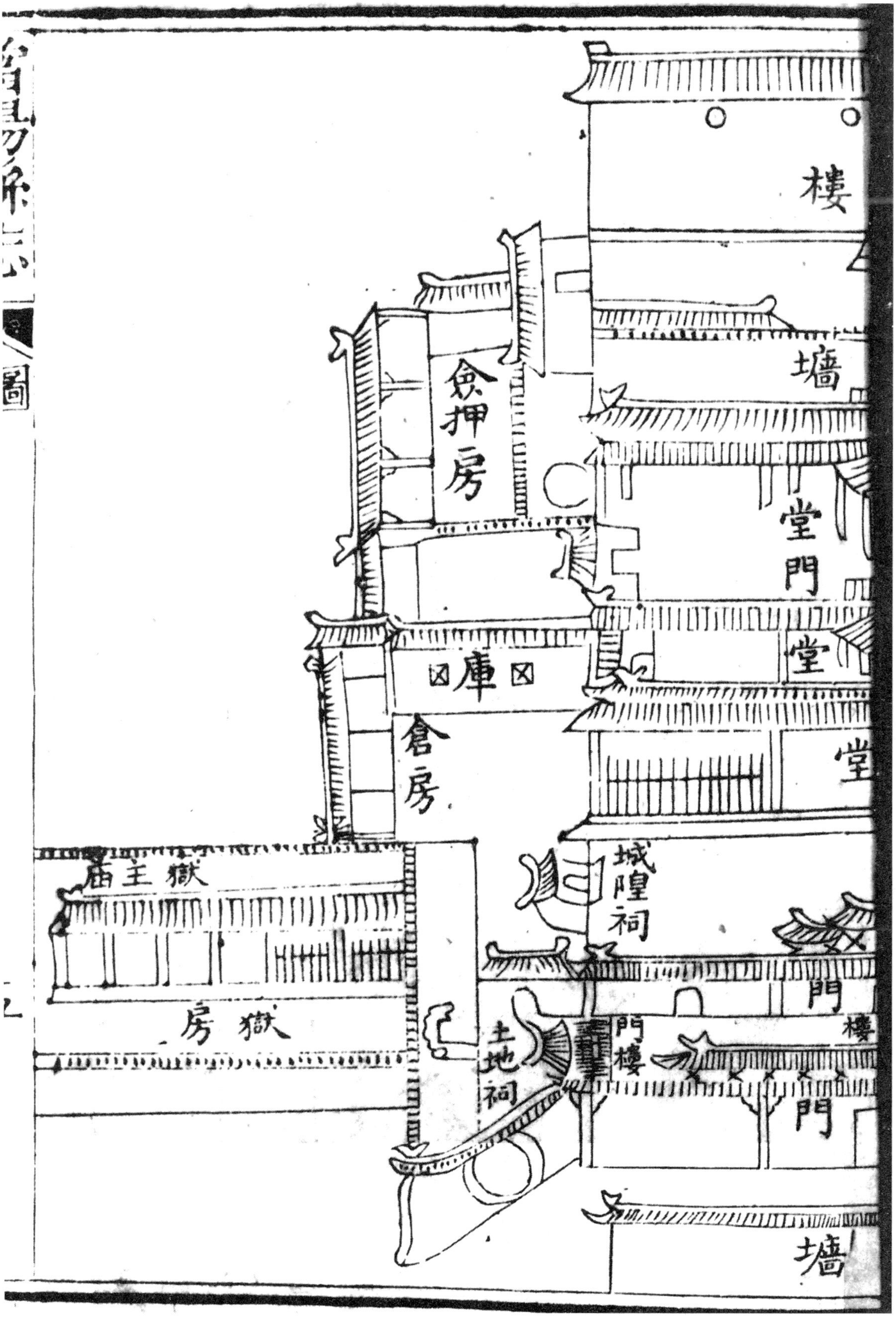
樓
墻
僉押房
堂門
堂
庫
倉房
堂
獄主廟
城隍祠
門
獄房
土地祠
門樓
樓
門
墻

學宮圖

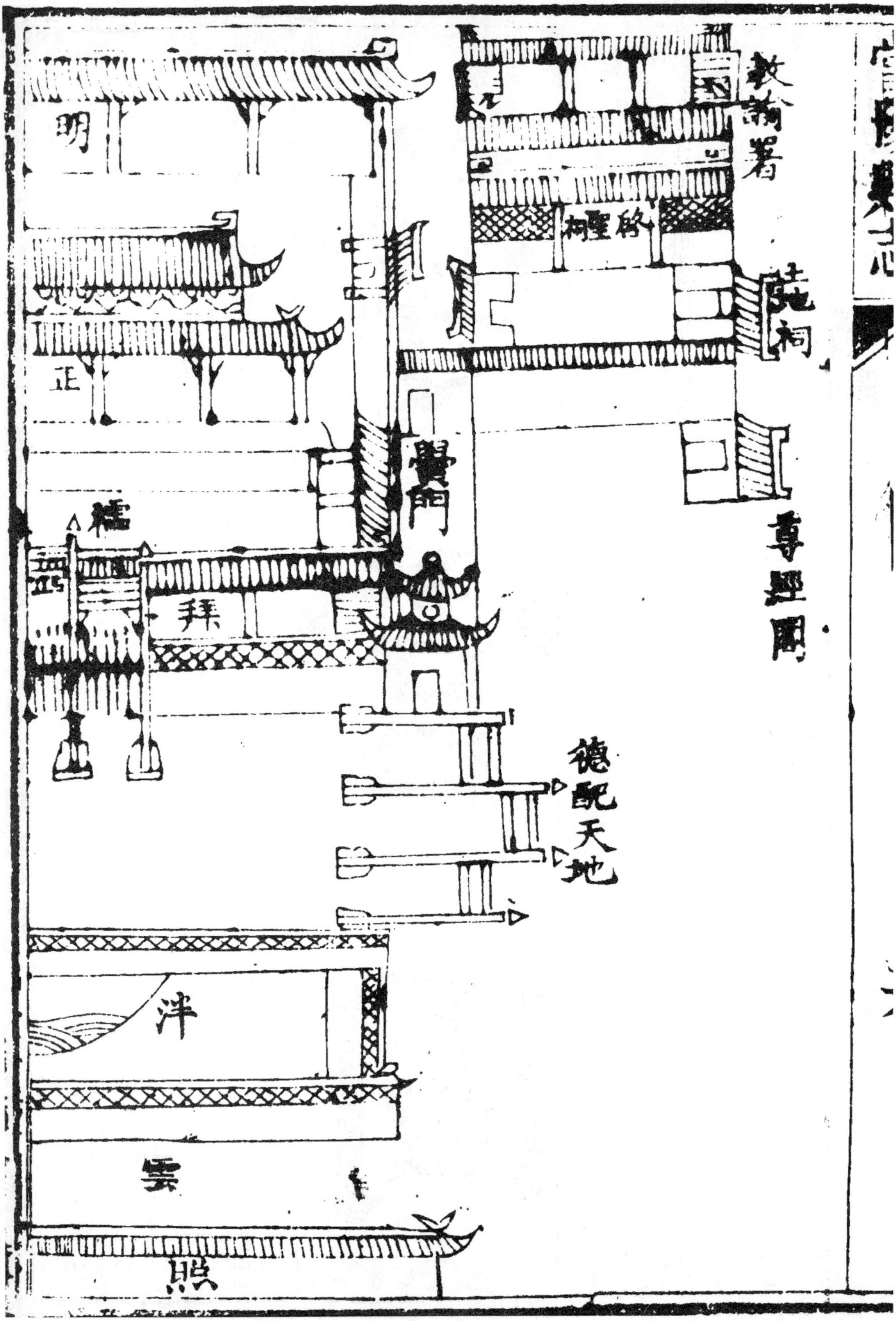
教諭署
啓聖祠
尊經閣
德配天地
黌門
明
正
櫺
拜
泮
雲
照

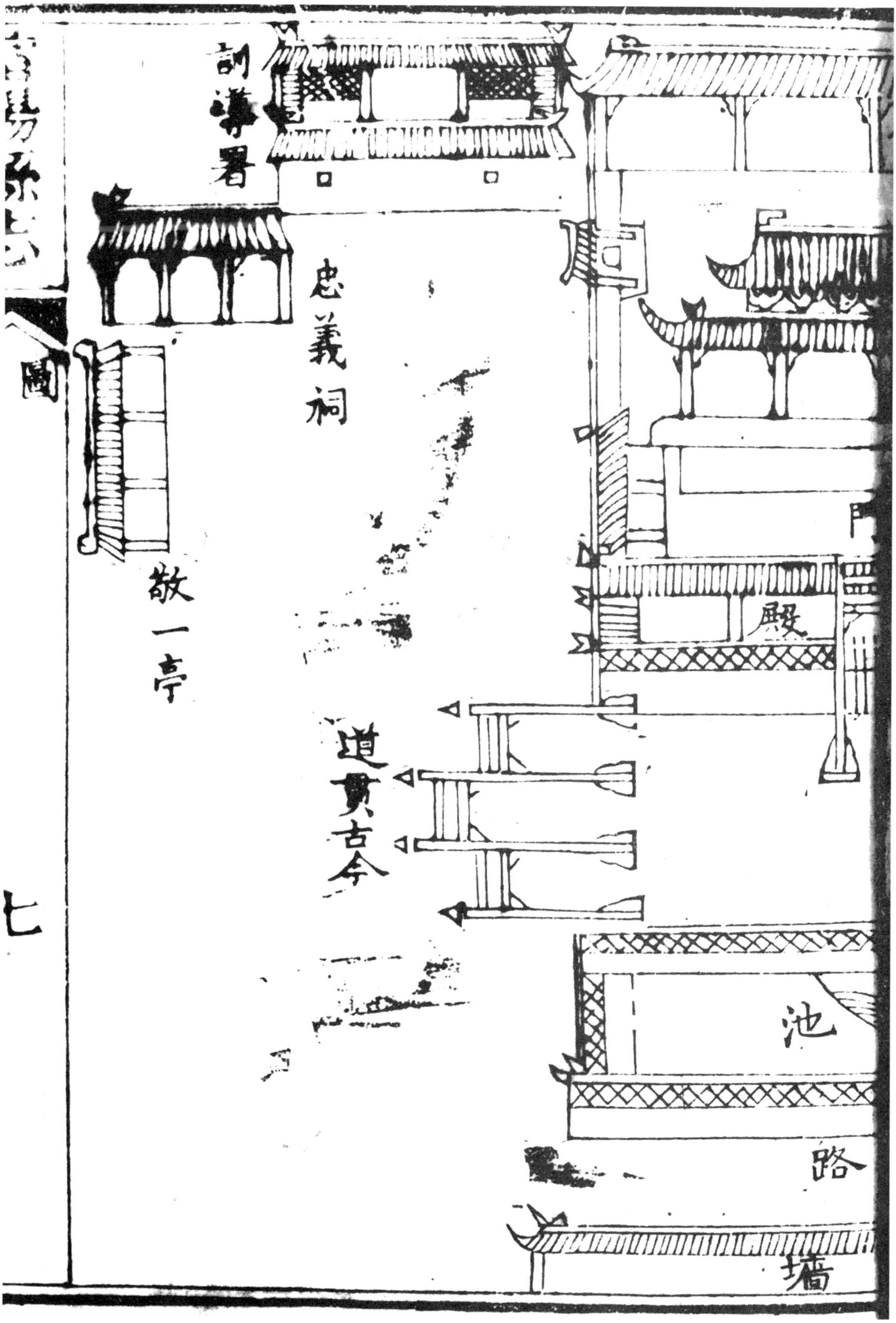
圖
七
訓導署
忠義祠
敬一亭
道貫古今
殿
池
路
墻

書院圖

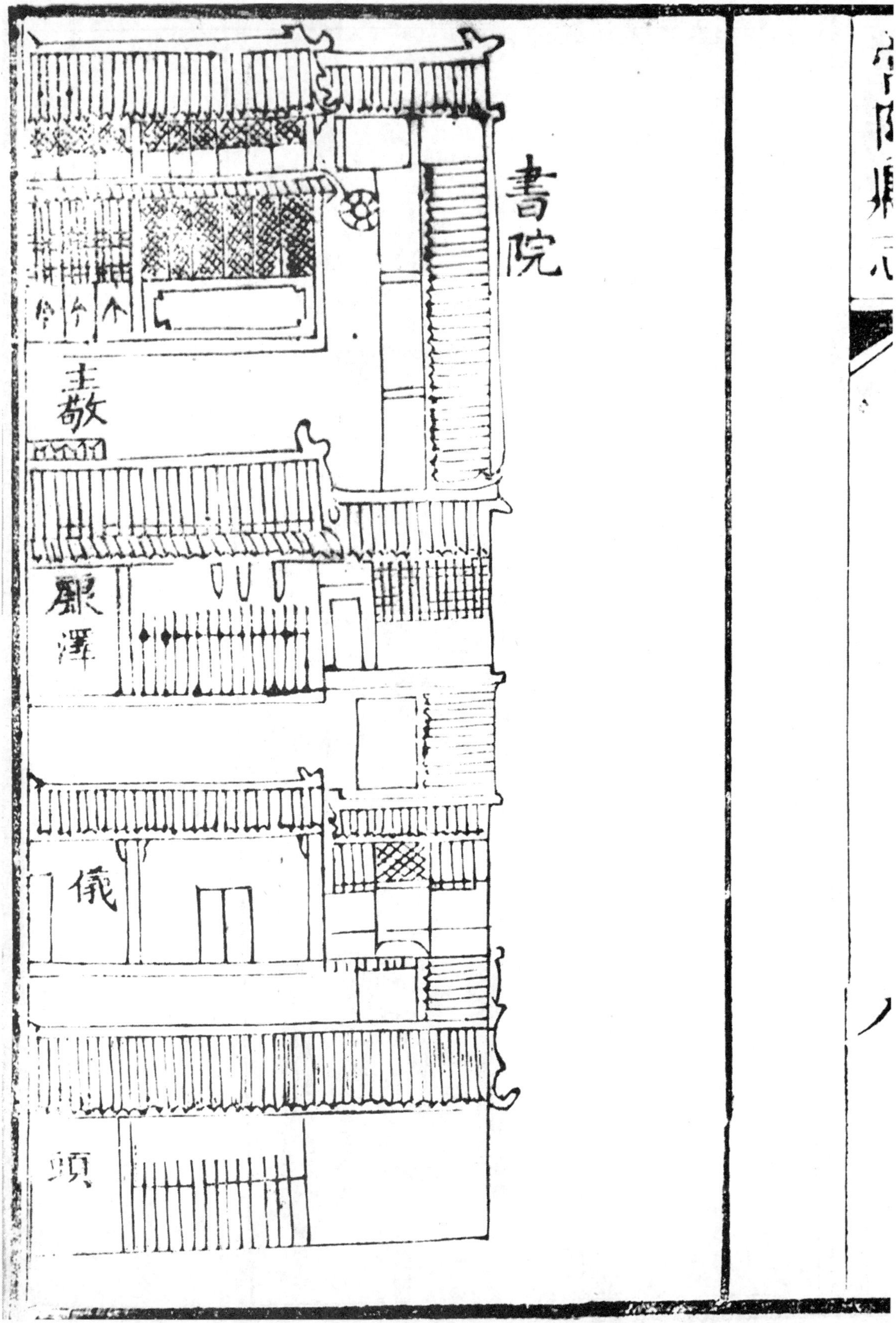
書院
主敬
儀
頭

圖

七

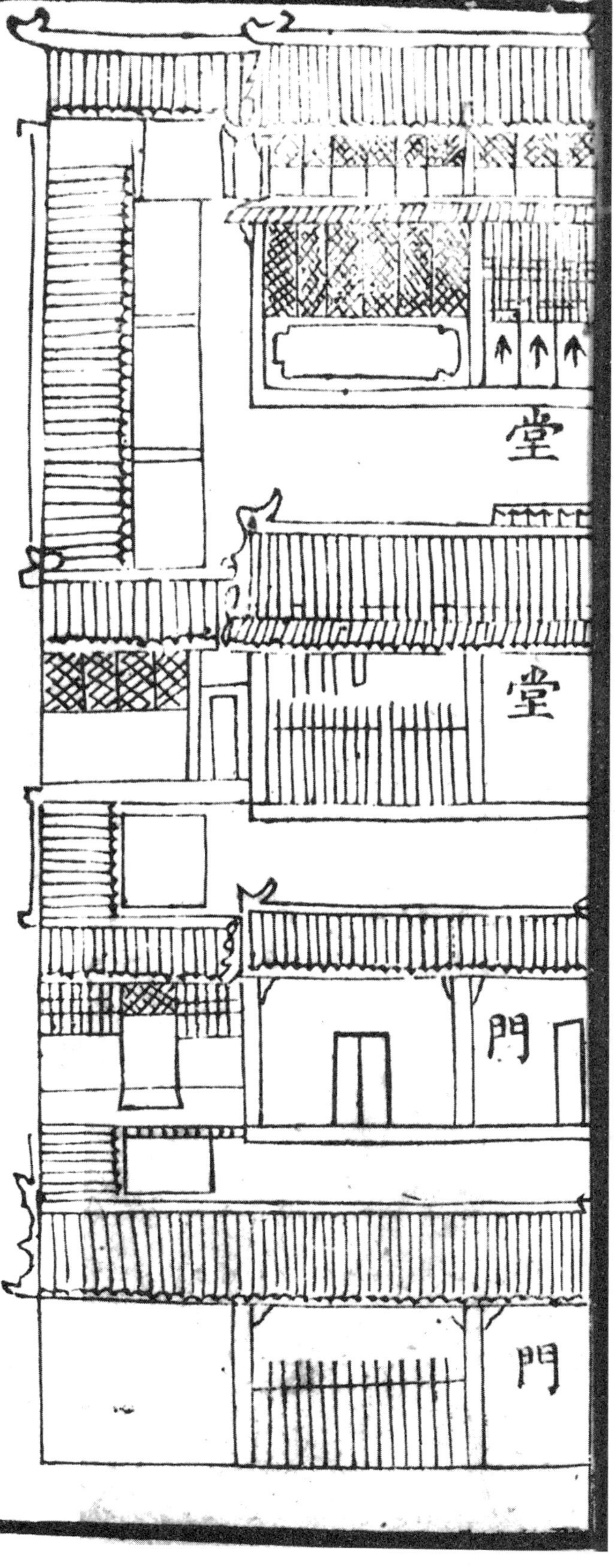

當陽縣志目錄

當陽縣志目錄終

當陽縣志例言

一志分九門曰方輿曰建置曰典禮曰賦役曰職官曰選舉曰人物曰列女曰藝文

一方輿按星野輿輿圖相表裏而縣輿圖者悉從其類舊志分列錯置不便考證今概收入方輿門首星野者天垂象也不知沿革則疆域以下俱失實故次之疆域者方輿之界畛又次之山川域中脈絡也古蹟域中典故也又次之且其中氣隨乎時物出于土以風俗物產終焉事紀附沿革形勝總甲附疆域陵墓附古蹟

一建置志建置莫先於城池莫重於學宮公署者起化之地兵防者守禦之要至若隄防或沿河居民性命攸關或居上游並關他邑利害是皆不可緩者故首城池次學宮次公署次兵防隄防津梁則附城池書院則附學宮社倉坊表則附公署塘汛驛遞則附兵防四鄉社倉詳註某總穀石若干令各鄉可按冊而稽

一典禮志舊不以文廟并寺觀首是矣然不詳考歷代及國朝頒行州縣大典止紀學宮興廢一節猶然建置錄耳今除詳訂禮樂祭器祭品外又另於歷代並國朝封謚崇祀立學賜予爲一表詳細登明雖非當邑所私然集千百年之禮一覽無遺庶觀者知典禮之明備關帝廟即邑武廟也且屹立漳濱者帝陵所在雖壇廟中亦非體今次文廟後另類以示隆重至禮祀非關政教者不在祀典如舊志所云

一賦役志謹依乾隆四十年全書刊刻戶口爲賦役之本并諸首祥異所載水旱豐凶居多亦關賦役列諸末

一職官志令雜爲一表師儒爲一表例得備書其循吏師範卓有治行可稱者各爲小傳一則召杜遺思一則蕪湖餘韻也舊以治行同封爵與職官分類然治行職官中賢者也封爵雖公侯

伯子男亦職官也今悉併入職官志其封蔭則附封爵

一選舉志合甲乙科歲貢爲一表副榜則附乙科恩拔則入歲貢亦按時代備錄焉武科明前無紀者失考也至雜選例職鄉賓皆選舉類也附武科後

一人物志舊彙爲一類今以宦蹟首次忠節次孝義次篤行次文苑次隱逸次流寓終仙釋非故爲區分從類也寺觀附仙釋

一列女志舊統入物志內今分四類曰節婦從容守義者也曰烈婦慷慨就死者也曰貞女則又發乎情止乎禮與節烈並垂不朽者也至若賢母孟母尚矣郎丸熊畫荻者亦豈易覯然在邑言邑夫豈無母中之巨擘乎其節烈貞操旌表者特書曾經匾獎者亦詳細登明

一藝文志分上下部上則賦記碑傳論說銘贊下則詩而以雜記附其文與詩或言邑中廢興利病或世道人心攸關或山川紀勝事實可考歷年久備存之其舊志各論實有言者無罪聞者足戒之意未經採入各類者補載藝文中不沒先賢立言之心也至叢談舊在藝文前然叢者雜也所以補正史之不逮也置卷末

一志記美不記惡人物則一長不遺列女則節烈廣搜一闡匹夫之幽光一吐巾幗之隱恨善善從長也然美而記之不記者可以風矣

修荆門直隸州當陽縣志姓氏

總裁

湖北荆門直隸州知當陽縣事古賓黄　仁

纂修

當陽縣儒學教諭蘄陽童　爵

當陽縣儒學訓導雲夢郝　遴

副　榜葉文在

貢　生郭孫瑛

現署棗陽縣儒學貢　生羅啓鰲

貢　生劉學蘷

分修

廩　生熊經璧

廩　生曹世煥

參閲

署當陽縣儒學教諭江陵張維楨

考正

當陽縣河溶巡檢司　夏永謙

當陽縣尉大興馬　棟

校理

廩　生謝方升

廩　生熊映鑣　羅開泌

采輯

貢　生袁掞廷

貢　生李傑臣

鄉　賓謝世安

鄉　賓楊先佑

廩　生胡作材

廩　生廖述安

廩　生陳維翰

生　員符光廷

生　員馬化龍

生　員羅思泳

生　員任世寶

生　員趙廷梓

生　員賀松茂

監　生席久辭

候選衛守禦羅啟蕤

督脩捐板　　貢生楊啟淵

當陽縣志歷修姓氏

明萬歷四年丙子

任夢榛字山甫南直休寧人留守司經歷

姚　會邑孝廉

葛希俊邑明經

崇禎三年庚午

曾應賓字君利福建人本府通判

黄聖年邑諭

羅繼思邑明經

葛　麐邑庠

歐陽煥明經

陶大賢明經

陳宏志

聶登第庚午之修因聶子出家藏舊乘以備采輯乃得成書

國朝康熙八年己酉

婁肇龍荆門州同知

翠引之有傳

許登儁以下俱邑庠

賈克生
李映蘭
汪鴻允
張肇元貢生
熊 虞貢生
曹嗣吉貢生
羅明慧貢生
熊廣生庠生

乾隆二十三年續修未梓姓氏

苗肇岱邑令
方 璲邑學博
郭孫俊原任安福縣知縣
林可法原任仁化縣知縣

未梓錄其姓氏者不敢掠美也今志多模範續修志稿更定者不過十之三餘皆補析耳惟各類前後論刪易實多竊意當年未經論定九原可作在今日亦必有去取也

當陽縣志卷之一

方輿志

星野

易曰在天成象在地成形天之有躔度次舍猶地之有河山兩戒其義一也今
聖人在上雲星煥彩川岳效靈乾苞坤符嘉祥畢至日月騰合璧之輝五星肇聯珠之瑞猗歟盛矣考歷來作志者開卷首紀星野夫天道遠而難稽後之人不無穿鑿附會然望雲書物昭著不爽驗歲知災確然有

據其說固在義無容畧茲紀要亦本周禮保章氏以星土辨九州之地之遺法也

史記二十八舍主十二州吳楚之疆候在熒惑占爲鳥衡

漢志翼軫楚之分野今之南郡江夏盡楚分也

晉書天文志南郡入翼十度

唐書天文志翼軫鶉尾也自房陵而東盡漢之南郡郢鄀羅權翼與咮張同象

又唐書地理志復郢襄房爲鶉尾鶉尾者象鶉鳥之

尾也又謂之鳥帑
星經玉衡主荆
宋志北斗第二星曰璇主楚又太微垣上臺二星一主荆揚
張衡云帝座東南一星曰司空塡星楚分
按分野之説昉自帝王世紀左氏以日食星孛占列國之變漢志尤詳以戰國十二屬牛女十二星七雄屬斗七星五車五星而天市垣二十二星又雜有所屬晉天文志出李淳風詳於天而不知地唐十道志出梁載言詳於地而畧於天鄭樵取天竺説華夏僅古牛女下十二國而規外分埜華夏所不見利瑪竇言天九重日月五星各居一重二十八宿在第二重地五大州中國則五大洲中百分之一其説又荒唐無所究竟旨哉明王禕之論分野也其言曰分野視分星古不謂地也地有彼此之不齊而分野在天則一定而不易分野者按列星所屬之分而言也鄭氏所謂星土星所主土是也其國在此而星則在彼彼此若不相配而其爲象未嘗不相屬非地之在北者

其分野在天亦居北地之在南者分野在天亦居南也循是説也談星野者亦無所庸其附會矣
又按府志云寰海内外皆天所覆理應無私舉大地言則大地全得一天以中土爲女宿之十二國而以十六星分次就中土言則中土又全得一天以州郡爲列舍而以度數分次約之一郡一邑各有二十八舍之分野但人未能究耳今之日者亦以七政二十八舍推人禄命如謂天之所覆者廣則一人之休咎何足係於天哉昔賢立法儻亦各有深旨也歟
按先儒論分野之説賈公彦謂古者分封之日歲星所在之辰僧一行謂是大地山河之首尾與雲漢之列宿升降相應二説不同其實一也公彦言其流一行則推其源而已惟大地山河首尾與雲漢旁之列宿相應故古者歲星在其地則受封雖千百世皆如是占可也 以上俱續修志

沿革

作史不考沿革則人物山川失其實沿者仍舊革者更新溯厥源流燎如指掌實一書之綱領也當陽古權國爲楚啓疆近地自漢景析江陵始寘當陽歷唐宋元明建置不一名仍如故

本朝襄明制隸安陸乾隆五十六年奉

旨改屬荆門直隸州百餘年來以恬以熙化成久道矣爰依例列表俾考古者有所根据爲事附記

沿革表

時代	沿革	事紀
周惠王元年	楚克權遷於那處按杜預左傳註權在南郡當陽縣東南桑欽水經沔水自荆城東南流經當陽縣章山東右會權口酈道元註章山即禹貢內方山權水出章山東南流經權城北古之權國也東南有那口城考內方在荆門晉隆安以前尚	楚武王克權使鬬緡尹之以叛圍而殺之遷權於那處使閻敖尹之文王即位與巴人伐申而驚其師巴人叛楚伐那處取之閻敖游涌而逸楚子殺之其族爲亂巴人因之以伐楚自是巴苗雜處那城爲沮漳苗蠻之始

時代	沿革	事紀
	屬當陽楚嘗封越章王於此因稱章山	
匡王六年		楚令尹越椒攻楚子師於漳澨
敬王十四年		吳師入郢伍員造廬磨二城以攻麥城引沮漳以灌紀南城
敬王三十一年		楚昭王救陳卒於城父葬於是邑
秦	改爲郢縣地	
漢初	爲南郡江陵地	
景帝	析江陵地寘當陽縣屬南郡	
漢建安十三年		劉琮降魏昭烈自樊城將衆十餘萬過當陽輜重數千輛謀保江陵曹操以精兵追之及於錦山昭烈棄妻子走趙雲從重圍中奪之而出曹兵復追及於長坂桓侯將二十騎拒後據水橫矛敵無敢近者糜竺趙雲抱子禪追昭烈與關公船會得濟沔
季漢	以編郡地爲荆州領當陽	

魏	取編郡當陽屬南荊州時魏於襄郡置南荊州治宜城棗陽間	關公攻樊城曹操勸孫權躡之權使呂蒙襲江陵公退保麥城旋北走蒙將馬忠邀擊於臨沮與平將軍俱遇害
晉 隆安五年	析當陽及編縣地置長林縣立武寧郡領之	
太康元年		以平吳功封鎮南將軍荊州都督杜預爲當陽侯
梁	析當陽地置安居縣	
西魏	析當陽地置綠林縣立上黃郡領之	
後周	以當陽及編縣地置平州領漳川遠安二郡	
隋 開皇七年	改平州曰玉州屬荊州總管府	
九年	廢玉州及所領二郡改綠林曰章山	
十八年	改安居曰昭邱	
大業元年	改昭邱曰荊臺尋廢入當陽縣屬南郡	
唐 武德四年	以章山縣屬基州復置平州	
六年	改玉州	
八年	州廢以當陽縣屬江陵郡	

貞元二十一年	以當陽並入荊門縣屬江陵府	
後晉 天福元年	荊門節度使高季昌以荊門縣爲荊門軍移治當陽	高季昌開府於荊臺設貢院於軍治南
宋 開寶五年	復置當陽縣屬荊門軍	
熙寧六年	廢荊門軍仍以當陽縣爲荊門縣屬江陵府	
元佑三年	復於長林縣置荊門軍領之	
紹興十四年	廢荊門縣徙長林治當陽	
十六年	復置當陽縣屬復州（今沔陽州）	
端平三年	徙荊門軍治當陽	
咸淳末年		元兵襲當陽縣尉謝徽明及二子死之
元 至元十五年	仍置當陽縣屬荊門移府治於古城	
至正十二年		紅巾賊俞君正再攻荊門州知州聶炳戰死賊支解之葬於邑西十五里
明 洪武初年	徙縣治萬城屬荊州	

四年	復舊治改屬荊門州	
十年	省縣入州	
十三年	仍置當陽縣屬本州	
成化初年		鄖賊劉千金等後先嘯聚詔官兵勦平之都御史原傑招集流亡立漳河口巡檢司
嘉靖十年	改安陸州爲承天府當陽隨本州隸焉	
崇正七年		流寇攻當陽城陷死者十餘萬漳河巡檢余萬化死之鎮筸副將楊正芳率步卒兼程尾之賊宵遁邑至今祠祀
九年		賊再入境焚殺遍野火光燭天沮江百里皆赤
十一年		賊伏西山突出殺掠撫軍方孔炤駐縣堵勦楊羅兩將追至黃蓮坪食盡道窮戰死
十三年		撫軍宋一鶴與總兵孫一元駐縣進勦賊隊逼近邑界時爲官兵所得邑賴以安九月招降賊白貴等安插當陽乾溪一帶

十四年		張獻忠自蜀敗走當陽賴降營白貴都司楊治協守城始全
十五年		闖賊屯襄諸郡皆下當邑不能支城爲一空
十六年		闖賊設僞令僞弁縣境苦之
國朝順治元年	改承天爲安陸府屬仍舊	張獻忠破荊州旋入蜀至夔陵發兵掠當陽
二年		闖賊餘孽一隻虎攻城不下去復集高袁諸賊重圍攻擊城陷殺掠倍至是年冬小秦王張九儒因荊門進士劉延禧來降盤踞邑中更遭荼毒戶口由此幾絕
三年		僞弁降營廖得勝鎮縣復叛安陸協鎮買三省過縣追之
四年		土暴周國西百寶砦叛民周宗習據砦殺掠安陸協鎮曹全副將呂破斬之
六年		虎賊出迸安遠逼當荊總兵鄭四維堵勦大提部將呂騰蛟窮追戰死
十年		虎賊餘黨李來亨突出刼掠清溪一帶荊將汪吉追戰死之
康熙元年		李來亨等盤踞竹房興巴一帶憑險不下三省會勦絡繹轉輸軍務旁午邑無寧日
二年		我師少郤益以禁旅秋大破之擣穴無遺　以上續修志

乾隆五十六年	奉旨改荊門州爲直隸州當陽屬焉

自漢以來天下郡邑更張躁駁或名存實非乃茲邑自始建以迄今旋廢旋復殆二千年名實炳如豈偶然哉舊志

疆域

欲知疆域之廣狹惟視乎里至當邑疆域初設時幅員甚濶自晉眞長林漸削漸隘遂爲楚中下邑要之邑有大小政無繁簡保障撫循長民者其可忽諸

東至荊門直隸州一百二十里

西至東湖縣治一百五十里

南至枝江縣治一百八十里

北至遠安縣治七十里

南至荊州府治一百五十里

西南至宜都縣治二百一十里

西北至南漳縣治一百八十里

至省城水路九百五十里陸路九百里

至京水路六千二百三十里陸路三千六百八十里

續修志

邑西北界自漢迄今未之易獨東南其初蓋盡漢津跨內方以抗編都焉自東晉割綠林長坂地置長林縣地始縮明初猶統德化荊臺沿江馬良四鄉後割沿馬二鄉入荊門旋復割入鍾祥而撫又

縮矣今止德荊二鄉初領三都尋分八都云舊志

形勝附

左傳江漢沮漳楚之望也

魏王粲登樓賦挾清漳之通浦倚曲沮之長洲背墳衍之廣陸臨皐隰之沃流

宋李英記曰山川秀麗甲於湖湘

元徐驥記曰西桃峽山東帶漳水

明袁昌祚記曰臂引宛洛腋控秦韓背連巴蜀膺拊襄沔昔人所稱用武之地也續修志

總甲附

邑之總四十有六在城者上一二三四五總在鄉鎮者曰尖板黃連深港官壋三洲滋泥洪市漳河香爐呼兒胭脂普通土橋榴花魚兒苦竹合溶花栗瓦窑謝柏章鄉黃石乾溪鴻橋清溪清洋清水桑林大蓮小蓮黑龍沙倒迴二沙溪易家紫蓋海堰葛藤今更名脚東金沙鞏河玉泉總皆有保甲鄉約取有事相助有患相卹防查奸匪爲安民善俗之本

附載桑林總詳免僱覓夫馬碑記

特授當陽縣正堂加五級紀錄五次何　爲再懇查案立碑以垂永久事據桑林總鄉保江必學鄧士裔程起敷老民張開卜艾純一江必莞陳應宗具稟桑林一總地窄民稀內有瓦窑烏溪二港乃通安襄大道凡遇

上憲按臨必須穩搭浮橋前縣衙諭令該總上三甲搭修瓦窑港下三甲搭修烏溪港李南生搭修清溪河各橋梁其應差夫馬均免僱覓給有印照在案恐

事遠年湮易於朦混懇請立碑垂久等情前來據此查該總居民既須幫搭浮橋自未便分僱夫馬照稟批示外合行勒石曉諭爲此仰該總士庶人等知悉嗣後門戶差役以及鄉保甲長仍照舊一律輪當倘逢

上憲按臨該總保甲督同業戶修搭上下浮橋毋許貽悞其應用夫馬永免僱備各宜凜遵毋違特示

山川

禹貢列九州之域奠高山大川周禮職方所掌尤詳其鎮山藪澤詩云維嶽降神生甫及申故山岑崔而峯嶷水渾潆而揚波人磊落而英多靈秀之所鍾鉅矣哉當邑雖小紫蓋堆藍洞天福地清漳曲沮古弁四望其毓秀鍾奇殆非他邑所可得而並也

山

玉陽山

縣署西北主山也青溪之山入境分二支西爲玉

泉東支之盡爲玉陽其前平原廣野羣峯迴合兩川縈繞烟樹芳林錯繡掩映誠一邑之偉觀

鳳凰山

在治西四里亦名金鳳山勢舒張如鳳展翼

九子山

在治北十里九峯律崒紫翠絪緼以擬九華麓有仙姑洞石磊磊如旋螺傳爲曹何兩仙姑棲真之所

錦屏山

在沮北離城五里傳爲曹操觀兵處

玉泉山

在治西三十里初名覆舟尊特森秀其上時有異氣非烟非霧亦名堆藍乃楚北第一名山下有玉泉寺爲智顗道場相傳安禪七日以成者古稱棲霞靈巖玉泉國清爲天下四絶袁小修云玉泉尊特紫蓋寬博青溪秀媚玉泉堂奧也紫蓋門戶也青溪園囿也遊者以漸而入彌深彌妍可謂得遊山三昧矣

紫蓋山

在治南五十里道書所謂三十三洞天是也南北兩峯四垂若蓋林石皆紺故名紫蓋登其上江帆在目東南諸峯皆可指數頂有丹井下有綠水甘馨異常葛仙翁鉉嘗煉丹於此舊傳樊夫人昇仙處山半有寺肇基遠公天皇悟禪師自荆州駐錫此山殆仙佛之奧區也

柴紫山

與紫蓋連五代僧道悟居此有石屋最爲幽邃

狼尾山

在治南五十里

龍泉山

在治東北十五里重崗複嶺翼抱若城相傳寺爲遠公道場右爲胡文定墓左爲龍泉即遠公卓錫湧泉處方豪詩云龍潭夜逼軒窗冷鼉鼓秋傳澗谷虛竹逕獨行僧定後松花飽啖月明初信不誣也

武安山

在治北羣峯層折如相拱揖

許由山

在治東十里沮水與玉泉合流於前相傳許由隱此按許由隱箕山此不知何據大率皆附會也

方山

在治東四十里衆峯環列層嵐聳翠最爲幽勝宋唐介子方曾讀書於此上有讀書臺邑人劉二史有方山八景詩盡其概矣石爐一元至正年造石塔一明正統年建

廣福山

在治東清水所自出

萬壽山

在方山南八里上有廟明時建

香爐山

在治東四十里有石爐碣鐫元至正壬申仲秋月數字

玉明山

在治東四十里前環漳水後擁諸峯順治十八年里人創修殿宇名雙峯院其最上一層高地三十餘

步登臨流覽蔚然深秀

三星山

在治東六十里唐僧一行道場有三井在山寺左右乃一行鑿以釀三星者司馬子微亦曾修鍊於此楊宜樓詩云錫卓盛唐聞一行寺傳破額紀三星孤磬乍傳林樾去野猿或抱石頭聽殊能道其勝

圓臺山

在治東六十里

雲臺山

去圓臺里許上有觀曰燦霞石塔巋然傳爲唐王貞公主建撰文者陳宗遜書碑者庾遠也

鎮頭山

在合溶水口上有梳粧池四時不涸李令一陽嘗濬之東北有德勝山

朝陽山

在麥城古觀嵬然二水爭流人烟繡錯亦擅一方幽勝

秣馬山

在萬城傳關帝督荆州秣馬處

鐵山

在治西北分脉青溪

綠林山

在治東北百二十里卽王莽末年綠林兵起處西魏時曾以此名縣

明月山

在治南四十里一名半月

青谿山

在治西北三十里爲邑西障述異記云青溪秀壁洞多乳窟中有泉飛流砰湃是爲青谿山發自房陵之景山東支爲荆山西支爲青谿酈道元云尋源浮谿最爲深峭盛宏之云稠木旁生淩空交合危樓傾岳恒有落勢風泉傳響於青林之下岩猨流聲於白雲之上遊者常苦目不周玩情不給賞泉側多結精舍郭璞游仙詩云青溪千餘仞中有一道士殆指此耶寺前泉湧亂石灘名積雪有瀑

布傳禪師厭其聒耳聽經龍女爲移之今屬遠安實本當邑也

妙峯山

在治東北五十里

雲夢山

與青溪連上有三石紋如方罫傳鬼谷子對奕處古徑蒼幽雲嵐縹緲亦奇觀也

仙神山

在治西六十里羣峯環抱清晨常有異氣舊傳仙

人托跡處

音寺巖

在治西三十里舊有一音寺峯巒層疊爲□□中路脩亘蔚詩云傳是隋朝寺稜稜在幾層郁迢雲起伏山接水奔騰覆嶺千盤樹橫巖一挂藤牛峯荆棘路歷望不堪登頗能道其佳處

梯兒巖

在治西十五里山名西屏石徑險絶雲壑最幽上有觀音殿文昌閣邑中潛修者多棲此

佛耳巖

在治西十五里巖徑幽仄登陟頗艱袁小修云石壁接連若鐵垣沉碧中苔繡蔓縈巖如削壁俯瞪潭石路淨滑皆鳥緣上誠山水間一大聚落也

七孔巖

在治西三十里壁立如削下有七孔因名

聖母洞

在聖水寺前歲旱居民取水祈雨多應

眞武洞

在玉陽山麓鐫有眞武洞天四字

高家洞

在治北五十里怪石臨溪山麓洞開行數十步頗平曠雲氣嵌空陸離萬狀已復巉石突起絶無蹊路捫蘿直上得小竇蛇行乃得度平曠如前又漸細爲門下有潭窅不可測投以石轟轟有聲仄足避潭抱巖乃得度巖間石乳分結悉作佛龕菩祠趺坐如出塑工洞後有穴達他洞微露曦光過此幽閒寂冷霧氣逼人無敢窮其底者

卧龍洞

在治北山頂一竅深透地底探者如入鼠穴數十步乃得平曠石乳螺結蝙蝠倒棲其上一徑斜通潤數尺深約里許泉自中出清冷可掬

白龍洞

在治北六十里卽白龍溪溪水流逕犨河入沮河洞臨溪澗峭壁崚峋緣岩仄徑洞作三竅高廣可十餘丈石壁玲瓏或作五色清泉外注下瀉於溪深入輒有氣中人燈炬皆息洞後穴可通呼應皆

能响答

百家洞

在治西二十里聚孝廉聯芳詩云望中雲窟出岩巔馳馬還從頂上旋一壑朝來能盪日千山圍處不遮天堪宜樵逕依烟闊恰好僧房對月眠已識周何皆有累誓於此地學參禪亦勝地也

遠公洞

在龍泉西山半岩間晉慧遠趺坐處

楞伽峯

在玉泉東七里為神秀道場自玉泉至度門夾道皆松唐僧法璵所手植聶記云屏幛環列林水周匝鳥語花香曲澗縈迴為北宗初地大函小修顏多題咏

百寶砦

在治北五十里四壁峭削下瞰沮流傳為石劉屯兵處楊濟閣詩單椒如寄傲寂寞一峯懸磧冷凝邀氣天垂入暮烟鳥喧緣岸篠雲覆度溪船侶有山樵路迢迢到絕巔殊擅勝場

已公嶺

在治西二十里唐時僧齊已曾暫僑於此因名

五鳳堆

在治南傳漢時五鳳八龍見此去堆三里許即龍鳳川亦名八龍潭五鳳洲出述異記

九女廟

在治北削壁千尺俯臨沮水遙望若張素幕山半洞廣數丈土人因鑿數十穴以避兵

三牛嶺

在治北山脊三石形似卧牛

楊旗巖

在治北四十里傳關帝揚旗處今石罅跡猶存補遺

水

沮水

水經註沮水出沮陽縣西北景山卽荆山首也高峯霞舉峻竦層雲山海經云金玉是出亦沮水之所導故淮南子曰沮出荆山又南逕臨沮縣西靑谿注之又東逕當陽縣城北又南逕麥城過楚昭王墓入天津湖與漳水合應劭曰沮水出漢中房陵東入江師古曰沮水卽左傳所云江漢沮漳楚之望也

漳水

水經出臨沮縣東荆山東南過蓼亭又東過章鄉南道元註漳水南逕當陽縣又南逕麥城王仲宣登其東南隅臨漳水而賦之曰夾清漳之通浦是也漢書地理志禹貢南條荆山在東北漳水所出東至江陵入陽水陽水入沔行六百里舊志云東南出沙側濟右會沮水分二支一支逕枝江界與沱水合入江一支逕萬城由荆州入江

當陽蕞爾當沮漳之匯以沮漳視江漢奚啻望洋顧乃并列四望蓋楚遷權郢都初興肇基實於此其秩沮漳猶周之頌漆沮也舊志

洈水

按水經註漳水逕麥城南洈水注之山海經曰洈水出東北宜諸之山而流注於漳水

沱水

逕治東南與沮漳合又經枝江縣東入於江

清水

出治東鳳凰山注於漳亦曰白蓮池李賢清溪記曰一水縈迴清澈可愛遠公常於此浴身白蓮開敷退遯嘆異云

玉泉

俗名金龍池郭璞遊仙詩序稱玉泉潛行九萬八千里通天竺注震旦指此李白云玉泉近靑溪諸山往往有乳窟茗草羅生枝葉如碧玉拳然重叠其狀若掌號爲仙人掌茶蓋新出乎玉泉之上曠古未有也

珠泉

近智者洞每鼓掌即串珠而上西流與玉泉合折而東逕己公嶺又東逕縣南與沮水合流

熨斗陂

在治東南八十里鄀志緑林山流逕圓臺山南滙爲陂唐李端赴蜀詩云琵琶寺裏响空廊熨斗陂前野度荒指此

金沙灘

在治南流沙如金沱江灘也山海經曰沮漳之淵有龜其狀人面羊角虎爪出入有異光殆謂此也

昭溪港

近三牛嶺一水迴環仍與漳合傳昭王返國經此

金龍潭

在治北十五里傳宋徽宗時建明堂遣吏取水至潭投金龍鎮之故名

淬劍池

寰宇記云在治北傳歐冶子淬劍處地近昭溪港

古蹟

溯高標於峴首墮淚偏多搜秘字於岐陽抗心獨遠或風微而人杳或名存而實亡嗜古者所爲感慨係之也然陵谷雖變遷而簡冊資聞見摩挲於斷碣殘碑之下大可流連凴弔於斜陽暮靄之餘都供觴詠詩曰高山仰止景行行止撫斯編者何如耶

古權國城

在内方山東南

那口城

在權國城東

麥城

在治東南五十里傳楚昭王築關帝爲呂蒙所襲走此

驢城

在治東南五十里

磨城

與驢城對二城傳伍員築以攻麥城者諺云東驢

西磨麥城自破

麋城

在治東南六十里地名八渠傳蜀將麋芳守江陵時築

萬城

在治東南一百二十里本名方城傳是高氏所築宋末荆湖制置使趙方嘗立荆門東西山堡因繕此城子葵復鎮荆湖避父諱改今名舊有六門東曰紀山嵐秀西曰江州雲物南曰海

湖烟月北曰平埜風林十字街前曰總門曰石關門明初徙縣治俱廢有三江六渡口皆沒河 附記

東城

在治東一百四十里今州城東即縣故城水經註五代高氏曾移荆門軍於古城元至元間亦移荆門郡於古城皆指此

古綠林縣城

在治東北一百二十里綠林山土基尚存宋呂文煥鄉統邊居諠築即今沙洋地按高氏曾於此築隄亘一百三十里抵潛江障漢水

荆臺 縣故城

在治東六十里

太子岡

在治北四里元文宗爲太子時駐蹕所也百官進食皆不受惟啜一蔡克學詩云玉輅金根駐此岡一卮鳳髓進霞觴豈知四十餘年後老樹殘蟬送夕陽 以上全錄舊志

長坂 詳事紀

橫矛處

在關橋乾隆二十四年知縣萬培土重立

麋夫人井

傳在城西蹤跡不可考

仲宣樓

即縣鼓樓王粲作賦處

白蓮池

在淯溪寺右晉遠公至此掬水浴白蓮生水面因名又名白社劉巽有詩

讀書臺

在方山宋唐介讀書處

梳粧樓

在玉泉宋明肅皇后梳粧處也黎巽詩晝樓不可見寥落秋草荒鏡作空山月無人更理粧

柴紫菴

在玉泉袁中郎兄弟讀書於此有堂曰松桂亭曰堆藍爽籟俱圮菴後鑿小洞曰幻霞

寒亭

在智者洞左菩提菴古木蕭森下有溪景色幽絕宋人詩話云玉泉山寒亭過客多題咏或謂亭名琴寒

唐賢詩碣

宋慶歷間荊門軍守曲臺謝公錄唐人玉泉詩八篇刊石康熙四年邑紳楊州彥梁山金粟引之重建碑亭

幻霞洞

在堆藍山後石紋如霞故名

智者洞

洞爲智者靜修處袁小修云石理甚堅若夏屋洞下有井與大江爲盛衰

丹井

在紫蓋山葛仙翁鍊丹處今僅留井耳

大士像碑

吳道子畫在玉泉

鐵塔

明鍾惺譚元春有詩載藝文

鐵鼎

國朝湖北學政吳省欽有詩隋大業十一年造

壽亭侯印

宋紹興間洞庭漁人獲送寺中淳熙四年僧真慈將獻東宮夜發光怪不果宋司馬知白有記考漢壽地名亭侯爵名印當曰漢壽亭侯而宋司馬知白記止曰壽亭侯印存俟知者附記

文定書院詳胡文定墓

北山書院

在沮河北宋袁彖巽兄弟讀書處

時習館

侯師聖讀書處舊文昌閣地

三公臺

在城西南明萬歷中丞趙賢守藩王埏巡臬鄧林

晉三公問俗登此

張說碑

在度門寺盧藏用書 以上補遺

八景 附

紫蓋晨鐘　龍泉夜月　堆藍晚翠　長坂雄風

鶴岸漁歌　錦山牧遂　玉橋秋雨　金嶺朝烟

陵墓 附

關帝聖陵

在城西五里詳　典禮

楚三王墓

在湮沉湖側今兩河口柏木港花栗園諸處皆傳有華表出地尺餘崇禎元年耕夫偶啓一壙見墓門扃閉大抵楚自遷郢後此地必多貴戚冢不必皆王又近紫蓋山有高氏暗冢七 舊志

楚昭王墓

在治南八十里詳傳記 舊志論曰楚昭失國毒及先骨可謂辱矣比卒寧死不移災不矯祀夫子聞之曰是知天道矣其不失國也宜哉此一言也楚昭於是乎不朽是以君子慎晚節焉

荊王墓

在黃泥岡岡上舊有楚莊廟此其墓耶又按漢唐宋封荊王者三而漢荊王賈實居淮東宋荊王元儼未嘗之國惟唐荊王元景高祖莫嬪子貞觀十年徙封荊壽為荊州都督有惠政後以罪誅此或

其墓也 舊志

周將軍墓

相傳在麥城西乾隆二十三年知縣苗新修勒石

胡光祿墓

在治北二十里苦竹溪胡文定父淵字澤之文定爲蔡京所惡退居漳濱迎父就養卒葬於此後贈光祿大夫今湖南衡山縣亦有胡淵墓 舊志

胡文定墓

在治北十五里龍泉上荊門舊志文定卒葬龍泉

山三子寅宏寧俱貫荆門乃湘潭亦有文定墓而省志云寧後徙湖南卒湘潭豈湖南諸墓乃公諸子空埋耶明成化三年知縣黄恕奏請春秋祀舊志墓祠即公舊居居後爲書院環墓古松合抱者尚存四十三株舊志

聶知州墓

在治西十五里聶公名炳江夏人元至正間守荆門州甫半載淮漢賊起荆門不守公出募士兵復之未幾賊再來攻公晝夜血戰死葬於此乾隆十

九年州守舒成龍署縣事爲修墓建碑乾隆二十五年知縣苗肇岱率士民培土合塚勒石定界募墓夫看守

樊妃塚

在治北二十里按張曲江詩序云郢城西北有大古塚數十覩其封域多是楚諸王而年代久遠不可復識惟直西有樊妃塚因後人爲植松栢故行路盡知之舊志

論曰千載賢愚滿目蓬蒿浩劫之見亦達矣然過田横墓釃酒興悲經董相墳搴蘋增感九原如可作也我則其隨武子乎旨哉斯言況乎彌望松楸惻然於露濡霜降先賢墟墓宜禁樵採不詳紀載後人孰從而知之

義塚

白骨塚

在西門外

周禮有墓大夫令國人族葬而掌其禁令又有蜡氏掌除骴書楬月令孟春令掩骼埋胔先王立制

仁至義盡矣後世既無專官又未有孟春之令踦魂棲草露遺骸盡螘鳶小爲蟻大爲厲無怪其然也嗚乎泰獄之蟲苦酒頓消螞蟻之墳春風亂聚使司牧者買塚以葬爲文自祭盡如富鄭公知青州時又何古先王之遺意今不可見也哉續修志

風俗

五方之山澤燥濕曰風土，時候之寒暑先後、性體之剛柔長短曰風氣，事有冠昏喪祭、歲時節物之不同曰風俗。風土得之地，風氣得之天，風俗得之人。風土風氣古今不異，風俗則與時變易者也。夏之民忠，入商而變質；商之民質，入周而變文。是又係乎風教矣。其權在内曰君公，在外曰守令。移風易俗，漸摩涵濡，固非簿書刀筆之所能爲功也。

圖經云：男勤耕耨，女重桑麻。

隋書云：荆俗率敬鬼，尤重祠祀，屈原爲制九歌由此。

通志云：江漢被西岐之化，篳路開南國之風，風氣之淳樸可知也。史稱其民喜巫鬼、尚淫祀，至今猶有存者。夫元公倡道，二程誕降，紫陽、南軒宦遊講學，非楚地歟？迨復入北方，而魯齋諸人始聞有道學，得其書而讀之，躋於鄒魯不難也。而綴文者咸沾沾於湖畔莫愁、隄邊歌曲，豈有當於化民成俗之意也哉。

舊志云：當陽士夫樸茂好修，蓋猶有周南遺風焉。西北多山谷，其民亦質嗇食力勤苦。獨東南近江陵市集所在，往往競聲利。大約婚嫁往來均於禮不甚遠，惟居喪作佛事，供賓客，鼓吹梵唄聲不絶耳，此其疵也。

正月元旦，先期必潔庭宇，更桃符，書鬱壘。五鼓出方，於各廟投刺，沿門賀歲。

十五日上元，多龍燈、竹馬、鰲山之戲，花爆鼓樂最盛。士民觀燈絡繹於道，累夜騈肩，郭門不閉，輒達曉。

三月清明，家家紙錢麥飯，掃墓標墳。遊人多攜榼挈壺於東郊西岸間，踏青鬭草。

五月五日，門前懸艾葉，飲蒲酒，婦女多簪繭虎彩絲。間一解粽，而競渡者寥寥焉。

七月十五日中元，最重。家家祀祖，設庶饈，焚楮錢。已嫁女老幼悉歸寧，謂之過鬼節。

八月十五中秋節，俗多不拜月，猶尚瓜果餅餡交相餽貽。

九月九日多賞菊泛萸士夫輩往往於錦山西屏最高處登臨眺覽

臘月二十四日拂塵祀竈謂過小年城中爆竹鼓樂聲紛紛不絶

三十日家家書宜春字具牲醴祀神祭祖闔家聚飲爲團年飯交相辭歳爆竹鼓樂聲喧徹曉以上續修志

村落婦女聚會燒香各寺廟中往來雜沓而玉泉爲最實風俗之疵

物産

郡邑書未有不紀方産者然將稻種若禽獸分羽毛別類分門羅列滿紙甚無謂也當邑僻處山陬絶無異物至日用服食恒見者亦可不紀茲因舊志所載備此體以不志志焉可

當邑家業耕穫所植百穀頗饒嘉種稻分秔糯麥別來牟曰綿曰苧曰麻曰豆載之不勝載也水之族若鯉魴鯽鱖鱔鯖蝦鱉螺蚌之屬亦紀之不勝紀也樹之屬松桂栝栢桑柘梓桐槐椰楓榆其種不一菓之屬梅杏李桃梨柿棗栗橘柚橙柑其種不一蔬之屬早韭晚菘露葵霜薤其種不一藥之屬枸杞茱萸菖蒲芎藭葛朮艾蘇半夏牛膝其種不一羽之屬有百舌畫眉蒼鷹錦雉老鸛白鶴其種不一毛之屬有虎豹鹿獐麂兎豺獺其種不一至於家之所畜鵞鷄羊豕其種不一要皆各邑所同也惟有玉泉仙人掌茶不常見以上續修志

舊志論曰余讀禹貢而深嘆古人心之淳也藉其所有而民不以爲病故可得而藉也及覽周職方

物土之宜覛禹貢不啻敎焉此即旅獒之志也考山海經荆山其陰多鐵其陽多赤金而禹貢亦惟金三品然則首山之銅卞巖之璞皆不誣也宋人得玉而獻之非果忠田父得珠而棄之非果愚懼禍也然則方産之志如之何紀其常而已或曰美斯傳傳斯志常何紀爲雖然大美不言不言之美美矣哉常也者有其美者也美也者失其常者也國家貢篚不尚異物各從其土爲可繼焉猶然禹之明德也然則方産之不可深論也明矣

當陽縣志卷之一終

当陽县志

當陽縣志卷之二

建置志

城池

詩曰公侯干城子輿氏曰固國不以山谿之險然周之興也城朔方則命南仲城東方則命仲山甫周禮有掌固專司城郭屬在地官責綦重矣楚國方城為城漢水為池素擅雄圖玉陽雖小當荆襄要害之衝欲為有備無患計守土者其思擊柝重關之意歟

邑在漢初治長林之地古城東城是也後邑治玉陽歷代皆土垣明初治萬城尋廢洪武十三年復故地城久圮成化丙戌以劉石之亂州同知嚴端始築土城廣一里袤一百五十步尋圮知縣姜英築之正德中劉六等作亂知縣劉琨甃以石城逼沮水築石磯於東北以障之水怒輒齧城隆慶間知縣張松始疏河故道捍以長堤水患既弭議修城未果至萬歷乙亥巡撫趙賢守道王琁巡道鄧林喬郡守趙睿經巡本邑乃議修命署縣事經歷任夢榛董其成周迴六百八十丈高二丈厚一丈二尺門四東曰紫蓋西曰玉陽南曰鳳川北曰清漳樓稱四水門五敵臺守鋪各七皆甃以磚西北跨玉陽山東南以沮水玉泉為池西北則引貞武港水環之規制始備崇禎七年寇薄城環攻以女墻低故陷九年知縣區懷瑞增築女墻復於城外浚濠

皇清順治二年闖逆餘孽高李等盤踞西山城再陷毁為平址順治十二年知縣唐彦袞修復康熙三

十四年署縣張士琪修葺四門城樓歲久漸圮雍正六年後知縣王仲桂周垂典陸續補修至乾隆二十三四年知縣苗肇岱詳請動帑增修雉堞麗譙煥然一新又大濬城濠濶二丈長六百九十丈深一丈壖崇池廣非復舊觀矣續修志

官地坐西門外租錢共七千零備修四門閘橋附記

津梁附

邑之渡有六曰沮河曰漳河曰合溶曰清溪曰黄鵠曰蘇河

邑之橋見舊志者十有二曰官橋（郎張侯橫矛處在治北）曰玉陽（在治西）曰太平（在治西）曰三里（在治東南）曰朝天（在治東十里）曰謝河（在治東十五里）曰普通（在治東六十里）曰普濟（在治北六十里正統年重建）曰洋子港（在合溶景太四年張銘建萬歷知縣胡朝修）曰倒流（在治西北六十里）曰順化玉虹二橋（基址失考）

補遺者五曰眞武（在治上總）曰伍公萬善（在榴花總）曰上板下板（在合溶北傳俱伍公建）

新建者曰雙虹二橋（在治東四十里邑紳羅啟蘇領建）曰鴻德（在清溪市東太學生宋敦宗市民嚴自起等領建）曰起鳳（在清市西）曰玉龍（在官壋邑民魏光宗貢田畢工）曰利涉（在治東五十里楊樹港）曰結緣橋二（在官壋老民黎适臣建）

舊志論曰古者以道梁覘政雨畢除道水涸成梁先王之教也乃或者謂非亟務而溪漲水溢民多病涉汩沒巨浪者往往有之以之覘政也信然

學宮

學爲崇儒重道育才興賢之地一切禮樂兵刑鄉射讀法諸大典皆於是乎在學立而萬目舉矣爰考邑學沿革廢興之由備書於册使爲政者知所先務焉

學宮舊在玉陽山宋以前無考元知縣張彥文創修至元中知縣王元賓趙珪重修明洪武初知縣鄒守道改遷萬城尋復故嘉靖丙午知縣侯嘉祥改遷於洪市坪萬歷庚辰知縣胡朝又遷於報恩寺

左己酉知縣李啟元教諭余蛟始徙入城在原臬司行臺地知縣卜汝隨建泮池於櫺星門內知縣胡汝川捐俸市地遷啟聖祠於明倫堂後又建大魁三元閣於巽方修兩坊於學宮之左右

國朝順治乙酉城陷正殿兩廡啟聖名宦鄉賢祠俱燼止存明倫堂櫺星門順治十三年知縣唐彥褒教諭黃鳴陽訓導饒亮士修復十六年知縣許鄉仁修啟聖祠康熙元年大兵進山貯糧學宮兩廡

進德修業齋名宦鄉賢祠俱圮庚申年知縣俞廷瑞修復壬午年知縣伊逢吉教諭王禹書重修甲申年署縣張士琪補修兩廡雍正十年知縣王仲桂修明倫堂啟聖祠乾隆四年知縣仝沆建修大成殿十八年知縣陳富有教諭方璲補葺啟聖祠明倫堂二十四年知縣苗肇岱更新鼎建於是啟聖祠明倫堂尊經閣敬一亭忠孝名宦鄉賢祠大成櫺星門東西兩廡正副二齋煥然改觀又於雲路拓基建坊作外泮規模宏闊氣象堂皇乃爲大備已酉年知縣萬年椿重修大成殿仍移泮池於

櫺星門內

儒學署興廢不一乾隆二十四年知縣苗肇岱鼎建學宮後其東西兩齋亦同時創修

書院附

迴峯書院康熙戊午年知縣俞廷瑞勸募創建門樓一座內有文昌閣講堂三楹曰麗澤後樓一進顏曰主敬歷久漸圮乾隆十六年教諭方璲與縣尉王廷相各捐俸率紳士等募助少復舊觀二十四年知縣苗肇岱重修時劃閒田及義捐田共五百六十八畝爲延師及諸生膏火計以垂永遠云

頭門一座三間　儀門三間　前兩廊房各一間

文昌閣講堂三間　前兩廊房各三間　書樓三間

左右兩廊各六間　後園房九間

玉泉寺田二百五十畝該納銀六十三兩五錢零二釐

龍泉寺田二百五十畝除文定墓祭費三兩外該納銀六十兩

共租銀一百二十六兩零紋銀老平

公項取贖田生王泉佩民劉宏元

租銀三兩三錢六分

烏鴉藤廟田二十八畝

租銀十四兩

三星寺田四十畝

租十六石驗籽收租合縣尉收呈縣貯典

按宋創書院聘山長所以補學校之不逮岳麓嵩陽最爲著美而白鹿洞規紫陽教法優乎尚矣迨有明諸賢講學東林其遺風雖追踪楊氏借聲譽太高未免有流弊焉今書院雖止習舉子業然所

讀者四子五經所窮者關閩濂洛必因文見道躬
修實踐庶不負
聖天子作人之意也夫

公署

朝廷設官置署鉅麗堂皇非徒以飾觀美也居斯
者有父道焉七月之章曰躋彼公堂稱彼兕觥蓋
養成於上義親乎下羔羊朋酒意若是其肫也周
禮辨方正位以建民極為立國之大經治署宣猷
民瘼攸關君子居其位可不思敬其官歟至一切
營建以類從故得附見云

縣署在玉陽山東南明洪武元年知縣祁守道遷
治萬城患水十三年知縣魏忠遷復舊治後知縣
張義劉珵相繼增修崇禎甲戌正堂燬署縣事留

守經歷張維然修
國朝順治二年後署全燬正佐皆視事合溶八年士
民捐修知縣勾延齡始視事城中十二年知縣唐
彥褒增修
康熙三十三年知縣俞廷瑞修坐樓五間三堂三
間並儀門雍正七年知縣王仲桂補修頭門儀門
捲棚大堂乾隆二年知縣仝洤請帑修理科房六
間捐修 上諭牌坊

照墻一座　頭門一座　儀門一座　牌樓一座
東西班房二間　吏書房科各一間　大堂三間
堂側庫房一間　川堂三間　二堂三間　左右
書房　坐樓五間
縣丞署舊在正堂東員汰今毀
主簿署亦在正堂東員裁今毀
典史署舊在頭門內後移西門內玉陽山麓
申明亭　旌善亭俱明成化間知縣莫潛建今毀
巡檢司署舊在漳河乾隆六年知縣仝沆以合溶

界接江陵村市交錯奸匪易滋詳准飭移防以
資彈壓
分防千總署在玉陽山麓
陰陽學舊在縣東今廢
醫學舊在縣西今廢
僧會司隨任
營建附
常平倉在縣署內
舊倉廒六間共貯穀三千石

新倉廒七間共貯穀七千石
新舊共穀一萬石
各總社倉
縣城社倉共貯穀一千五百九十六石三斗八升
一合四勺
三義社倉共貯穀六百四十八石五斗六升五合
三勺
瓦窯社倉共貯穀七十五石一斗二升二合七勺
沙溪社倉共貯穀六十三石四斗四升九合九勺

謝柏社倉共貯穀八十一石八斗六升一合三勺
官壋社倉共貯穀一百八石三斗一升八合六勺
脚東社倉共貯穀五十二石五斗一升七合
香爐社倉共貯穀七十六石一斗七升四勺
胭脂社倉共貯穀七十石六斗七升八合
土橋社倉共貯穀五十二石九斗二升二合三勺
週二社倉共貯穀十七石三斗九升一合五勺
合溶社倉共貯穀四十五石三升五合七勺
櫃花社倉共貯穀一百二十二石六斗三合六勺

清洋社倉共貯穀三十七石五升三合五勺
金沙社倉共貯穀十二石九斗四升四合
深港社倉共貯穀二十二石三斗四升二合一勺
紫蓋社倉共貯穀五十三石二斗四升八合二勺
易家社倉共貯穀三十二石二斗三升四合五勺
黑龍社倉共貯穀四十八石二斗三升六合六勺
花栗社倉共貯穀一百二石四升一合五勺
魚兒社倉共貯穀一百九十九石三斗六勺
葦河社倉共貯穀一百三石四斗六升八合伍勺

黄石社倉共貯穀七十五石三斗九合六勺
玉泉社倉共貯穀十五石九斗九升一勺
六蓮社倉共貯穀六十三石一斗二升四合四勺
小蓮社倉共貯穀六十二石七斗四升五勺
尖板社倉共貯穀九十二石七斗四升六勺
普通社倉共貯穀八十一石六斗九升五合三勺
章鄉社倉共貯穀七十一石六斗八升九合九勺
乾溪社倉共貯穀六十九石二斗二升五合一勺
洪市社倉共貯穀五十四石一斗九升七合四勺

清水社倉共貯穀九十石六斗六升二合五勺
桑林社倉共貯穀七十六石二斗八升八合
清溪社倉共貯穀二十九石三斗五升五合三勺
鴻橋社倉共貯穀一百四十七石四斗四升八合
二勺
海堰社倉共貯穀一百二十六石五斗三升四合
九勺
漳河社倉共貯穀三十五石八斗二升八合七勺
呼兒社倉共貯穀二十五石二斗八升九合六勺

三洲社倉共貯穀十石八斗八升三合五勺
黄蓮社倉共貯穀二十七石八斗七合四勺
苦竹社倉共貯穀二十八石九斗八合
以上四十一社共貯穀四千八百七石六斗
六合四勺 此係乾隆五十七年定數

按漢常平許民貸在官之粟宋廣濟廣惠募民種在官之田但權三倉之法總莫如社倉朱子言青苗未爲不善但給以金不以穀處以縣不以鄉職之以官吏不以鄉民士君子則難行蓋給以金則

有入手濫用之弊處以縣掌以官吏則有窵遠難
稽奸胥侵盜之弊故洪武倉法處四鄉道里之中
僻隘農民易於領納責在殷實廉身家念重罔敢
侵盜有司歲驗春放秋收歛放豐收不至紅腐一
遇凶荒先行賑發然後奏聞可謂善矣雖然有治
法無治人得治人以行治法乃爲救荒之上策

育嬰堂

在東門內雍正十三年知縣仝沆捐建

養濟院

在東門外乾隆二十四年知縣苗肇岱重修

行臺布政分司按察分司俱在縣治東府館在縣
治南萬歷己酉知縣李啟元以按察分司地作
學宮以布政分司爲察院府館今廢

坊表 附

承流坊 宣化坊 在縣治左右
希聖坊 育賢坊 在儒學左右
承宣坊 撫字坊 在布政行署
激濁坊 揚淸坊 在按察司行署
沮水澄波坊 在縣東 滇蜀通衢坊 在縣西
冬官坊 爲劉謙立 奉直坊 爲張濬立
御史坊 爲劉煥立 五馬坊 爲何毅立
廉憲坊 爲李讓立 凌雲坊 爲向志安立
鵬程坊 爲何治立 應奎坊 爲倪孝儒立
騰蛟起鳳坊 爲朱玉立

以上坊俱廢 見舊志

論曰坊者防也表者表也所以揚風教維人紀使
之相觀而化知所奮興也今不尚坊表久矣然雖
廢必書抑亦存之以勵俗云爾 續修志稿

兵防

兵可百年弗用不可一日無備思患預防斯緩急足恃焉當邑荆襄要區歷代用武之地我
國家休養生息仁育義摩百餘年來不聞兵革民生其時抑何幸也然約束訓練禦侮折衝又樞政所宜熟講者可謂偃武修文遂卽便安也哉

邑兵防舊隸荆門軍明成化間劉千斤作亂都御史白圭請撥遠安千戶所官兵一百名輪戍萬歷時都御史孫應鰲復請徹回以民壯代之至崇禎

末遺闖獻二賊漫無防禦荼毒之慘倍於他邑蓋其由來者久也迨
國朝定鼎順治十年始撥安協中軍一員來當駐防康熙五年改撥荆門營守備康熙六年改設把總康熙十年守備劉守才駐防十八年又改撥荆門營把總一員雷鳴鳳駐防二十年始撥遠安營千總一員方勝駐防又設外委把總二員一駐本城一駐淯溪又經制把總一員駐防合溶額撥遠安營馬步官兵共一百四十六名

演武場

在東門外前令茁肇岱建演武廳三間照墻一座

民壯附

邑原額議一百二十名後編一百名除扣裁存聽役六十名復經裁革實存十六名其漳河巡檢司原增設四十名編三十名奉例裁革存應役十名後裁惟供縣役

塘汛附

東路合溶汛兵三十名　塞口山塘五名移漳河

慈化寺塘五名　官壋塘五名

南路普通寺塘五名　易家坪塘五名

西路峽口塘四名　玉泉塘四名　蓮坪塘五名

北路清水鋪四名　淯溪河八名　鴻橋鋪四名

張王廟塘四名　七孔岩塘三名　漳河塘五名

乾隆三十二年知縣衛肅以巡檢司移合溶漳河路通深山尤易藏奸移塞口塘於此

舖遞附

舨馬原設三十二匹雍正十年裁減八匹乾隆二十二年奉　文全裁

總舖在城

東路金沙舖　合溶舖急遞舖舊在合溶後改設承天舖裁

西路梯子舖　峽口舖　馬家舖

南路黄沙舖　玉泉舖　蓮花舖

北路清水舖　桑林舖　鴻橋舖

隄防

當邑多旱少川耕農所恃惟在泉堰而山水泛溢輒爲民患是隄功爲最要昔人有言爲政勿言興利但思除害害除而利斯溥勿任民佚但當先勞先勞而佚斯永

邑因崗爲墉北受沮流值溪水驟發漲爲洪濤往往越故道直衝縣治民不安居明嘉靖壬辰當事於城垣東北捍以石磯不數年圮隆慶庚午知縣張松於河北二里許開故道自西口至東口袤千五百弓抵舊河徑達合溶於南岸築長隄廣十丈高二丈又築新堤於城之西北約三百五十弓高廣如前萬歷間隄稍夾知縣鄭漢修之天啟間河又決知縣胡如川增修舊志

六隄

一麥城右衛軍隄八十五丈民隄二百九十六丈

一沙倒灣右衛軍隄一百七十二丈二尺五寸民隄六百六十七丈七尺五寸

一羅家灣民堤八百五十四丈五尺右衛軍堤十三

丈
一細魚港右衛軍隄五十丈荆衛軍隄九十丈民隄八百四十二丈
一滋泥湖左衛軍隄十二丈右衛軍隄二百五十二丈荆衛軍隄九十丈民隄一千四百零六丈
一莱湖荆衛軍隄六百三十七丈民隄一百七十八丈
以上六堤建於明之成化年間軍隄軍修民隄民修並未咨　部請帑

附沙倒滋泥二總豁免差徭碑

康熙五十九年知縣王國楨詳稱縣屬山河雖與滄襄潴漢之害不同而水自沮漳而下有麥城莱湖等處六堤約一萬一千弓有奇自奉禁止協修而六堤盡歸湖民修築歲逢山河水漲獨力加修不無繁苦是以歷任前令查湖糧百碩有零除正供而外槩與豁免今據堤民張孟涵等請詳勒石總期垂久遠以杜將來變更相應具文申詳俯念六堤工力皆湖民獨任其勞　恩賜勒石永豁將來徭役俾修築得有專責安陸府張　批仰候巡憲批示繳荆南道殷　批仰安戎府同知確查妥議詳報戎府李　行縣轉詳遵查得麥城莱湖等處共一萬一千弓原係合縣照畝派夫協修及奉禁協派之後歲歲防護凡有加幇挽築皆歸沙倒灣滋泥湖二處獨任其責在二處之田僅糧一百石零九斗五升三合田載通邑不無窪下故有沙倒滋泥之名其近河田地逐年外受崩洗内受挖壓而正供錢糧既與山田同一輸納一有外派未

免利害不均是以前令微別屬漁租河糧疲租尾糧之免例止令納其正賦凡遇軍供雜役悉與開豁乃容或有之之預計耳隄民張孟涵等具詞詳請勒石使垂久遠並非此時有軍供雜徭而求免一例派差者也今遵將永免雜派緣由開具六堤工程並田畝糧數相應具文詳覆憲台俯念沙倒滋泥之名地非膏腴可知糧碩無幾有六堤歲修之勞雜徭業經前令允其豁免應請勒石永禁仰乞轉詳批示遵行戎府轉詳荆南道荆南道殷批

外派雜徭久經嚴禁而　沙倒灣滋泥湖二處獨
任加幫挽築之責尤當永行開豁以甦民力如詳
行縣勒石用垂永久仍取其碑摹報查繳既雍正
元年知縣王復以陋規申詳按察司批據沙倒滋
泥二處堤工原係居民自行修築並未動支錢糧
典史喬起蛟藉稱查驗需索陋規雖審無過付卽
自認三錢三分亦屬贓私應卽斥革究擬但事在
恩詔以前姑從寬免仍嚴行申飭以儆後効敢再肆行
無忌卽行詳請斥革並飭該縣嗣役親行查驗毋
得再委典史致滋擾累並干叅咎仍取嗣役不得

再行苛刹委查各遵依據報繳
按六隄之民自
國初到今一切軍供雜徭俱經各前縣豁免雖國率
由舊章殆亦實見獨力修築民力難支云
三區
上區對麥城沙倒中區南岸羅家灣下區隔河細
魚港通名三區官雖督率並未結報每農隙後飭
令隄長糾集居民於單薄處所各按坵段如式修

補一有潰缺通區協力搶築又漳河俗名東河沮
河謂之西河閔家場一帶逼近東河地處低窪水
患不能全除至土橋謝栢花栗各總西河直流兩
岸居民均行築堤漸弭水患矣
荆堤
濱臨川江江陵在其下流嘉靖間江水兩決荆民
漂沒無數萬歷初當事者以本邑既隸承天護隄
之民不切痛癢乃將前隄內除九百五十丈仍屬
當陽其李家埠一帶一百九十丈召民朱依二等

一百二十八戶居其上責令修守准免兩縣門差
本縣尉每歲勘驗遂爲成規乾隆五十三年萬城
堤潰荆州軍民漂沒更甚五十四年
督憲畢　親詣勘命居民新修大支堤接連馬山
長五千二百六十二弓以衞荆堤委前令萬　勘
估督理飭縣居民看守兩堤亦照前豁免雜徭

附載魚兒總豁免差徭碑記

特授當陽縣正堂加五級紀錄十次黃　爲請示勒
石以垂久遠事據魚兒總生監符光廷劉世安
蕭韻張汝謨唐士賓何士瑄劉維俊等呈稱緣
生等魚兒總之堤因離荆遠江陵民難看守
上憲定議借當之民守荆之堤准免一切雜徭
載在邑志乾隆五十三年萬城堤潰荆堤外復
修大支一堤接連馬山保障舊堤
督憲畢　仍飭令總民看守欣逢　福星臨邑久

荷覆照已准入志爲此禀懇賞准勒石以誌不
朽等情據此除禀呈批示外查此堤關係甚重
前奉　文飭令該總里民逐年撑帮好爲看守
准免一切差徭久經遵行在案茲據前情合行
出示曉諭爲此示仰軍民人等知悉嗣後凡遇
一切差徭概行准免永爲定例各宜禀遵毋違
特示

塘堰附

堰九十二其爲一名者曰古舊平舊汊香新雙莫
孤生放生天生邊長冲小門倒流倒流橋長流陂
高草蒲草假草深藕莽葉葛藤大蓮新蓮小蓮花
大蓮花黃沙金沙塘黑冲黃土蘇水清水白水尖
山雲陂海牛角鷹子鴨兒溪石板牛車拖鎗牛工
壋官火燒壋瓦子汊瓦窰窰安岩屋壋馬家易家
于家港周二港樊家壋華河馮橋姚溪石龍其爲
名一而再見者曰深長長流邊山蓮花河三汊桑

林名一而三見者曰大華青谿香鑪在一處凡四
見者曰新終焉明天啟間知縣胡如川變賈充餉

當陽縣志卷之二終

當陽縣志卷之三

典禮志

文廟

明洪武初詔府州縣皆於學專祀孔子廟曰文宣殿曰大成建學舍置生徒嘉靖中更定禮制頒樂器祭器春秋上丁行禮厥後儀制愈詳尊崇愈篤至我

世宗憲皇帝追封五代詔天下郡邑學皆以太牢祀其從祀諸賢俱斟酌釐定焉尊師重道至矣哉

祭制

每歲春秋二仲月上丁日致祭先期承祭官率陪祭各官齊赴

文廟階下行省牲禮滌器視牲並瘞毛血至期五鼓各官朝服齊集行禮

謹按祭期於春秋二仲月上丁自隋文帝始有司薦享自北魏王濬始月朔行禮自北齊天保元年始貢士釋褐謁　廟自開元二十六年始

正殿

至聖先師孔子神位

祭品

篚一　酒樽一

爵三　太牢一

羊一　豕一

登一　鉶一

簠二　簋二

籩十　豆十

謹按文王世子凡始立學者必釋奠於先聖先師

周立四代之學虞庠以舜爲先聖夏學以禹爲先聖殷學以湯爲先聖東膠以文武爲先聖其左右四聖之臣成其德業者謂之先師自後世通祀孔子而舜禹湯文武改祀於歷代帝王廟矣魯哀公十七年立廟於孔子舊宅漢高帝十二年過魯以太牢祀孔子平帝元始元年追謚爲褒成宣尼公此後世尊崇孔子之始也及漢明帝永平二年以周公孔子並祀於郡縣學魏晉六朝或封公或封侯或祀於闕里或祭於辟雍未有定制其停周公

專祀孔子令天下郡縣立廟四時致祭則自唐太宗貞觀初年始也歷代封號不一自明嘉靖九年改稱至聖先師孔子從大學士張璁之議也廟門立戟或十有六或二十有四自宋太祖建隆三年與徽宗大觀四年始也殿名大成自徽宗崇寧四年始也天下學宮通撤象易木主自明嘉靖九年始也

四配

復聖顏子　述聖子思子

宗聖曾子　亞聖孟子

祭品

篚一　鉶一

羊一　豕一

簠二　簋二

籩八　豆八

酒樽一　爵三

按顏子配享自齊王正始七年及東晉武帝寧康三年始曾子配享自唐高宗總章元年始孟子配享自宋神宗元豐七年始子思配享自宋徽宗大觀二年始以顏曾思孟並享自宋度宗咸淳三年始加復聖宗聖述聖亞聖名號自元文宗至順元年始

東哲

閔子名損　冉子名雍　端木子名賜

仲子名由　卜子名商　有子名若

祭品

篚一　豕一

鉶一　簠一

簋一　籩四

西哲

冉子名耕　宰子名予　冉子名求

言子名偃　顓孫子名師　朱子名熹

祭品同

按弟子追贈自唐高宗總章元年始十哲從祀自唐元宗開元八年始其升朱子列十哲之次自本朝康熙五十三年始升有子於十哲之傍自乾隆

三年始

東廡內設

蘧瑗　澹臺滅明

原憲　南宮适

商瞿　漆雕開

司馬耕　巫馬施

顏辛　曹卹

公孫龍　秦商

顏高　壤駟赤

石作蜀　公夏首

后處　奚容蒧

顏祖　句井疆

秦祖　縣成

公祖句茲　燕伋

樂顏　狄黑

孔忠　公西蒧

顏之僕　施之常

申棖　左邱明

秦冉　牧皮

公都子　公孫丑

張載　程頤

公羊高　孔安國

毛萇　高堂生

鄭康成　諸葛亮

王通　司馬光

歐陽修　胡安國

尹焞　吕祖謙

蔡沈　陸九淵

陳淳　魏了翁

王柏　許衡

許謙　王守仁

薛瑄　羅欽順

陸隴其神位

祭品

篚一　豕一

簋一　簠一

籩四　豆四

西廡內設

休放　宓不齊

公冶長　公晳哀

高柴　樊須

商澤　梁鱣

冉孺　伯虔

冉季　漆雕徒父

漆雕哆　公西赤

任不齊　公良孺

公肩定　鄡單

罕父黑　榮旂

左人郢　鄭國

原亢　廉潔

叔仲噲　公西輿如

邽巽　陳亢

琴張　步叔乘

秦非　顏噲

顏何　縣亶

樂正克　萬章

周敦頤　程顥

邵雍　穀梁赤

伏勝　后蒼

董仲舒　杜子春

范甯　韓愈

范仲淹　胡瑗

楊時　羅從彥

李侗　張栻

黃幹　真德秀

何基　趙復

金履祥　陳澔

陳獻章　胡居仁

蔡清神位

祭品與東廡同

按祀七十二賢自漢明帝永平十五年及章帝永和二年始以左邱明卜子夏公羊高穀梁赤伏勝

高堂生戴聖毛萇孔安國劉向鄭衆杜子春馬融
盧植鄭元服虔賈逵何休王肅王弼杜預范甯二
十二賢從祀自唐太宗貞觀二十一年始以荀況
楊雄韓愈從祀自宋神宗元豐七年始以周敦頤
張載程頤程顥朱熹從祀自理宗淳佑元年始以
張栻呂祖謙從祀自景定二年始以邵雍司馬光
從祀自度宗咸淳三年始以許衡從祀自元仁宗
皇慶二年始至明洪武二十九年增董仲舒宣德
十年增吳澄正統二年增胡安國蔡沈眞德秀宏

治九年增楊時嘉靖九年增后蒼王通歐陽修胡
瑗陸九淵隆慶五年增薛瑄萬歷十二年增王守
仁陳獻章胡居仁四十一年增羅從彥李侗洪武
二十九年罷楊雄嘉靖九年荀況以言性惡黜劉
向以喜神仙黜王肅以黨司馬氏黜杜預以黨賈
要建短喪黜賈逵以附會讖緯黜馬融以貪鄙附
勢黜何休以黜周王魯黜王弼以旨宗莊老黜
本朝雍正九二年復增蘧瑗林放秦冉顏何鄭元范
甯牧皮公孫丑公都子樂正克縣亶萬章諸葛亮

尹焞魏了翁許謙羅欽順黃幹何基趙復金履祥
陳澔蔡淸陸隴其

儀注

分獻陪祭各官入兩旁門序立贊引官導承祭官
至盥洗處盥手畢引至臺階下立典儀唱樂舞生
就位執事官各司其事分獻官陪祭官各就位贊
引官贊就位承祭官就拜位立分獻官隨後立典
儀唱迎神唱舉迎神樂奏咸平之章樂作贊引官
贊跪叩興承祭官陪祭官分獻官俱行三跪九叩

頭禮興樂止典儀唱奠帛行初獻禮唱舉初獻樂
奏寧平之章樂作贊引官贊升壇導承祭官由東
階上進殿左門贊引官贊詣
至聖先師孔子位前承祭官至案前立贊引官贊跪叩
興承祭官行一跪一叩頭禮贊引官贊奠帛捧帛
官以帛跪進承祭官接帛拱舉立獻畢贊引官贊
獻爵執爵官以爵跪進承祭官接爵拱舉立獻畢
行一跪一叩頭禮興贊引官贊詣讀祝位承祭官
詣讀祝位立讀祝官至祝案前一跪三叩頭捧祝

版立於案左樂止贊引官贊跪承祭官讀祝官分
獻官陪祭各官俱跪贊引官贊讀祝讀畢捧祝至
正位前案上跪安帛匣內三叩頭退樂作贊引官贊
叩興承祭官及各官行三叩頭禮興贊引官贊詣
復聖顏子位前承祭官就案前立贊引官贊跪叩興
承祭官一跪一叩頭興贊引官贊奠帛捧帛官跪
進於案左承祭官接帛拱舉立獻案上贊引官贊
獻爵執爵官跪進於案左承祭官接爵拱舉立獻
案上行一跪一叩頭禮興贊詣

宗聖曾子位前如前儀贊詣
述聖子思子位前如前儀贊詣
亞聖孟子位前如前儀其十哲兩廡分獻官俱照前
儀行禮畢贊引官贊復位承祭官分獻官仍詣
至聖先師位前立樂止典儀唱行亞獻禮唱舉亞獻樂
奏安平之章樂作贊引官贊陞壇獻爵於左如初
獻儀贊引官贊復位承祭官分獻官各復位立樂
止典儀唱行三獻禮唱舉三獻樂奏景平之章樂
作贊引官贊陞壇獻爵於右如亞獻儀贊引官贊

復位承祭官分獻官各復位立樂止典儀唱飲福
受胙贊引官贊詣受福胙位承祭官至殿內立捧
酒胙官二員捧至
正位案前拱舉至飲福胙位右傍跪接福胙官二員
在左傍跪贊引官贊跪承祭官跪贊飲福酒承祭
官受爵拱舉授接爵官贊受福胙承祭官受胙拱
舉授接胙官贊引官贊叩興承祭官三叩頭興贊
復位承祭官復位立次行謝福胙禮贊引官贊跪
叩興承祭官分獻官及陪祭各官俱行三跪九叩

頭禮興典儀唱徹饌唱舉徹饌樂奏咸平之章樂
作徹訖樂止典儀唱送神唱舉送神樂奏咸平之
章樂作贊引官贊跪叩興承祭官分獻官及陪祀
各官皆行三跪九叩頭禮興樂止典儀唱捧祝帛
饌各詣燎位捧祝官捧帛官至各位前一跪三叩
頭捧起祝文在前帛次之捧饌官跪不叩頭捧起
在後俱送至燎位承祭官退至西傍立候祝帛饌
過仍復位立典儀唱望燎唱舉望燎樂與送神同
樂作贊引官贊詣望燎位導承祭官至燎位立祝

鼎焚訖樂止贊引官贊禮畢退

樂章

迎神樂咸平之章　無舞

大（太四）哉（南工）至（林尺）聖（仲上）道（太四）德（仲上）尊（林尺）崇（仲上）維（南工）持（林尺）王（仲上）化（太四）斯（林尺）民（仲上）是（黃合）宗（太四）典（黃合）祀（太四）有（仲上）常（林尺）精（南工）純（林尺）並（太四）隆（仲上）神（黃合）其（南宮）來（林尺）格（仲上）於（林尺）昭（仲上）聖（黃合）容（太四）

初獻樂寧平之章　有舞

自（太四）生（仲上）民（林尺）來（仲上）誰（太四）底（黃合）其（仲上）盛（太四）惟（南工）師（林尺）神（仲上）明（太四）度（黃合）越（仲上）前（仲上）聖（太四）粢（仲上）帛（太四）具（仲上）成（林尺）禮（黃合）容（太四）斯（林尺）稱（仲上）黍（太四）稷（南工）非（黃六）馨（林尺）維（南工）神（林尺）之（仲上）聽（太四）

亞獻樂安平之章　有舞

大（太四）哉（仲上）聖（黃合）師（太四）實（南工）天（林尺）生（仲上）德（太四）作（仲上）樂（太四）以（仲上）崇（林尺）時（仲上）祀（太四）無（林尺）斁（仲上）清（黃合）酤（南工）惟（仲上）馨（仲上）嘉（林尺）牲（仲上）孔（黃合）碩（太四）薦（太四）羞（南工）神（黃合）明（林尺）庶（南工）幾（林尺）昭（仲上）格（太四）

三獻樂景平之章　有舞

百（仲上）王（南工）宗（林尺）師（仲上）生（林尺）民（仲上）物（太四）軌（黃合）瞻（黃合）之（南工）洋（林尺）洋（仲上）神（林上）其（仲上）寧（太四）止（黃合）酌（太四）彼（黃合）金（林尺）罍（仲上）惟（南工）清（林尺）且（太四）旨（仲上）登（仲上）獻（太四）惟（林尺）三（仲上）於（黃合）嘻（南工）成（林尺）禮（仲上）

徹饌樂咸平之章　無舞

犧（仲上）牲（太四）在（仲上）前（林尺）豆（太四）籩（仲上）在（黃合）列（太四）以（太四）享（南工）以（林尺）薦（仲上）既（仲上）芳（林尺）既（太四）潔（仲上）禮（黃合）成（太四）樂（仲上）備（太四）人（南工）和（林尺）神（仲上）悅（太四）祭（黃合）則（太四）受（仲上）福（林尺）率（黃合）遵（南工）無（林尺）越（仲上）

送神樂咸平之章　望燎同

有（太四）嚴（南工）學（林尺）宮（仲上）四（黃合）方（太四）來（仲上）崇（太四）恪（黃合）恭（南工）祀（林尺）事（仲上）威（南工）儀（林尺）雝（仲上）雝（太四）歆（仲上）茲（林尺）惟（南工）馨（林尺）神（仲上）馭（太四）還（林尺）復（仲上）明（黃合）禋（南工）斯（林尺）畢（仲上）咸（南工）膺（林尺）百（仲上）福（太四）

樂器

麾　金鐘　玉磬　鼓　搏拊

柷　敔　琴　瑟　排簫

笙　簫　笛　塤　篪、

舞譜

初獻

自稍前向外開籥舞　　生蹈向裏開籥舞

民合手朝上蹲　　來起辭身向外高舉籥面朝

誰兩兩相對東西相向蹲　　底合手蹲朝上

其正揖　　盛起平身出左手立

惟兩兩相對自下而上東西相向　　師稍前舞舉籥垂翟

神中班轉身東西相向立惟兩中班十二人轉身俱東西相向

明舉翟合手舞　　度稍前向外垂手舞

越蹈向裏垂手舞　　前向前合手謙進步雙手合籥

聖回身再謙退步側身向外高手回面向上　　粢正蹲朝上

帛稍舞躬身挽手側身向外呈籥耳邊面朝上　　具正揖

成起辭身挽手復舉籥正立　　禮兩兩相對交籥兩班俱東西手執籥

容正揖　　斯向外退挽手舉籥向外面朝上

稱回身正立　　黍稍前舞

稷正蹲朝上　　非左右垂手兩班上下俱雙垂手東西相向

馨起合手相向立　　惟左右側身垂手向外開籥垂手舞

神右側身垂手向裏垂手舞　　之正揖朝上

聽躬而受之躬身朝上拱籥而受之三鼓畢起

亞獻

大左右進步向外垂手舞　　哉右向裏垂手舞

聖向外落籥面朝上　　師退向正身立

實正蹲　　天起身向前轉向外舞

生向裏舞　　德合手謙進步向前雙手合籥存謙向前

作兩兩相對自下而上兩班相對舉籥東西　　樂上下俱垂手惟兩中班上下十二人俱垂

手轉身東西相向　　以轉身東西相向立

崇相向立兩班上下俱翟相籥　　時稍前舞蹈兩班上下俱垂手向外

祀向裏垂手舞　　無合手謙進步向前垂手合籥

斁回身再謙兩班上下東西相向合籥立　　清稍前舞向外開籥翟

酤向裏舞　　惟雙手平執籥翟開籥翟

馨合籥翟朝上正位　　嘉側身垂左手兩班側垂手向外舞

牲躬身正揖　　孔雙手舞籥翟躬身

碩躬而受之躬身朝上拱籥受之一鼓而起　　薦一叩頭舉右手叩頭

羞舉左手叩頭　　神復舉右手叩頭

明拜一鼓畢即起躬身二鼓平身　　庶三舞蹈舉籥向左躬身舞

幾舉籥向右躬身舞　昭舉籥復向左躬身舞

格拱籥躬身而受之

三獻

百向外開籥舞　王向裏開籥舞

宗側身向外面朝上　師朝上正位

生兩班上下兩兩相對交籥　民合手朝上正鞠

物側身向裏落籥　軌合籥朝上正立

瞻向外開籥舞　之向裏開籥舞

洋開籥朝上正立　洋合籥

神向外開籥舞　其向裏開籥舞

寧進步向前雙手合籥　止回身東西相向手謙

酌向外開籥舞　彼向裏開籥舞

金開籥朝上正立　罍合籥朝上正位

惟向外垂手舞　清向裏垂手舞

且朝上正揖　旨躬身而受之

登躬身向左合籥舞　獻躬身向右合籥舞

惟躬身復向左右籥　三合籥朝上拜一鼓便起身

於側身向外垂手舞　嘻側身向裏垂手舞

成朝上正揖　禮躬身朝南受之三鼓畢起身

舞器

節　羽　籥

崇聖祠

肇聖王木金父公正中南向

裕聖王祈父公東一室南向

詒聖王防叔公西一室南向

昌聖王伯夏公東二室南向

啓聖王叔梁公西二室南向

祭品五案

帛一白色　羊一　豕一　鉶一

簠一　簋一　籩八　豆八

酒罇一　白磁爵三

配位

顔氏無繇　孔氏鯉

曾氏點　孟孫氏

祭品每位一案

帛一白色　豕首一　簠一　簋一　籩四

豆四　豕肉一　每位銅爵三

東廡

周輔臣惇頤之父　程珦顥頤之父

蔡元定沈之父

西廡

張廸載之父　朱松熹之父

祭品

帛一白色　簠一　簋一　籩四

豆四　豕肉一　每位銅爵三

儀注同正殿惟不用樂

按啓聖進公而王始於宋大中祥符間舊時顔曾子思配享堂上顔路曾晳伯魚從祀兩廡洪邁姚燧以爲崇子抑父熊禾謂宜別立一室祀啓聖公而以二子配程敏政主其說嘉靖九年遂立專祠遍天下尋以敘公宜進爲四配又以周輔臣程珦蔡元定朱松爲四從後又附以張廸焉又按立聖裔自漢　始子孫世襲衍聖公自宋仁宗始其曲阜令儒學教授自明始追王孔子五代自

皇清雍正元年始

名宦祠内祀

漢　馮野王　晉　杜預　唐　田仁會

宋　謝徽明　元　張彥文

本朝　楊宗仁

鄉賢祠内祀

梁　鄧元起　元　衛應辰　張灝

明　歐陽琦　梁國相

本朝　梁焜　梁山金

二祠同時分祭儀同兩廡

附　櫺星門說

按廟制自正殿而南有戟門有櫺星門戟門宋建隆年間準儀立戟按釋文云櫺者楣門總格也班孟堅西都賦梠櫺檻而却倚文選詩曲櫺激鮮飈韓昌黎詩暑夕眠風櫺蘓東坡詩皎如明月照窓櫺是也其名星何陸放翁老學菴記窓格縱横相間名星眼今之戟門古爲楣門制用櫺窓格撤去障板取闢門求賢之意其兼取星者同於王制尊

之至也周禮有皐門有應門有闕門巍然中國上懸治象謂之象魏自漢以來天子正門曰端門後世用天子禮尊先聖爲櫺星門卽今所云宸居法宫是也

學校表

孔子以六經垂教萬世師表自漢以來皆專祀於天下學宫其封號祀典因創不一散漫難紀表而出之示尊崇且便考覈焉

紀朝	封謚	崇祀	立學	賜予
周 魯哀公十七年		立廟孔子舊宅		
漢 高帝十二年		以太牢祀孔子		
武帝			命天下郡國皆立學校	
平帝元始元年	追謚爲褒成宣尼公追封孔均爲褒成侯世襲			
平帝元始三年			詔立學官郡國曰學侯國曰校	
明帝永平二年己未		以周公孔子并祀於郡縣學	命郡縣行鄉飲禮於學校	
安帝延光二年甲[illegible]		祀孔子及七十二弟子於闕里		賜褒成侯以下帛有差
和帝永元四年	封孔損爲褒尊侯			

魏文帝黃初二年	以孔羨爲宗聖侯			
齊王正始七年		以顏淵配		
晉武帝太始三年	封宗聖侯孔震爲奉聖亭侯			
七年	太子釋奠			
惠帝元康三年	太子釋奠			
元帝大興二年	太子釋奠			
靈帝光和二年			置鴻門學畫先聖及七十二弟子像	舞六佾設軒懸之樂
太始元年			命天下皆修學校	
宋高祖九年			詔有司立學	
文帝		太子釋奠		舞六佾設軒懸之樂
梁武帝天監四年		立孔子廟		
陳廢帝光大二年	封孔英哲爲奉聖侯			
魏孝文太和十九年	封孔珍爲宗聖侯			
文成帝		敕有司行薦享之禮		
孝文帝廷興元年	謚文聖尼父	以顏子配祀		

北齊	封三十一代孫爲恭聖侯			
北周	封孔子後爲鄒國公			
隋文帝	謚宣聖尼父	詔州縣學以春秋二仲月上丁釋奠		
唐武德七年		親臨釋奠	詔諸州縣幷令置學	
太宗貞觀二年	尊孔子爲先聖顏子爲先師	罷周公祀令天下四時專祭孔子		
十一年	封孔德倫爲襃聖侯			
二十年		詔諸州刺史爲初獻上佐亞獻博士終獻縣學令初獻丞亞獻簿終獻		
二十一年		詔以左邱明卜子夏公羊高穀梁赤伏勝高堂生戴聖毛萇孔安國劉向鄭衆杜子春馬融盧植鄭康成服子慎何休王肅王輔嗣杜元凱范甯賈逵幷從祀		
高宗乾封二年	尊爲太師			
天授元年	封隆道公			
總章元年	贈顏子少師曾子少保	以曾子配享		
元宗開元八年		圖七十弟子及二十二賢於壁立十		

		哲坐像曾子特坐從祀製顏子贊令文士分贊題壁		
開元十三年		幸孔子宅親奠遣使以太牢祀墓	令天下州縣立學	
開元二十七年	追封爲文宣王服王者袞冕顏子兖國公閔損等九人皆侯曾參等七十子伯嗣褒聖侯封嗣文宣王	令貢士釋褐謁廟		樂用宮縣舞用八佾
後周廣順元年		幸闕里廟奠祭皆再拜或言天子不當拜曰夫子聖人也百王取則安得不拜		

二年				賜曲阜令孔仁玉緋魚袋
宋太祖建隆三年		親撰文宣王兗公二贊		詔立十六戟於廟門
太宗興國二年	詔孔宜襲封文宣公			免孔氏庸調
端拱			幸太學	
至道二年			賜太學御書六經	
真宗大中祥符元年	加謚元聖文宣王後改稱至聖加冕服九旒九章袞圭用玉追封叔梁紇齊國公顏氏魯國太夫人幵官氏鄆		詔天下郡縣於文宣廟立學	賜田及銀帛九經三史疏釋文守兵四十八

	國夫人封閔損以下公七十二賢俱列侯配享命中書門下撰諸賢贊王旦撰顏子贊左邱明以下至范甯二十一人皆伯王肅司空杜預司徒命羣臣贊之			
大中祥符二年		詔太常禮院定州縣釋奠禮器數先聖先師每座酒樽二籩豆各八簠簋各二俎三罍洗篚各一燭一巾坫各共二爵共四從祀諸座各籩二各豆一簠簋一各俎爵燭一		

仁宗景祐元年			命藩府皆立學	詔用登歌賜飛白書殿榜金字篆牌
慶歷四年		謁太學特再拜	以范仲淹請詔州縣學興學校	
至和二年	封孔世愿爲衍聖公			
神宗元豐六年	封孟子鄒國公			

元豐七年		以孟子配享荀況楊雄韓愈從祀		
哲宗元祐六年		幸太學釋奠一獻再拜		三賜田勅守廟戶五十人
徽宗崇寧元年	封孔鯉泗水侯伋沂水侯		詔天下興學	
崇寧四年	加冕十二旒服九章			
大觀二年		以子思配享		
大觀四年	詔執鎮圭用土者制			增廟戟二十四
政和三年		以王安石配享子雱從祀		
高宗紹興	孔氏挈族於衢以孔玠襲封			
紹興四年			令府州縣皆置學	
紹興八年				賜衍聖公孔玠衢州田
紹興十三年		幸太學步趨大成門外執爵奠獻製文宣王贊及七十二子贊		
理宗淳祐元年		黜安石與雱祀兩廡列周程張朱		
景定二年		加張栻呂祖謙爵伯從祀		
度宗咸淳三年		以顏回曾參孔伋孟軻並配享升顓孫于十哲邵雍司馬光從祀		

金 天眷三年	詔求孔子後於山東以四十九代孫璠襲封衍聖公			
天定四年	加服十二章繅斿九就顏孟章服皆用九			
元 成宗		勅到任官先詣聖殿著爲令		
大德十一年	加號曰大成			
仁宗皇慶二年		以許衡從祀		
文宗至順元年	加先聖父爲啓聖王母爲啓聖王夫人顏子兗國復聖公曾子郕國宗聖公子思沂國述聖公孟子鄒國亞聖公	以漢董仲舒從祀		
明 洪武元年		詔天下儒學各建先賢祠春秋附祭制春秋二丁釋奠丞相初獻翰林學士亞獻國子祭酒終獻遣子祭闕里		蠲其子孫賦給洒掃役戶百
洪武四年		定釋奠祭器各爲高案其籩豆簠簋以瓷代牲用熟		樂用六奏

洪武五年		罷孟子祀尋復		
洪武六年				學士詹同樂韶鳳上釋奠樂章定舞六佾
十四年		文廟成遣官以太牢祀神主詔以後像毋用土繪		
十五年			頒禁例勒石於明倫堂謂之卧碑	
十七年			詔天下府縣立學賜學糧增師生膳每月朔望府縣官以下詣學行香	
二十六年				頒樂器於天下
二十九年		罷楊雄祀進祀董仲舒		
永樂四年		服皮弁行一奠四拜禮		
宣德八年		正文廟繪像衣冠		孔諤會試京師詔賜進士即授春坊中允
宣德十年		以吳澄從祀		
正統元年		定從祀名爵位次		優免先聖子孫差役
二年		禁祀孔子於釋老宮		

		進胡安國蔡沈眞德秀從祀		
宏治九年		以楊時從祀		
成化元年			幸學	加牲用樂
十二年	少詹事楊守成請追崇帝號祭酒周洪謨請改大成至聖文宣王爲神聖廣運帝尚書周幹駁之	以先賢祠分爲名宦鄉賢二祠		樂用八佾十二籩豆
		上親釋奠太學詔衍聖公及三代子孫聽講賜冠帶有差		命孔氏世舉一人爲曲阜令公親裔承子思爲翰林五經博士其居衢州者亦世襲博士
嘉靖九年	改稱至聖先師孔子四配爲復聖顏子宗聖曾子述聖子思子亞聖孟子從祀弟子爲先賢左邱明以下稱先儒去肖像易木主罷封爵	改大成殿爲先師廟門爲殿門祭用籩豆八佾舞六四配籩豆六十哲籩豆四兩廡如之佾舞六　罷申黨公伯寮秦冉顏何荀況戴聖劉向賈逵馬融何休王肅王弼杜預吳澄從祀　林放蘧瑗鄭玄鄭衆盧植服虔范甯各祀於其鄉		

		進后蒼王通胡瑗歐陽修陸九淵從祀專祠祀啓聖公以顏無繇曾點孔鯉孟孫氏配享以周輔臣程珦蔡元定朱松從祀		
隆慶五年		進薛瑄從祀		
萬歷十二年		進胡居仁陳獻章王守仁從祀		樂用六佾選民間子弟充之
四十一年		以羅從彥李侗從祀		
國朝 順治九年壬辰			頒御製臥碑於郡縣明倫堂左	四配十哲及東野周張程朱各世襲博士
聖祖仁皇帝康熙二十三年甲子		幸闕里御製詩勒石孔林		
二十四年乙丑			勅懸御書萬世師表於天下文廟	
四十一年			頒御製訓飭士子文	
		升祔先儒朱子於十哲之次		

世宗憲皇帝雍正元年	追王五代改啓聖爲崇聖	增宋儒張廸從祀崇聖祠	勅懸御書生民未有額於天下文廟	詔聖廟特設執事官三品二人四品四人五品六人七品八人八品十八人九品十八人悉以孔氏子孫爲之
雍正二年		復增遽瑗林放秦冉顏何鄭元范甯從祀進牧皮公孫丑公都子樂正克縣亶萬章諸葛亮尹焞魏了翁許謙羅欽順黃榦何基趙復金履祥陳澔蔡清陸隴其從祀		
四年	詔避孔子聖諱除圜丘外餘俱加邑旁			詔以韓愈後裔世襲博士
今上乾隆三年		升有子於十哲中復以吳澄從祀以陸隴其從祀	勅懸御書與天地參額於天下文廟	

弟子員額數

廪生二十名

增生二十名

文學十三名

武學十三名

學田畝數錢糧詳見賦役志

一蓮花坪二分

稞銀拾陸兩 上分佃民劉聖仲劉開榜 下分佃民王棟張正緒

一陸家塚

稞銀陸兩　佃民張曰周

又稞銀伍兩柒錢　佃民郭有常 本縣士倫五十年捐

又稞銀伍兩　佃民談家榮

一黃泥坂

稞銀肆兩　佃民游自東

一河溶

稞錢叁千貳百　佃民楊玉楊文炳等完

以上學田共租銀叁拾陸兩柒錢錢叁千貳百文

除完正賦外餘撥給社師各貧生歷年由縣報

銷至作賓興大典鄉試路費則自乾隆三十八

年前令王亶請　府憲沃田增租始外

雲路舖面貳間

租錢肆千文

關帝廟

季漢距今千數百年矣乃積久彌彰帝之忠義蓋婦豎孺皆知微往何入人之深歟歷代封號已云崇隆而州縣皆專祠祀制並文廟未有如今日者也矧當邑陵寢重地春秋專官遣祭尤極尊嚴章鄉一垤孔林堤埒矣孟子曰聖人百世之師也奮乎百世之上百世之下聞者莫不興起觀之帝益信

每歲春秋仲月及五月十三日致祭

春秋二祭祭品

帛一白色　牛一

豕一　羊一

籩十　豆十

五月十三日祭品後殿不用牛餘同

帛一白色　牛一

豕一　羊一

果五盤

儀注

祭日贊引官引承祭官進左傍門至盥洗所贊盥洗盥洗畢引至殿內行禮處立典儀唱執事者各司其事贊引官贊就位引承祭官就位立典儀唱迎神司香官捧香盒就香爐左邊立贊引官引承祭官就香爐前立司香官跪贊引官贊上香承祭官立將炷香接舉插爐內又上塊香三次畢贊引官贊復位承祭官復位立贊引官贊跪叩興承祭官行三跪九叩頭禮典儀唱奠帛爵行初獻禮捧帛爵官將帛爵捧進

神位前奠帛官跪獻畢行三叩頭禮退執爵官立獻畢退讀祝官詣安祝文桌前行一跪三叩頭禮捧起祝文立贊引官贊跪承祭官讀祝官俱跪贊讀祝讀畢捧至

神位前跪安盛帛盒內畢行三叩頭禮退贊引官贊叩興承祭官行三叩頭禮立典儀唱行亞獻禮執爵官照初獻禮獻畢退典儀唱行三獻禮執爵官自案右邊照亞獻禮獻畢退典儀唱徹饌唱送神

贊引官贊跪叩興承祭官行三跪九叩頭禮立典
儀唱捧祝帛饌各詣燎位捧祝帛香饌官各至
神位前俱跪捧祝帛官行三叩頭禮捧香饌官不叩
頭將祝帛香饌依序捧送承祭官退至西傍立候
捧祝帛各官過畢復位立贊引官贊詣望燎位承
祭官至燎爐前焚訖揖贊引官贊禮畢退
按漢後主景耀三年追謚壯侯真宗祥符七年封
忠義神武王徽宗崇寧元年追封忠惠公二年加
封武安王宣和五年加封義勇武安王高宗建炎

二年加封壯繆義勇王淳熙十四年加封英濟王
明成化十七年封崇寧義勇武安王至稱
關聖帝君神宗所封也
本朝康熙時加封協天伏魔大帝雍正五年追封三
代公爵官其餘爲博士州縣皆建專祠春秋二仲
及五月望三日皆享以太牢地方官朔望行香制
如
文廟乾隆三十三年奉
旨加封忠義神武靈佑

關聖大帝
乾隆四十六年制憲舒以當陽章鄉乃
聖帝陵寢重地與他處僅有廟祠者不同題
請以宜昌總鎮及安陸府就近輪流承祭以昭誠
敬其章鄉一切夫馬採買軍需俱行豁免
祭後殿
光昭公正中南向
裕昌公東一室南向
成忠公西一室南向

春秋二祭祭品
帛各一白色　豕各一
羊各一　籩豆各八
儀注
行二跪六叩頭禮承祭官詣
光昭公
裕昌公
成忠公各爐前奉香餘同前殿
廟去城五里　聖陵前明成化時興建嘉靖丙辰

重修

本朝順治康熙年間節次增修乾隆二十一年知縣黃肇岱詳請修葺督院碩　撫軍莊倡捐司道及郡縣佽助之共銀一千八百兩乾隆二十四年三月鳩工六月竣

乾隆四十八年　藩憲永檄令湖北所屬黃德鄖襄荊宜施八府各州縣捐廉共八千兩重建陵殿增置春秋樓伯子祠戟門馬殿博士衙署董事督工各員　學憲吳記載藝文

祭田

祀田六百八十畝乾隆十年奉　各憲議撥水陸田二百四十畝給博士乾隆三十年前縣衙　又詳請撥田二百四十畝每年議額租銀五十五兩經捕廉徵收除納條漕外餘解縣庫以備歲修報銷餘田二百畝仍歸僧管業

壇廟

國家百神效職郊格廟饗禋祀之典視漢唐宋明尤詳且備蓋以享以祀以介景福民成而致力於神也爰取祭祀之在令典者志之

社稷壇

在城南制壇而不屋繚以周垣開四門自北門入垣內祭壇一座三面陛各三級祭以春秋上戊日儀注祭品如制

按孝經援神契曰社者土地之主稷者百穀之長

禮記及國語皆謂共工氏之子曰勾龍能平九土故祀以爲社烈山氏之子曰柱能植百穀故祀以爲稷至殷以棄爲后稷亦植百穀故廢柱祀棄爲稷鄭元謂古者官有大功則配食其神勾龍有水土功故祀社棄有播種功故祀稷郡縣置社稷太守令長祀祠牲用羊豕周禮地官大司徒設社稷之壝而樹之田主各以野之所宜木賈公彥曰主者山神后土田正之所依也宜木者如松柏栗是也唐神龍中議立社主韋叔夏引呂氏春秋以爲

當用石宋社用神位版會祭别爲大社立石主要之石主木主無定形分祀合祀亦無定制至明洪武初始停配享合社稷一壇爲木主祭則設於壇上今制悉沿明舊云

風雲雷雨山川壇

在西關外長坂坡制與社稷同其春秋祀期及儀祭品同

按周禮大宗伯之職曰槱燎祀司中司命風師雨師鄭衆註風師箕也雨師畢也漢以丙戌祀風師

於戌地巳丑祀雨師於丑地宋以兆風師於西郊祀以立春後之丑日兆雨師於北郊祀以立夏後之申日雷師之祀起於唐天寶五載宋元因之洪武初於風雨雷之外又加以雲合爲一壇

本朝風雲雨山川城隍共一壇設三木主

先農壇

在東關外舊載籍田四畝九分乾隆二十四年知縣苗肇岱重修查丈除祠基壇臺五分三釐實籍田四畝七分一釐歲收粟五石至三石不等僅供祭祀粢盛費料粟數及祭費每年造册申報祠壇基地橫七弓半長十七弓周圍墻垣上橫十九弓中橫二十二弓下橫七弓中長十七弓東抵張界西抵教場並朱張界南抵朱張界北抵教場

八蜡

雍正六年奉 文於 先農壇内附立 八蜡神位季冬上戌日致祭儀制稍如先農祭而微殺焉八蜡一曰先嗇二曰司嗇三曰農四曰郵表畷五曰貓虎六曰坊七曰水庸八曰昆蟲張載以百種

易昆蟲謂百種者五穀之種也昆蟲爲害不當祭明鄭瑗云夏爲嘉平殷爲清祀周爲大蜡秦謂之臘漢因之按八蜡之祀以昆蟲害苗不當祭乃易之不知禮之祭昆蟲非祭昆蟲祭神之主昆蟲者也易之誤也又蜡臘雖皆舉於十二月然考之禮本屬二祀俱有明證漢儒合而一之亦誤也

厲壇

在北關外每歲清明日七月望十月朔先期主祭官告於城隍廟屆期迎城隍之神出主其祭乾隆

二十五年知縣苗肇岱率同士民培築定界勒有碑石

按祭法王祭泰厲諸侯祭公厲大夫祭族厲又士喪禮疾病禱於厲鄭氏謂漢時民家皆秋祠厲春秋傳曰鬼有所歸乃不爲厲古者立七祀於前代帝王諸侯卿大夫之無後者皆祭使鬼有憑依災厲不作其所由來遠矣

城隍廟

在儒學東歲無常祀春秋二仲附享山川壇三月

清明七月望日十月朔日王祭於邑厲壇新官蒞任廳朝考績水旱祈禱皆特設祭

按易曰城復於隍又曰地險山川邱陵後世專藉城郭池隍以爲固然則城隍之祀其即山林川澤之祀而推焉者也唐李縉雲城隍記謂祀典所無惟吳越有之然成都城隍祠李德裕建張說有祭荆州城隍文杜牧有祭黃州城隍文則不獨吳越爲然矣又蕪湖城隍建於吳赤烏二年南燕慕容儼梁武陵王祀城隍神皆書於史則又不獨唐爲然宋以後其祀遍天下或賜廟額或頒封爵甚或遷就附會各推一人以爲神之姓名如鎮江慶元寧國太平華亭皆以爲紀信龍興贛袁吉安建昌臨江南康皆以爲灌嬰是也長樂國經云漢御史周苛守滎陽爲項羽所烹令郡邑皆附郭立廟祀之城隍之祀疑或自此昉歟古皆有爵號明洪武時改稱某府州縣城隍之神至王崇簡云蜡祭水庸居七水則隍也庸則城也此正祭城隍之始亦存以備參攷云

漢忠義祠

在西關外乾隆二十四年知縣苗肇岱率同士民鼎建祀張桓侯趙常山以王司馬甫趙都督累周將軍倉附焉並招僧道聰住持

張趙祠

在治北五里官橋今廢

胡文定公祠

在治北十五里龍泉寺右春秋祀

雙忠祠

在治東柘林灘上祀申包胥屈原今廢謫呼雙塚
子

二趙祠

在萬城祀宋趙方趙葵父子今廢

四賢堂

在玉陽觀旁祀宋唐質肅胡文定朱漢上陸象山
四先生亦名玉陽書院今廢

四公祠

祀明巡撫趙賢巡道王埏鄧林喬郡守趙𡚒邑人

建以報修城之功也在玉陽觀旁今廢

節烈祠

在西門內乾隆二十四年知縣苗肇岱典史張國
祚率士民重建

楊公祠

明崇禎間鎮筸副總楊正芳有捍賊功邑人建祀
之今爲白衣菴寺廢木主猶存合溶亦建有祠久
圮前令王棫捐復有碑祠前借修塘汎

文昌閣

在東門樓新建吳極捐地二分以廣基址

三義祠

在治東天啓間知縣胡汝川建

北關廟

在北關外河街

泰山廟

在城南

水府廟

一在草街一在北門堤

張侯廟

在倒流橋去治北十六里

顯烈祠

在玉泉寺西

楚莊王廟

在黃泥崗久廢

楚昭王廟今失所在

迴峯塔

在東門外

火神祠

知縣苗肇岱於乾隆二十四年塑像　城隍廟後

文昌宫

在合溶鎮乾隆　年邑紳士建

青雲閣

在淯溪鎮新建內祀　文昌

按史記天官書載斗魁戴筐六星爲文昌將相祿命皆屬焉周禮大宗伯以槱燎祀司中司命月令季冬之月畢祀天之神祇鄭康成謂司命司中與

焉星有六統曰文昌蓋天神也梓潼神者史傳姓張諱亞子其先越巂人因報母仇徙居劍州七曲山仕晉戰沒人爲立廟梓潼嶺上唐明西狩追封左丞僖宗入蜀封濟順王宋咸平改封英顯近世宗道家之説謂上帝命梓潼神主文昌府事及人間祿籍元時遂加號帝君即以爲文昌大文昌梓潼非一也合而一之直呼梓潼爲文昌竟不復知有戴筐六星司命司中亦大非古矣

山峽會館

在城東關內乾隆丁未西商建祀

關聖帝君

當陽縣志卷之三終

當陽縣志

當陽縣志卷之四

賦役志

戶口

民者賦役所從出苟無民雖沃土猶石田也鼓人其能抱空籍而鼓之然而消息盈虛之數轉移則在乎民者當其衰也死亡逃絕孰使之及其盛也肩摩袂連又孰使之旨哉東漢之以增戶課吏也邑明季遭兵火幾村落爲墟矣我

國家

聖聖相承休養生息百餘年生齒日繁戶口視前增數倍焉長此安靜不擾庶矣哉其可量乎

本縣原編八里續併四里

明

萬歷元年戶壹千叁百捌拾肆口柒千壹百伍拾捌丁貳千伍百陸拾壹

萬歷肆拾年戶壹千柒百貳拾肆口叁千肆百叁拾肆丁肆千玖百叁拾陸

天啓貳年戶壹千柒百陸拾口叁千肆百陸拾玖丁肆千玖百叁拾捌

崇禎拾伍年丁貳千叁拾（知縣倪詳請平丁每糧壹石隨丁陸斗捌升捌合玖勺柒抄伍撮）

國朝

順治叁年編戶逃絕丁壹千捌百捌拾肆丁肆斗存丁壹百肆拾伍丁陸斗

順治柒年起至

康熙肆年陸續添懇存丁柒百壹拾丁捌斗玖升捌合貳勺豁免運夫人丁叁丁

康熙貳拾伍年至伍拾年陸屆編審添丁貳百陸拾陸丁捌斗陸升肆合壹勺陸抄開除人丁壹千壹拾肆丁貳斗陸合陸勺

實在人丁壹千壹拾貳丁柒斗玖升叁合肆勺（應納丁銀照糧攤派以免枯丁賠累）

康熙伍拾伍年起至

乾隆叁拾壹年拾壹屆編審增益滋生永不加賦人丁叁百叁拾貳丁

實在人丁壹千叁百肆拾肆丁柒斗玖升叁合肆

乾隆伍拾捌年造報民數戶口
戶貳萬肆千捌百肆拾柒
口大小共壹拾伍萬貳千壹百壹拾玖

賦稅
古者因田制賦量力而役田有上中下之差力
有老弱衆寡與年豐凶之不齊勿苛勿擾雖千
百世可也降及後世賦役紛更甚巧立名色借
古文奸奉行者又任高下其手於胥吏民不堪
命矣當地薄土瘠明季一概均攤其病尤甚值
聖天子軫念元元法立中正規條畫一自
康熙五年始嗣役
渥恩蠲加賦役全書班班可考也雖然以治人行治

法是又視乎司邑者
原額田地塘湖堨山共壹萬叁千肆百叁拾叁頃
壹拾伍畝陸分玖釐肆毫壹絲
一原額田叁千伍百壹拾柒頃壹拾柒畝貳分陸釐
捌絲
上田壹千伍拾伍頃壹拾伍畝壹分柒釐捌毫
貳絲肆忽（每畝科秋糧米伍合）該米伍百貳拾柒石
伍斗柒升伍合捌勺玖抄壹撮貳圭（每石派銀壹兩玖錢貳分壹釐玖毫伍絲肆忽零）應徵銀壹千壹拾叁

兩玖錢柒分陸釐柒毫陸絲玖忽零
中田壹千肆百陸頃捌拾陸畝玖分肆毫叁絲
貳忽每畝科秋糧米肆合該米伍百陸拾貳石柒斗
肆升柒合陸勺壹抄柒撮貳圭捌粒每石照前
則例應徵銀壹千捌拾壹兩伍錢柒分伍釐
貳毫貳絲零
下田壹千伍拾伍頃壹拾伍畝壹分柒釐捌毫
貳絲肆忽每畝科秋糧米叁合該米叁百壹拾陸石
伍斗肆升伍合伍勺叁抄肆撮柒圭貳粒

每石照前則例應徵銀陸百捌兩叁錢捌分陸釐
陸絲壹忽零
夏稅絲照官米壹石帶科稅絲貳錢柒分捌釐
肆毫壹絲貳忽零
該絲壹拾觔貳兩肆錢肆分叁釐肆毫壹絲
秋糧內派
一原額地肆千捌百陸拾陸頃肆拾貳畝伍分陸毫
伍絲
上地柒百伍頃捌拾貳畝玖釐柒毫柒絲每畝科秋

糧米肆合玖勺玖抄柒撮肆圭伍粒捌粟該米叁百伍拾貳石
柒斗叁升肆勺捌抄捌撮伍圭每石照前則例應
徵銀陸百柒拾柒兩玖錢叁分壹釐捌毫
玖絲零
中秋地陸百肆拾壹頃捌拾叁畝陸分柒釐陸
毫捌絲叁忽每畝科秋糧米叁合玖勺玖抄玖撮玖圭玖粒玖粟該
米貳百伍拾陸石柒斗叁升貳合陸勺陸
抄肆撮叁圭每石照前則例應徵銀肆百玖拾叁
兩肆錢貳分捌釐肆毫伍絲陸忽零

中稅地貳百玖拾玖頃貳拾伍畝柒分捌釐陸
毫柒絲柒忽每畝科夏稅大小二麥叁合玖勺玖抄玖撮玖圭叁粒壹
粟該麥壹百壹拾玖石柒斗叁合壹勺肆
抄柒撮壹圭每麥壹石折銀壹兩壹錢貳分貳釐壹毫柒絲貳忽共
銀壹百叁拾肆兩叁錢貳分伍釐貳毫貳
絲柒忽零
下地柒百伍頃捌拾貳畝玖釐柒毫柒絲每畝科夏
稅大小貳麥叁合該麥貳百壹拾壹石柒斗肆升
陸合貳勺玖抄叁撮壹圭每石照前則例共銀貳

百叁拾柒兩陸錢壹分伍釐柒毫陸絲壹忽零

荻柴地伍拾貳頃柒拾捌畝貳分玖釐伍毫（每畝科夏稅大小貳麥肆合）該麥貳拾壹石壹斗壹升叁合壹勺捌抄（每麥壹石照前則例）共折銀貳拾叁兩陸錢玖分貳釐陸毫壹絲玖忽零

湖柴地捌拾陸頃捌拾柒畝壹分捌釐捌毫（每畝科夏稅大小貳麥肆合）該麥叁拾肆石柒斗肆升捌合柒勺伍抄貳撮（每石照前則例）共折銀叁拾捌兩玖錢玖分肆釐柒絲陸忽零

湖草地捌拾貳頃捌拾陸畝柒釐壹毫（每畝科夏稅大小貳麥叁合）該麥貳拾肆石捌斗伍升捌合貳勺壹抄叁撮（每石照前則例）共折銀貳拾柒兩捌錢玖分伍釐壹毫玖絲貳忽

煤炭地叁頃伍拾柒畝叁分貳釐柒毫（每畝科稅大小貳麥叁合）該麥壹石柒升壹合玖勺捌抄壹撮（每石照前則例）共折銀壹兩貳錢貳釐玖毫肆絲柒忽零

山鄉地貳千貳百捌拾柒頃肆拾捌畝壹分壹釐陸毫伍絲（每畝科夏稅大小貳麥壹合伍勺）該麥叁百肆拾叁石壹斗貳升貳合壹勺柒抄肆撮柒圭伍粒（每石照前則例）共折銀叁百捌拾伍兩肆分貳釐玖絲柒忽零（照官米壹石帶科夏稅絲貳錢柒分捌釐肆毫壹絲貳忽零）該絲肆觔陸兩叁錢玖分貳釐叁毫伍絲柒忽零

桑地壹拾壹畝捌分伍釐（每畝科桑絲柒錢叁分貳釐陸絲柒忽零）該絲捌兩陸錢柒分伍釐

一原額塘湖叁百陸拾陸頃玖拾捌畝叁釐伍毫伍絲

塘叁百陸頃捌拾柒畝肆分叁釐叁毫伍絲（每畝科秋糧米肆合）該米壹百貳拾貳石柒斗肆升玖合柒勺叁抄肆撮（每石照前則例）應徵銀貳百叁拾伍兩玖錢壹分玖釐叁毫捌絲貳忽零（照官米壹石帶科夏稅絲貳錢柒分捌釐肆毫壹絲貳忽零）該絲壹拾肆兩壹錢柒分叁釐貳毫叁絲貳忽伍微

水湖叁拾頃陸拾畝貳釐玖毫（每畝科夏稅大小貳麥叁勺）

該麥玖斗壹升捌合捌撮柒圭（每石照前則例）共
折銀壹兩叁分貳毫伍絲壹忽零
荒湖肆拾貳畝捌分（每畝科夏稅大小貳麥叁勺）該麥壹升
貳合捌勺肆抄（每石照前則例）共折銀壹分肆釐
肆毫捌忽零
湖壩貳拾玖頃柒畝柒分柒釐叁毫（每畝科夏稅大小貳
麥叁勺肆抄柒撮捌圭伍粒壹粟）該麥捌斗柒升貳合叁
勺叁抄壹撮玖圭（每石照前則例）共折銀玖錢捌
分壹釐壹毫肆絲零

一原額山肆千陸百捌拾貳頃伍拾柒畝捌分玖釐
壹毫叁絲
松草山柒百叁拾貳頃叁拾肆畝玖分陸釐柒
毫柒絲（每畝科夏稅大小貳麥叁勺）該麥貳拾壹石玖
斗柒升肆勺玖抄叁圭壹粒（每石照前則例）共折
銀貳拾肆兩陸錢伍分肆釐陸毫伍絲玖
忽零
荒石山叁千玖百伍拾頃貳拾貳畝玖分貳釐
叁毫陸絲（每畝科夏稅大小貳麥陸抄捌撮肆圭肆粒玖粟）該麥

貳拾柒石叁升玖合叁勺捌撮壹圭肆粒
（每石照前則例）共折銀叁拾兩叁錢肆分貳釐柒
毫伍絲肆忽零
原丈量陞科米壹斗捌升貳合肆抄叁撮（照前則例）
應徵銀叁錢肆分玖釐捌毫柒絲捌忽零
以上原額田地塘湖壩山共壹萬叁千肆百叁拾
叁頃壹拾伍畝陸分玖釐肆毫壹絲
科秋糧官民米貳千壹百叁拾玖石貳斗陸升
叁合玖勺柒抄叁撮

額徵併加增共銀肆千壹百壹拾壹兩伍錢陸
分柒釐陸毫伍絲玖忽壹微叁塵柒纖伍
渺
大小貳麥共捌百柒石壹斗柒升陸合柒勺貳
抄
該銀玖百伍兩柒錢玖分壹釐壹毫叁絲陸
忽貳微貳塵陸纖捌渺
稅桑貳絲壹拾伍觔壹拾伍兩陸錢捌分肆釐
（秋糧內帶派）

額載秋糧米麥共貳千玖百肆拾陸石肆斗肆
升陸勺玖抄叁撮
額徵並加增及舊書原載役價共銀伍千貳拾
貳兩柒錢伍分捌釐柒毫玖絲伍忽叁微
陸塵肆纖叁渺
原荒田地塘湖壩山共壹萬貳拾柒項柒拾壹
畝捌分捌釐肆毫叁絲壹忽
原荒米麥共壹千陸百肆拾貳石肆斗捌合伍
勺叁抄叁撮

原荒銀貳千伍百貳拾陸兩伍錢伍分叁釐叁
毫陸絲柒微捌塵陸纖玖渺
康熙貳拾陸年起至乾隆貳拾陸年底節次墾
糧總共銀壹千捌百壹拾肆兩陸錢肆分
壹釐陸毫陸絲柒忽陸微零細冊詳載賦役全書
實荒田地塘山柒千貳百貳拾壹項貳拾捌畝
肆分柒釐壹毫伍絲叁忽壹微壹塵
實荒糧麥陸百陸拾貳石柒斗肆升叁合叁勺
伍抄陸撮伍粒叁粟

實荒銀柒百壹拾壹兩玖錢壹分壹釐陸毫捌
絲肆忽叁微壹塵壹纖玖渺貳漠陸茫
乾隆拾年奉
文開除冲壓田地壹拾項捌拾貳畝陸分
貳釐壹毫玖絲
實成熟田地塘山陸千貳百壹項肆畝陸分陸
絲陸忽捌微玖塵
實成熟糧麥貳千貳百柒拾玖石陸斗貳升伍
合肆勺柒抄伍撮叁圭肆粒柒粟除冲壓糧麥肆

石柒升壹合捌勺陸抄壹撮陸圭止此數
每秋糧壹石派銀壹兩玖錢柒分肆釐捌
毫伍絲壹忽零每麥壹石派銀壹
兩壹錢貳分貳釐壹毫柒絲貳忽
實徵銀肆千叁百叁兩肆錢伍分陸釐貳毫叁
絲貳忽零除冲壓銀柒兩叁錢玖分捌毫
柒絲捌忽零止此數內有舊書
原載班匠銀伍兩肆錢及班匠　額內豁免
冲壓銀壹分壹釐壹毫叁絲零　乾隆貳
拾叁年奉　文刪除班匠
名色統歸地丁條編造報
一玖釐餉每糧麥壹石派銀叁錢
伍釐肆毫貳絲肆忽零
該銀壹千壹百伍拾伍兩貳錢玖釐貳毫壹
絲貳忽零

荒銀肆百伍拾柒兩柒錢壹分貳釐伍毫伍絲
壹忽零
實徵銀陸百玖拾陸兩貳錢伍分叁釐壹絲伍
忽零除冲壓銀壹兩貳錢肆分叁釐陸毫肆絲伍忽零止此數
原額人丁貳千叁拾丁遞年分別優免起科不等每丁派銀玖錢陸分肆釐叁毫捌絲貳忽零
應徵銀壹千玖百伍拾柒兩陸錢玖分陸釐伍
毫貳絲
實在人丁壹千叁百肆拾肆丁柒斗玖升叁合

肆勺內有永不加賦叁百叁拾貳丁自康熙肆年起至乾隆叁拾壹年底歷來編審滋生人丁并開除豁免人丁逐年細欵詳見全書及本縣節次編審案內此不贅
實徵丁銀伍百肆拾兩捌錢玖分貳釐柒毫壹
絲捌忽雍正柒年奉文每糧銀壹兩攤徵丁銀壹錢貳分玖釐陸毫肆絲玖忽零
以上人丁田地塘湖壩山玖釐餉並墾派丁銀
等項共銀捌千貳百伍拾捌兩貳分玖釐
貳毫陸絲柒忽柒微伍塵叁渺玖漠玖茫

內除豁免運夫丁銀及荒銀冲壓丁條餉銀丁隨糧派等事案內闔省均攤人丁應減丁銀數見起運項下 又
雍正柒年起至乾隆叁拾陸年共拾貳年民賦
墾帶丁銀總銀壹百貳拾貳兩零陸分肆
釐柒毫捌絲墾帶丁銀另欵作收詳見後
實徵銀伍千伍百叁拾壹兩陸錢肆分貳釐玖
毫壹絲玖忽壹微柒塵壹纖陸渺貳漠玖
茫陸沙叁灰貳漂
一起運

戶禮工光各部寺條餉等項共銀叁千壹百伍
拾玖兩伍錢陸分肆釐叁絲捌忽零內除
奉撥
關帝叁祭及支給奉復廩糧共銀捌拾叁兩柒錢肆
分陸釐又除驛站夫馬支應等項不敷動
支正項銀貳百柒拾兩貳錢玖分捌釐捌
毫肆絲肆忽零入撥存項下纂造外
實額銀貳千捌百伍兩伍錢壹分玖釐壹毫玖
絲肆忽零內除荒銀肆百伍拾捌兩叁錢壹分叁釐伍絲貳忽零及豁免

運夫丁銀捌錢捌分伍釐捌毫柒忽零冲壓銀肆兩壹分叁釐貳毫陸絲陸忽零閏

省均攤人丁應減銀肆百肆拾叁兩陸錢陸分柒釐壹毫伍絲玖忽零

實徵銀壹千捌百玖拾捌兩陸錢叁分玖釐玖

毫柒忽叁微陸塵壹纖壹渺玖漠柒茫玖

沙陸灰 內有雍正柒年陞墾銀壹拾兩玖錢玖分肆釐伍毫伍絲壹忽零

係彙數請抵漢陽等縣重丁銀兩之項

一存留

撥運供支官俸役食祭祀廩糧等項原額共銀

貳千玖百捌拾壹兩玖錢玖分捌毫肆絲

貳忽捌微

驛丞叁員 郢東石城豐樂

俸銀共玖拾肆兩伍錢陸分 雍正陸年裁石城驛丞俸銀叁拾壹兩伍錢貳

分另欵解司充餉 存銀陸拾叁兩肆分 乾隆貳拾壹年全裁另欵解司充餉

豐樂石城書辦貳名共銀壹拾肆兩肆錢 順治玖年

裁銀貳兩肆錢康熙元年裁銀壹拾貳兩

皂隸陸名共銀肆拾叁兩貳錢 順治玖年裁銀柒兩貳錢 存

銀叁拾陸兩 雍正陸年裁石城驛皂隸工食銀壹拾貳兩另欵解司

充餉 存銀貳拾肆兩 乾隆貳拾壹年全裁另欵解司充餉

本府庫大使正副貳員

俸銀共陸拾叁兩肆分 久缺另欵解司充餉

皂隸肆名共銀貳拾捌兩捌錢 順治玖年裁銀肆兩捌錢 存

銀貳拾肆兩 久缺另欵解司充餉

知縣

俸薪銀陸拾叁兩肆錢玖分 順治拾肆年裁銀壹拾捌兩肆錢玖

分 存銀肆拾伍兩

心紅紙張銀貳拾兩 康熙拾柒年裁康熙貳拾陸年奉文彙入起運項

下造報

修造家伙銀貳拾兩 順治玖年全裁

迎送上司傘扇銀壹拾兩 順治拾肆年全裁

油燭銀壹拾兩 順治拾肆年全裁

吏書壹拾貳名共銀壹百貳拾玖兩陸錢 順治玖年

裁銀伍拾柒兩陸錢康熙元年全裁銀柒拾貳兩

門子貳名共銀壹拾肆兩肆錢 順治玖年裁銀貳兩肆錢 存

銀壹拾貳兩

皂隸壹拾陸名共銀壹百壹拾伍兩貳錢 順治玖年

裁銀壹拾玖兩貳錢 存銀玖拾陸兩 雍正陸年奉文撥給仵作及

學習件作工食銀壹拾貳兩餘銀捌拾肆兩仍給皂隸

馬快捌名工食並草料銀壹百肆拾肆兩順治玖年裁工食銀玖兩陸錢順治拾陸年裁草料銀捌拾陸兩肆錢康熙貳拾陸年奉文彙入起運造報存銀肆拾捌兩乾隆拾陸年內奉文將馬快名色改爲捕役仰食本班工食

民壯伍拾名共銀叁百陸拾兩順治玖年裁銀陸拾兩順治拾陸年裁銀壹百貳拾兩存銀壹百捌拾兩雍正拾壹年撥給安同知陸名工食銀叁拾陸兩洒陽州沙鎮巡檢貳名工食壹拾貳兩奉裁貳名工食銀壹拾貳兩解司以作加增各屬存留民壯修理器械之用存貳拾名

工食銀壹百貳拾兩查此存留民壯於乾隆元年內奉文每名每年加增修理器械銀壹兩共加增銀貳拾兩係在司庫各屬完解裁汰民壯工食款內支給不在本縣額徵之內

燈夫肆名共銀貳拾捌兩捌錢順治玖年裁銀肆兩捌錢存銀貳拾肆兩雍正伍年全裁另欵解司充餉

看監禁卒捌名共銀伍拾柒兩陸錢順治玖年裁銀玖兩陸錢存銀肆拾捌兩

修理監倉銀貳拾兩康熙拾柒年裁康熙貳拾陸年奉文彙入起運項下造報

轎傘扇夫柒名共銀伍拾兩肆錢順治玖年裁銀捌兩肆錢存銀肆拾貳兩

庫書壹名銀壹拾貳兩順治玖年裁銀陸兩康熙元年裁銀陸兩

倉書壹名銀壹拾貳兩順治玖年裁銀陸兩康熙元年裁銀陸兩

庫子肆名共銀貳拾捌兩捌錢順治玖年裁銀肆兩捌錢存銀貳拾肆兩

斗級肆名共銀貳拾捌兩捌錢順治玖年裁銀肆兩捌錢存銀貳拾肆兩

典史

俸銀叁拾壹兩伍錢貳分

書手壹名銀柒兩貳錢順治玖年裁銀壹兩貳錢康熙元年裁銀陸兩

門子壹名銀柒兩貳錢順治玖年裁銀壹兩貳錢存銀陸兩

皂隸肆名共銀貳拾捌兩捌錢順治玖年裁銀肆兩捌錢存銀貳拾肆兩

馬夫壹名銀柒兩貳錢順治玖年裁銀壹兩貳錢存銀陸兩

漳河巡檢壹員乾隆貳拾玖年奉文移駐河溶鎮

俸銀叁拾壹兩伍錢貳分

書手壹名銀柒兩貳錢順治玖年裁銀壹兩貳錢康熙元年裁銀陸兩

皂隸貳名共銀壹拾肆兩肆錢順治玖年裁銀貳兩肆錢存銀壹拾貳兩

教諭訓導貳員

俸銀共陸拾叁兩肆分順治拾陸年裁教諭俸銀叁拾壹兩伍錢貳分存銀叁拾壹兩伍錢貳分查訓導已奉復設此項奉銀貳官各半分支

齋夫陸名共銀柒拾貳兩順治拾陸年裁銀叁拾陸兩存銀叁拾陸兩查訓導已奉復設此項齋銀貳官各半分支

膳夫貳名共銀肆拾兩順治拾肆年裁銀貳拾陸兩陸錢陸分陸釐陸

毫陸絲陸忽柒微存銀壹拾叁兩叁錢叁分叁釐叁毫叁絲叁忽叁微

門子伍名共銀叁拾陸兩順治拾陸年裁銀壹拾肆兩肆錢康熙肆年裁銀柒兩貳錢存銀壹拾肆兩肆錢

學書壹名銀柒兩貳錢康熙元年全裁

教官喂馬草料銀貳拾肆兩順治拾陸年裁銀壹拾貳兩康熙拾柒年裁銀壹拾貳兩康熙貳拾陸年奉文彙入起運項下造報

撥運

時憲書銀叁兩陸錢柒分玖釐貳毫

解費銀叁分叁釐壹毫壹絲貳忽捌微

科舉銀伍兩貳錢柒分康熙拾柒年裁銀貳兩陸錢叁分伍釐康熙貳拾陸年奉文彙入起運項下造報存銀貳兩陸錢叁分伍釐

解費銀肆分柒釐肆毫叁絲康熙拾柒年裁銀貳分叁釐柒毫壹絲伍忽康熙貳拾陸年奉文彙入起運項下造報存銀貳分叁釐柒毫壹絲伍忽

均徭

巡檢應役弓兵貳拾名每名銀肆兩帶閏銀陸分陸釐陸毫共銀

捌拾壹兩叁錢叁分壹釐柒毫順治拾肆年裁銀肆拾兩陸錢陸分伍釐捌毫伍絲存銀肆拾兩陸錢陸分伍釐捌毫伍絲

各舖司兵徭編叁拾肆名每名歲支銀叁兩帶閏銀伍分共銀壹百叁兩柒錢永充貳名每名銀壹兩捌分帶閏銀壹分捌釐共銀貳兩壹錢玖分陸釐貳項共銀壹百伍兩捌錢玖分陸釐內縣前舖徭編肆名永充壹名清水桑林貳舖各徭編肆名鴻橋舖徭編叁名永充壹名黃沙玉泉蓮花叁舖各徭編叁名金沙河溶峽口馬家梯子伍舖各徭編貳名

各河渡夫叁名每名銀貳兩閏銀叁分叁釐叁毫共銀陸兩壹
錢本縣桑林河溶叁渡各壹名
各渡修船銀肆兩貳年壹修每年該銀貳兩
以上貳項共銀捌兩壹錢順治拾肆年裁銀肆兩伍分康熙拾陸年裁修船銀壹兩康熙貳拾陸年奉文粂入起運項下造報存銀叁兩伍
分
府縣總鋪鋪兵貳名每名銀陸兩帶閏銀壹錢共銀壹拾貳
兩貳錢
協編新鎮弓兵伍名每名歲支銀肆兩帶閏銀陸分陸釐陸毫共銀

貳拾兩叁錢叁分叁釐叁毫順治拾肆年裁銀壹拾兩
壹錢陸分陸釐陸毫伍絲存銀壹拾兩壹錢陸分陸釐
陸毫伍絲
迎送皂隷貳拾伍名每名歲支銀伍兩帶閏銀捌分叁釐叁毫內扣
除壹拾叁名工食抵經制外議留走差壹
拾貳名工食銀陸拾兩玖錢玖分玖釐陸
毫
祭祀
府

龍亭儀仗修理銀貳兩康熙拾柒年裁康熙貳拾陸年奉文粂入起運項下造
報
縣
龍亭儀仗修理銀貳兩康熙拾柒年裁康熙貳拾陸年奉文粂入起運項下造
報
文廟貳祭銀共肆拾兩
崇聖祠貳祭共銀柒兩
名宦鄉賢貳祭共銀柒兩
山川壇貳祭共銀壹拾貳兩乾隆柒年均祭案內減銀貳兩存銀壹

拾兩
社稷貳祭共銀壹拾兩
邑厲壇叁祭共銀壹拾貳兩乾隆柒年均祭案內減銀壹兩
存銀壹拾壹兩
香燭米銀壹兩貳錢陸分乾隆柒年均祭案內減銀貳錢壹分
存銀壹兩伍分
厲祭米折銀壹兩貳錢貳分乾隆柒年均祭案內設立
以上各項祭祀均祭案內按款增減計餘銀壹
兩玖錢玖分已照實徵之數歸入起運項

下充餉
鄉飲貳次共銀捌兩順治拾肆年裁銀肆兩存銀肆兩
本府應　朝盤纏銀肆兩貳錢叄年壹次每年該銀
壹兩肆錢順治拾肆年裁銀玖錢叄分叄釐叄毫存銀肆錢
陸分陸釐柒毫康熙拾柒年裁康熙貳拾陸年奉文彙入起運項
下造報
門神桃符春牛芒神花鞭酒席開印封印牲醴
香燭等銀肆兩順治拾肆年全裁
新舊會試舉人以壹名為率每名長夫銀貳拾肆兩叄年壹次

每年該銀捌兩雍正玖年奉文將此項銀兩按年解交司庫遇會
試之年按照通省會試舉人名數均派給領
歲貢生員正貢盤纏除裕編外花紅旗匾酒席銀壹拾貳兩正部貳名赴
考腳力銀各壹兩共銀壹拾肆兩貳年壹貢每年該銀柒
兩乾隆貳年奉文將此項銀兩按年解交司庫合計通省出貢名數均派給領
陸年報銷壹次
歲貢盤纏銀壹拾伍兩康熙貳拾柒年全裁
科舉生員以拾名為率每名盤纏銀貳兩花紅銀玖錢酒席銀壹錢
共銀叄拾兩叄年壹次每年該銀壹拾兩康熙拾柒

年裁康熙貳拾陸年奉文彙入起運項下造報
提學道歲科考生童合用試卷供應給賞等銀
叄拾兩臨期扣銀叄兩協濟鍾祥縣搭廠外除扣算實用銀數造冊申賫
學道印發本縣存照除搭廠銀叄兩不裁外順治拾肆年裁銀壹拾叄兩伍錢存
銀壹拾陸兩伍錢康熙拾柒年裁康熙貳拾陸年奉文彙入起
運項下造報
代派鍾祥縣歲貢盤纏銀叄兩貳錢康熙貳拾柒年裁
府學顯承貳衛寄學科舉生員盤纏銀壹拾兩
叄年壹次每年該銀叄兩叄錢叄分肆釐康熙拾柒

年裁康熙貳拾陸年奉文彙入起運項下造報
本縣應　朝銀正官肆拾兩首領官貳拾伍兩該吏壹拾兩造冊紙劄銀陸兩
共銀捌拾壹兩叄年壹次每年該銀貳拾柒兩
順治拾肆年裁銀壹拾捌兩存銀玖兩康熙拾柒年裁康熙貳拾陸年
奉文彙入起運項下造報
廩生貳拾名共銀壹百肆拾肆兩順治拾肆年裁銀玖拾陸
兩康熙貳年裁銀肆拾捌兩
孤貧玖名口每名歲支縣倉米叄石陸斗每石折銀伍錢該銀壹拾
陸兩貳錢乾隆叄年奉文小建扣除遇閏加增每名每年加增銀肆

錢貳分於司庫地丁銀內撥給又奉准
部咨收養額外孤貧捌名其口糧布花銀
數照額設孤貧之例計口按日支給係
司庫存公銀內動支均不在徵銀之內至
此項額外孤貧每年增減多
寡不等原無定數理合登明
孤貧玖名口每名歲給布花銀叁錢共銀貳兩柒錢如有開除
扣銀貯庫俟新收
支給以免加編
供應銀壹百兩答應　欽差　部差過往差使油燭柴炭稟給口糧等項於此
內支給順治
拾肆年全裁
備用銀肆拾伍兩除抵經制外實存銀叁拾貳
兩肆錢康熙拾柒年裁康熙貳拾陸年奉文稟入起運項下造報

部寺解費銀肆兩伍錢玖分柒釐
漕米折銀肆百壹拾伍兩叁分玖釐伍毫
各款共合原額銀數內除抵經制銀壹拾貳
兩陸錢又順治玖年起至康熙貳拾柒年
奉裁銀壹千貳百壹拾陸兩叁錢伍分壹
釐捌毫捌絲壹忽柒微外
存留實額銀壹千柒百伍拾叁兩叁分捌釐
玖毫陸絲壹忽壹微又添設
廩糧銀肆拾捌兩

關帝叁祭銀叁拾伍兩柒錢肆分陸釐雍正柒年奉文添設係起
運項下
撥給　及補給縣學荒缺銀壹拾捌兩伍
錢伍分玖釐柒毫玖絲柒忽零係起運地丁撥歸存
留項
下
以上原額並新設廩糧
關帝叁祭補給荒缺共銀壹千捌百伍拾伍兩叁錢
肆分肆釐柒毫伍絲捌忽貳微零內除均
祭餘剩歸入起運充餉銀壹兩玖錢玖分
又荒銀叁百玖拾貳兩柒錢貳釐肆毫伍

絲陸忽零又蛟水冲壓田地豁免銀貳兩
貳錢柒分貳釐肆毫貳絲陸忽零又故丁
銀壹兩柒錢玖分伍釐柒毫玖絲叁忽零
查民壯各役舖兵工食孤貧口糧布花內
荒缺銀兩已動支司庫地丁補足祭缺銀
兩祭祀荒缺已動支司庫公
項撥補均不在徵銀之內　又
雍正柒年陞墾抵算漢陽等縣重丁銀貳拾壹
兩貳錢叁分陸釐壹毫玖忽零稟入起運項下造報
又解費項下增攤溢陞銀壹錢捌分貳
釐捌毫肆忽零歸入起運項下充餉
實徵銀壹千肆百叁拾伍兩壹錢陸分伍釐壹

毫陸絲玖忽貳塵玖纖陸漠捌茫玖沙貳

灰內有奉裁驛丞俸食銀叁拾兩叁錢伍分叁毫柒絲柒忽零裁豐樂鄀東貳驛驛丞俸工銀捌拾柒兩肆分久扶府倉正副大使俸工銀陸拾兩柒錢柒毫伍絲肆忽裁燈夫工食銀壹拾陸兩柒錢叁分柒釐叁毫肆絲俱另款解司充餉

一添撥各項

教官加品俸銀肆拾捌兩肆錢捌分乾隆元年內奉、文教職加以品級給與全俸其增銀係在司庫地丁銀內動支貳官各半分支

先農壇祭祀銀伍兩乾隆拾叁年奉文每年赴司請領銀貳兩捌錢貳分伍釐餘銀貳兩壹錢柒分伍釐在籍田收穫舊存穀石變價湊辦嗣經咨准部覆將收存穀石儘數易備如有不敷按數找給不必以貳兩捌錢貳分伍釐之數爲定

常雩祭祀銀伍兩乾隆柒年奉文設立係司庫存留銀內動支

以上各款銀兩均不在存留支款額徵之內

驛站

鄀東驛支應銀肆拾貳兩無閏

代編沔陽州原編豐樂驛支應銀壹拾兩

走遞夫馬

排夫貳百伍拾名內扣除本縣轎傘夫陸名抵經制外餘走差貳百肆拾肆名每名銀柒兩貳錢帶閏銀壹錢貳分共銀壹千

柒百捌拾陸兩捌分

腳馬肆拾伍匹每匹銀貳拾肆兩帶閏銀肆錢共銀壹千玖拾捌兩

代編沔陽州原編鍾祥縣除新增價銀派鍾祥縣編徵外本縣實編銀壹拾捌兩肆錢貳分捌釐捌毫帶閏銀叁錢柒釐貳毫共銀壹拾捌兩柒錢叁分陸釐

以上貳項各款共銀貳千玖百伍拾肆兩捌錢壹分陸釐係本縣原編額徵驛站夫馬之項

所有現設排夫名數及抽調緣由合併開

載以備查考

排夫叁拾名該工食銀貳百壹拾玖兩陸錢康熙肆拾柒年抽夫伍名工食銀叁拾陸兩陸錢解道補給蘄圻縣增夫工食又雍正叁年裁夫壹拾貳名工食銀捌拾柒兩捌錢肆分解道移司充餉存夫壹拾叁名工食銀玖拾伍兩壹錢陸分乾隆肆年奉文扣除小建遇閏加增

腳馬叁拾匹該草料並馬夫獸醫工食藥餌等銀陸百肆拾貳兩雍正肆年裁馬陸匹工食工料銀壹百貳拾捌兩乾隆貳拾肆年裁馬貳拾肆匹工食工料銀伍百壹拾叁兩陸錢全裁解道移

司充餉

兵部項下

夏秋折色起運

江濟水夫貳拾貳名每名銀肆兩玖分伍釐該銀玖拾兩玖分每兩京頭銀壹分叁釐該銀壹兩壹錢柒分壹釐壹毫柒絲解官盤費每兩玖釐該銀捌錢貳分壹釐肆毫

又照依協濟徒多轉折等事案內徑支本縣正項以抵各處協濟銀貳百柒拾兩貳錢玖

分捌釐捌毫肆絲肆忽貳微肆塵捌纖

貳項連前原編額徵驛站共銀叁千叁百壹拾柒兩壹錢玖分柒釐肆毫壹絲肆忽零內除荒銀壹千貳百玖拾陸兩陸錢玖分壹釐捌毫陸忽零又豁免故夫丁銀貳錢捌釐叁毫玖絲叁忽零又沖壓豁免銀叁兩壹錢捌分陸釐柒毫陸絲玖忽零又增墾徑解藩司抵備重丁歸入起運充餉銀叁拾陸兩捌錢柒分壹釐貳毫捌絲叁忽零外

實徵銀壹千玖百捌拾兩貳錢叁分玖釐壹毫陸絲壹忽壹微壹塵捌纖玖渺玖漠壹茫陸漂叁沙伍灰內有每年排夫工食銀兩應於本縣額編驛站銀內動用銀玖拾伍兩壹錢陸分又驛站項下編設買馬銀貳百壹拾兩壹錢柒分叁釐貳毫叁絲柒微零丁墾銀玖百捌兩肆錢陸分伍釐玖毫叁絲零裁減夫馬工食工料等銀柒百陸拾陸兩肆錢肆分係另款解交道庫支用並移司充餉

隨漕

楞木松板銀貳兩貳錢貳分捌釐肆毫

運糧官軍行月貳糧米壹百肆拾玖石叁斗每石折銀肆錢該銀伍拾玖兩柒錢貳分

叁陸耗蓆輕賫銀壹百叁兩陸分叁釐伍毫每百兩解准損銀壹兩該銀壹兩叁分陸毫叁絲伍忽

淺船銀柒兩肆分柒釐解官盤費每兩玖釐該銀陸分叁釐肆毫貳絲叁忽

運糧官盤纏銀伍兩

隨漕共額銀壹百柒拾捌兩壹錢伍分貳釐玖毫伍絲捌忽內除豁免運夫丁銀叁釐壹毫伍絲貳忽肆微又沖壓銀貳錢捌分壹釐伍毫貳絲叁忽零

實徵銀壹百柒拾柒兩捌錢陸分捌釐貳毫捌絲壹忽柒微陸塵陸纖肆渺叁漠捌茫

兌軍漕糧米折銀肆百壹拾伍兩叁分玖釐伍毫

臨期領銀赴省買米交兌其沖壓豁免銀
陸錢伍分伍釐捌毫柒絲貳忽零於 奏
銷冊內登明於存留項下彙數開造嗣經
奉 文動支糧道庫銀買米交兌後徵收
還項
應兌本色正米每秋糧壹石派正米貳斗陸升叁勺該正米伍百
伍拾柒石壹斗每石耗米肆斗該耗米貳百貳拾
貳石捌斗肆升
貳項共正耗米柒百柒拾玖石玖斗肆升又康
熙拾壹年奉 文另正米壹石徵給贈貼米貳斗
應兌本色贈貼米壹百壹拾壹石肆斗貳升以上

正耗及贈貼米石乾隆柒年奉 文酌議定價每石折銀壹兩徵銀買米交兌嗣於
乾隆肆拾壹年奉 文酌議定價每米壹石徵銀壹兩肆錢伍分解赴道庫
湖洲雜課市戶經紀出辦
門攤茶稅正摃共銀貳拾兩壹錢捌分除荒銀
壹拾兩玖分
實徵銀壹拾兩玖分
民糧代派額租每糧壹石派銀壹釐玖毫伍絲肆忽零該銀貳兩
叁錢伍分捌釐叁絲叁忽內除沖壓豁免銀柒釐貳毫柒
絲陸忽零

實徵銀貳兩叁錢伍分柒毫伍絲陸忽叁微叁
塵玖纖肆渺玖茫
加徵麂皮京摃每糧壹石派銀肆絲肆忽柒微肆塵捌纖玖渺伍漠貳茫該
銀伍分肆釐內除沖壓豁免銀壹毫陸絲陸忽零
實徵銀伍分叁釐捌毫叁絲叁忽叁微陸塵壹
纖貳渺伍漠壹茫
又前項存留驛站江濟等款項下雍正柒年陞
墾抵筭漢陽等縣重丁銀伍拾捌兩壹錢
柒釐叁毫玖絲貳忽柒微陸塵捌纖陸渺

叁漠叁茫
雍正柒年民賦陞墾帶派丁銀捌兩玖錢伍分
玖釐肆絲柒忽捌微玖塵壹纖伍渺貳漠
柒茫
乾隆叁年解費增墾溢陞歸入起運銀壹錢捌
分貳釐捌毫肆忽貳微伍塵柒纖柒渺肆
漠肆茫柒沙肆灰
雍正拾拾壹及乾隆貳叁肆等年民賦陞墾派
徵丁銀壹百壹拾貳兩肆錢壹分捌釐肆

毫肆絲柒忽叁微伍塵壹纖壹渺叁漠伍
茫
乾隆拾柒貳拾壹兩年民賦陞墾派徵丁銀壹
錢陸分貳釐捌毫捌絲壹忽肆微伍塵柒
渺陸漠陸茫
乾隆貳拾貳貳拾陸兩年民賦陞墾派徵丁銀
叁錢玖分陸釐壹毫伍絲陸忽壹微貳塵
貳渺柒漠叁茫
乾隆叁拾壹年民賦陞墾派徵丁銀貳錢柒分

陸釐肆毫玖絲陸忽玖微貳塵陸纖陸漠
壹茫
乾隆叁拾陸年民賦陞墾派徵丁銀壹錢伍分
壹釐柒毫壹絲貳微玖塵陸纖叁渺叁漠
柒茫

一更名地坐落官田
原額田地壹拾壹頃玖拾柒畝每畝派銀叁分陸釐
額徵銀肆拾叁兩玖分貳釐
玖釐餉每畝派銀壹釐貳毫壹絲捌微該銀壹兩肆錢肆分玖

釐叁毫貳絲柒忽陸微
一安顯衛屯歸並舍餘閑丁貳拾貳名每名徵銀貳錢
加增閑丁貳拾貳名
貳共肆拾肆名共徵銀捌兩捌錢此項舊書開載徑解道開銷

一學田租課
學院册開原額學田壹頃捌畝伍分上中下則例不等內坐落蓮花坪金家塔田柒拾貳畝每畝納租銀壹錢共銀柒兩貳錢坐落黃泥畈田叁拾陸畝伍分每畝納租銀伍分肆釐捌毫共銀貳兩此項田畝久係荒蕪於康熙

叁拾伍年招佃羅貴之丁國璽等開墾蓮花坪田捌畝金家塔田壹拾捌畝該納租銀貳兩陸錢雍正捌年據佃張良玉首墾蓮花坪田壹拾畝該納租銀壹兩劉聘首墾田叁拾貳畝該納租銀叁兩貳錢譚仲明首墾金家塔田肆畝該納租銀肆錢濤逢春首墾黃泥畈田貳拾畝楊仍遠首墾田壹拾陸畝伍分該納租銀貳兩
以上成熟田壹頃捌畝伍分
徵租銀玖兩貳錢乾隆貳拾玖年清查案內
加增銀肆兩叁錢壹分玖釐內除完糧賦銀壹兩貳錢叁分肆釐
外
實徵租銀壹拾貳兩貳錢捌分伍釐支給書師廩餼分[illegible]

貢生捐名入冊奏銷

一雜稅

牙帖稅銀叁兩原經報部牙稅銀壹兩陸錢伍分乾隆貳拾伍年遵奉部咨分別繁盛偏僻量增稅銀壹兩叁錢伍分

當鋪拾貳座每座每年納銀伍兩共徵稅銀陸拾兩每年開歇不一稅銀原無定額

田房稅正額銀兩原未報解盈餘銀兩儘徵儘解原無定額

牛驢稅銀儘徵儘解原無定額

額銷鹽引壹千陸百壹拾引每年行銷原無一定

冊　奏銷

祥異

昔鄭樵以五行爲巫瞽之學止紀天變日食星移山崩地震水旱火災大風而已物怪人妖舉而廢之貴與通考於一事而證其災祥之不同於一物而辨其五行之互異不曰妖不曰祥而總名之曰異蓋耳目所不經者皆異也當陽蕞爾邑其間天地風雨之變水旱蟲荒之災以及禽獸草木之不常有而有者自必關於人事之吉凶焉爰師貴與遺意而通之作祥異志以備

參考

漢元康四年邑獲白虎見丹鳳

晉永嘉三年七月戊辰邑地裂三處廣三丈三尺長百餘步

元泰定三年秋八月邑地震

至元元年十二月芝草生於覆舟山一本五幹高尺有二寸一本二幹高五寸皆兩歧塊奇如珊瑚枝其高者結爲華蓋慶雲狀

明洪武十三年大水萬城崩嚙縣治西北盡陷乃

徙復舊治

宏治二年邑旱四五年相繼大旱

嘉靖五年旱

嘉靖十一年大水

嘉靖十八年旱

萬歷四十五年彌月不雨飛蝗蔽天食苗稼殆盡大饑

崇禎二年旱次年復旱虎多噬人

崇禎六年地震竄山夜鳴祖師殿木魚忽自開合旋有城陷之變

崇禎十三年飛蝗蔽天民間產牛一身兩頭兩尾

崇禎十六年桃李冬花

國朝

順治四年虎狼遍山谷吞噬甚衆有村落無孑遺者

順治六年邑大水

順治十五年五月西山蛟起邑大水潰城西大隄拾丈許沿岸屋瓦皆漂男女沒者甚衆是月有風自南來如山崩地震卷屋拔樹所過陂塘盡涸

順治十七年大旱無禾

康熙七年邑大水

康熙乙酉邑大水

康熙壬寅旱

雍正癸卯大旱

雍正丁未春潦無麥

雍正乙卯大旱

乾隆乙丑大水

乾隆己巳大水

乾隆壬申大旱無禾

乾隆戊寅大有年花栗總許姓家牛產犢兩頭二尾六足

乾隆戊子旱

乾隆辛卯水

乾隆戊戌麥大熟夏大旱次年春斗米陞百餘野有餓莩民食樹皮殆盡

乾隆乙巳大旱稻無苗斗米肆百

乾隆丙午麥大熟夏大水蟲食稻

乾隆丁未大有年穀石錢伍百

乾隆壬子旱

乾隆癸丑夏水黃家塲堤決沙倒滋泥災有莊姓者家數十人沉於水

當陽縣志卷之四終

當陽縣志卷之五

職官志

令宰佐雜

自秦廢封建改郡縣設牧親民之官令爲最周官縣正掌其縣之政令而賞罰之是也丞貳令簿次之巡檢尉又次之均有愛民責考當邑令上溯春秋下及漢唐宋元明書闕有間矣而披簡編覽姓氏存沒賢否之不一循名責實未必非爲治之一助云

時代	令宰	縣丞	主簿	巡檢	典史
春秋	鬬緡（楚武王時爲權尹見事紀）				
	鬬敖（權尹詳見事紀）				
漢	馮野王（有傳）				
劉宋	劉虬（南陽涅陽人[illegible]）				
陳	周宏直				
隋	皇甫昆				

當陽縣志　卷之五　職官　二

唐		田仁會 有傳			
		盧警			
		張愼 貞元中任			
		鄭見利			
		黃馴			
宋		謝繼明 有傳			
		張彦文 至正間任 有傳			
		王元賓 至元間任			
		趙珪 銅梁人至正任修明倫堂			
明					
	洪武	蘄守道			
		魏忠			
		徐福			
		胡原宏			
	永樂	蔡榮 海陽人 舉人			
		楊鐸 西安人			
	宣德	蔡浩 海陽人			劉文光 閬中人
	正統	張義 浙江人 監生			朱子惠 大庾人

當陽縣志　卷之五　職官　三

	金廸 仙居人 監生				
景泰	盧璡 寶應人				
	楊福 雲南人 監生				
天順	婁義 南水人 監生				張銘 永新人
	陸玘 鹽城人 舉人				
成化	黃恕 歸德人 舉人	王著 慶雲人 監生		李自慶 塗堯弼 四川人	鄧廣 定遠人
	劉誠 安福人	方海 仁和人 監生		萬建善 王好耕 山東人	曹信 鄭州人
	姜英 有傳	廖弼 新喻人 監生		李恩 山西人 王登魁	
	劉松 臨桂人舉人有政聲	後增設巡檢裁此員		李如春 九江人 閆三德 北直人	
宏治	徐恒 武康人 監生		陳貴 內江人		周識 慈谿人
	胡伯安 舉人		廖祖 遂州人 監生		李泰 墊江人
	胡振遠 舉人				周宗泰
	阮華 新昌人監生 居官廉介				陳綱 五河人 劉澄 進遠人
正德	武儀 宜賓人 舉人		劉存 淄川人		胡信 鄞縣人
	劉理 武城人 監生		馬繡 榮澤人 監生		李惟實
	陳章 永川舉人 有良吏稱		王復登 宜賓人 例監		高鳳 內江人
	趙紳甫 舉人				
	黃潛 臨桂 舉人				

當陽縣志　卷之五　職官　四

嘉靖

張鐸 高縣人 監生
沈序 綿州人 監生
高英 宜山人 選貢
張模 濟州人 舉人
侯嘉祥 有傳
秦覺 雲陽人 舉人
李映魁 祥符人 選貢
俞詔 莆田人 舉人
周士宏 南陵人 舉人
吉行健 有傳
吳蒙 鄱昌人 歲貢
張松 有傳

萬歷

方岳 富順 舉人
張維翰 安縣人 歲貢
胡朝 歲貢修縣廢壁有賢能之稱
李履純 杞縣人 舉人
王國珍 順天 舉人
馮有來 台州 歲貢

祝繼昭 海寧人
許昆 彭水人 監生
蔣能佐
謝體鼎 吉水人 監生
楊宗仁 蓬州人
張正倫 馬瑚人 歲貢
趙良翰 上虞人
彭璋 什邡人 歲貢

隆慶

楊朝英 蘭陽人 監生
張繼興 涇陽人
毛存仁 長洲 歲貢
符洛 江西人 歲貢
蘊粲 山東人 蔭生
王三顧 山東人 例監
胡夢暘 江南人 歲貢
楊家賢 雲南人 貢生

鄧時臣
胡鼎 嘉定人
梁翼 巴縣人
薛楠 華亭人
龍琛 涪州人
李寬 黃岩人
徐貫 餘姚人
任仲德 西充人
鄭進 金谿人
陳應元 合州人
郭汝應 龍泉人
王相
陳作新
黃舜章 廣西人
黃朝恩 福建人
黃應科 江西人

當陽縣志　卷之五　職官　五

趙思基 有傳
鄭汲 南城人 貢生
方維翰 平陽人 選貢
曹養正 有傳
羅應曉 泰州 舉人
馮仕 號樂泉[illegible]人舉人[illegible]愛民禮下士
李啟元 晉江人 選貢
瞿之宮 沙河 舉人
李一陽 [illegible]舉人 陞同知
吳士忠 [illegible]舉人 陞同知
卜汝隨 有傳

天啟

胡汝川 [illegible]

崇禎

任鼎 宜興 舉人
張拱瑞 華亭 舉人
王秉直 陝西人 歲貢
區懷瑞 有傳
倪瑞應 有傳

李旻 歲貢
金萬珊 嶶州人 監生
王時卿 江西人 儒士
姜效禮 江南人
馬負 四川 歲貢
蔣明臣 浙江人
原奇 江西人
徐上選 浙江人
陳忠學 北直人
韓應元 浙江人
凌經世 南京人
王家棟 仁和人 監生

胡日省 平湖人
徐萬化

周文藻 江西人
黃日熙
區環 福建人
羅繼美 四川人
蕭鑾 福建人
劉嘉祥 四川人
黃拜仁 陝西人
宋德隆 江西人
閻應甯 浙江人
李時會 福建人
郭紹春 福建人
李炅 福建人
張啟明 華亭人
仵學才 陝西人
張其維
陳朝昇
孟文邦
周時鉦

國朝

順治

孫茂槐有傳
扈坤關東人
勾延齡大同貢士
黃爾熾河南人貢士
倪三策直隸舉人
周□袞[illegible]
徐大麟舒城貢士
許毓仁廣寧人貢士
朱丹辰[illegible]貢士

康熙

門可榮有傳
李芳任城人進士有傳
李遥睢州人進士有傳
鄒來颺毘陵人有傳
王運宏
俞廷瑞四明人進士
祝長庚有傳
伊逢吉

裁簿

劉溥直隸人
葉大成
鄧輝
邵從龍
沈汝造
高翥
李成德吳縣人
鮑宏域

言嘉典浙江人
曹一勳富平人
桂一鰲池州人
椰維邦金華人
魏承韓通州人
高宏名
初任基蓬萊人
喬起蛟
鄭起榮

王國貞北直人監生

雍正

王仲桂壽張人拔貢
仝流鄆城人舉人

乾隆

周□典長沙人舉人
鄭□武易州人舉人
陳富有醴泉人舉人
周裔和兗州人進士
苗繼岱[illegible]人貢生
王□晉進士
程瑄進士
金福昌進士
衛肅河南人有傳
賀朝宛江蘇丹陽人
王棫山東福山人
何偉儒河南寶豐人舉人
范鐸浙江歙縣人舉人
萬年椿湖南衡陽縣人
黃仁四川人[illegible]

呂宗顥雄德人
鄭德榮仁和人
印天和嘉興人
胡鑰武進人
陳恭禮
顧鳴麟宿遷人
畢應璜
蔡洁
湯承瑞
夏永謙現任

閆恒太肅州人
李家模山陰人
曹熙吳縣人
王廷相崑山人
張維元山陰人
蔡乾初會稽人
張國祚山陰人
馬棟大興人現任

國朝武職附

守備	千總	把總
順治 孫光喆		
朱之璜		
康熙 龍英	方勝 四川人行伍	雷鳴鳳
吳世相	楊士佐 遠安人行伍	嚴榮 潛江人
劉守才	王明選 河南人行伍	徐二 遠安人行伍
	楊璉 大同人行伍	黃文英 遠安人行伍
	姚希友 宜都人行伍	趙陞 四川人行伍
	潘士然 武昌人行伍	韓應鳳 天定衛人行伍
	潘士選 宜昌人行伍	趙璉 遠安人行伍
	陸鑑贊 福建人行伍	王廷玉 遠安人行伍
	姜應尚 遠安人行伍	張朝柱 宜昌人行伍
	劉公儀 武昌人行伍	王賜爵 宜昌人行伍
	駱尚賓 黃州人行伍	李春華 興山人行伍
	張之芳 遠安人武舉	何存仁 遠安人行伍
	范維亮 宜昌人行伍	賈元瑛 施南人行伍
	葉福 保康人行伍	

守備	千總	把總
乾隆	田藍珍 宜昌人行伍	王啟龍 宜昌人庠生在洛數年奸匿迹士民德之
	李蓮 宜都人行伍	
	張崑 宜昌人行伍	
	陳林煙 遠安人行伍	
	彭商正 岳州人武舉	
	魏膺揚 宜昌人行伍	

按邑在春秋時已多故矣由新莽迄三國舊壘猶存晉宋間南北相持如置碁然而邑當其衝自明季迄
國初屢經兵燹康熙初年始獲安定蓋羈於荆襄無險可恃而西壁萬仞艾蒿伏莽出沒不測最易藏奸古今談守禦者稱難噫防斯土者其加之意與

儒學表

師道立則善人多宋慶歷四年詔諸路立學置教授以經術行義訓導諸生掌課試焉司教者誠遠體周官司徒所掌之法近倣蘇湖經義治事之方漸摩陶冶人材未必不古若也邑前儒學有無不可考自明始而明裁訓

本朝裁諭後乃諭訓並設隨時因革用著於篇後之君子其亦顧名思義焉

時代	教諭	訓導
明		
正統	葉子白 永平人	
	鄭崇 福建進士卒於官遂家焉子振翰林編修孫儼明經	
景泰		胡茂彰 舉人
天順		陸叔遜
		沈俊 新昌人
成化	陳旻 鄞縣人	
	田制 安福人	

時代	教諭	訓導
弘治	孟鑽 閩縣舉人	徐本固 合州人
	孫達 懷寧人	陳剛
	劉垂	王相 天台人
正德	楊洲 昆明舉人	徐集 保州人
		蔡睿
		周鳳陽
嘉靖	黃楷 江津人	楊亨
	支楫 滁縣人	盧銳 墊江人
	宋佐 臨桂舉人	奚仁 鶴慶人
	左鼐	李勝宗 安縣人
	史詠	陳印 永嘉人
	石巨川 有傳	童冽 寧波人
	楊璋 化州貢生	陳箕
	徐登 越嶲人歲貢	郭文華 南安人
	戴賞 永嘉人	王巽 孝豐人
	楊文煥 閬州舉人	陳惠 合州人
隆慶	吳瑞 涪州人歲貢	姚志仁 廬州人
	李景嵩 湖口人歲貢	夏裳 峨眉人

	閔　旦
	鄧林椿 邵陽人
	王可相
萬曆 用　傳 馬平舉人	謝　遇
胡維禎	李天華
賀逢堯	傅應袞 富順人
曹　珩 石阡舉人陞知縣	王尚國
劉　淡 宜城貢生	郭　泮
瞿成名 黃岡舉人	夏宗什

沈文輔 歲貢	譚　鎬
姜宗魯 均州人歲貢	王國士
張允祖 鳳陽貢生文雅有知人鑒	李　詩
余　蛟 咸寧舉人	王一晃
辛以忠 永昌舉人	高應選 江夏人
王如春 陽城貢生	駱尚儒 澧州人
王　芳 有傳	李瑤春 澧州人
鄭應鐵 台州貢生	張燦南
	羅　芝 咸寧人

	黃　柯 汝寧人
	孫斯佑
	廖世卿 石門人
	陳大賓 零陵人
	劉一鶚 太和人
	王道溥
	譚汝廉 醴陵人
	袁崇吉 公安人
	周　倈

	蔡相衡 羅田人
	黃裳吉 興國人
天啓 單鍾元 高安人歲貢	房宜奐 歸州人
鄧時舉 均州歲貢陞知縣	張文煥 鄖陽人淳簡有操士林思之
	王維翰 廣西人
崇禎 黃聖年 有傳	熊化麟 四川人
周有紀 武昌舉人	李應甲 廣西人
馮應祥 江南人	馬騰蛟 雲南人
毛應龍 石門人	

國朝

順治　黃鳴陽　蒲圻舉人

陳民懷　應城舉人

傅彬　孝感人歲貢頗得士心辦著勤敏　上憲嘉之

康熙　王禹書　湘潭人貢生　修　關陵志

易言鼎

張坦舍　漢陽人貢生

蕭藻　漢陽人捐貢

雍正

徐華若　江夏人拔貢

乾隆　陳本立　江夏人副榜

徐祖昌　江夏人廪貢

黃庠　漢陽人歲貢

王晉錫　咸寧人歲貢

饒亮士　崇陽人貢生

梁光乾　竹山人後奉裁

王圖永　澧州人歲貢

彭述古　穀城人歲貢

李袞

鄧日璋

何人龍　漢陽人歲貢

汪之冀　漢陽人貢生

危銘　江夏人歲貢

劉元士　荊門人貢生

余光耿　大冶人貢生

孫天祿　黃岡人貢生

周鑛　石首人貢生

劉正綱　崇陽人貢生

馮贊　棗陽人貢生

方璲　漢陽人副榜

吳青選　黃安人拔貢

徐永禧　漢陽人拔貢

陶玉華　黃岡人副榜

黃義峯　江陵人廪貢

黃存憲　孝感人辛卯舉人

魏榮　施南人恩貢

童鑾　蘄州副榜　現在

程鳳翔　圻水人乙酉科選拔庚寅恩科舉人

石堪立　興國州人丙辰恩科舉人

衛天民　漢陽人庚寅恩科舉人

郝遴　雲夢人歲貢

循吏

昔班孟堅傳循良西京三百年間得六人焉其所稱美者則在以經術飭吏事噫若斯其難也自漢迄今令當邑者多矣所稱愷悌君子民之父母如班書六人不數見雖然與爲趙張毋寧文杜所在民治所去民思有識者當何如取裁也

漢

馮野王字君卿潞人奉世子通詩年十八上書補當陽長以治行入爲左馮翊遷扶風太守弟立相繼爲郡時有大馮君小馮君之號

唐

田仁會長安人永徽中爲平州刺史歲旱自暴以禱甘霖立沛歲大熟民歌頌之

元

張彥文保定人至正間時縣治新創彥文安輯撫循增戶口興學校去任民思之

王元賓延元中來知縣事時遭兵燹學廢元賓乃相舊基修復如制

明

魏忠洪武十三年邑治萬城罹水忠徙復舊治增修廨宇創學興教風化大行

姜英福建舉人成化中莅事公勤卹民平易聞西川便道置馬遞邑自是爲通衢生殖以蕃惠政甚多擢監察御史

侯嘉祥梧州人嘉靖中來知縣事時邑始改隸承天多徵求川路夫馬初非額設嘉祥多方措置不計德怨役雖煩而民不擾有羅仲仁者夜殺二弟以盜告嘉祥察其詞色叱之曰汝殺弟當誰捕仲仁懾伏一邑稱神君焉

古行健四川西充人以孝廉來任卓練有幹才廉恕不擾幾於刑措

張松字湛源廣西宜山舉人隆慶中任爲政廉平時境多流寇松設法捕之邑賴以安沮水壅決壞城松疏河道築長堤數百丈以捍三月竣工遂爲永利性好山水公餘吟咏不廢

任夢椽休寧監生萬歷初以留守司經歷來署縣事有幹畧節愛兼著時奉憲檄修城舊乃土垣椽悉易磚甃勸督有方民樂趨事朞月而竣復以餘力纂修邑乘亦其功也

趙思基廣東番禺舉人萬歷中任精明彊直法無所撓未久解任去民甚誦之

曹養正綿竹舉人萬歷中來知縣事有風裁釐弊輕徭犴無冤民嘗云吾以三無負者官此一方奈何以民之性命供吾喜怒以民之膏血殃吾子孫尋卒士民哀泣如喪所親

卜汝隨字心源翁都人歲貢萬歷中任清嚴簡靜淯溪鎮商民蔟集苦盜爲設柵編里甲民賴以寧後奉上檄督兵餉於沅澇瘴道卒柩經本邑民攀號不絕

區懷瑞字啟圖廣東人崇禎間令本邑有幹畧賊嘗率大隊攻城民皆震怖瑞猶剪竹蒔花從容應敵防禦不踈賊解圍去兼工詩所著有玉陽草

倪端應字清臣當塗歲貢崇禎末任治尚清靜無碑政初邑中有鬻田已盡而丁存本戶者民甚苦之值供審端應令丁隨糧轉照糧過戶遂爲成例至今稱便云

本朝

孫茂槐萊陽人順治初單騎之官身衣皂綈多補綻招撫流亡哀鴻漸集惠民愛士不啻古人剛陽嫉惡有胥吏蠹民者立杖斃之邑西北有土賊剧國有等盤踞甚爲民害茂槐上聞勦平之未幾以疾卒蒞任一載囊無長物上憲憫其

清苦咸贈金扶櫬歸

門可榮字維光遼東海州人以父廕爲郎英敏有幹畧邑河西舊防久決軍戶率不任修築榮詳請上憲遂令合修初邑中里役十年輪應者曰當年曰斗級歲費悉出其所籍頻重累民榮詳請除之民稱便焉以上見舊志

李遇號襄水雎州人以進士起家清勤有幹畧蒞任時軍興旁午遙面折都統根將軍念邑小

而衙有不便民者次第修除或以常規獻畫却之軍中需煤急督者欲減其值遏備陳伐煤之苦於上憲力抗兩章京督者聞之王王怒遏單騎至荆謂謁者曰當陽令見王盛氣以待遏詞氣不徉縷陳民苦乃改容稱良吏邑困以蘇新學宮毀淫祠清賦稅嚴保甲手著鐸書簡樸茂者董其鄉務期戶曉未及一載告歸公暇題咏甚多而玉泉關異文定墓碑黜邪崇正尤爲儒者之文云

祝長庚　人才識練達勤撫字折獄尤平允無拖累適西山遺孽嘯聚聲言破城刼庫合境震駭長庚聞息密率兵役星夜拘獲寘於法餘黨悉散卒於官至今民猶感泣焉

鄒永飈毘陵人甫下車咨詢疾苦剔除陋弊曰養馬者去害馬當邑凋殘還定安集維余之責徒以法令繩民豈能堪值以水郵造薦斛艘邑一不勝困永飈懇請上憲形於愁嘆卒格於議乃貸以償凡爲邑補綴殘缺蕪救貧疲約捐金三千有奇蒞任既久官民相習勸農之暇歷覽青溪玉泉諸勝嘯咏移日去官時闔邑士民遮道感泣

衛肅字伯恭號蘭町河南濟源人乾隆甲戌進士由翰林院編修充山東副主考來宰當邑課士勸農雖嚴寒盛暑不倦戊子
大軍赴滇過荆門時肅奉
旨赴見當邑協辦夫馬芻豆民力難支肅歸嘆曰邑僻小詎堪此時　藩憲駐荆門單騎往見訴以

難辦狀反覆辯論卒減十之九又恐胥吏射利諭各總廉正紳士代辦數日事竣士民胥悅庚寅擢授都察院經歷未之任卒於邑宦囊蕭索柩難歸里即素被刑者亦欣然解囊迄今口碑在人有召杜之風焉

師範　附

明

石巨川寧州人以舉人任教諭湛深理學燕居危坐課士以敦本爲先論文一軌先正士風丕

變羣推不愧蘇湖云

王芳寶應人任教諭風格端凝誨迪有本司訓袁卒貧無以殮芳爲經紀其喪復請於當事賵賻乃得扶櫬歸其篤於行義如此

黃聖年字逢永南海人崇禎間由舉人授本邑諭溫醇爾雅工詩古文詞著非有堂草邑志廢賴爲編輯云

國朝

方璲漢陽人副榜乾隆庚午司邑鐸學問該博

士林推服邑志久未編輯璲遠搜近取詳加考訂分門別類規模整齊書雖未梓識者宗之尤工詩

考漢前後書儒林傳賢人君子衆矣類多由教授列名卿然均非郡邑學博士惟有宋蘇湖美談千古嗣郡邑志專門紀美者無聞焉豈真寒氈官冷不足行其所學歟抑教本中庸無可炫人耳目歟雖然行爲時矩言爲世範吾師乎吾師乎邑固猶有不朽者

封爵表

自秦廢封建漢高崛起大封同異姓酬勳展親猶不失先王遺意晉宋以下但假封號土田未錫僅署五等爵位焉然誌其地者攷姓氏溯風規如杜征南陶長沙鄧元起功德動名麟麟炳炳一時風雲際會固亦遭逢之盛也取而書之庶足流光簡冊歟

時代	漢	晉			
公					
侯	劉盆 封當陽縣侯	宋楊 安帝永寧元年遣大將臨持節至尋追封當陽縣侯	杜預 太康元年以荆州都督平吳進封當陽縣侯後贈征南大將軍謚曰成	王戎 當陽侯	陶臻 長沙公侃兄子有勇畧咸和中賜爵當陽亭侯爲南郡太守後贈平南將軍謚
子					

劉宋

日肅

劉秉 元徽二年以尚書令封當陽縣侯昇平元年與中書監袁粲謀誅蕭道成不克父子死之

陳應叔 太始初封當陽縣子

梁

蕭大心 簡文帝第二子大通四年封當陽公大同元年出爲郢州刺史

鄧元起 邑人天監初封當陽縣侯

樊子蓋 封當陽縣侯陳武帝時爲郢州刺史

徐元考 永平二年以克三關功封

當陽開國公

舊志論曰自封建罷五等亡爵有其號而無其土供之而已然殊庸偉閥垂姓名於千秋者卽帶礪莫永於此焉有土之君且有黯然削色者矣之數公者未暇具述若杜征南功德被襄沔民嘗父之矣當其報功地烏可泯陶長沙驅馳郢鄂四十年子亦食報於是邑斯亦無愧杜父矣至於鄧忠侯爵以其邑功實炳於汗青榮名流於桑梓豈不亦奇男子哉然其初本仕齊梁武一招卽赴視劉令公凜凜大義寧爲袁粲死毋爲褚淵生爵適相繼能無色恧余故敘著之使尚論者鏡焉

世職附

關朝泰 江陵貢生聖裔雍正十年巡撫王世俊題准世襲五經博士

關濤 泰長子江陵生員於乾隆十六年襲職

關楫 泰長孫於乾隆二十五年襲職

封蔭附

元

金善 封武德將軍

金聰 封武畧將軍

明

金鏞 封指揮僉事武德將軍

金珊 封指揮僉事武德將軍

金正權 襲錦衣指揮

皇清

金瑶 以孫秉祚貴

誥贈中憲大夫

陳大優以子士敷貴

敕贈文林郎

郭祺賢以子孫俊貴

敕贈文林郎

宋士獻以子楚望貴

誥封奉直大夫

金有聲以子秉祚貴

誥贈中憲大夫

陳士敷

敕授文林郎歸化縣知縣

郭孫俊

敕授文林郎都昌縣知縣

宋楚望

誥授中憲大夫常州府知府

金秉祚

誥授中憲大夫徐州府知府

朱檽

敕授修職郎

當陽縣志卷之六

選舉志　甲乙科貢士表

取士之法傳世久而得人多者惟制科然其中湮没無聞者亦不可勝數也舊志選舉一冊明洪武以前無所考茲姑仍其闕畧而表其續登者以爲榮重之選焉

時代	翰林	進士	舉人	貢生
明 洪武壬子			向治安 任江西建昌府教授	劉燦 任山西按察司副使
				張濬 任刑部員外
				何穀 任漳州府知府
				劉謙 任戶部員外
永樂辛卯			李讓 中壬辰進士	尚文 任無錫縣丞
			向志 任四川井鹽學訓導	何銘 任慶府典儀
			倪孝儒	蔣賢 任恭城知縣
壬辰		李讓 任大理寺評事歷廣東右參議 有傳		陳福
甲午			朱玉 任應天尹	

正統

褚恭

劉英 任布政司檢校

李峴

李晟

景泰

王讓

張麒

張憲

劉富

天順

劉佐 任濟南檢校

成化

唐禮 任上高主簿

曹漁

魏忠

鄭經 任分宜縣丞

周冕 任歸安縣丞

熊泰

王本

馮亮 任寧羌州判

趙旭 任嘉縣主簿

宏治

何源 任宜賓主簿

向仕廉 任順慶通判

李賢 任崇寧主簿

尚達 任溧水主簿

劉宣 任重慶檢校

胡灝 任清江知縣

胡格 任貴州訓導

陳禎 任弋陽主簿

歐陽琦 有傳

李慶

宋輝

盧綸

江潮 任汀州照磨

賀表 任息縣縣丞

郭儒

楊忞

曹鼎 任桐廬縣丞

何聰

正德

嚴端
甯璽　任成都經歷
宋端恕
唐濟
曹鸞　任太平經歷
黃榮　任華亭主簿
張欽　任慶府知縣
李長春　任理問
姚廷用　有傳

嘉靖己酉
乙卯

姚會　有傳
張楠　直隸宿松知縣

鄭儼　任彭山訓導
曹偉
嚴中泰
許翀　考授知縣，登儁其四世孫也
李太祥　候選、縣丞
馮正經　候選照磨
馮正綸　候選衛經歷
黃冕　候選推官

李天獻　候選主簿
車必榮
楊孔麟　候選衛經歷
鄭芳　候選訓導
楊孔薫　候選主簿
張祥　候選訓導
吳祚　候選縣丞
陳宣　候選主簿
張琛　候選知縣

黃裳　候選主簿
周憲
羅鵬
黃熬　候選訓導
何吉
廖禎
李榮春
車星　博學工文，再遴留昇衛教授

隆慶丁卯

聶武 有傳

汪璫 有文名
張大川
顧仁 候選訓導
熊一鶚 任秀水縣丞
毋壽 候選訓導
黃元

萬曆乙酉

李應麟 中順天鄉試有傳

劉良卿 任靈璧縣丞

癸卯

周仲庠

馮元

乙卯

栗騰芳

葛希賢 有傳

戊午

周際明 任廉州推官

李應麟 選拔有傳
曾秉
龔仕 任巴東訓導
陳旨 任安陸縣教
黎猷 [illegible]授官不仕
毋儀
李應兆
周希文
史希楚 有傳

吳九思 有傳
葛希俊 有傳
龔偉
吳大濂
謝滋 任沅陵教諭
李寀 任零陵諭
張耀然
馮世濂 有傳
周宏謨 任衡州府學教授

劉家相 任饒州教授
李深 任崇陽教諭
黃大中 任墊江教諭
鄭餘慶 有傳
梁國相 任彭澤教諭
梅遇春 任蒲圻教諭
黃之道 拔

泰昌

周琮 拔

天啟丁卯

熊[illegible]提 有傳

金大赤 任寧州訓導

				賀登元
崇正庚午			汪士傑山西靜樂縣知縣	劉士奇拔
癸酉			李六年任永州府教授	羅繼恩
丙子			王鎬有傳	殷芝
			郭之都任新寧教諭	歐陽煥考授知縣
己卯			梁焜副榜	陶大賢任湘潭訓導
壬午			陳其美中國朝進士	向之彥拔
				殷萃任安陸教諭
				金門彥任襄陽教諭

				陳九章
國朝				
順治丁亥		陳其美任浙江處州府推官有傳		謝日燦有傳
				周毓鳳恩貢
				廖養義任枝江訓
辛卯			楊州彥中己亥進士	范念祖恩貢任松江同知
				詹南任新田教諭
				陶喆恩貢
己亥		楊州彥直隸任邱令有傳		周敬修任益都丞陞鄒縣

				梁山金有傳
				范文叔任永州訓導
				黃鳳岐恩貢
				張吉宿任德平丞
				劉鳴儒有傳
				栗引之有傳
				羅存素
				范文英任通山訓導
				張肇元考授縣丞

				熊虞
康熙丙午			張且生	曹嗣吉舉孝廉康熙己酉預修邑志
			陳士敷中丁丑進士	
壬申恩科	金維岱翰林院檢討籍鍾祥		游逢盛授內閣中書	魯君參
丁丑		陳士敷任福建歸化縣知縣		羅明慧
				陳廷璧任辰溪訓導
辛卯			李作朋副榜羅田教諭	汪宗熹
				陳大佐
甲午			鄢賓泰	陳大佑

梁昆　任通道教諭
李明廣
汪埕　任辰溪訓導
胡作城
郭麒賢　拔貢任雲夢教諭
曹之錡　移籍鍾祥
王士璵
黄甲行　任遠安訓導
李宗番　候選訓導

周繫鼐
張必達
熊遂生　選拔
李德敷
周卜年　任黄安訓導
梁星　有傳
王之臣　恩貢
李通理　任石首訓導
許宗理　恩貢

雍正癸卯
朱檑　任東湖教諭
王炎　拔貢有傳
樊之鐸　恩貢候選教諭
李玉潤
熊荷生　有傳
陳士枚
文際時
牛天宿　任公安訓導
李萬鵬　有傳
劉馨美

甲辰
甲午
丙午
己酉
庚戌
癸丑
乾隆
辛酉

郭孫俊　江西安福知縣有傳
宋楚望　江南常州知府有傳

文汝蓀　任涇縣知縣
李作人
謝永聰　任澧州教諭
郭孫俊　解元中庚戌進士
宋楚望　解元中癸丑進士
宋中山
林可法　任仁化令有傳

楊枝蕃　有傳
李奏敷
郭祈賢　有傳
金秉祚　拔貢任徐州知府
郭禧賢　恩貢
衛之璞
文大遇
林可法　拔貢辛酉中式
廖宏敏　恩貢

文汝芝

劉續祖 有傳

趙州貺

嚴　岱 任鄖西訓導有傳

羅宏訓

馮　袞

龔應奎 任德安府訓導

鄭宗仁 任監利訓導有傳

楊昌明 拔貢

郭以正

李和熙 恩貢

邱鍾之

郭孫琪 恩貢

劉　寅

趙　境 任南漳縣訓導

李自新 恩貢

庚辰

葉文在 副榜

趙　統

符國璉 任安州吏目泰府督

修學宮兼捕蝗蟲因公染疾卒於官

范子齊

吳士興

李光祖

沈繼高 有傳

劉邦輝 居家教授著作甚多

張鴻叙

施萬緒

任之朝

黃映芝

張開佐 有傳

劉學朱 有傳

戴宗寬

張　金

郭孫煥

郭天問

張定成

癸卯		壬子															
向志甲		文瓚															
張起淵	劉學夔	羅啟鰲	李傑臣	袁拔廷	趙州傳廩貢	戴宗翰附貢	盧嗣遜附貢	汪聖傳附貢	向志熙附貢	楊楚望附貢	陳學楷府貢附	張寬府貢附	楊啟淵例貢	羅有芷例貢	羅有蘭例貢		

舊志論曰今士起家科目以策名於朝而焜燿其鄉里者世俗所謂得志也噫世之得志止此乎惟其以此爲得志也故不得志者輒搤擘曰國家以資格限人夫以資格取人耳限之云乎且人之不可以一格收明矣而格之不能限人也亦明矣今有學如公孫宏而以廕擯者乎有畧如卜式文如司馬相如而以貲擯者乎使學不必如宏也而平津畧不必如式也而御史大夫文不必如相如也而使持節士則得志矣國家其何利之有吾以爲士亦求無愧此格而已焉往而不得志哉　國朝貢生自康熙己酉後宜拔年全編冊籍無徵恐致錯落姑從缺之

武科

國朝

康熙癸卯　朱斌元

丙午　郭達

楊芃

宋楚材

乾隆戊申恩科　魏尚衛

雜選附

明正德　黃榜　池州判

嘉靖　李梁　東鄉主簿

李棟　寧州同　　李科　衛經歷

張松　白河主簿

張校　邛州吏目

李玠　環州吏目

宋庚　蘭州判

馮庠　鴻臚寺序班

張百川　峽江主簿

聶豹　雷州府經歷

汪鎵　池州州同

萬曆　張偉然　成都主簿

姚勝　北城吏目

饒銘　東鄉主簿

劉載　南昌府通判

崇禎　張宗彥　鴻臚寺序班

徐文昭　衛經歷

聶登俊　鴻臚寺序班

黎敷化　徐州衛經歷

熊隆應　鴻臚寺序班

李耀　楚府審理

國朝

康熙　汪若淳　平湖主簿

范文釗　懷遠縣丞

趙州牧　泉州吏目

武選附

康熙　宿玉鎮　羅定州副將

劉舉　彝陵州守備

楊文美天田所把總

例職附

祁朝陽州同

瞿啟藨衛守禦

符光宁州同

田天華州同

羅思進州同

趙元明州同

徐開第布政司經歷

鄉賓附

乾隆三十七年

盧嗣遜大賓貢生

謝士安介賓生員

符士綱介賓監生

賀傳祖耆賓

潘彬文耆賓

乾隆壬子

羅啟鰲大賓貢生

楊先佑介賓監生

劉開泰介賓監生

汪聖志耆賓

徐自昌耆賓

當陽縣志卷之六終

當陽縣志

當陽縣志卷之七

人物志

宦蹟

讀書所以經世非徒斤斤呫嗶也昔范文正公敝秀才時便以天下爲已任後世科第起家者類多迂疎鮮實效歸熙甫謂三途並用頗多偉績是政事文章且歧而二之矣當邑仕宦自前代迄今雖無大顯要而卓卓堪紀者固亦有人爰考其行事著於篇

梁

鄧元起字仲居初仕齊爲武陵太守梁起兵元起率衆會於夏口齊和帝卽位拜廣州刺史中興元年改益州刺史仍爲前軍建康平進征虜將軍梁天監初封當陽侯

元

張灝至正中以材德舉任江西道廉訪使振揚風紀名震一時

明

李儼登永樂壬辰進士性端愨躬自砥礪初授大理寺評事歷廣東右參議居官清慎有治聲卒於官

姚廷用字舜卿由監生授四川嘉定州同知時守尚嚴刻廷用以慈和濟之遷衛輝府通判卒於皖城佐州六載民甚德之祀學宮

姚會字文甫廷用孫少貌學性孝親疾輒侍立不寐無倦色嘉靖己酉舉人授四川嘉定教諭郎祖廷用舊治士多敬愛遷南溪知縣有善政將奏績

時有大官歸里吏白故事當執手版會怒拂衣歸士民攀留不得乃立祠至今尸祝弗忘云

聶武字仁卿隆慶丁卯舉人任陝西富平知縣不避強禦發摘如神有淫僧匿婦女經年無問者武廉得其狀置之法火其居一邑稱快後以不能阿上官遂告歸居鄉敦讓好施與里人重之

葛希賢字子良少工文年十四入鄉闈及納卷方伯見其幼奇之覽卷大驚賞旣入彀塡榜方伯不覺喜溢曰葛生獲雋矣主者引嫌罷去相顧嘆惋

而已萬曆間以歲貢授浙江紹興通判斷事敏決上虞民有殺人應抵者親識懷金爲其地希賢怫然曰人命至重鬼神難欺汝將墨吏我耶慚而退會上官某索賂於屬持不可曰嚇我者此官耳吾安往而不得拂衣歸弟希俊秀水丞亦廉平有聲

李應麟字振公萬曆乙酉以選貢中順天鄉試性高介絕跡公府初任四川井鹽縣知縣清廉有惠政遷鎮寧知州卒於官貧無以斂

馮世廉字淡如貢生任浙江仁和縣丞有吏治才疑獄一讞立決甫滿歲即乞休歸優游林下二十年

吳九思字石泉歲薦司訓黃岡俸入輒以資寒士諸生鄉之易亦貧失偶九思爲婚娶焉後之易成進士遷合江令有士董翼者貧甚亦厚遇之及翼登第九思卒翼親拜其墓涕泣甚哀

史希楚字景猗選貢歷知莘縣敦俗勸學以德讓爲先後致仕里居掃軌杜門人罕覯其面

梁國相字調元歲貢司訓萍鄉陞彭澤諭座滿春風士林推重未幾致仕歸里中後進多被澤事繼母以孝聞年八十餘卒子焜燿皆有聲庠序寧國令山金其冢孫

國朝

陳其美字公彥性孝友攻苦力學登順治壬辰進士司李浙江處州治尚清靜決獄多所平反分校秋闈稱得人卒於官年五十五櫬歸惟圖書數卷而已以上舊志

楊州彥字倩公一字宣樓幼穎悟年十五補諸生中順治辛卯鄉試巳亥成進士西郡觀察王公彥鄉試大總裁也時大軍入山採木修營房派玉陽民運至郡羽檄嚴催彥力言不可觀察疑其受邑人請託細訪之則玉陽人亳未知乃益重之玉陽糧止數百石軍需歲四千餘金彥商摧調劑省五存一民困以甦丁未補任邛令戊申值奇荒苦饑彥上其籍於當路米家二斛多口者倍之民活者以萬計北地火耗兩以二錢五分盡除之無分毫染指後以踈節獲罪上官任卬糧尚未及萬誣以

耗二千五百劾之吏胥被鞫無一枉招者刑死者四焉報罷復坐追償南馬産幾盡彥風流瀟灑一令雅非所堪晚年詩彌邵至七十取古詩歷三代漢魏及唐日誦數百首辨析微茫論定者蓋二萬餘篇年八十卒著有澹園詩文集

郭祺賢乙卯拔貢前孝廉郭之都子少通六經長工文康熙壬子鄉試薦不售性孝友和平接物閒里比之陳太邱後授雲夢諭教士先德行後文藝課業餘閒不廢歌咏任雲十載解組日諸生多有

泣下者子二長孫俊有傳次孫偉廪生

梁山金貢生授寧國令多惠政士民懷之梁星山金子司訓崇陽課諸生以實行多所造就嵩產擕修本邑學宮上憲嘉之嗜吟有種梅軒草妻齊氏亦工詩以上續修志

郭孫俊字甸方號章菴雍正丙午解元庚戌進士授刑部山東福建清吏司主事改授江西都昌縣旋調安福署理吉安分防府事所至以治稱公性恬淡解組後嘯咏林泉肆力經書寒暑罔間爨烟屢虛泊如也鄉人薰其德田叟村童牽衣挽杖竃無炊色彷彿邵康節居洛時晚年主廻峯書院出其門者皆知名士蘭町衛太史贈以聯云渾金璞玉人之望霽月光風士所師所著有涉趣園詩卒年八十一子天問邑明經

宋楚望字荊川號恒齋雍正己酉解元癸丑進士初宰句容市桑教民樹布成疋者給以錢遷丹徒歲饑設賑單騎歷窮鄉廉察奸豪民得實惠口誦
聖諭十六條受

上知擢海州再遷太倉借帑沿海築塘六十餘里居民利之旋補府委查揚水道此固歷來委員所難者旬日以要領稟　河臺高　持入
告報可遂疏舊海口諸水果達海任常州感親老力求終養至泣下親沒終制適莊公容可自吳撫楚愛其才檄府促之仕乃署松松吏刁民頑數月案無積牘士民向化隨署徐兼署淮徐道將大用以老求歸有三章乞得老身閑之句絡繹遮送者幾半江南境所著人禽分途戒淫等書人爭誦之蘇

撫除宏識理學也升以序歸事繼母老益篤朔望必跪拜執喪時年八十哭泣躃踊弔者感泣又三年卒今省　制畢公時巡陝乎畢歸賻祿以召社遺思　畢公宰太倉時所鑒識者也

嚴岱字魯山號惺齋性誠慤讀書無寒暑忘寢食爲文一準先輩丙子選鄖西訓導卒於官櫬歸里諸生歸賻遮道泣送

林可法字行思號恬菴雍正乙卯拔貢
廷試肄業太學大司寇總理監事合河孫嘉淦稱其器

宇深厚學有淵源拔魁多士辛酉膺鄉薦丙戌選粵東檄查海上鹽艘暨瀕海編戶積貯攝澳門司馬旋授仁化令邑有滑賊廉得之抵於法境旱遍歷山野所至無公署設法賑濟民不病歲藩臺歐公書循吏賜之甫三歲移疾歸生平端嚴方正尤喜棭引後學所著詩古文詞爲士人法子孫皆有聲庠序恂恂衣大布如未仕宦之家云

趙瑄字璧六號介菴邑庠趙良貴之四子兄弟十人孝友無間少能文弱冠補弟子員教授生徒出其門者皆有聲庠序間晚以歲貢授南漳訓導志行端潔遊刖足亭賦詩云懷璧誠有罪一獻亦已可胡不衛其足愚哉物喪我解組歸卒年八十一

鄭宗仁號蘭亭力學篤行清苦自勵晚膺歲薦受知王屋衛太史薦司訓荊之監利縣成就人才甚夥卒於任貧難歸里卒賴王屋力櫬乃歸

忠節

家有節婦非家之幸也國有忠臣豈國之幸哉然呼吸存亡之間非此一二人致命遂志無以植三綱扶人紀以彼一念真誠丹心自矢貫金石泣鬼神千載下猶凜凜有生氣焉他如知順逆識去就固與爲國捐軀者有間要其乃心王室則一也

明

楊正芳鎮筸副總當明季逆賊猖狂殺人無算正芳提一旅師來駐合溶以少擊多每以奇勝後因衆力逐賊汗甲捐軀遂死王事署縣事照磨何某留守經歷沈某漳河巡檢徐萬化亦死之補遺

王鎬字世求中崇禎丙子鄉試主司吳偉業奇其文癸未闖逆屯襄僞徵下不應僞令械之去至清溪市鎬倘解者酒乘醉遁南漳山寺僞令索之急親屬皆逮繫鎬聞拍案大呼氣遂絕舊志

聶登衢字瞿行少穎悟十九補弟子員每試輒冠軍闖逆僞辟至僞令強之銜痛哭髡其髮自號江蘺和尚舊志

國朝

呂騰蛟荆鎮部將順治六年虎賊出遠安擾近當邑荆鎮總兵鄭四維統兵堵剿騰蛟追戰死之補遺

汪吉荆鎮部將順治十年虎賊餘孽李來亨突出當陽刼掠清溪河一帶吉追戰死補遺

金大赤字大純邑人以明經歷寧州華容教素以孝著年七十致仕母周氏年九十三崇禎甲戌城陷賊欲刃其母赤冒賊與母及子論俱死焉

陶鑄陶冶邑人甲戌城陷俱被執不屈兄弟爭死賊兩殺之

熊穎捷字非熊邑人性樸謹中崇禎丁卯鄉試署江陵諭闖逆屯襄入遠安鳴鳳山與都司方應新據險協守賊環攻之砦將潰遺書與兄曰朝廷不忍負祖宗何可辱投崖死以上舊志

張一華邑人値明末賊變率義勇捍賊身受重創弗恤力衛母難幾斃賊手其忠義亦見一斑云

張良恕邑鴻橋人奇偉有膽智國初草賊小李二出沒不常每竊發時恕確踩登萬

呼衆輒避順治十八年　大兵搜剿適恕當鄉耆
面陳賊情形得盡殲鄉賴以安
謝曰藻字表生世居邑合溶性孝友篤大節明季
流賊寇當陽藻舁譜以避掘地三藏得不毀
鼎新後同里有仕逆藩吳三桂者亟薦藻力却之生
子四其三子誤被兄子擠水死藻念兄嫂早喪惟
此子轉紿妻使子之命曰嗣及長產析半仍承兄
祀爲藻終
國朝歲貢生壽九十七子三俱邑庠孫承聰中康熙

甲午鄉榜授澧州學正

孝義

孝庸行也使必取割股刲肝以爲孝斯乃如鄒人
之對難以訓後世然有時匹夫匹婦之所爲往往
過於文人學士蓋至性所發不容僞也

明

游龍飛事母以孝聞人呼爲游孝子母有病割股
奉之邑令　旌其門曰純孝舊志

國朝

郭毓賢諸生孝廉郭之都子乙酉流賊破城之都

偕子女乘小舟避港汊蘆葦間賊突至攫其金會
使去毓賢佯語賊曰此翁羸老子少有力願隨往
賊遂釋之都不知其爲之都子也後死於賊
林大倫字亭五邑庠生生四歲父歿晝夜哀號若
成人宗族咸異之及舅奪母志就傳外家少長嗜
學能自樹立弱冠入黌序有文名因少失怙終身
布袍蔬食月必展墓歲時頻省問若不忍暫離膝
下歿私服三年喪大司成孫公嘉淦拔倫狀爲其
孝行如徐仲車子四可傳庠生可法登辛酉賢書

可道糜生
朱康雪邑庠生性至孝父歿哀毁過禮廬墓三年空山中時聞虎嘷處之泰然啜蔬食淡三年如一日時人或饋餉悉拒而不納
羅聞斌邑合溶人母歿父誓終身不娶斌抱痛益深即躬侍父寢不入内者三十餘年父卒哀毁骨立前邑令周表其門曰孝行可風以上續修志
陳應倫邑農民母李氏孀居三十六年年七十二久病不愈展轉床褥倫遂割股煑粥奉其母病愈

前令李奐賞之隨詳准各憲立有孝子碑
張明詩邑鴻橋人性孝幼失生母終身事繼母無間言母齒脫時日備糜糊親食母母臥病隣遭火災幾及寢室呼天號泣風返火退母得安鄉曲以爲孝感云
沈集皐邑明經事親以孝聞母亡事繼母如生母繼母亡皐以外館恐服事不稱父意浼戚友勸續娶館離家七里餘晨昏定省不廢親歿飲食必泣

奠數十年如一日年八十三臨終正襟危坐朗誦孝經數遍
周次韓小蓮里民父最嚴受杖怡然父歿盡哀其母老病冬擁衾夏扇枕常恐熱睡失茶湯不敢安寢呼即起母年九十食無齒嚼食之又以久臥思遊躬負母觀山水聽樵歌及歿哀毁骨立年亦八十四始卒
張塘邑增生性孝家貧甘旨必備父病噎或日一食生亦一食或數日不食生亦不食父歿事母尤

謹居喪悉遵禮制鄉里重之
王國器邑庠生庠生應魁子五歲生母馮氏亡八歲父沒繼母李矢志撫子成名始營葬器方冠果如其願獨臥墓側三年李性剛器極色養或不悅即長跪請罪李沒哀禮備至邑人至今稱之

篤行

漢孝弟力行科與賢良並設教實行也篤行之士雖未能盡蹈中庸然其孤行特立矢志皦然難矣哉彼鄉黨自好者不畏功令而畏彥方是亦勵世磨鈍之一助也

明

歐陽琦字獻修文忠公裔祖希德自廬陵官荊州因家當陽琦幼穎十四補邑庠宏治中屢薦或諷以仕琦曰吾有老母以祿養不若以色養也與

弟珥朝夕膝下孝友之聲騰遠近晚尤耽嗜五經年八十有四自題墓而卒

國朝

劉鴻儒字介臣邑明經性倜儻有大器爲諸生即以經濟自任每上書言邑中事直陳利弊裨益地方咸韙其議人有過輒面斥之授湘鄉縣訓未任卒年五十九邑人惜焉舊志

張遷喬嗜學性孝繼母病篤月餘衣不解帶生平敦崇實行好善樂施鄉里推戴當事咨訪每有建白多切時政子孫皆克守一經著名鄉國遵遺訓焉

劉曰漢郡庠父大名義訓有方漢少嗜學試屢冠軍賦性介特立品端凝居城令長罕識其面母病卒妻額天祈以身代母前子二皆貧漢剖產以給毫無吝心子六列膠庠者二列明經者二今學燮其季也

張泰郡庠生幼力學能文章志行純篤日手一卷泊如也母病痰症者數年衣不解帶未離寢門及

卒哀毀骨立遂成羸疾亡無子閭黨惜之

魏尚志邑庠生性沈潛務實學以優行舉社學長訓徒先器識炙其門者多就矩度事母孝與兄同居五十年不析産館資必歸兄自號許山樵子

楊枝蕃貢生任邱令州彥裔胚胎家學實有淵源居心厚重生平不喜聞人過每爲人排難解紛閭黨重之

馮袞貢生立品端方和易近人與長兄相愛未嘗析居將需次選卒以明經老人多惜之

宋士獻字徵可邑諸生以子貴封奉直大夫性爽直待人無城府樂善好施歉歲寒冬里中衣食不給者加賑䘏鰥寡亦貧病出藥資死則殮葬焉又喜積書帖獎勵後進家延塾師親故子弟稍聰慧而力學不能者供盤餐給紙筆楊五寺堤踞六堤上游丙子蛟水發決口數里六堤内盡爲洪波士獻頂力修築買堤脚科夫役家貲告匱鬻產以給工竣六堤賴以保障民咸德之子二楚望常州知府楚材武舉以上續修志

郭祚賢邑明經前明孝廉郭之都之季子伯兄毓賢以死殉父難事載孝子傳仲兄祺賢選拔雲夢諭另有傳郭氏以忠厚孝謹世其家祚守訓尤謹子孫勝衣冠者雖燕見必整性方正懲俗奢靡歸眞反樸家故饒子孫無衣紈綺者族有佳子弟必多方成就之姪孫俊成進士祚賢力居多子八孫璟　恩貢生孫璨以文行重儒林有傳琦瑛皆廪生璵貢生諸孫多列庠食餼者當陽孝友文學之家必首郭氏云

任宏仁性孝友兄宏韶遠出不歸貸貲斧尋兄江南及至兄已殁號痛幾絕後析產與姪推腴讓美義方訓子子之朝明經之超之烈俱庠生

趙開祚邑廪生少穎悟工文試輒前矛屢膺薦性孝友立品端凝人多以王彥方比之子州傳明經

侯登元里民父啓珏嗜酒好交遊家貲蕩盡登元善爲治獲利多具酒食以娱父又與繼母前夫子友愛不啻同胞焉以上三人續修志

任楚雄邑庠生弱冠有聲藝苑八戰棘闈不售生平好善樂施乾隆乙亥水泛朝陽山麓范家垸堤潰數百餘弓陷爲巨潭楚雄星夜募夫每日代設午餐一次堤成共計一萬三千餘工於堤上建

關帝廟置田五十畝工竣家業耗費過半猶念非一勞永逸計復鳩本垸居民共築沿河堤六百餘弓范家垸始成樂土

曹之莬字服周性淳厚事親委曲承志終身無間遇荒歲尤恤饑困分升斗供饘粥分遣僮僕種蔬

於泗澤枯堰二麥未熟飽菜羹以活者千百戶卒
年七十
曹士焯國學生負氣節重然諾輕財好義急難解
紛族曹士烈家赤貧地豪誣以盜幾不免賴其力
事得白生平多類此
祁朝陽候補州同性謹厚嗜讀父早世事母孝值
母怒即以小杖奉願身受母享年九十尤樂施歲
疫施棺荒濟鄉里穀麥數百石無吝色修祠妥祖
靈每以勤儉孝弟訓其子

張志毅字方引邑庠生孝友純篤博極羣書丰期
肅穆從無疾言遽色對者矜平躁釋享年八十四
歲子玻孫崇職俱入庠
黎适臣邑老民性寛和語言慎重喜施捨生平領
修橋梁甚夥晩獨造結緣橋二有碑誌其事八十
餘卒
蔣士英合溶人性端方不出戶庭喜建橋有募必
傾囊應之乾隆二十三年捐銀購石重修合溶上
下街道貳分大橋行人便之

阮士雋純篤性成事親曲承厥志孝弟力田子際
時孫芬有聲庠序
楊承杞監生楊光熹之父性醇古乾隆四十七八
年先後施棺百餘每棺費六百文生平代親族
中葬娶不能葬娶者尤夥卒年七十八
楊先佑邑鄉飲介賓急公好義在局辦理志書備
極勤勞屬纊時猶諄諄囑其子弟務承厥志賫志
以沒同館惜之
劉學朱邑貢生性孝友父沒撫諸弟兩列膠庠一

列明經定宗規俾子孫力敦本行尤樂義舉昔建
學宮書院勞怨不恤晩年主廻峯書院接引後學
極盡厥心卒年七十五子經時邑庠生
何獻文邑鄉耆庠生何正楚之父退讓急公家離
邑治幾百里文駐城督修書院學宮一年忘家里
有不情者訟之自引咎置不校前令苗甚重之
任晳雄生平力行善事捐貲百金募建柳林港石
橋行者便之從弟惠雄亡遺孤三月晳撫育至成
立卒年六十一無子里人惜之

陳維霖監生原任長溪訓導陳廷璧曾孫好善樂施隣里死亡貧乏者捐棺助之數十年不倦將卒囑其子勉行之

劉九垣字德軒邑耆壽明山西按察副使八世孫也博學篤行翰墨自娛　國初清丈田畝有司造廬商擁魚兒總田賦皎然畫一皆其力也孫人龍曾孫懋桂等俱名列鄉國

黄晪蓋邑庠生孝友樂善父早世母性嚴毅有不悅蓋率長跪請罪必霽顔乃起弟不善治生常售

田蓋爲贖還之脩學宮書院身任出入絲毫不茍闢南建石橋捐貲獨多或謂立碑卽辭謝卒年七十二

文苑

昔杜少陵謂文章一小技於道未爲尊乃登藝苑之録者代不數人豈傳不傳有幸不幸歟士君子得志則爲[illegible][illegible]草不得志則名山著書無聊寄一也爰志其姓氏留於簡冊令後起者景行焉

國朝

栗引之字長伯邑明經考授縣丞前孝廉聯芳嗣子也世居青溪性超曠博學多聞茅屋數椽泊如也每攜老僕背書囊入玉泉鬼谷諸幽處兀坐把

玩發諸吟咏陶寫天真無半點塵氛氣生平雅與楊州彥兩莫逆酬唱無虛日初邑乘廢缺引之毅然脩纂兵燹後搜訪維艱得殘篇於劉鴻儒家摩挲考究彙次成書一切治亂沿革瞭如指掌而於賦役風俗土宜諸條尤三致意焉他如玉泉山志並出手裁著有大雲樓稿子宗高亦以詩世其業

熊荷生字擔人貢生爲文一軌先正家貧教授生徒邑中有才名者多出門下素負大志卒以明經老人惜之

謂中雋而竟卒老諸生

劉續祖字二史少失怙受學老宿許白雲得其傳弱冠補諸生嘗遊長林諸名士矜談石鼓文續祖證辯娓娓靡不傾折爲制義規有明諸家神骨俱肖家貧授徒指畫皆有法度素負經濟大畧嘗兩入都不遇歸輒放情詩酒嘯歌清水方山間至其議論文章一語之合雖後生末學亦逢人稱譽不置所著詩古文辭獨闢畦徑自名一家晚益鍵戶著書蔬水自怡年七十以明經老其詩文各集人競傳頌焉

牟萬鵬歲貢生師事長林名宿胡念先篤志力學研究程朱得其會歸子史詩文皆經手評抉摘皆中肯綮藏有磨心鏡教學譜

王炎字烈山癸卯拔貢少沉重寡言笑安貧嗜學勵志不倦尤潛心性理諸書發爲文字根柢深厚蕪雜影響之談消融都盡問形於詩歌亦質樸自喜不計工拙結廬江上教授生徒從遊日廣年未六十卒

李和煦邑貢生少勤學敦孝友性軒爽不事生業訓課生徒鄉塾義館歷數十年不倦成就者甚衆

黃大經邑廩生有能文聲家故貧事繼母以孝聞授徒數十年邑中知名者往往出其門文行兩不愧云

嚴方英邑廩生少英敏工文屢試前列爲邑名士士林推重教授生徒皆有聲庠序惜未遇早卒

吳廻邑廩生賦性伉直立品端凝生平不苟笑言一時從遊者多被薰陶邑令王推重之

劉容字伯度邑廩生少勤學受業於季父二史屬文苦心孤詣渺衆慮以立言讀書强記周秦以下諸子史雖隱僻瑣事信手捃摭不訛一字晚年應制文率意抒寫屢冠厥曹以數奇躓棘闈年四十七卒其素行孝友族黨多推重之

郭孫璨字湘琳邑廩生行八天資沉敏爲文刻摯小試屢拔前茅入棘闈輒不售奉親躬扶臥起調飲食每得佳味輒喜勸加餐友愛諸昆必以道義

自顏其齋曰弟兄師友家藏外間人有異書必借
抄儀禮通考册府諸大部皆經手錄疾前二日猶
搦管不輟性剛直家人有過僉曰勿使八郎知也
年四十二賁志以歿同社皆爲惋惜以上續修志
張開佐邑明經性恬靜篤行誼七歲入塾從容端
坐不旁矚長爲文恬雅深醇垂老刻不釋卷尤酷
好大易啟蒙性理精義家居教授諄諄以正誼明
道立說著有眞積堂集藏於家
曹思濟字距川號蒙泉邑廩生爲人豪邁不羈博

極羣書考廉林恬菴嘗稱其博洽爲文始則卓犖
不羣晚年造就一歸醇正生平詩古文詞乘興寫
懷如風雨驟至壬辰報明經旋卒
曹佩維字懋四行六邑廩生諸兄早逝撫孤如己
出有過不深責令旁坐靜思各謝罪乃罷族祠明
季燬於兵捐銀倡建復捐田擇人收租有餘以濟
貧而賢者宗族遵訓廸無行者慚其知貢生劉邦
輝傳其孝友予行堪型族衆恩誼之隆稱於宗黨
爲爲文精闢峭刻懇切不可磨滅著深柳堂文集

藏於家
張鴻敘邑明經爲人沉靜簡默少孤貧過書皆手
自抄錄窮年苦讀卒徵博洽爲文骨氣嶙峋不拘
常蹊三薦不售邑人惜之
盧嗣遜字謙士號方舟少孤力學入庠後五戰棘
闈不售貢薦專意教授成者數十族隸軍籍置義
田以濟漕運清溪之義塚方山之起鳳橋皆其倡
首也晚年尤精醫藥不厭取求舉鄉飲正賓所著
方舟文集醫方解補藏於家年七十無疾終當暑

三日斂色如生子效棟庠生

隱逸

世際唐虞不無巢由時當光武亦有嚴陵鴻飛冥冥弋人何篡其逸興遥情非塵網之所得而覊與苟趨富貴者異矣

元

衛應辰自號臨沮散人博學篤行隱居弗仕有古逸民風

明

鄭克昌字伯賢福州人丙崇進士本學教諭因家

爲克昌少爲諸生不售遂棄去放浪山水吟咏自娛造安鮑令慕其高數造訪皆不納本邑馮令強一識面終不報嘗采禹貢周官及管韓荀賈諸篇彙爲一書以見志子餘慶字五雲歲薦歷教諭篤行有父風

楊誌字石父弟兄皆諸生誌獨嗜讀書高尚不習舉子業工詩及壯好遊時一至吳越踪跡多在湖湘間生平不喜見貴人長沙禺山宗王善詞賦誌乃以布衣取重郡邑有司造廬欲一見不可得子弟疑倨誌曰予布衣又腹大不能深揖庸倨乎一日於遊次覽鏡見白髭驚曰予老矣堂上且有兩華髮人安可復出自是嘯咏田間十餘年卒年六十六誌爲詩澹岩有幽思無凄韻深得風騷之致遺草數卷大都沅湘間語多幽折田居語多和暢

以上續修志

國朝

張日旦邑鳩橋人號雙河居士敦倫樂道儉德傳家喜讀書年三十餘無意功名閉門却掃凡五十

一年人罕見其面卒年八十四前數日呼子孫至榻前誦曲江感遇詩二章囑錄朱子儉德帖置座右

耆壽附

文太常邑沙溪里人年百三十一歲明　間授壽官今孝廉費其十世孫也

裴際太邑庠生年八十六性節儉燈下能作蠅頭小字乾隆庚戌賜衣帛米肉

楊正元生員楊起崙之祖簡重端方乾隆四十三年壽九十　學憲洪錫以敦行壽藏區卒年九十五

莊方昇生員莊世榜之伯好善樂施尊師重道晚年尤力行陰隲卒年九十二

林可裕邑廩脂入性孤介躭經史隱居自適不求聞達終日危坐手一卷現今八十

楊鉞字定西鄉賓楊先佑之祖品格端嚴性喜排難解紛卒年九十

論曰史言老子百餘歲或二百歲竊疑之及讀其書深遠矣人能竊其意以攝生皆地行仙也必如孔子論仁者壽幾人哉周詩有之俟河之清人壽幾何矍鑠哉此翁夫寧無所自來與

僑寓

世之盛也風俗淳美士大夫澹於榮利遺民寓公幅巾吟嘯無往不得其所止流風餘韻浸淫成俗賢者之所居若此其重也歷考邑中流寓王仲宣之詞賦唐子方之風節胡文定之經術尚矣賢喆托蹤山川增色撫今懷古雖不能至竊向往之

魏

王粲字仲宣山陽高平人獻帝西遷家長安善屬文蔡邕見而奇之曰吾家書籍文章當盡與之年

十七辟黃門侍郎以西京亂不就鄉人劉表爲荆州牧往依之粲貌寢通侻表不甚重作登樓賦以自傷其詩曰遷於荆楚在漳之湄蓋寓當陽時作也表卒劉琮降魏辟爲丞相掾遷侍中朝廷制度悉咨之建安二十三年從征吳道卒

唐

孟浩然襄陽人好義節詩名重開寶王維極推之隱居鹿門山嘗往來荆門漳沮間陪張曲江遊玉泉有詩

杜觀甫弟甫在蜀有績得觀書迎就當陽居止之

作

五代

梁震蜀人後梁開平元年進士取道歸蜀時荆督高季昌僭號開府荆臺慕其名留之欲辟爲判官耻不就曰震素不慕榮利明公不以爲愚願白衣從事許之震止稱前進士季昌亦禮重之稱先輩而不名昌卒子從誨時過其廬贈遺特厚後固請退築室於上洲嘗乘黄牛披鶴氅閒詣村墅自號荆臺隱士

宋

唐介字子方江陵人嘗客當陽讀書漳水上仁宗朝登進士爲武陵尉歷平江任邱令入爲御史裏行轉殿中侍御史劾宰相文彦博貪緣宫掖諫官吴奎表裏觀望帝怒甚將遠竄介徐曰臣忠憤所激鼎鑊不避何辭於謫帝亟召彦博入介責之曰彦博宜自省即有之不可隱彦博拜謝不已帝怒益甚貶春州別駕帝旋悟明日取其疏入改置英州而罷彦博相吴奎亦出帝慮介或道死有殺直臣名乃命中使護之由是直聲動天下數月起監郴酒復諸州尋復原官入對帝曰卿遷謫以來未嘗以私書至京師可謂不易所守矣久之請解職出知揚州徙江東轉運使及彦博再相薦介曰向介所言誠中臣病尋進天章閣待制復知諫院多所論劾旋請外英宗立召爲御史中丞明年以龍圖學士知太原府夏人數擾邊境多築堡介悉撤之諭以利害不敢動神宗立以三司使召尋拜參

知政事帝欲用王安石介言難大任安石好學而泥古論議多濶使爲政必多更變帝弗聽自是數與安石爭辨帝主其說介不勝憤疽發於背卒年六十謚質肅子淑問義問孫恕皆有名

胡安國字康侯淵子也生有異質年十七入太學與伊川門人朱長文靳裁之講論學問日邃登紹聖四年進士崇寧間提舉湖北學使事抵官改湖南爲蔡京所擠除名遂退居漳濱迎父就養定省外惟經籍自娱宣和末廷臣交薦上坐便殿虚宁

勞問甚渥奏曰明君以務學爲亟聖學以正心爲要上首肯之以足疾乞歸至襄陽虜已薄京城時長子寅校書中秘賓客爲之憂安國愀然曰主上在重圍卿大夫之辱也余恨效忠無路敢念子乎聞者感動及高宗即位復論政有九失召爲給事中凡三辭紹興中促召未至復除給事中就職旬日遂以疾求去有旨令纂修春秋以進先是王安石廢春秋防禁益甚安國獨留心是經研窮三十餘年曰此傳心要典也至是繕寫奏御上屢嘉嘆

有經筵正論武夷集資治通鑑補遺行世謚文定從祀孔廟子寅寧宏從子憲俱名儒

朱震字子發荆門人登政和進士第仕州縣以廉稱胡安國一見大器之薦於高宗召爲司勳員外郎稱疾不至會江西制置使趙鼎入爲參知政事上諮當世人才鼎曰臣所知朱震學術深博廉正守道士之冠冕使位講讀必有裨益上乃召之既至問易春秋之旨震以所學對上悅擢祠部員外郎兼川陜荆襄都督府詳議官多所建白後謝病乞祠命知禮部貢舉會疾卒震經術深醇有漢上易解大旨宗程傳兼邵張之論上采漢魏吳晉下逮有唐及宋包括同異而於象數加詳云震嘗讀書玉陽學者稱漢上先生

侯仲良字師聖河南人嘗寓當陽顏其居曰時習乃二程之甥得其傳胡安國子宏師事之朱子每稱其人清端勁直不愧師門云舊志

明

袁宏道字石公登萬歷壬辰進士歸益鍵戶讀書

除吳縣聽斷敏決案無留牘未解官起順天教授歷國子助教禮部主事歸臥柳浪湖上凡六年以清望推吏部驗封主事改文選尋移考功員外郎立歲終考察羣吏法疏上報可遂爲定制遷稽勳郎中移病休沐不數月卒於家年四十三萬歷中年王李學盛行宏道昌言排擊以爲唐自有古詩不必選體中晚皆有詩不必初盛歐蘇陳黃皆有詩不必唐人唐詩色澤鮮妍如旦晚脫筆硯者今詩纔離筆硯已成陳言豈非性靈剽擬所從來異

乎一時聞者神解翕然宗之石公與弟小修嘗讀書玉泉之柴紫菴又最愛紫蓋青溪往來觴詠詩最多

袁中道字小修公安人十歲著黃山雪二賦五千餘言長益輕俠游於酒人以豪傑自命泛舟西陵走馬塞上窮覽燕趙齊魯吳越之地足跡幾半天下而詩文亦日進歸學李龍湖有志出世操觚應舉懷利刃切泥之嘆久困鎖闈流離世故有憂生之嘆萬歷丙辰始成進士授徽府教授遷國子博

士乞南得禮部儀制歷官郎中旋乞休以疾卒年五十四有珂雪齋集朱彝尊謂其才不逮中郎而過於伯氏蓋定評云 續修志藁

仙釋

攷諸史仙釋多不載惟晉書紀麻襦佛圖澄鳩摩羅什附藝術傳中後世志郡邑者採其事蹟列諸編簡毋乃援墨入儒乎頤逃禪遊仙緇客黃冠亦間有迥絕塵俗者如太白之於元丹邱昌黎之於大顛子瞻之於了元參寥輩酬畣往來形諸歌咏又未聞以方外屏之有識者節取焉可也

周鬼谷子續文獻通攷晉平公時人王姓詡名常入雲夢山採藥得道顏如少童隱居青溪之鬼谷

因以自號蘇秦張儀嘗受捭闔術三年辭去鬼谷子曰二子輕喬松之壽貴一旦之榮惜哉闔世數百歲不知所終

漢葛鉉字孝先句容人稚川從祖也有道術遇親朋輒邀止折草刺樹以盃承飲皆旨酒又取瓦礫草木之實勸客皆脯棗嘗修煉於邑之紫蓋山丹井存焉其上常有雲氣

唐司馬子微台州人隱丙方及邑三星山煉丹後人因名其村曰馬仙村李白云余昔於江陵見天

台司馬子微謂余有仙風道骨可與神遊八極之
表乃著大鵬賦以見志
樊夫人劉綱妻綱爲上虞令能檄召鬼神嘗與夫
人較術卒不勝後偕仙去貞元中夫人遊湘潭隱
姓字但稱湘媪止人舍十餘載以丹篆療病後里
人待媪之洞庭遇道士始知爲樊夫人也傳於紫
蓋飛昇洞尚存舊志
明朱風子不知何許人狀類顛者居青溪言人禍
福多奇中時行乞餘則給衆丐一日謂土人曰我

且死幸瘞我衆從之歲餘有見風子荷擔行者衆
駭共發塚空穴而已
又郢書云朱顛者亦不知何許人萬歷末往來荆
楚間衣百結寒暑不變不乞食與之食則食嘗臥
叢蘭寺殿角下風雪累日弗起咸以爲死視之酣
睡如故也性嗜飲每出必醉醉則裸而舞口喃喃
歌如云海外玉皇披象皮不知何謂羣以顛目之
袁小修嘗遇之於當陽燈市見其醉中自語云且
混且混因問燈佳否曰燈甚明路不平燈甚明眼

不靈袁嘆爲異人焉有謀以酒困之者笑曰神仙
醉不死竟乃甕頭矣一日肩短柳挂不借之朽者
十餘兩別所知入山去好事者從而蹤跡之行甚
緩而衆奔馳莫及移時不知所向或曰朱乃中州
諸王孫殆亦謫仙玩世之流歟續修志纂以上仙
晉慧遠雁門樓煩人姓賈氏師事釋道安石勒將
亂安與遠偕衆度襄陽襄陽陷振錫南遊嘗倡道
於邑之廣福山今清溪龍泉圓通皆其道場後結
宇廬山不復出年八十三終

劉宋法琳大師居青溪石洞誦經有道行見一女
日獻食詰之曰女何氏對曰龍女也家岷峨師誦
經功大特來供獻師曰岩泉聒我女曰易爲耳遂
辭去一日水從岩下流後人建龍宮祠於傍歲旱
禱輒應
隋智者禪師傳燈錄名顗姓陳氏公安茅穗里人
七歲入果願寺聞僧誦法華經隨念之即記憶宛
如宿昔十年誓志出家依僧法緒於果願寺陳天
嘉元年謁光州大蘇山慧思禪師師一見乃謂曰

昔靈鷲同聽法華經今復來矣後辭思往金陵闡化七年謝遣徒衆隱天台山隋晉王廣迎師維揚執弟子禮既克金陵師因西上止於玉泉山廣奏請立寺尋還天台一日忽顧侍者觀音來迎不久矣命筆作觀心偈唱諸法門綱要訖趺坐逝

神秀河南尉氏人李姓少爲諸生遊學江表年五十始受具於東都天宮寺問法於蘄州忍大師忍嘆曰吾度人多矣懸解圓照無如秀者東山之法盡在子矣儀鳳中結廬玉泉之度門天后召至京

師肩輿上殿中宗尤加禮重神龍二年示寂天宮寺壽百餘歲謚大通勅歸葬樗伽峯之麓張說撰碑禪門傳北秀南能兩宗分列獨孤及云秀公師弟兩京法王三帝國師帝王分座后妃臨席度門之盛如此而曹溪寂如矣

道悟婺州東陽張氏子神姿挺異精修梵行初棲禪於邑之紫蓋山學徒向風裴均官江陵問法勸至師坐而揖之裴愈加敬向後歸荊州天皇寺元和丁亥四月示疾命弟子先期告人至晦日大衆問疾師拈拂子抛於地上卽時圓寂

五代齊己工詩與鄭都官谷友善晚托跡江陵著書自娛作渚宮莫問篇十五首以見志常往來玉泉題咏最多己詩千篇集名白蓮孫光憲序之

明正誨邑人劉氏子讀儒書多解義十歲剃髮於石寶山年二十詣荊南訪天柱和尚柱器之留三年遍閱大藏柱沒乃之兩都登講席慈聖太后賜千金修玉泉寺自都歸省訪度門於玉泉東七里見古寺荒凉塔碑榛莽悽然修治遂老度門閉關

靜修天啟六年正月先期告逝至期端坐說偈化塔於樗伽峯秀大師旁著有八識畧莊子註及詩文諸稿（舊志以上釋）

寺觀附

報恩寺

在治南一里山水縈環林木幽秀爲邑中諸刹之冠

玉泉寺

在治西三十里隋開皇初詔爲智顗禪師建賜寺

額詳載寺志乾隆二十四年知縣苗肇岱倡捐修

毘盧殿天王殿並頭門石橋

米柰菴

有堂曰淨名明公安袁中郎吏部建中郎兄弟嘗

讀書於此

顯烈祠

在寺東里許唐貞元節度裴均建

大通寺

在寺東楞伽峯前名七里松

度門寺

爲神秀道場有張說碑盧藏用八分書

一音寺

亦智者道場土人呼爲音寺岩

大雲寺

乃眞公蘭若即南菴

龍泉寺

在治北十五里晉孝武時慧遠法師駐錫處

關帝廟

在淯溪鎮乾隆二十四年知縣苗肇岱捐募重建

詳廟碑

淯溪寺

在治東四十里亦爲遠公倡道之所

普濟寺

在治北六十里永秀山明永樂間秀峯禪師結廬

於此

圓通寺

在治北五十里晉遠公道場內有晉武帝點明宣

德二年了能重建

紫蓋寺

在治南六十里唐貞元中天皇悟禪師建

觀音寺

在合溶創自元至正間

聖水寺

在治東南二十里寺前有石洞名聖母歲旱祈禱

多應唐德宗爲道明禪師建雲岫爭奇烟巒競秀

其地最爲幽勝

三星寺
在治東六十里傳爲唐一行道場
慈化寺
在治南二十里唐黃龍師建左環溪水右帶沮河
普通寺
在治南七十里
郝母寺
在治東四十里元延祐七年廣福禪師建
潮音寺

在城西北隄層峯拱峙林木清幽
五印菴
在城北明天啟間孝廉栗聯芳建
玉陽觀
在玉陽山明崇正間王簿王家棟重建
永興觀
在治東唐元和中創建
紫金觀
在治北四十里方山

紫霞觀
在治東六十里圓臺山
江西會館
在城西關外乾隆壬寅豫商建祀許真君

論曰楚俗尚鬼荆南尤甚富家大賈廣福田求利達往往浮屠老子之宮不吝金錢爭相誇耀以致梵宇琳宮流丹飛碧祇園蘭若煥彩騰輝秉筆者復從而書之不張其幟而益之惑乎矧二氏爲吾儒所弗道陸稼書靈壽志例之嚴矣但或留古蹟

見前代之遺風或占名山爲騷人所憩弔福地洞天儘饒勝槪荒烟斷石亦藉旁搜用是附諸簡冊焉

當陽縣志卷之七終

當陽縣志卷之八

列女志

節婦

婦以節見難矣貧而無子者節尤難乃獨盛衰不
易操存亡不貳念真覺餓死事小嗚乎此何止悲
黃鵠之早寡十年不雙也爰廣搜羅不拘
旌典亦曰揭此苦行慰彼芳魂焉耳

明

曹氏清溪里人盧友傑妻曹勝女宏治十六年傑

死嘉靖十八年奏聞　旌表建坊

國朝

陳氏廩生梁暹妻貢生陳大佐女十八適暹廿八
而寡守節四十八年乾隆十年
旌表

朱氏鍾汝清妻二十六而寡守節四十六年乾隆
十二年
旌表

莊氏生員王杰妻廿六而寡守節四十九年乾隆
十四年
旌表

張氏王之培妻年十九培亡守節三十二年乾隆
十四年
旌表

杜氏熊韜章妻二十五寡守節三十二年乾隆十
六年
旌表

劉氏邑民賀君穀妻二十七穀亡力持家計撫子

永奏以諸生列成均子死與媳郭氏冰蘖共勵媳
卒氏無依立嗣孫傳祖慰藉餘年乾隆十七年
旌表

郭氏國學賀永奏妻貢生郭祄賢女二十三歲而
寡一子歲餘殁氏痛婦姑無靠苦心供養三十載
年五十四先姑卒同奉
旌表建坊

楊氏儒童張經度妻十九于歸三載度亡苦節三
十餘年舅姑有疾日侍湯藥後奉繼姑亦如之撫

孫鴻敘有嚴規邑明經乾隆十八年奉
旌表建坊
熊氏適儒童張暻斗四載斗亡一子甫六月勤孝養公姑病親嘗藥餌訓子坤度慈嚴兼至入太學生苦節四十餘年乾隆十八年奉
旌表建坊
林氏楊一愈妻年二十二喪夫無子撫育嗣孤瓊林林受室未幾歿媳葉氏葉廷棟女青年苦守亦撫嗣孤事孀姑極孝姑病日侍湯藥衣不解帶無

愧孝婦兩世艱貞一門雙寡閭里推重之乾隆三十六年請
題建坊
汪氏陳先覺妻于歸三載夫亡遺子穉穉養育辛勤雙目皆盲子死又撫童孫茶苦備至乾隆三十三年請
題建坊現年八十六
李氏一門三節吳氏李本培妻廿六夫忘遺男愷時尚穉穉氏孝事翁姑撫兩叔本垺本均備嘗艱辛李氏本垺妻廿一夫亡無子立愷次子久潤於祀孔氏本均妻廿四守志夫病篤囑以無嗣同撫姪孫氏封髮自矢與吳李交勵冰操先後同心乾隆三十九年
旌表
梁氏通道教諭梁聂之女年十九適國學陳建中二十三而寡矢志守貞撫育遺孤學良已經授室亡立嗣學重承祀飲荼茹蘗乾隆二十八年請
旌建坊卒年八十三歲

田氏晉通總席久祚妻年十八祚歿遺子位榮甫三月氏教育成立事翁姑克盡孝道乾隆年
旌表卒年七十九歲
李氏邑庠李瑛臣女適儒童羅詔年二十四詔歿子繼歿立詔兄羅謹之次子維藩娶毛氏維藩又歿毛方二十立藩胞兄增生維城四子思進姑媳閉戶守志李氏歿毛氏喪葬盡禮獨居教子紡聲間書聲思進歿氏現年七十撫嗣孫如撫思進時

乾隆五十五年
旌表
萬氏伍應蓮妻十九于歸三載蓮亡撫孤成家苦節三十九年卒年七十餘乾隆二十八年請
題匾額
曾氏龔洪睿妻趙氏龔洪典妻皆貢生應奎媳也睿典相繼亡睿有遺孤典立嗣子兩婦毀容誓守冰蘖同苦數十年如一趙以鬱瘵卒一門兩節邑令表其門

楊氏生員李唐祚妻生一子祚亡龔氏生員李應昆妻無子昆亡娣姒矢貞共撫一孤補諸生尋歿媳宋氏苦志奉姑兩世三孀前令王賜額表門
劉氏趙珥妻二十二珥卒遺腹生一子勞鞠育勤紡績事親竭甘旨或有疾躬親湯藥前令周以瑤池冰霜表其門六十四歲卒
宋氏十九歸趙璥夫早亡撫孤子力砥節操備嘗艱苦前令鄭額以冰霜勁節年五十四卒
李氏曾應元妻十八于歸未幾元亡守節五十八年前令鄭給額皓首全貞卒年九十
周氏高士策妻姑病三載氏朝夕奉侍醫藥割左股自煎進姑病立愈前令王給額苦孝二字表其門歲饑復給米石優異之
陳氏監生陳士哲姊儒童曹佩綬妻于歸四載綬亡事翁姑以孝遺孤二保護教育及舅姑歿鬻產衰葬艱辛不渝子亡復撫孫卒年七十八前令衞題其門曰節孝
郭氏張天德妻開崇之嗣母歸張三載德亡遺腹

生女旋歿氏輟泣慰翁姑家負債極力撐持業得不替翁姑歿夫弟悅尚幼氏延舅氏課讀館穀不吝悅成立德之如父母議請
旌而病革諄諄囑其妻以氏爲法現年五十有二　學憲吳額以蕙質冰心
房氏李延裕妻愼氏婢四歲侍愼愼無出勸裕納之時房年十八三載裕卒愼謂房曰守吾分吾不忍汝留房涕泣請終身侍膝地以死誓愼敬之待益厚邑宰林可法標其門曰南國雙貞

一門三節阮氏儒童劉出震妻年二十三而寡撫
子暨孫並曾孫縣令　旌以松年筠節卒年九十
媳李氏子繹祖妻年二十四繹祖亡養姑撫子縣
令　額以守歲寒心卒年八十五李氏媳林氏三
十四而寡事王姑及姑撫幼子克以孝慈著現年
六十
劉氏楊景顏妻年十八顏亡養親苦節二十餘年
立姪承嗣　學憲李額以節操松筠
阮氏邑黃文元妻二十適黃黃貧而貌寢氏敬之

惟謹四載元沒撫孤成立歿養翁年八十餘貌轉
腴丁未冬大雪其兄遺儆裘一氏泣曰翁姑衣敗
絮忍著此邪之辛亥邑紳上其事於　督學李賜
匾獎
周氏邑庠姚士珩妻年二十四而寡子櫟亦入邑
庠　學憲額以栢節松齡
游氏邑庠余占鰲妻二十三而寡孝奉老姑撫嗣
子國楠有義方補邑廩生　學憲奐賜額敦節維
風現年六十五

趙氏羅宏檄妻適羅二十四而寡孝親教子次子
開儁補弟子員邑侯舒給額壺則聿昭
田氏適儒童王烈二十六歲寡苦撫一子事公姑
生養死葬以孝聞前令苗賜以節壽雙輝卒八十
四歲媳田氏其子家珍妻珍亡年二十四節孝不
愧其姑現年六十
胡氏葉開明妻年二十明亡撫子光德婚娶生孫
德亡孫亦殤立嗣孫現年七十九邑令額以冰操
鶴算

盧氏皮朝祚妻年二十三而寡僅一女矢志守貞
奉舅姑勤勞備至　學憲李給匾獎
吳氏儒童傅一傑妻二十八傑亡遺四子長纔九
歲貧無立錐氏拮据撫孤皆及成立　學憲初獎
以玉潔冰清現年八十
何氏金鑑妻門昌嗣母二十二夫故無子守志奉
舅姑養葬無缺前令苗額以節勁如松苦節五十
餘年卒七十三
袁氏李蓉妻生員李世標母十七生標未彌月蓉

殁氏養親撫孤勞瘁備至　學憲胡錫以閨閫完
人額
彭氏國學生劉元吉妻二十七夫亡遺二女立姪
承祀　學師衛以松青玉潔表其門
明
宋氏邑人李宋濂妻太學生宋明之女生子李曜
濂故二十七歲苦節課子由庠入監任楚府審理
壽五十八卒
王氏邑庠劉拱辰妻年二十二辰死守節事繼姑

克孝萬歷中事聞有司歲給庫銀二兩學使屢旌
其門卒年七十三
羅氏邑庠張銑妻貢生羅鵬女生子如松一歲而
銑死氏年二十七守節壽八十
吳氏邑人汪琱妻荊州衛職吳綱女于歸一載琱
亡氏年二十一守節壽八十六
王氏邑人汪銳妻年二十銳死家貧無子氏勵志
苦守嫁二女無所貺餘蓄授嗣子以壽終
國朝
楊氏適郡庠龔兆魁魁卒舅姑欲奪其志以死誓
食必祀其夫歲饑晝夜紡績易菽奉舅姑自咽橡
實姑老不能食以口哺之年四十七卒
李氏潘成名妻年二十八名亡家貧腐豆紡屨營
生事公姑盡歡撫二子一女成立苦節五十二年
八十歲卒
李氏郭孫傳妻年二十四而寡事舅姑以孝聞撫
嗣子遺女艱難勞瘁冰節三十二年
熊氏儒童張錫玠妻庠生熊文泉女歸玠八載而

寡事姑孝姑病日親湯藥不離寢門課二子嚴而
有法孀守三十餘卒
楊氏羅文錦妻適錦八年而寡遺孤甫週齡撫之
成立卒年七十四歲
馮氏岳于靜妻年十九靜亡堅貞自矢翁年六十
勸置側室生子氏亦立嗣承夫祀焉
張氏張榮昇妻十九歸張三載而寡遺孤甫週歲
撫摩成立卒年八十歲
靳氏胡景旦妻孝奉公姑廿六夫故遺腹生子松

長育成立年七十餘卒
張氏徐士信妻庠生張邦傑之女十九適信二載而寡撫遺腹子三歲殀又撫嗣子觀國列膠庠卒年七十三
劉氏陳慎移妻年二十而寡無子立嗣苦守卒年五十八
王氏庠生陶方旦妻媳汪氏庠生汪在文之姊皆青年喪夫白頭共守兩世同心一門雙節
童氏李希聖妻適李年二十未三載寡遺腹生子

撫之成立赤貧守節備歷艱辛
嚴氏朱廷爵妻十九而寡撫子成立服賈西陲客死媳馮氏青年矢志與姑同守兩世艱貞
鄒氏李石文妻二十而寡子友松婦馮氏亦二十而寡冰操相繼兩世一節
王氏熊錫爵妻生員王維成女二十四而寡奉舅及兩姑人稱其孝七十一歲卒子之泉庠生
林氏高光祖妻生員林大倫長女二十八歲而寡撫孤永崇不減嚴父補庠生苦節三十四載

林氏盧宗融妻生員林大倫次女十八適盧二十夫歿兩世舅姑在堂曲盡色養遺孤嗣顯手丸資讀補庠生苦志瘁容三十年如一日年八十六
龔氏羅日元妻庠生龔種瓚女年二十二元亡貧無依一子又殀年六十尚以指力自食
朱氏邱宗儒妻年二十七而寡撫訓遺孤苦節五十七年壽八十四子龍文補庠生
鄭氏范萬應妻年二十四夫歿守節撫一子艱苦備嘗卒年六十餘

陳氏賀志永妻十七歸永未週永卒守節事姑遺腹一子撫之成立孝慈克盡年六十餘
李氏陳學文妻歸兩載喪夫矢志堅守撫遺腹子勤課讀卒年七十餘
曹氏余珵妻笄年歸余七載珵亡一子死立姪承祀年六十餘卒
徐氏賀士禮妻二十適賀兩載而寡事姑孝守節六十三年壽八十五
劉氏聞成龍妻事舅姑孝家貧歲飢攜兩孤拾薇

延生守節四十餘年卒七十餘
傅氏劉憲祖妻庠生傅純璞妹十九嫁三年而寡一子亦死事繼姑鬻針黹營葬卒年六十
張氏高光國妻年廿九夫故與子紡績度日苦節三十一載卒
李氏黃映蓁妻生員李應春女年二十五而寡無子立姪堅守歷三十三年卒
劉氏貢生楊枝蕃之子珣妻荊門貢生劉效祖女年二十七夫亡舅姑卒鬻田宅營葬課子永霖補

庠生苦節三十年卒
戴氏胡正言妻二十九言歿家貧守志奉姑孝撫嗣文舉成名卒年六十餘
楊氏孫傅一妻二十九守節撫幼子奉祖姑及公姑克孝卒年六十餘
王氏生員王兆富妹國學戴宗逸妻于歸六載逸亡奉姑撫子冰操自持年六十卒
焦氏張正廸妻二十三而寡家貧孝姑撫子成立苦節四十七年

袁氏周常承妻二十七承故竭力奉姑守節不渝卒年七十
李氏適張堂甫二載堂亡遺孤六月鞠育成立子死撫孫歷四十年卒
曹氏張士林妻二十二歲林亡無子家貧竭力奉姑卒年六十卒
袁氏阮大維妻二十五而寡撫子琯補諸生次子瑾卒媳李氏立嗣承祀里稱雙節袁七十三卒李歷三十餘年亡

羅氏廖羽妻二十七羽亡無子家貧紡紗自給苦勵清操於羽墓側鐫石待終
李氏胡景瑗妻二十三而寡伶仃孤苦事公姑撫嗣子卒年七十
饒氏阮璃妻于歸五載璃故奉親撫孤子殀立嗣承祀卒年六十餘
羅氏族之偉妻生員羅日省女二十二偉歿矢志奉親猶子承祀卒年七十
羅氏生員李元熙妻二十六寡事親撫孤苦節三

十四年卒
向氏適李逑壽二十二壽亡奉舅姑撫孤子食貧苦守年六十卒
周氏汪瘖之妻二十四瘖亡無子苦守紡績奉姑年七十卒
王氏十八適楊志高高早亡撫子楊際彥成立婚娶旋亡與媳盧氏共矢貞操課孫士林補郡庠生守節六十一載年八十七卒
熊氏邑庠熊文泉女歸朱亭泗二十四泗亡矢志

守貞奉雙姑撫兩子孝慈克備卒年七十一
杜氏邑庠杜開蔭女適丁正慶二十三而寡矢貞撫孤孤亡無依咽苦食淡紉鍼自給卒年六十
潘氏劉世臣妻二十七臣亡撫子奉姑力操家計卒年六十餘
金氏十七適饒大申八月申故遺腹生一子苦貧守志力作奉親歷二十九年卒
王氏劉之屏妻二十九屏亡家貧子幼舅姑憫其苦每爲泣下

熊氏歸王士祜二十五祜亡奉孀姑撫幼子鞠育孤姪皆得成立卒年六十餘
羅氏趙榮妻年二十二而寡家貧撫子奉姑矢志不渝卒年七十一
聶氏適李文任任亡守貞不渝事舅姑得歡心苦節三十年卒
陳氏舒清和妻清亡氏年二十五李氏舒清順妻年二十四順亡娣姒同甘荼苦各撫一孤俱成立
劉氏年十八適楊宗孔二十八歲而寡艱苦撫孤

守節三十五年卒
胡氏李如瑛妻瑛亡矢志撫孤備嘗艱苦守節三十三年卒
李氏郭孫儻妻歸郭三載儻亡遺一子復歿嗣胞姪勤問訓課有成補邑弟子員氏嘗恨不得親奉翁姑每言及必涕泣事孀姑如己姑苦節二十載而卒
馬氏林紹祖妻二十五而寡教育嗣孤昌世著聲膠庠孫上多亦補郡庠卒年七十

周氏邑庠張光國妻國亡無子立嗣守節八十五歲卒

汪氏程之璜妻于歸五載璜亡僅遺一女依璜嫂紡紉自給苦節二十六載

嚴氏邑庠嚴承烈之女廩生嚴方英妹適趙瓊三載而寡遺孤元位僅逾月上事翁姑下撫弱嗣冰霜勞瘁歷二十八年不滿五旬而卒

陳氏羅希頤妻歸羅七載頤亡守義僅一女適魏學茂亦二十四而寡姪女適張鳳楷年二十楷亡

皆矢志靡他有同操焉

范氏張錫瑞妻適張七載而寡遺孤承烈僅五齡辛勤教育卒得入庠苦節四十一年

屈氏吳之璧妻二十四璧亡貧難自給歸依母家紡績分養其姑二女出適子守四十六年

楊氏生員楊春景之姊適趙艮瑛二十六而寡撫子奉姑備歷艱苦年七十三

劉氏十八適郭應亨甫一載亨亡矢志靡他事親克謹立孫承嗣苦節四十三年

傅氏邑庠傅正誠之女適張國軻二十軻亡撫幼子事孀姑苦節三十八年

曹氏適張茂二十五茂故下撫幼子上奉兩姑委曲調停一門敦睦苦節四十九年

吳氏段大秀妻二十三寡無子矢志奉姑立嗣承祀歷二十七載

藏氏貢生藏宗寬之妹十六適李天倫三載倫亡矢志撫孤子殀繼嗣承祧冰操不渝卒年六十

趙氏庠生賀志尚妻二十七尚亡奉公姑以孝撫二子以慈守節三十年

龔氏十九適文倫二十六倫故奉親撫子潔守不易子婚早卒遺兩孫復夭氏與媳張氏立繼延祀

慎氏吳澤元妻二十六寡撫二子以次子爲伯吳治元之妻萬氏　嗣萬氏早寡相繼孀居冰霜共勵操全白首皆年至八十餘

龔氏庠生龔志宏之姊歸甘士吉二十七宏歿矢節撫子事祖姑及舅姑克盡孝道茹苦守貞七十歲卒

張氏劉邦典妻二十六典歿奉雙親撫二子潔守
五十年
郭氏恩貢郭禧賢之女庠生張錫玫妻二十九而
寡側室汪氏年甫二十三祇一子苦矢冰操白首
相依訓子承楚補諸生孫永明亦補弟子員
龔氏適趙文魁二十四寡砥節自守勤奉舅姑撫
兩子成立操作不輟歷三十一年
謝氏彭朝右妻庠生謝樹姊右亡遺子幼苦無産
業力撫成立苦守三十三年

趙氏賀志發妻發亡遺子甫一歲家貧紡績度日
撫孤成立苦節三十年
郭氏于亦可妻可亡年二十二遺一子方離襁褓
田僅四畝矢志栢舟養親教子苦節六十餘年
王氏徐天介妻生子未半歲介故撫子成立完娶
尋死立嗣承祀姑媳相依紡績採薪茹蘗卒年七
十一
朱氏傅登璠妻生員朱𤇍若女年廿六璠死遺三
子一女舅姑衰老竭力養葬後三子俱歿僅一女
承祧無人贅壻相依苦守四十九載
李氏嚴以臨妻于歸四載生一子臨故矢志冰霜
敬事公姑撫子成立苦節三十六年
郭氏生員郭禧賢女年十八適彭朝尊生一子尊
亡撫孤畢姻後尋歿立嗣承繼守節三十三年
張氏適杜祥開二十二寡奉親克孝力持家計訓
子士成入太學守節四十一年
張氏庠生杜棋開妻二十六開故孝親撫孤苦守
二十七年

莊氏適王之瑛二十三瑛亡無子甘貧苦守三十
四年
高氏張方吉妻二十六喪夫一子復夭立繼承祀
矢節二十八年
徐氏適朱玉倫二十三寡守志事姑嗣子歿撫孫
成立持素茹苦歷四十四年
胡氏趙元星妻十九歸趙四載星亡遺一子一女
苦志撫育歷三十五年
曹氏張文典妻二十三而寡守義五十一年清操

勁節似栢舟李氏曹思忠妻曹氏之姪婦也廿一適夫七載夫歿慕夫姑曹氏遺風勵志冰霜歴三十七年

馮氏邑庠生曹之欽妾欽亡時年二十有四同嫡葉氏勵志苦守沈公歸愚修賢媛志按其節狀比之宋伯姬而所處尤當卒年六十五嗣子庠生兆遷居鍾邑亦編鍾邑列女誌 續修志

莊氏係童年入泮王錫鼎之妻十六歸鼎鼎食餼生子元旦越歲鼎亡氏守義孝養翁姑喪葬皆如禮課子誦讀以續書香今元旦遊泮氏現年六十餘

江氏適邑民羅啟牖二十二歲牖沒孤子開浩甫二歲家窘甚孀姑性嚴孝養倍謹迄今六十九歲無孫嗣泣血過度兩目俱盲

胡氏年十八適儒童任宗大六月宗大亡遺腹子世芳撫教成名守貞四十五年

謝氏儒童趙州儒妻監生趙錦母二十于歸四載儒亡氏誓志撫孤事舅姑生養死葬竭力營辦亡年八十四孫熙歲元備俱列膠庠

謝氏儒童鄧慶壽之妻十八于歸未一載壽亡家貧紡績養姑夫弟允康讀書館穀不稍吝惜得入庠立嗣承祀現年五十

張氏儒童席位寬妻歸七月寬亡年甫十七事翁姑孝養倍謹撫嗣子訓廸維嚴現年五十三歲

雷氏年十九適儒童席位宏五載宏亡翁姑老嗣子幼孝養鞠育兼盡現年五十六歲

杜氏儒童曾宗道妻年二十五而寡無子節守二十五年乃得立夫兄次孫國安繼夫祀卒年七十一歲

李氏楊正苾妻十八于歸三載苾喪苦節撫子現年八十

張氏里民楊枝綱妻年十九守志家貧如洗掇蔬養茹績麻教子子列膠庠現年六十四歲

張氏林大落妻二十三歲生一女落亡衣食不給紡績度日現年六十歲

曾氏劉宗妻年三十無子而寡田八畝守節七十

一歲卒
史氏諸生劉佑世妻佑卒氏年二十八田二畝現
年六十
劉氏吳一鵬妻二十五而寡撫子育孫入太學卒
年七十
吳氏年十七適陳正文長子未經年夫遠出氏見
夫弟多依母家紡績度日新年則歸拜舅姑今獨
居三十年
向氏曹之蓮妻年二十七而寡無子茹苦六十三

而終
曹氏徐士仁妻年二十而寡色養舅姑恩育嗣子
守節四十八年未及
旌典卒
劉氏儒童賀雋聯妻年二十六生子五月雋歿氏
守志奉翁姑姑病籲天願身代翁姑歿殯葬如禮
喜施予凡附近橋梁必捐貲助成現年七十一
盧氏歸蔡文道家貧年二十道歿遺腹生子姑病
痿廢侍湯藥不懈冬則同榻煖姑姑卒殯葬如禮

現年六十二
馮氏焦正元妻二十一寡撫子育孫俱成立現年
六十
郭氏生員吳觀國妻年二十六而寡一子染癱疾
數歲不起氏醫治備極艱辛卒年五十八
宋氏孝廉宋楚材女儒童郭紹周妻年二十一周
亡一子國模目盲艱難撐持現年六十三
劉氏庠生劉曰蕙女儒童郭紹雍妻年二十四而
寡遺腹生男國賓長娶媳生女賓亡媳同苦節現

年五十八歲
吳氏馮祖孔之妻孔亡氏年二十四家貧遺腹子
俊年三十始能娶俊亡撫孫現年七十五
閔氏姚皓妻年十九而寡立長房映魁子之栻爲
嗣現年五十
王氏楊枝遠妻年二十二遠亡無子立嗣旋死撫
孫民在衣食維艱現今七十二歲
李氏趙文遂妻十七適趙二十二而寡子四歲事
親教子苦歷四十五年

陳氏儒童龔洪雅妻適龔年二十二而寡家貧撫
孤苦節四十八年
龔氏儒童李信臣妻適李半載臣亡舅年九十五
姑七十四氏孝養不懈立嗣億傑旋殀僅一女氏
復立孫承祀現年五十九
劉氏生員楊盛光妻年二十六光沒子甫七歲事
祖公姑暨公姑生養死葬皆合禮矢志守節三十
九年
劉氏李相朝妻年二十適李甫一載而寡子女俱

無立夫弟子炳道爲嗣紡績度日現年七十歲
戴氏庠生羅開楚妻年十九寡父母慮其少諷以
意氏以死誓紡績養公姑現年五十二歲
莊氏庠生莊世榜之姊儒童任士鈊妻年二十二
鈊亡苦守數十載現年五十四歲
張氏熊經科妻年二十二科亡無子以科弟子承
祀家無斗筲苦節不變現年五十四歲
李氏金沙總曾思祖妻年二十三而寡子邦仁甫
四歲撫孤持家孝養公姑現年五十三歲

牟氏儒童盧效梧妻歸踰歲夫歿氏年十九紡績
養舅姑色養曲盡姑亡事繼姑繼姑患癱出入氏
扶持常侍榻以手承痰姑爲感泣撫嗣子秉鈺入
庠現年六十五
周氏張逢吉妻年二十六吉亡子甫二齡撫育婚
娶生孫子媳繼亡氏復撫孫備歷艱辛卒年八十
四
王氏張之佩妻年二十八佩歿無子立堂子爲嗣
嗣子生父母子喪氏更爲子娶生子繼其後現年

六十
陳氏任宗桂妻貞靜知義年二十而寡無子立桂
弟宗芝子世型爲嗣世型友無子蓄妾不容聽改
適歸過氏門留之令子招友至以別宅使家焉今
生子其人德氏如母云現年七十二
侯氏任士方妻歸三月方亡食貧茹苦孝養公姑
其姑沒哀毀幾斃立嗣主祀年五十三
談氏任元雄妻年十九寡三立夫嗣莫能承祧苦
節六十歲立嗣孫

謝氏儒童鄭天壽妻年二十寡遺腹子病百計調
護得成立事公姑以孝聞卒年七十二
林氏袁述韶妻年二十而寡撫子璋璋亡撫孫啟
龍龍亡撫重孫現年七十六龍妻林氏亦二十六
而寡矢志守貞無愧祖姑焉
胡氏席國選妻二十七夫故家貧拾薪挑菜事姑
盡孝撫一子兩女皆成人現年六十五
馮氏邑孫正容妻容有暗疾艱子嗣氏勸立其弟
亮工子方彌月畜育無異已出年二十八容故家

貧紡績教子現年八十二
徐氏任書雄妻二十夫沒僅一女倚壻為生數載
壻女俱歿氏紡織養公姑喪葬合禮現年六十二
馮氏張琳妻二十夫亡無子家貧如洗事孀姑以
孝聞現年五十六
李氏盧嗣泗妻邑庠李正方姊二十三而寡家貧
奉養公姑甘旨不缺二歲子能成立氏教導之力
為多現年七十八
夏氏羅一讓妻性貞靜年二十六讓亡子天成歲

甫週家貧事姑以孝聞有族翁欲奪其志氏以死
誓得免護有宿債躬紡績盡償之教子成立生孫
四俱士農各業現年七十六
李氏楊永相妻年二十五相亡子光然甫二齡未
幾翁亦亡氏營葬後展轉奉姑依母兄為命不三
年兄又亡自處斗室旁置鼎鐺中架機杼買甘旨
養姑二十餘年現年七十九
饒氏趙師表妻饒瀛洲之女年二十六而寡子幼
事翁姑惟謹繼姑性嚴能不失歡心子長教之循

循守禮法現年六十餘
高氏謝希任妻年二十八任亡遺獨子僅七齡矢
志節守種田九畝舅姑沒任弟嫌氏索分早年公
膳田欲奪其志氏義讓節得全卒年七十一
李氏儒童陳維宅妻枝江庠生李逢寧之姊年二
十四而寡家貧事姑委曲就養一子文桂讀書能
文未幾歿撫孫焉卒年七十
胡氏劉學富妻二十四夫亡家奇貧僅一女適王
氏孤身紡績自給現年五十八

徐氏儒童范明斯妻年二十四而寡家貧撫子養
親紡織不怠現年七十六
左氏儒童劉鴻禮妻年二十二禮亡子女俱亡孝
養公姑立長房孫學孔延夫祀現年五十
鄭氏邑庠郭孫燦女邑官朱楚望次子光燮妻畀
涉書史嫻女範生子未週歲夫亡事祖姑曁翁姑
最得歡心訓子極嚴不幸早夭翁沒事繼姑尤謹
里紳識舉節孝氏聞之泣曰苦節命也孝㑹不敢
當其至性如此現年五十五

胡氏葉開德妻年及笄適葉二載而寡遺腹生一
子十二歲殀是時祖姑已年八十九奉養盡職現
年八十四
劉氏周大璽妻苦節三十六年現年五十六
艾氏劉春耀妻苦節三十年現年五十一
楊氏孫維道妻苦節五十六年現年八十
龔氏王應瑞妻苦節三十五年現年五十九
鄧氏王國鎬妻苦節三十七年現年七十二
張氏馬宗義妻守節三十七年現年六十二

許氏張友熙妻守節三十五年現年五十八
呂氏張復祥妻苦節四十五年現年六十七
袁氏趙純妻適趙四載夫亡遺一女奇貧姑久病
奉湯藥年餘不怠立嗣承祀未數年嗣子夫婦亡
撫嗣孫卒年八十
徐氏高開國妻年二十一夫沒翁年八十餘家貧
氏紡績供甘旨立嗣宗一宗一沒復撫孫備歷辛
苦現年五十三
張氏李文亮妻十九歸亮生子尚品甫週歲亮亡

氏撫孤成立娶王氏四載尚品殁無子張氏卒五
十七王氏現年五十二
齊氏儒童張師程妻歸張年十九寡無子立堂姪
公智承祀娶媳生孫方三歲智又亡一門兩寡共
矢堅貞氏今七十媳亦年五十六
羅氏十八歸朱之典五載夫亡無子紡績養孀姑
夫兄僅一子嗣無可立氏兩次變產爲夫兄娶妾
遂生貧苦復立夫兄妾生之子勤勞興家現年五
十五

張氏一門三節長王氏督糧分守府張子堯之長子觀國妻十八于歸二十三而寡性最孝其姑目盲委曲將順且能詩書教子子　恩襲世職暨曾孫俱邑庠次馬氏子堯次子張化國妻也十七于歸廿二而寡立王氏仲子九鼎弱冠補諸生氏生平勤婦道孫四列宮墻者三邑侯奬以松勁冰操焉王氏之孫婦林氏邑宦仁化令林可法之長女庚午于歸其夫士琦苦學成疾早亡氏現守志三十九年撫嗣君已出自奉極儉而好施

阮氏郭世安妻夫沒僅一女氏紡績苦守三十八年沒

張氏趙師曾妻年二十夫沒立嗣啟智智夭氏撫嗣孫紡織自給現年六十三

張氏史昌泰妻年二十四夫沒事孀姑惟謹現年四十八歲

烈婦

今有臨白刃不惴惴焉求生者乎見金夫不靡靡焉禦守者乎此在鬚眉猶或難之而不爲威惕不爲利疚竟得之一二弱女子奇矣他如栢操難遂甘從地下鸞折痛深激以身殉大義凜凜均與日月爭光嗚乎豈不烈哉

明

龔氏邑人蕭宗禹妻庠生龔種德妹歸半載禹死氏矢必死不食七日歿

劉氏邑人栗春芳妻生次子升之甫七日而春芳死劉氏年二十六守節崇禎甲戌城陷劉與二子死於兵

鄭氏邑庠劉賢妻崇禎甲戌城陷賊欲汚之氏入室舉火自焚侍婢奪其懷中子出不知所終賢亦死遂絕

張氏邑庠汪若溶妻甲戌城陷駡賊死之以上見舊志

國朝

馬氏王明遠妻惡[illegible]蕭希可奸逼致死前縣范廉

其幷希可伏誅蒙

勅旌以貞心炳日

王氏紫蓋氏趙師彥妻家貧地痞王鯨調誘以金且逼之氏因含忿投水死師彥鳴之官王伏誅乾隆四十二年奉

旨旌表死節烈

陶氏庠生郭毓賢妻流賊之亂舉家潛逃小巷間毓賢計脫父難願隨賊氏聞之出叢薄中且泣且望久不返捐膺長號曰我夫守義必死賊手尚冀生還乎沉水死

汪氏林春報妻任氏林春卉妻賦性貞淑素明大義值甲申流賊之亂娣姒同避河邊蘆林間爲賊所掠義不受辱路邊深潭兩人躍入潭中死賊嘆息而去至今死處猶稱兩烈故蹟云

高氏李作材妻十八于歸甫一載材病知不瘳誓殉死材歿卽絕口不食七日氣不絕乃復強進飲旬餘歸寧置服飾於李其父母慰之泣不言夜防偶疎投繯死

貞女

嫁殤非古也然而冰霜性成力爲其難不亦人間奇女子哉故特論著之若夫臨難捐軀如郭氏所謂殺身成仁者非歟卽烈丈夫何讓焉

李氏名絳邑人李愷女許字儒童楊昌慶年十七昌慶亡絳聞吞泣念楊氏宗絕因適夫家毀容易服足不踰梱其宅爲隣火所延撫棺號泣風反火滅有遺宅值四百金捐半作　黌宫雲路經邑學申詳　各上憲題請

旌表

汪氏名蘭英汪良構女許字傅經國子啟立啟立殤氏固請歸傅時年十五姑老且病薄田四畝氏樵蘇夜績達曙以養姑姑憐之竊許人志終不可奪姑卒送死無闕禮　學憲吳給額空谷幽貞爲置田屋以旌之有記載藝文

郭二姑孝廉之都女避亂小舟上爲賊所掠年十七賊曰爾願生抑願死姑曰生死由汝賊曰從則生不則死姑泣且罵曰恨我爲弱女子難殺賊言

未竟賊刃其首奄奄兩日死今風雨夜死處隱隱聞嗚咽聲

周氏名玉許字邑童李泰然未婚泰然卤聞至郎脫簪珥著疏布衣吞聲欝欝有復求聘者父許之玉以依李侍姑請不得命値納采乘間投繯死

牛氏許字儒童郭曾耀曾耀殤氏年十六父母欲奪其志氏剪髮自誓茹苦數十載現年五十六

賢母

斷機訓學畫荻傳書今艷稱之脫孟不成大儒歐不致通顯誰復嘖嘖此母也甚矣子不能使其母爲君子母其能貽親介名者與有幾茲錄數人其亦從母中之潛德也夫

汪氏庠生趙開祚妻邑庠汪振新女精內則能誦毛詩註祚早亡遺子州傳副室生氏不啻己出躬自課讀以母兼師教傳成文始就外傳弱冠遊泮叨歲薦氏沒傳雖老言及輒涕泣 學憲于以柏節松齡旌其閒

羅氏邑庠熊健中妻鄉介賓羅謹女三十夫亡熊兩世單傳家止老蒼頭氏上事繼姑下育幼子擇師課讀晚必親考校尤以安貧礪其子子經璧映繼邑廩一門書聲氏日以課讀爲樂孫繩世亦髫年遊泮現年六十六

姚氏邑庠生張大慶母荆門貢生授山東臨淄令姚相帝孫女識字解書蒙養諸子能親引字畫教以楷正長就外傳歸郎促赴館宗黨賢之

僥氏庠生曹佩維妻荆門進士僥應[illegible]女孫婣內
則年三十患目疾主中饋精潔如常飭內悉不正
手執塊摩其角其長子入庠時維已亡首以秀才
不與外事戒毋朔望焚香拜祖訖旁立令子孫序
立拜垂老無間年五十目復明卒年六十八
江氏庠生孫斯亨祖母性慈善好濟窮苦鄉民薦
自寬貧且癱沒水自盡氏呼僕掖起養之家二年
又族姪孫亦病癱調理一載愈卒年八十
朱氏邑人張曰旦妻貢生開佐母曰旦家初不給

氏事公姑飲食衣服有所需及時致尤愛士人聞
子名師友至輒喜極常夜坐聽子課誦勤惰聲獎
勸激勵卒年八十二
徐氏國學生曹士焯母性儉素知大義夫佩綬早
世焯方八歲氏撫孤成家老不倦勤七十後猶日
績紬紗不輟卒年八十

壽母附

靳氏邑庠生曹之睿妻性恭謹慈愛生子七友愛
無間癸未年九十六子拜祝長者年七十少亦五
十餘孫二十曾孫四十餘元孫九卒年九十四
項氏增生曹思懋之祖母性嚴肅門內極整潔諸
孫聞訓廸無敢怠者卒年九十三
胡氏莊鼎明妻生員莊士榜母孝事舅姑生養死
葬竭力支持教子尤有義方現年九十

當陽縣志卷之八終

當陽縣志

當陽縣志 卷之九（上）

松滋縣圖書館 㐀

當陽縣志卷之九上

藝文

昔歐陽子謂讀漢藝文志唐四庫書目多者數百篇少亦數十篇而散亡磨滅百不一二存因嘆立言之不足恃如此然不朽者固不必求之言而言亦未必盡朽顧其言何如耳況郡邑志所載詩文類多標題名勝紀述事功不則指陳利病表彰風教即其言而山川之情狀古今之興廢昭如也且凡當世得失之故生民秉彝之眞無不於其言得

之夫豈風雲月露之章數第無關於是邑者雖工亦不紀

登樓賦

漢王粲 字仲宣山陽高平人

登茲樓以四望兮聊假日以消憂覽斯宇之所處兮實顯敞而寡仇挾清漳之通浦兮倚曲沮之長洲背墳衍之廣陸兮臨皋隰之沃流北彌陶牧西接昭邱華實蔽野黍稷盈疇雖信美而非吾土兮曾何足以少留遭紛濁而遷逝兮漫踰紀以迄今情眷眷而懷歸兮孰憂思之可任憑軒檻以遙望兮向北風而開襟平原遠而極目兮蔽荊山之高岑路逶迤以脩迴兮川既漾而濟深悲舊鄉之壅隔兮涕橫墜而弗禁

昔尼父之在陳兮有歸歟之嘆音鍾儀幽而楚奏兮莊舄顯而越吟人情同於懷土兮豈窮達而異心惟日月之逾邁兮俟河清乎其未極冀王道之一平兮假高衢而騁力懼匏瓜之徒懸兮畏井渫之莫食步棲遲以徙倚兮白日忽其將匿風蕭瑟而并興兮天慘慘而無色獸狂顧以求羣兮鳥相鳴而舉翼原野闃其無人兮征夫行而未息心悽愴以感發兮意忉怛而憯惻循階除而下降兮氣交憤於胸臆夜參半而不寐兮悵盤桓以反側

紫蓋山賦以丹崖百丈翠碧萬尋爲韻　郭孫燦康庠

竚中區以元覽景高岸之華丹陰陽闔闢而莫究元氣變化而無端融而爲川瀆結而爲峯巒嗟紫蓋之奇挺實神明之大觀配十大而稱勝與六六而共蟠結根比於華岱之廣博直指倅於九嶷之嶒岏挾清漳之過湍倚曲沮之長湍明月亭亭而直炤堆藍巍巍而屈盤爾其山之爲狀也則岩嶤岌嶪絕壁斷崖岑崟茀鬱崗巒崔嵬彩借雲霞碧分蘚苔含谿藏霧觸石雲開青霄秀出丹氣聚隈洞峪岈以杳冥紛轇

轕其若迴綠嶂數重青山萬堆企木之猿百臂相接蹤飛之鳥千翼競來怪石嶙峋孤峯累百嵐烟飄渺紫氣滿壁交錯紛亂之勢盤礴峻削之迹惟茲山之秀峙冠荊南而獨闢獸嘯龍騰風雲之所吐納霓裳鶴蓋神仙之所窟宅渺天台與四明疑蓬萊與方丈石壁堅杰而雄聳衆山奔騰而直上峭蕚崢嶸穹窿叠嶂白雲靄翠於幽草青松垂黛而蕩漾廣大無垠萬籟絕唱惟燕語之綢繆聆泉聲之響亮其山所產則栝柏冬青梗楠夏翠燦奇葩於幽谷聳脩幹於岑蔚遠而望之若瑤林琪樹凝雪霜之菁英近而即之若珠宮玉闕蓄金銀之瑞氣飄渺兮同廣寒清虛之府皎潔兮似　麗三素之興爾其大概也則羣峯皆紫林石盡碧時而翠微隱見時而嚴厲峭直時而窈窕幽深時而童頼堆綠時維春也則淡冶而如笑時維夏也則蒼翠而如滴秋則明淨而如妝冬則慘淡而蕭瑟四時佳景氣象千萬南望巫峽江流斷岸北倚方山千峯熳爛東界綠林之險西枕青溪之觀極盼睞於中天窮江山於一覽妙不能盡之於筆奇不

能窮之於腕爾乃釋域中之常戀暢超法而高尋踞虎豹之蜷蛾披蒙茸之荒榛踐莓苔之曲徑摶壁立之翠屏攀棲鶻之危巢瞰仙人之層城一縱一橫兮石恭木改或飛或瀑兮丹井猶存過靈溪而一濯滌煩囂而神清倚幽巖而凝思臨清流而朗吟亂曰蔚矣名山亭亭拱秀千峯目擊萬嶺神逗彩霞下拂神泉旁漱元聖所棲仙靈所伏元玉爲膏芝粒作糗洞天福地比跡句漏遊覽既周風生兩袖樁虛自娛喬松比壽

荊門軍貢院記

宋李　英

荊門軍古玉州當陽地山水秀麗甲湖湘楚漢以來人物相望未易枚舉近世如內翰朱公震秩宗胡公寅秘校范公如圭率由科舉清規勁節照映千古故士知尊經學重名誼往往以三公爲軌範中更兵華士氣少不振例附薦於渚宮紹興龍集己卯復試於本軍從郡太守洪公适之請也貢闈舊在軍治之南初極簡陋歲久而傾欹殆將壓焉吳興葉公爲郡之明年政修人和加惠士類以爲事有若緩而甚急者

莫此爲重乃更相爽塏得故武庫於郡城西北隅卽而葺之爲屋七十有四楹撤而新之繚以周垣重門廳廡翼如也木章竹榦瓦甓石錢悉儲於累月前工傭於市匠食於官而費不取於催科計經始於季春不越月而成邑之吏民咸知輪奐之美視他郡爲最彼冠裳佩觿操觚抱槧之士羣試於此亦足增氣矣嘗聞後世士不素厲取士之制雖不逮古而得人之盛則皆由此途選夫以豪傑之士規規較三日之長以求合有司固不足以盡其才然使士先器識擯浮僞毋以決科祿怵其良心則異時謀王斷國上不負朝廷下不負所學於以續前賢風聲於將來是則葉君之屬望於士者可不勉乎葉君名箋字正之石林先生之裔也得諸家傳知所先務如此是惡得而不書

重建明倫堂記　元徐　驥　邑人

在昔聖人申命司徒敷教寰宇厥後家塾黨庠術序國學風化以陶人倫以厚潤澤漸被靡間遐邇古者門閭有塾里中有道德者教焉業擅專門生則師沒則祖而祭故三代詳於設學漢唐是因選賢與能文翁治蜀常袞師閩事業有成芳潤淸簡唐武德中詔州及鄉皆置學宋仁宗二十有三年復詔州縣立學時守令自堂而構由菑而穫家詩戶書文風郁郁故實可考今也混同文軌惠恤章縫內而辟雍外而侯

泮以及州邑罔不修舉崇化興賢四方風動而當陽西枕峽山東帶漳水古曰玉州始因兵燹士民挈徙鄰郡逮至元丁丑郡邑政平還定安集遠近聞風負粒屬繈列市受廛剪蕪剔薈日就倫理夜無犬吠春有犢耕邑令王君元賓議教化本原莫重於學乃相舊址始建禮殿宮門伉作東西追述前軌嚴嚴翼翼制度復舉奠祀有義厥後銅梁趙珪繼任其事始構堂設講席衿佩來遊執經待問矣歷歲滋久風雨震凌遞來暑施營傷簡陋猶故棟折榱頹勢將就圮咸

謂弗加修葺胡以經久至順初元秋九月縣監侯某資性通敏器局整嚴爲政有經臨事有畫衆服其信今年春謂縣尹李茂實曰國家以法化爲宏綱台省以學校爲樞要當陽小邑甚簡而靜今前廟謹嚴獨明倫堂左欹右側弗稱瞻視吾將撤而爲新然學計涼薄奈何茂實對曰茲事舍公其孰爲自有胸中樓閣矣𡒊地上宮室哉侯唱曰國當勉爲匪唱孰和乃縮俸金屬寓士儒琦是贊毗由此士友聞者樂奉芝楮願相其成穫多助矣匠石行山訪求大木拔尤良

者不足則遠市江濆瀟湘良材度可給用審覘舊規湫隘爰加恢拓畫工於堵斧斤刀鋸昕夕展力旬月就緒柱石平正梁棟穹隆陶瓦栟幪氣象巍峩庭宇軒豁如跂斯翼如翬斯飛黝堊膏澤光彩輝映師氈增高賓席加整先進後進各以序次肇工於癸酉暮春之初底績於是歲八月既望不擾不煩事皆克集將涓吉日合樂以落之在鄉善士謀曰是舉也邑長首建嘉謀同寅官屬羽翼宏多盍識其事爲吾邑榮僉言曰然衛琦來諗曰邑庠堂成大夫張主力也彌

縫纖悉夙夜究心職教力也頒書以來裔敢草創以詣贖以老疾辭不獲而白聖道行乎天下日月有明容光必照詎以碢邑爲間哉昔子游宰武城聖人樂聞其絃歌學道愛人語意深遠則知治邑必有教晋杜預以平吳大功封當陽侯則知當陽古爲名勝地時宰不以及瓜爲傳舍而以修泮爲急務眞見超卓遠邁時流矧今朝政嘉靖化瑟更張文科取人一十載餘矣士由是途紆靑拖紫者衆吾玉州士來游來歌如琢如磨升斯堂者巍冠而講唐虞州貢鄉英身

登高第足躡亨衢必有自楚望出者吾黨懋哉元統元年十一月

當陽縣新建儒學記

王在晉（號岵雲，黎陽人，尚書，時爲督學）

當陽舊有學宮居縣右偏風氣宣鬯會臯署雲連比肩並峙形家言縣治匪宜右昂學宮當徙而之它地脉綿薄巳又遷之郊出郭六七里巳又遷之城南學蓋三徙矣城南面北榛棘中薙築爲宮垣棟傾鑽窪衢墊側粲盛之妥越在草莽廣文之氈寄於蕭寺祓衣冠而咏聖術者與牧樵之趾交錯於塗諸生時從沙中聚語曰先王之道不北面大學之禮雖詔於天子無北面文明向離而幽之其奚以妥素王之靈去

習坎而應重明之運盍徙諸諸士子以告令君令君白諸當事曰經始勿亟其計所以程材鳩工之費令君捐而前願自克任毋煩我穡民於是舍故墟易地直捐月俸鐲鍰金以肇茲役而諸學博亦減苜蓿之需佐土木之急卜基縣治之左筮吉暘月望辰羣力畢張戒期立庀櫺星門內闢爲廣術饗殿聿成兩廡并列啓聖祠明倫堂兀坐後山敬一亭尊經閣雄鎮左角鑿泮池開雲路沮漳之流繞焉湮鬱壅閼之氣朗然宏達矣廟貌既飭官師之長率子弟詣督學使

者請有言以紀成事使者曰懿爍哉令君之有是舉
也藉地靈之羸羨補人力之纖嗇人文其有興乎多
士其彬彬競奮乎荆山之陽有美玉焉採其穴抉其
藏而弱奇珍異造物不能以自秘故大塊間氣之鍾
必有人以宣之泄之有開必先開人者天也成天者
人也荆郢之墟埒於神皐輿壤先皇帝乘乾應運天
紘地維揭揚宸厲山川苞孕亦既雲興飈發矣茲邑
分荆郢之餘緖清英之秀層巒叠巘從西陵飛度矗
接巫雲南標紫蓋西挺冠玉綵水珠泉清旻潋灩巴

蜀荆襄之絡繹而江漢沮漳之紆縈傳稱楚望詎不
信然余以沅湘雲夢蒐獵楚材以及竟陵雲杜之豪
其能抽演微言敷揚藻麗者於京灊荆沔之間得巨
擘焉然京灊荆沔士材固張士氣稍溢風會之靡波
流不返而安居百里之地猶存渾噩樸愿之遺夫樸
者至文所由生而眞材之所輩出者也在中之美含
而未露得人以宣之渫之而連城之寶現矣道不虛
行時維有待諸士不聞爾邑寓賢所爲漢荆州文學
記者乎有漢荆州牧則象天地軌儀憲極設教導化

敘經志業用建雍泮焉立師保焉宣德音以贊之隆
嘉禮以範之五載之間道化大行童幼猛進武人華
而總角佩觿委介免胄比肩繼踵川逝雲涌叠叠如
也競競如也於時當長坂戎馬在郊而立教興賢博
求儒術聞人流寓名士雲集負書荷器自遠而至者
三百餘人保蘖一方六路咸秩而劉大道中天聖化
昭明之日乎令君嘉惠人文裁盈數畝布以施立豈
其褻宇勤其教植濟濟莘莘爰居爰處勤學謀議庖
廚六經異饌百家詳延方聞之士咸登諸朝漸漬被

化者奚啻三百竟陵雲杜之豪不得獨擅其美矣歟
以地氣之奇羸補人力之纖嗇責在令君因地氣之
纖嗇振之以人力之奇羸責在多士荆山有樸吾將
剖之淸廟瑚璉有所底授豪傑之士必應運而興寺
於令君及諸學博翹首以觀其成焉是役也所費八
百鎰爲時六月令君李啓元福建安溪縣人教諭舉
人余蛟咸寧人訓導陳大賓永州人廖世卿石門人
督工生員劉家相李琛黃大中梁國相金大赤耆老
羅世卿王大節粟實美倒得弁書萬歷庚戌仲春立

當陽縣修儒學記

國朝　許登儁　邑庠　代

當邑原分自江陵於楚屬郡縣爲最古歷唐宋徙寘不一至洪武初始復舊治儒學亦經三遷始卜宅於邑治之左介江漢而控荆梁山川形勝前記已詳不具述維乙酉秋欃槍布𢧐吾楚獨烈當城遂再陷雉堞樓櫓毁爲平址災及學宫僅遺明倫堂數楹爾雖春秋展祀而先聖先賢分祭未妥諸士子憾假於邑閱十餘年無能爲也儁李唐侯來自甲午冬甫至境周視太息曰有士若是不亟亟議保聚豈刻楮三年

始成一葉乎欲建宫墻必先營城邑經文緯武將次第及焉進邑人而謀之咸負鍤樂趨不數月而竣言言其城湯湯其流荆以北郢以西屹然保障矣越明年集諸子衿曰城既固圜冠方履尚越在草莽辟廱鐘鼓其共勉之爰是邑人士感侯廣厲通學弟子員其捐費助修縉紳及里民咸佐之費凡殿廡門墻無不宏麗備具是役也不煩稽事經營諸務分給以董其成適學憲狄公較士如郢侯見當庠寥寥力請加額以廣黌序俾遊其門者環橋講課非門人弟子之樂事哉在昔廣文之席寓於別舘非制也侯復構寘兩學署較舊舍而宏大之不但憑城講學凡蒞兹土者同官有快閤之安而首舍芸牕生師蒙祉受賜固不多歟考學宫前制下天子一等郡邑有成例不敢過侈也明天啓間有請祀孔廟三代者未果惟啓聖祠遵嘉靖輔臣議今尚未舉將有待也夫君人者上注臣人者下注無人而藏無出而陽人情以官爲傳舍矣侯獨拮据三年沐風雨而奏績是以守藩宋公巡臬李公與司李周公行部至縣皆稱侯之廉於官

而勤於治直指張公嘉侯治行拔於薦剡發金至當佐修遺師環甲守之光朝廷之封域而彰侯之勲勞也衆士須侯鐫之石問言於某某不敏然職在學義不能辭敢載筆直書至於蒞當如請折漕折麥減徭清糧諸善績邑先生方別有記不悉載侯諱彦褒字倚旭己丑進士浙江桐鄉人

麗澤堂記

學博　方璲　深柳

迴峯書院剏於四明俞公顏其堂曰麗澤蓋取易兌象朋友講習之義也夫學之不講聖人嘗有憂矣而世之講學者往往語言辨論之習多而躬行實踐之功少麤而為永康精而為金谿是事功道德岐而為二也至朱陸與同紛紛議起而道學與道學又分矣一以為尊德性一以為道問學不知朱子之學問俱從德性中來而子靜無問學則德性亦非此所謂朱子非兩件子靜並無一件者是也沿及明代餘姚出

而竊象山之旨藉口良知以蠱惑天下其說遂猖狂而無所忌憚竟敢比朱子於洪水猛獸不亦甚歟一時王畿李贄之徒羣相依附一唱百和王氏門徒遍天下迨至東林諸君子猶復主張調停而高顧二公亦不能出其範圍別戶分門遂成黨錮以致神州陸沉皆歸罪於東林是豈講學之過歟噫傳習一錄援墨入儒彌近理而大亂真差之毫釐謬以千里聰明才智之士往往被其惑而不知返流毒天下禍及蒼生是亦未必非講學之過也至近日書院之設師弟一堂所習者舉子業為弋取科名計耳原與講學無與然所讀者四子五經所窮者關閩濂洛倘能因文見道祛邪崇正體諸躬而踐其實科舉與問學正不相妨又何昔聖昔賢之不可企而及而麗澤之益不將見於今日也哉予於乾隆庚午司鐸玉陽假館迴峯去公已數十年之久為之補記用以告夫諸生使知慎所講習勿入於岐途荊榛為異端所蠱惑是亦正學之一助也已

張侯濬河記　　明王可大 吳江人進士水利同知

利民之生孰有重於建城禦河者哉他郡邑與河每不相涉也卜地而城之順流而禦之因其勢度其宜而已爾楚之郡邑盡濱於江之南北蜀江自岷山而下至枝江而分流爲患愈滋楚之荆承二郡承之被其溢蕩者十九溺已積歲矣乃當陽邑治故無城賴土垣以爲防又當漳沮二水會流之衝漳水出於南漳沮水出於房陵左氏稱爲楚之望自古而已重視之其二水去邑爲甚廹夫水勢分則柔合則奔哭勇

悍苟下無所洩其駛而四氾也不可防巳邑舊有河去土垣可一里許歲自庚申以來江水大溢而諸河亦泛舊河遂湮塞不能受其橫流水散而薄於垣當事者爲石磯於垣之東北以障之蓋邑地東北平下土踈泄滲斥水亟而磯決遂食垣之半并及官舍民廬是水之不利於民者久矣在宋元於江陵路開九穴十三口以洩其怒而民患稍息況大水之會者可不導其舊河哉水淺則盜熾邑令張君松設弁獲盜踰三十人而餘盜尚汹汹也乃謀於郡伯顧菴何公

大指曰松無善治不能弭盜然多自他所來者又不能囘溪滲河壅其故道內侵於土垣及於公私之舍公其謂何公曰噫是在我矣不建城無以衛民不禦河無以得地然則禦河其最先且亟乎乃告之守臺仰明李公公又曰噫是在我矣然久歉之際不可重困於民也吾計之廩有穀千石以備賑者今散以濬河卽所以賑恤也又計之總居民及里夫共二千名假其力以食此穀卽可無饑矣於是上之撫按兩台兩台僉曰守道之言是也乃下之顧菴公暨荆門州

守袁君一亂督之張令及衛經劉日南日程其工不三月而河復其故道起自西口至東口止袤一千五十弓抵東南舊河深四丈廣八丈徑達合溶市與川江合壽將濬河之土築爲南岸長堤廣十丈高三丈頂有三丈不必他有所營而屹然外郭矣又以其餘土起新堤於邑之西北山觜可三百五十弓高廣及頂亦如前堤其當奔決之處捍以竹木更樹楊以實其根兩堤相帶內以城外以河害實弭也蓋河成而可以舟得以化居有無不至坐崙也可以洩卽有庚

申之水無慮也可以溉不爲旱魃所窘也民之樂而安之也其利可勝數哉由是量地爲基相勢爲工以塡以石以舂以築并其東北者而盡城之他所之盜將闖而遠遁也以故邑之人垂白及髫者皆欣欣然曰令之功太守之德也主其成者兩台之績守臺之仁也令走謁予曰松無善治重爲上官憂茲河成矣城可建矣公幸紀之以無忘膚功予曰噫予遷楚四載凡三建城未有不得地而可施工者况予今責在水利哉是在我矣太守德之守臺仁之兩台是之令

功之予樂其成雖不文不敢沒其美也河成而巡台南山趙公來按都府毅菴馬公亦以遷客至實相其成者也乃爲之歌使邑之垂白及髫者歲時伏臘歌以世之歌曰漳水洋洋沮水瀼瀼以滙以出當我孔陽河伯殄我食我舊疆河飫而墳地遜而荒太守曰吁爾毋庸傷上顙下成爲爾之藏乃鳩爾工乃豫爾梁乃淑爾具乃定爾方河伯告順水復爾常還爾舊疆永妥無殃爾舟爾溉爾浮爾方爾魚爾鰲爾穀爾秧爾收爾穫爾食爾倉爾朝爾夕爾祀爾常婦歌於屋夫歌於場農歌於野士歌於房以石以甃以板以箱以墉以阜以崇以翔闖爾之戸霧爾之藏靡有盜賊於萬斯庸我巡我守不卽我艮我守我令不我能忘百世保之以永福慶時隆慶四年

元荆門州守聶韞夫先生墓記　黄聖年（字逢永南海人教諭）

當陽城西十五里黄沙舖有元荆門守聶先生之墓焉即先生致命之地也先生沒至今殆三百年先生之廟食當在本州而封樹於兹不宜闕然即志牒亦僅辨先生姓名而已至於先生之行履文章邑之人罔未之詳也余小子職在掌故讀先生之文竊感先生之節而懼是邑之文獻未周先生之封樹或弗戒也稍爲增治蓬顆拂拭遺碣因采拾先生之大都以諗於邑之人焉按傳先生姓聶諱炳字韞夫江夏人

元泰定四年進士初授承事郎同知平昌州事先生早孤母改適自平昌還始知之即迎母以歸久之轉寶慶路推官會峒猺寇邊湖廣行省理問官時悍卒多掠民爲俘先生言於禿赤釋其無驗者數千人至正十二年遷知荆門州纔半歲淮漢賊起荆門不守先生出募士兵得衆七萬復荆門又與四川行省平章咬住復江陵其功甚多既而蕲黄安陸之賊復熾俞君正合兵來攻荆門先生率孤軍晝夜血戰援絶城陷爲賊所執極口罵不絶賊以刃抉其齒盡乃斷

左臂而支解之先生登第時試大別山賦其文曰厥功馮翼孰鉉孰莳清濁既凝高下以彰融然而江河流液峙焉而山岳儲祥維大别之名山獨巋然於南荒爾其氣通淮漢勢壓荆楊總江漢之統會脊衡岳之輝光深根浸淫乎后土雲彩洞燭乎圓蒼高標逈出於九嶷倒影傍接於三湘昔聖賢之經歷雖千載而不忘爾乃層巒崗翠叠障巑岏石痕欲駁土花若殷藍膏緑液紅注碧珊樓臺翬飛於翠崦石梁龍矯於碧潭浮屠聳其側僊臺峙其間睇靈栢之茸茸雜

蒼苔兮斑斑幽芳野草秋菊春蘭至若地利之富物産之珍以守則阜以財則殷殊形詭狀不可殫論靈蹤神跡曷可弃陳吾嘗凌絶頂賦遠遊呼鶴鳥以逍遥招黄鶴而夷猶酹宋玉於秋興之亭邀太白於郎官之舟洞庭之水未波蒼梧之雲不流烏林烟滅曹瞞之魂已冷赤壁風高蘇仙之句嘗留登高作賦把酒澆愁嗟呼娱樂則有加矣感慨亦有之矣其有德神禹之德而憂神禹之憂者乎當其九州爲壑四海一堙而神禹出焉巨靈奔天吴驫截天柱之巉喦擘

蒼翠之嶙峋其澩水之功孰爲之耶然吾徒今日得囿於禮樂之教者非前日手胼足胝之功狃於衽席之安者非前日克勤克儉之庸乎噫嘻時移事殊鳳流雲往撫乾坤其瞬息觀古今於俯仰蓋猶迹神禹之迹於千百載之下矣豈無心神禹之心於千百載之上也哉嗟乎卽先生斯賦其浩氣奇節固巳槩見矣輓近之士競驅馳於尺幅一受事輙苟且持祿及至危廹首鼠反面者毋論卽捐七尺以殉亦計無復之爾非能盡力竭謀至於莫可爲而後巳也以視先生

收拾餘燼於屠城敗邑之後晝夜攻禦力盡舌繼甘受支刹之慘而靡餘憾焉其名實相去何如也嗟乎若先生者無愧其文矣享於斯土者若關壯繆若胡文定咸以坏土之故有司得以請於朝飭廟貌祠春秋而先生至今闕如也毋亦掌故之失職以至是雖然先生之節義文章久而彌著讀其文闔其風將必有表章先生而俎豆於關胡之列者余小子又焉能爲有無時崇禎庚午十一月朔日記

遊玉泉記

袁中道

出當陽城西陟重阜見諸山矗負象峙而其中一峯獰特竦秀氣宁如玉妍美如冠者卽玉泉山也其上時有異氣非烟非霧如兜羅綿與諸山特異山以泉得名故二十里外得泉爲入沮道皆莽莽修淵至巳公嶺下西泉之水繞度門而出會於玉泉其水較洪岸畔多石水始汩汩有聲從此兩掖多坦迤之山泉出其左遊人不復與泉相捨時見磚埒皆先朝所修馳道近寺得嶺如龜背起村市駢列逾此如一寰諸

山左右障泉聲始厲嚙右壁半落如赤霞左爲諸山窮處得圓阜以精璆冶窣坡其上中如永巷是謂寺門入門泉自東來帶寺有危橋正殿依山如屏兩峯袖遶上有智者道場四字黄太史筆昔智者從天台歸荆州登紀山望當陽山色如藍上有紫雲輪囷如蓋遂杖策孤征過玉泉至青溪欲建道場意嫌廹隘遂還玉泉止金龍池趺坐枯樹中致關公皈依寘建福庭湫潭千丈化爲平址棟宇煥麗巧奪人目昔王遵立水瓠子堤完眞王應運濤沱水合世法猶然况

人天眼目百靈護持者乎當時尺一有事出神心理
應望表語而畫家亦傳關將軍起玉泉圖艮亦有以
其後北秀復居此地天后作檀越金様玉題侔於鬼
工是固一時也宋明肅劉后蜀人少隨其父人都過
此寺僧慕容禪師見而異之為之禮及撫育仁宗正
位長秋大加護持重為嚴飾是又一時也浸至近代
僅存一殿攲側欲顛跡公居度門傷其荒蕪有志繕
修北走神京大開講肆時黃平倩及予兄弟三人過
之跡公言及此寺幾欲墮淚於是平倩中郎各草一

疏不盈一期宮府朝野金錢麕集其始終營綜中郎
極為苦心今遂煥然復還舊觀雖不同當時之靈必
亦大有興緣山後一壁舊多喬木作殿時伐以資用
正如剪髮紉衣甚可悼惜近禁采屢年穉松嬌姹能
增黛色寺固大龍湫也雖累土為基今尚如珠在函
拾級登後山始可瞰遠尚存大士閣基夫殿不毗陽
以含沖氣閣不毗陰以矚原隰闕一不可姑待來者
殿左有吳道子畫大士碑作天男像衣褶最古殿右
為藏經閣尚方新頒金疊爛然左右各一池清泉從

殿後出匯為池注於玉泉或云那伽之宮在焉故一
山出泉類之以種芙蓉最佳相傳即金龍池出護寺
殿得前橋復與泉遇東行二百餘步為乳窟窟中石
作珂色懸乳如蠟淚前一壁如幻霞玉泉之水嚙其
根而後出時作壯籟其絕壁有坎相當云前人穴以
架閣下隱隱有字盡駁予謂是張孟及元微之所書
自可惜若是俗筆能亦烟雲冰霜苔蘚亦大解意憶
元微之遊此山詩云松門接官路則當時官路原在
門外曰泉脉過僧房則當時僧房正對清泉流水周

於戶下光景可想今重墻圍裹惟恐見泉乃知填壖
莫帖規方竹杖者何代蔑有過洞兩崖多石骨較狹
累以石丸渡至響水潭有巨石亘溪中去地丈餘泉
從石墜忽作大聲墜而復躍激為浪花濤雪沾濡衣
屨山行稍倦童子以蒲團從坐泉上稍瞑目疾雷破
山急雨隨之大似振秦皇帝驅山鐸也過此兩崖愈
狹雷泉以出石骨為泉所蝕作篆籀文乃捨溪復上
山徑至關侯廟前水始寂是謂泉源過橋撫掌皆如
珠串上沸侯所封當為漢壽之亭侯而宋紹興中澗

庭漁人網得一印上一鈕方二寸有奇其上一大環徑四寸下連四環皆繫印上製甚奇文爲壽亭侯印不知何故豈唐宋間不識字人作贋物以入神廟者耶廟外列名人詩碑依稀見張孟等字不暇讀去廟數十步泉聲甫寂而石浪逼人矣道有二其左即走蠶叢道也其右往智者洞諸嶂圍之從一罅入如花源道旁怪石磊磊色或如墨如烟可坐可臥其立而欹者下可逃雨右嶺上爲宋修傳燈錄院今廢又里許至智者菴旁爲智者洞石理甚堅若夏屋洞下有

井與大江爲盛衰春水漲通於玉泉爲洪流緣洞後登山石欹不受足屢跌至一處稍平即朝曦閣舊基萬山層疊中忽見山口近林遠水甚暢迹公與予議復之以祠中郎覺孤危難住下智者洞右得少平地乃喜曰蘭若在是矣相與少坐洞中予謂迹公曰此地似與吾邑人有緣蓋智者亦公安人也智者俗姓陳父名起祖梁封益陽侯居公安以公安即舊華容地故亦曰華容人有二子長曰鐵次曰道光道光即智者其母夫人塋鬣在公安牛頭里今猶稱聖母墖

旁有智者所建報恩寺其爲邑人無疑若祠中郎於此信乎與邑人大有緣矣尋舊路歸復於乳窟看月泉得月如曉溪濃雪晚宿於講經臺

遊紫蓋記

袁中道

住玉泉入春數日走度門商畧遊事首紫蓋度老不能從與僧寶公偕沿途多峻嶺回望玉泉甚尊特其後爲青溪茅平諸山上帶殘雪日光映射寶公云大似晴雲映覆山巒予曰雲色稍陳不若雪色之鮮霽照人也過聖水寺相傳葛稚川鍊丹於此取水又數里爲吳王墳岙隆隆起吳王不應葬至此豈吾王之訛耶楚都在沮漳間宜此地有王家陵墓所云昭邱皆相去不甚遠也此地望沮漳兩岸之樹分行交機

不可紀極路從山後以達於寺蓋自大行少室伏牛鉉嶽諸山蜿蜒而行至此地忽止其前平原千里江南諸山皆不可指數若天日晴明可望見江上風帆數月滿眼峯巒忽見平曠如掌亦覺爽豁往時有客至玉泉青溪紫蓋來者吾即問三山孰佳答曰皆佳不能優劣及予親至然後知品題烟雲非慧人不能大都紫蓋寬博玉泉尊特青溪秀媚紫蓋門戶也玉泉堂奧也青溪園囿也遊者以漸而入彌深彌妍若欲紫蓋爲青溪是以亭臺花木之娛而責之懸巘刻戟之處亦少蘊藉矣此山爲三十三洞天以南北二山四垂如蓋林石皆紺故名紫蓋予自山後嶺上來不見垂蓋之美而林石亦無紺者所云絲水甘馨亦僅存智井爾山頂有仙祠即葛稚川鍊丹處予記列仙傳鍊丹紫蓋乃葛稚川祖葛偲公鉉字孝先非稚川也孝先既行屈氏二女作履施之後分餌丹二女皆仙去至云山主爲劉綱樊夫人劉綱爲上虞令亦非是中人不應作山主俱誣甚且此寺肇基於遠法師天皇悟從荆州天皇寺移居此往時樹木極茂後

爲伐去今新栽松嬌姹如綠雲寺僧等頗嚴守護不過十餘年後又成佳叢林矣夜宿於藏經樓下曉送寶公歸公安予歸玉泉行嶺上復望見遠山晴雪殊快至聖水寺從徑路趨玉泉輿中於諸山外見玉泉屹立有若久客望故鄉暢適不可言喻豈非宿緣過金家溪畔兩水合流處得一小菴少憩過此山峯多茂樹無童者踰光石嶺石淨滑不受塵下嶺即玉泉寺田

遊佛耳巖記

袁中道

去青溪五里地曰乾溪有馮茂才者邀過其宅且云近宅有佛耳巖可遊遂同往諸山圍裹忽見平曠前即沮水山水間一佳聚落近巖石壁接連若鏤垣沉碧中苔蘚蔓縈巖在削壁俯澄潭潭邊石路滑滑可據以濯足諸山皆鳥緣上予初怖之後於近舟借二篙上下各以一人持之予攀扶而上石䣊淺不受足幾墜上復投予以繩乃得至洞頗寬博據山水之奏沮水自房陵來逕高安兩岸秀壁相望雲破霞裂其巖如佛耳者極多不知何代所鑿安得以一舟徧覽其勝也

柴紫菴記

袁中道

玉泉右掖之山一峯直下如象鼻突止即爲菴有堂三楹曰淨名以祠護法居士者也舒其後霤爲小室二一居僧一予自居堂中望前山如繡屏屏下有木樨一株可十圍每開香清一山其右墻外小室三楹爲香積周以虎落菴之後所云象鼻突止者瞰之皆石骨鑿一洞曰幻霞以其中有霞紋也可容一案四人清凉沁骨從洞右登山緣鼻而上可百步得亭曰堆藍圍以墻穴以通風望西南山色如墨花淋漓惟九子在西北稍爲樹蔽其鍔菴門外左有小臺聽玉泉水聲甚厲可望後山怪石老樹游雲弄姿堂中所祠者上爲維摩詰左爲武安右爲伯脩中郎近得西川黃太史平倩之訃予哭而祠之平倩長伯脩六歲故位在伯脩上海內交遊多矣獨祠數公者以皆有功德於玉泉者也即有功德於玉泉而非道德文藻無逕前三公者亦不敢濫祠後度門之意以雷太史何思生平護持玉泉甚力亦得附位在中郎下創始於萬歷辛亥春會以他事歸至壬子六月初四日落

成而總名之柴紫以玉泉亦名柴紫山也

勅賜清溪寺記

明李賢（南陽人大學士）

荊南玉陽廣福山清溪禪寺者僧智念重建也寺創始於晉武帝大元丙戌年間遠公法師倡道茲山山之前一水縈迴曰清溪清澈可愛師嘗於是水浴身時白蓮開敷遐邇嘆異歷元寺燬於兵至明永樂乙未了義禪師居之修葺弗果正統二年春南浦大師之弟子智念訪天下名山諸祖遺跡至是寺喟然嘆曰有心皆是福無地不名坤遂卓錫焉寺據廣福山之勝九峯諸山獻秀舒奇美樹嘉花菁蔥聚鬱誠天

造地設之境也而邑人曹覺忠等不負靈山付囑之誠力施以成其志厥用不足勸其鄉之豐家巨族協力贊助自是智念偕徒惠旻等薙荊榛闢土壤市材鳩工首創大佛殿高四尋有奇深廣倍之殿後建法堂左右爲地藏圓通寺殿其前則鐘鼓樓門方丈禪室庫庾之屋靡不備焉計其經始訖於落成閱十寒暑實十一年丙寅秋也寶相玉毫輝映霄漢其宏大盛偉之規振古罕有天順改元皇帝復登寶位庶政一新雨露之恩均施溥被其崇獎道化之心至矣敢

智念得以䟽於上獲賜金額仍詔禮部劄付焚修使天下人知佛之所以爲教君子資之以廣其善小人資之以悛其不善王化之助豈小補哉智念稽顙闕下感恩弗勝復囑予記仰惟佛心天子膺上天之眷旣極其厚而崇奬先佛之道又極其隆智念嗣佛之教得際遇明時膺兹恩眷不獨榮於巳而光於寺且有光於荆陽諸山不獨光榮於諸山而天下國家嗣釋氏之教者咸有光焉天恩至此復何言哉予聞智念克以仁慈修巳以至誠待物而身心戒定故能感諸檀施而成此善果也後之居是寺者豈可視爲土木之事而忽之也乎智念滇南人別號竟空併記之

天順二年秋旣望

當陽縣儒學碑記

元無名氏

學以化民縣以長民而民地之本也當陽望邑古爲平州事簡俗醇先王道化之國宋慶歷中州縣立學教養生息英材如菁莪棫樸之盛厥後漢上朱公震以易名世同時文定胡公安國時習侯公仲良講道於龍潭之上河洛之學被於東南大賢倡之也中更分裂重以乙未兵火邑境遂墟衿佩佻達田卒汙萊廢巳久矣大元混一崇儒重道詔江南興學校立提舉鐲徭役有司祗若德意惟謹獨當陽生聚僅完學未遑也至元丁丑保定張公奉命佩印來職長民所部荒落壓坻七家公勞來還定百爲克開不數年間戸增七千有奇慨然又曰斯民旣庶且富教可緩乎乃議興學縣尹王君元賓實贊其謀於是景岡相基得遺址於玉州之陽几山清奧帶水環會雖寸鐵粒粟役其難也公亦手經營視爲已任爲有王事屢輒賢勞於外未嘗一日不衡厥心薦領省符董餉數萬事畢還邑謂學之不建非吾責耶晨夕坐於學躬涖其役寒暑易節堅忍督勵用不足割俸以濟工不給

捐膳以周材弗備厚直以充惟誠惟一感動人心僚吏協贊士民畢力鄉社以下不調而服勤不徵而恭事會按察使者行縣勉勵序公勤勞而亟成之遂既廠役正殿儼如廊廡翼如有宏其門有殖其堂營創規畫視舊加壯廟貌禮器率應圖式正朔欵謁二丁奠祀春誦夏絃有典有則盛事鉅觀燦然復舉而人不知勞豈勢迫之哉蓋得人之深樂為用也昔周大夫不說學閔子騫憂之戰國時不信道孟軻氏距之學乃人心天理於不遑暇之中自有不容已者況公

未嘗為言語文字之學始建成邑而能約己自勵以敦教勸學為心所就乃爾若其弄筆以徼利達莫適於用可少愧矣張公此舉賢於人矣夫使人如公用心何患美化之不行也列治狀告之司學轉於憲臺將聞諸朝廷以俟褒嘉公論韙之舍菜考成興學之士蒲英等辭曰子立學者也宜記敢據實而書至元二十八年辛亥立

重修儒學碑記　楊州彥

卜子夏序詩至鄭之第十七篇曰子衿刺學校廢也廢學校有刺則興學校其在美矣我四明俞公令吾邑以下車之次日昧爽謁文廟肅躬展拜詣講席博士弟子員以次問業已周視廊廡顧諸生曰宮圮矣不葺將頹俯仰移時意疑約計其所以鳩工程材者諸生退而喜曰頖宮起色矣越數月吾友易公巽倩適司邑之鐸與令公茶酒間咸有馬廄蔬圃之歎曰載色載笑實在我侯余雖減盤中苜蓿坐客寒氊亦

勉出家布不以土木費獨累長官也各捐俸有差計所新曰欞星門曰正殿曰明倫堂曰啓聖祠拓地若干畮為垣幾十丈工告竣問記於余余謂浮屠家刱構叢林其鬪比卽二六時之課誦昏定曉報之鐘聲生人齊邀令單有偃僧院多喧衆卽金稜玉題可稱清靜道場否今辟雍鐘鼓蔚爾復興尚冀棟宇修而多士之廉隅亦修俎豆飭而多士之簠簋亦飭當必好文學敬長上肅政教順鄉里出入不悖所聞如漢公孫宏之所云者將處為理學出為名臣勿負令君

與司教者棫樸作人至意于日望之

迴峯書院碑記

楊州彥

古今之氣運係文章人物之鍾靈由山水在昔之不敢以名字呼者率志以地東萊之呂廬陵之歐陽眉山之蘇氏父子昆弟無智愚皆然者言其受是氣也當陽幅員縱横不百五十里而泉巖競勢頗甲諸邑往余讀書山寺涉青谿水望瀑布灑痕頽波秀壑令人悽澹遊運走鳥道往復玉泉老谷堆藍名泉珠沸不能自絶於其側或復攜酒紫蓋峯頭氣象渾大樸老而彌莽莽蒼蒼不可涯涘蓋嘗歷四時之變以盡其態大約於草木青谿蘭蕙玉泉菡萏紫蓋禿松於文字青谿諸子玉泉左國紫蓋六經於世代青谿魏晉玉泉秦漢紫蓋鴻濛且沮水會漳沮平分楚望氣候所鍾自應清慧而文而科第晨星幾疑維岳降神生甫及申之句詩人臆說矣歲丁己四明俞公尹吾邑勸農之暇登高按眺遍遊境中佳勝謂邑之三面環山而東南獨敞洩雲裊裊奔走江陵水如絃直不稍縈洄爰聚士大夫與上下降觀喟然曰馬之逸也銜控之客之酒闌也轄投之勝理之不容也葠萁補

之僉議於郭關外鎮以文峯城之南隅枕以書院工告竣院額迴峯堂則主敬則麗澤塔則青雲青青子衿悠悠我心俟用是良苦矣繼自今都人士尚其力敦理學勿以雕蟲爲絶業勿以誠意正心爲迂談俾濂洛關閩復見今日行將絃誦之聲聞於比戶尼父驅車當爲我俟莞爾一笑也院鳩工於某年月日成於某年月日爲室若干楹例應書於碑陰

重建義勇武安王廟碑

明　徐階　華亭人大學士

義勇武安王有廟在當陽縣之西五里蓋王於是葬焉古所謂節義者也廟始建於成化丁亥凡曰殿者三曰門者二曰堂曰祭臺者各一請於朝詔得以春秋薦俎豆事載於碑其後屋漸圯而有司莫能葺嘉靖丙辰春司禮太監黄公太保都督陸公出其祿賜之餘得白金二千五百兩屬守備太監張公方㪚而新之又建坊於其前作鐘鼓樓作諸廟祀之具咸備繚以周垣而守之以僧若干人其冬十月告成事昔

韓昌黎推尊孔子以爲祀而徧天下者惟社稷與孔子爲然按史王葬於漢建安二十四年至於今千四百歲矣其褒贈之典代以益崇而廟祀亦徧天下與孔子等何其盛也自古有功德於人者死則必食其報然其功德有及有不及則其廟祀亦必因之獨忠義之士接於耳目而有激於心則不必功德之及我而慨想感泣自有曠百世而不能已者所謂民之秉彝也當漢之季謀臣策士知天下之勢必歸曹操而王獨以正統所在委身昭烈及爲操所執操禮之甚

厚而王迄無二心去強歸弱繼之以死非忠義之尤者乎孔子述六經垂訓萬世感人以功德王感人以忠義其廟祀偏天下固宜也世或疑孔明翼德與王同事昭烈其忠義亦同而廟祀之盛皆不及王以爲事同而報異者夫翼德非王比也孔明之事著在蜀爾王始見執於操其刺顔良舍而歸蜀魏之人舉能言之至降于禁斬龐德操欲徙都以避而吳之君臣日夜謀王以死爲快王歿操日以強吳亦遂臣於魏識者於是咎陸遜而思魯肅之慮遠則吳之人又無

不知王者父老子弟轉相告語傳之四海流及後世而各有激於秉彝之良此王所以著於孔明者歟故曰王廟祀偏天下宜也廟繫牲有石二公請予書其重建之歲予因論王所以致此者系之詩俾歌以祀王黃公名錦在司禮務德而奉公陸公名炳有文武才其志在安社稷觀於茲舉可以得其人之槪矣詩曰王之廟兮何所枕崇岡兮俯遙浦左旗張兮右懸鼓王廟兮儼然生中處兮神在天從昭烈兮日周旋邦之人兮聚正氣春秋兮奉王祀牲牷肥兮酒醴旨王自天兮來下青龍刀兮赤兔馬長髯飄兮顔渥赭王至兮入廟鐃鼓喧兮管嗷嘈飲且食兮不醉以笑於嗟兮明神下爲河岳兮上爲星辰伊降福兮獨此邦之人扶天常兮植人紀億千萬年兮相我天子秩廟祀兮自今維始嘉靖戊午仲秋

重新宋胡文定公廟碑

劉　績字用熙

人生所以參贊天地者也六經載參贊天地之道者也六經無傳則人道滅而天地或幾乎息矣故天地不能一日無人人不能一日無六經述者發揮經旨亦不能一日忘功不祀也周衰孔子道不行取魯史成事筆削寓至當之理立不易之法救末世陷溺納而歸文武之道孟子以其功並禹周公蓋無位則明道正人心有位則行道去人害一而已矣後莫究其説左氏敘事雜以俗禮公穀釋義多拘日月斷斷焉

倀倀焉甚至人主不得聞諫說學士不得相傳習至宋高宗時胡文定公奉詔著述用事精嚴發意暢快謂是書乃百王之法度萬世之準繩可以處大事決大疑得作者心於千載上破蒙者惑於千載下然後大綱炳炳如日星微公則是經不傳矣公沒去今三百餘年墓在當陽北十五里成化丁亥有司奏請立祠繪像於側春秋祀以少牢越四十年憲副安城劉君時讓讀公書師其人觸權貴屢僨輿觀風過拜遂拓舊址有寢有堂有廡有廳官屬其役民樂其事不日克成以安公靈非以圭爵而尊非以族屬而親是故澤在本支有時而斬勲在社稷有時而泯功在六經則歷千萬世猶晨昏也公諱安國字康侯建寧崇安人地志謂父淵寓蹟荆湖間至公爲蔡京惡退居當陽之漳濱淵墓在焉誌傳父沒築室墓傍耕種自給若將終身即今龍泉寺所壤田也公自云平生出處內斷於心浮世名利如蠛蠓過前其行可知矣作楚歌使士人享公辭曰漳水瀠瀠兮遶公塋骨肉野土兮氣昭明鬱金酒兮灌地貴燎蕭光兮達紫庭求

上下兮不可得公何之兮憂增內華兮外夷君尊兮臣卑道亨莫亨兮此時公復來兮何期松柏兮挺然獨秀遺像兮生氣若舊食此土兮非能夭壽從則吉兮悖則凶世復世兮人心同

修城四公祠碑記

袁昌祚 號莞沙東莞人 夔陵知州

余自鄂渚還西陵方濟漳水望玉山之陽屹然崇墉其下有祠趨而問之曰以城祠也夫城也百堵畢力民顧不稱勞焉而祠之此何以故其士民曰茲四公之大有造於吾土也其敢以忘報祀曩日者劉石梃亂阻兵襄漢之郊暨施南土孽憑恃其篁笮谿谷梟張横噬而當陽以無城故日岌岌也然此猶以震業之時言之爾今天子卽位詔天下郡邑城及江南郡邑適承平之弗戒盜掠其藏累纍窮逸於是沛然下

令薄責諸守宰及按布之使者更寘之而當陽故曠然衢術也縣官懔懔恐不足以固誾圄其齊民蔦然慮不足以愼蓋藏咸夙夜屬其力以守而未暇也自中丞趙公問俗下邑始畫城議而守藩巡臬及我郡伯先後協謀以授事於任叅軍而祗役焉負山帶河絙以隄防其上環數百雉司警之子持柝而夜擊則狂夫瞿然無敢易慮故縣官得以安意齋閣而一其政齊民得以安居於作息而奉其教則四公之遺也其敢忘報祀余語之曰有功於民則祀之禮也顧四公所爲功容有大於斯者卽若祠豈直爲當陽戶祝哉荆襄表介江漢扼東南上游而當陽中距若牙樞焉背引宛洛腋控秦韓背洞巴蜀膺拊襄沔脉維吳越蓋昔人所稱用武之國也昭王紹霸始築麥城自伍子胥有驢磨之役而麥城弗守王奔於隨迄於三國則關羽糜芳保阻築渠稱重鎭矣國家旣平劉石之亂尚書白公始議緣漳河寘封人徙遠安數百戶守之而城未之議也肅皇帝昭受天命而當陽始隸興都爲湯沐邑視昔彌重乃歲來有城慇惟四公始

協謀而墉之用以拱翼陵廟而施及於東南非淺尠也故曰卽若祠豈獨爲當陽戶祝哉於是士民喜曰吾儕知報功未識其大信若是言是四公大有造於家國也其敢以忘報祀祠之制中丞趙公居中守藩王公巡臬鄧公左右之郡伯趙公又左之皆同堂異室各正南面距玉山之陽其上爲三公之台以中丞及藩臬二公向問俗登茲山設甲帳云叅軍旣畢城又能世四公之功於祠中其能足紀因併紀之趙公名賢汝陽人王公名埏太康人鄧公名林喬内江人

趙公名睿涇縣叅軍名夢榛休寧人

胡文定公墓碑記

國朝李　遙

當陽縣北十五里龍泉上有胡文定公墓與春秋祀自明成化三年始也余令當陽在康熙十五年丙辰四月時彝陵逼近敵壘軍需蝟集未暇考稽先賢古蹟至秋八月余又公出越明年二月余親奠墓所見周遭有古松三四十株謖謖有聲墓之外荒烟蔓草矣余佇立欷歔者久之邑有先賢而春露秋霜祗餘此一抔土也有司之過也又邑西三十里有玉泉山亦邑勝概也他日至玉泉見有負擔紛紛運木石工

料者匠斵之聲響振山泉問之曰某官某將某士大夫捐銀若干兩修玉泉寺也余曰嘻吁哉道之不明也如是夫文定公功在萬世春秋二百四十年褒貶予奪爲仲尼家子夫人而習之矣不待余言獨怪吾儒博衣韋帶講仁義號道德者不知凡幾而食六經之澤者掇巍科取明經衣綺穀食粱刺肥詡詡然誇里小兒嚇人酒食錢財問之吾某科習某經起家也獨至先賢遺蹟崩圮泯沒令出一錢得多少潤飾不墜則却顧搖頭蹙頞而去而緇流羽客走人如騖如

所謂玉泉寺者自王公大人以至窮鄉野老不憚捐頂踵脫婦人簪珥如雲如雨竭歷奔事不極其華麗不止曰此某某所建功業也何說也豈吾儒之道如日經天如川行地反無以聳動天下不敵彼功果二字歟非也吾儒之道堯舜禹湯文武周公孔子之道也堯舜禹湯文武周公孔子之道如天之元氣也元氣貫春夏秋冬四時四時調百物若萬衆日食元氣之福不覺也如鑿井耕田出作入息帝力何有於我之說也天地有戾氣疾風暴雨驚雷震電陰霾瀰野

黃霧染塵人鮮不慄慄危懼者有罪戾犯天譴者今緇流羽客走人如鶩亦猶天地之戾氣乘人也若吾儒區區與彼爭形迹之末則亦淺矣此文定公之遺蹟零落於荒烟蔓草祇餘此一坏土者政所謂吾儒之教也吾儒傳心也彼二氏所以走愚夫愚婦者傳迹也若並其迹而沒之則儒老二氏澌滅久矣然則天地之戾氣不能盡絕而二氏之形迹終不澌滅也無怪也然老之教曰清淨佛之教曰慈悲亦未可盡非也獨怪夫今之王公大人卿大夫長者皆坐而食彼暑雨祁寒胼手胝足嗷嗷待哺之民耳取彼暑雨祁寒胼手胝足嗷嗷待哺之民之財之力以重崇建某寺某寺曰我功果也不極其輝煌壯麗之觀不止夫功德大則民益殘費益囂於彼清淨慈悲之旨安在爲此者或亦二氏之罪人也余因感胡文定公之墓之勝蹟不存並及此所以明吾儒之道如天地元氣亦不在其跡之存與不存也而不可不修飭使不至於泯沒者吾儒企慕先賢之意也余令當不及一載途罷去亦不及修今於閏八月余行矣屬余同

年友楊宜棲名州彥爲余搆石記其說俾後之覽觀者知吾儒固不與二氏爭形迹之末而亦不可不修飭不至於泯沒者以重吾企慕先賢之意也

楊公祠碑記代　李希晟邑增生

余承乏茲土者廿載矣昔人所云政通人和百廢具興者未之逮也而有志焉然往往有蒐羅所不及至於遲久而復謀興復者如溶鎮楊公祠是也余嘗閱邑志知明季有楊公諱正芳者艱難捍賊以身殉國宜其歿而崇報載祀典中而有缺焉殊爲恨事雍正元年冬余以修理塘汛至溶士民環集請曰觀音閣之右原有楊公祠堂三間以祀楊公當明季逆賊猖狂殺人如刈草公以鎮簞副總提一旅師來駐合溶

以少擊多每以奇兵取勝公體貌魁梧長鬚髯賊經累敗望鬚輒奔潰公適他征賊乘虛來圍溶市有壯士掛長鬚張僞幟鼓噪而進賊疑公猝至皆驚走其先聲奪人如此溶之生靈卒賴保全以有今日皆公之所畱貽也而公戮力逐賊汗甲捐軀遂死王事溶士民不忍忘立祠報德　國初猶架有數椽士子課會其中經歷歲月風雨漂搖棟折榱崩久之而昔賢尸祝之所浸至爲今人射利之場願我侯其復之甫白其事而昔年木主忽得之佛龕塵封中豈公之靈爽實式憑耶衆議僉同舊主可稽爰捐一月之俸修復祠宇設新主而奉之嗚乎公功在國家澤在斯民雖人往風微而士民感泣未忘猶踴躍圖報瞻斯祠者忠義之心可油然而興矣余因論以前地暫借爲營防而士民竊有疑焉恐其以塘而妨乃祠也余曰不然祠爲政而塘特權宜之計耳塘可易而祠必不可易也異日者溶之士庶嚮義恐後大其棟宇高其閈閎更足以誌楊公於不朽是尤守土官長所厚望也因紀石以垂永久焉祠地坐觀音閣右前中俱六

尺後三弓一尺中長三十五弓四尺

重修關陵碑記　　吳省欽

臣舒常言當陽章鄉有　關帝寢墓以後裔世襲博士一員承祀屆春秋官祀縣令來詣行禮伏思我
皇上崇德酬功於　關帝再加號謚尤昭誠敬當陽既有寢墓與他處僅有祠廟者不同請以距當陽百二十里駐守之宜昌鎮及該管之安陸府就近輪往承祭以昭敬重
制曰可越二年舒公與今巡撫姚公暨藩司永公捐廉倡輪自堂斧兆域暨門塗垣棟齋房庖湢之所靡不整

治如制蜎蜎於鑾式憑儼若省欽謹記之碑曰周官禮小宗伯職成葬祭墓爲位冢人職凡祭爲尸註一以謂先祖形體託於此地故祀其神以安之一以謂禱祈蓋冢人之職於始竁爲后土之尸於凡祭亦爲后土之尸曰凡祭則非一祭乃二鄭以墓祭無明文故不敢曰墓祭而第曰禱祈自宋儒主古不墓祭之說謂始自漢明帝之上陵然聞考武王行軍祭畢曾子言椎牛而祭墓孟子言東郭墦間之祭者皆在漢明帝以前若魯世世相傳以歲時奉祀孔子冢光武祀李通父冢則不特子孫固祭墓即遠而國人上而天子亦得祭墓致禮誠以體魄所藏視廟中之祀其精氣無所不之故禮不容以闕也今京師府州縣衛下至百家之聚遼絶異黨之域胥立廟祀　關帝其長吏所治尊曰武廟與文廟等然武廟立自唐開元中祀太公尚父取名將十人爲配建中初顏眞卿請以名將六十四人圖形配享帝始與焉宋開寶中詔定前代功臣烈士二十三人各置守冢三戸而帝復與帝有墓在華陽見趙忭成都古今集記序至今齒

峙往嘗展拜而記之而章鄉之兆於禮得尊曰陵裴松之所云孫權葬以侯禮者於是乎在樵蘇有禁香幣有司遂至我
朝數典綦備我
皇上懷柔昭格事神如在既册加封號以祗答乎帝之靈其史臣舊謚得
旨改謚忠義布告天下釐正籍版夫乃知壯繆之稱即使從後鄭繆穆通用之訓而仍不足以誄行也信者民之所以立也亂臣賊子天討之所不赦也帝不幸生

亂臣賊子之世而氣塞天地光爭日月惟此春秋之志焉今春秋官祭與上丁並垂而章鄉一邱孔林是埒墓祭之典隆誼美陵與廟亦於是乎訖工然則審禮文之議而紀崇祀之盛覘學者可得辭其責耶廟殿二重門三重陵高測計二丈縱廣三百二十步率前人姓氏官籍並錢各若干詳具他石董是役者湖北永方伯慶武昌汪太守獻琛爲時凡七閱月云

公置當陽縣貞女汪氏義租碑記

吳省欽

貞女汪氏名蘭英父艮構母袁以乾隆七年壬戌生蘭英字傅經國子啓立啓立殤蘭英固請歸傅守志時年僅十五姑汪老且病薄田四畝饘粥不繼蘭英樵蘇灌汲夜績輒達曙越三年姑憐其少與經國弟綸許陳士隆蘭英覺而赴水急救姑蘇俾遂其志養姑十餘年送死無闕禮辛丑冬予歲試安郡蘭英從兄炳科者諸生也請予匾獎予以嫁殤非古而難貞致孝蘭英更爲其難詢之郡縣人不啻口出其明年五月按科試予以廿八緡倡置義田令諸生之應試者人率數十百錢權太守富公慧率其屬又得二百九十三緡檄當陽范大令鐸置田膳俾都人士女於孝義廉耻之行舉有感起

爲烈婦王氏建坊募序　謝方升庠廩

烈婦姓王氏當陽紫蓋鄉民趙師彥之妻也族本寒微性極幽貞年十七歸趙敬事翁姑踰年而姑逝家貧勤女工以助薪米衆稱賢婦適歲歉翁以就食赴西山其夫外出婦與七歲之夫弟師財在家有強暴地痞王鯨覦乘其無人突入其室婦方業屨王擲以金因謔誘之婦正色厲詞以拒王繼以強逼緊牽其衣婦奮豪力奔衣碎得脫奔訴母家母家惟叔尚存值酒後醉

言坦綫婦激號泣氣絕復甦既退奮袂以行抵留莫住路過清水潭以石鎮其業屨於岸而慷慨赴之以死師彥歸鳴於官官以公出故經五日始相驗寒潭澄澈砂石洞明烈婦端坐其中風浪湧激屍不少移顏面如生且如玉邑侯爲之色動觀者莫不感泣既殮且葬精靈不遠泯滅午夜號冤聲聞遠近者數月迨案成擬痞於法聲始寂然旋蒙

各上憲據情咨

部因以

上聞乾隆二十三年冬奉

旨旌表給銀建坊其位准入節烈祠中奈師彥貧窶未辦迄今墓門徒陳碑石彥與師材欲泣叩仁人義士解囊玉成而先以序屬余嗚呼其烈也其天地之正氣也通都大邑衣冠學士猶或有所遷就而失之而窮鄉僻壤衣敝食淡之弱婦獨能無所遷就而得焉取義成仁雖古忠臣烈士不致獨擅勝長矣既蒙

恩獎自垂竹帛又得所資助以底厥成其足以裨正氣常昭同於當陽士女之耳目而後起皆有所矜式則吾邑風化之本也凡我同人其竭力焉是爲序

舊志田賦論

栗引之

當陽去郢二百里而遥四封不越一同大都東南易漲西北易旱每春夏間沮漳兩岸萬山層叠土枯石瘠小暵輒槁其沿陂塅而耕者一當淫雨汪洋澎湃陵谷異狀若滋泥魚兒水天一色矣其平原沃壤半屬廢藩强軍民之操舂鋤而從事者不過山谿間搰搰終歲猶時有崩塌之苦至若荒石諸山皆不毛地明萬歷清丈時以刁民告訐皆得攤糧一登籍遂爲成案矣至其斂之法最甚者當年斗級兩差十年輪應一歲之費咸出其所籍甲日久弊滋已派而重派小費而大派暫行而久派私事而公派糧之所徵有定額民之所納無成科破産流亡率多坐此幸司邑者憫其苦上聞檄下盡革之規爲畫一自康熙五年始抑開之賦於常賦之外謂之贖使里胥仍得以爲政其欲不譁而爭也得乎當陽之病不在腠理或且治其標方治標而雜投方餌其爲生也幾何矣畫一之説治標之説也按脉察徵而調劑之是所望於醫之聖者早設事焉庶其有瘳爾

舊志人物論

栗引之

或疑陳仲弓亦太邱長耳苟非門第高顯荀陳交譽亦安能聲施至今乎余曰是誠有之然苟以高顯而已何復有公慚卿卿慚長之論故知太邱之德不可誣也叔孫穆叔以德功言爲三不朽余以爲總一不朽耳世固有無德之功無德之言亦安在其不朽也玆數公者惟鄉以功著其他皆以德重不竟其施其文詞亦不顯於世然余以爲有其不朽矣故論著之窮鄉孤嫠飲泣没齒彼豈有覬於後世顧其志操雖與日月爭光可也余固次於士夫之後非徒女訓亦爲烈丈夫勸焉

舊志防禦論　栗引之

郡邑立民壯凡以衛民也乃昔以衛民今以禦民矣設之以為禦也而得禦焉奚賴此民壯為哉當陽斗邑上下千餘年間亂多治少大率荊豫梁益有事則此土首當其鋒他不具述

清興乙酉之變舉數十萬衆潰不旋踵較三國南宋時受禍更烈然後知當陽徒有百年之險實無一朝之恃也

聖天子軫念疆域雖伏莽已剪凡郡縣扼要處所皆令置兵偵守誠安不忘危如欲以追呼之能而望以防禦前之為謀不甚疎哉

舊志坊衛論　栗引之

在明中葉姜侯闢路而蜀道通使車絡繹羽檄旁午熙熙攘攘生殖日繁迺者西逆既平輪蹄稍減而哀鴻未甚還集豈昔之康莊今之畏途耶噫一路也擊壤而嬉則平陽有康衢之頌葛屨履霜則小東有周行之嗟履之者其慎旃

舊志鄉市論　栗引之

邑之民食其土之毛利不出四封而四方之異物無從至花居惟覩合溶然米鹽布帛外亦無奇貨可居曩有保甲之設弭盜也今則疲於勾攝矣復有鄉約之設宣諭也今則扑之公庭矣子有言觀於鄉而知王道之易易也夫王道者修其教不易其俗齊其政不易其宜故易易耳觀於鄉者不於其鄉也夫亦知所從事矣

舊志寺觀論　栗引之

寺觀者山川之眉目靈秀之表章所以萃畸人廣道術歷代莫之廢雖復神皐天宅固亦琳洞花台參差掩映其在山水之間可知也九轉成而丹竈冷三界絶而白蓮荒滄塵劫火不必千年鬼工仙斧未多覯也玉泉不借壯繆龍泉不依文定則二刹廢久矣雖然品泉選石騷人狂客之所爲有事耳乃若市門可以巢仙居塲可以證果則又何必攀松結桂展衣飛錫之爲役役耶噫盧生所以入海無得而深公所以買山見譏也

玉泉闢異說

邑令李遜

天下何正人君子明智特達之人不概見而愚夫愚婦去正入邪厭平常喜奇異惘惘汨沒於誕漫不經之說蓋未聞堯舜禹湯文武周公孔子之道中庸至正之理也惟精惟一允執厥中君子中庸君子而時中帝王聖賢授受相傳之旨君子而外凡人未知也若夫

關夫子三國人傑值羣雄角立之日識天下正統慨然以恢復漢業爲已任終其身至殉難而死浩氣孤行

流貫今古由侯而王而帝凜凜與日月爭光迄今千百年自天子以至庶人自中國以至蠻貊浸入乎人之神明激發乎人之志氣也尊禮與孔子等何浮屠創云智者從天台歸荊州望當陽山色如藍杖策過玉泉至青谿欲建道場嫌迫隘還趺坐枯樹中關公稽首皈依冥建佛庭一夕湫潭千丈化爲平址棟宇輝麗巧奪人目噫此巫覡跳神符咒之說欲以愚鄉里愚夫愚婦恍惚人耳目攫人金錢粟帛耳又何異於徐福入東海求藥誑秦皇李少君欒大之所以愚漢武翩翩然神仙可下能致不死也然玉陽好巫得無沙門好事者創爲此說以愚其俗與否則智和尚故爲荒唐之言以籠罩隋皇也考玉泉寺歷唐而宋元而明或頹或廢或圮於飄風疾雨或零於蔓草荒烟修建殊代改觀易故不知凡幾豈帝顯神通變化驅鬼役靈一夕所建金玉道場皈依沙門之處任樵木兵火風雨崩塌必藉後之人修葺補綴方得以不墜歟何顯靈於前而偏不顯靈於後也抑神之靈有時靈有時不靈歟無是理也惟帝之有顯靈諒不皈依釋氏也大抵異端之鼓惑天下必思所憑故學二

氏者動假吾儒以爲說闢佛則有傅奕與韓愈矣後魏後周靈廟除伽藍形容廢毀文字放佚矣至若帝之威神固與日星河嶽並明並麗並流並峙者也千百世而後或有不信佛法毀玉泉寺者曰此關帝冥建所也鮮不消然阻矣此浮屠家創爲誕漫不經之說之原也凡鬼魅魍魎依草附木之妖誘惑世人莫不假作人形或托爲神語否則人得羣而指之矣夫何惑之有今智者玉泉寺爲關帝冥建之所亦猶草

木魑魅鬼魅之妖假人形託神語以愚當世也余令當陽洞察其事因闢其說俾後之學者知非堯舜禹湯文武周公孔子之道皆可絕之非中庸至正之理亦當絕之也或曰此不但鄉里之愚夫愚婦崇信即能文章講道理赫赫有聲者亦不乏余曰此亦鄉里愚夫愚婦之說也天下有正人君子明智特達之人自有以伸吾言矣

縣志跋　　栗引之

邑志前不可考明萬歷丙子畱後叅軍五安任公夢榛城功既竣曾爭纂修越崇禎庚午郡别駕海澄曾公應賓攝邑篆踵而新之時學博南海黃公聖年偕諸胄彥遍探博采書成視昔稱備

清興二十年伏莽在郊舊章放佚司邑者奚暇談及文治西征一舉克壘悉平殘編剩簡尚越在草間丙午檄徵當志始購求遺籍得之劉子鴻儒笥中多散漫錯譌不可讀如理敗椽纍爲補葺而已功未就也已酉夏五月州司馬山陰婁公會縣正缺來茲土登眺之暇喟然嘆曰江漢沮漳楚之望也當其古邑哉仲宣有樓子方有臺武安文定松栢存焉俯仰今古犁犁然以修廢爲念而邑志尤其首務爰命小子暨我師友裒輯前文旁搜近蹟歷年屯兵百戰　由亂就治諸大事更爲加詳公復叅以郡乘繁者削之漏者補之手編成帙授諸梓以備輶軒之采嗟乎自丙子至今百餘年志凡三修皆觀成於代署者之手斯文廢興良不偶矣周公瑾曰哀定多微詞有所避也

牛李有異議有所黨也是舉也據事直書無黨無避
則公之大造於吾邑不徒以簿書爲功徵發爲能也
昔楊堯臣諸人作唐書歐陽公以宋祁共事久遜得
列名人謂其能讓善余小子濫竽論次俾附簡末諒
亦諸君子遜美之意也夫時康熙八年已酉孟冬月
吉日

贊銘

關帝贊　　明　湘獻王

猗歟亭侯鼎興漢室劍氣凌雲精忠貫日千載英
靈永言迪吉祐我邦家軍民賴爾

乳窟銘　有序　　黎　巽

唐李白謂玉泉寺近青谿諸山山洞往往
有乳窟歲深蒙蔽不可復識谿軍任山甫
近得之蔓草中淵寶殊異惜無僊人掌茶
如眞公所採者黎子作銘窟旁肅祀佳勝

銘曰

於戲乳窟下環青谿茗草紛披白蝠縣棲絕巖幽
洞穴多壽藤我斟玉乳共飲山僧眞公安在白也
爲誰寥寥千載銘以識之

迴峯井銘　有序　　學博　方　璲　深榔

余性癖嗜茶以水爲命家烟波江上日飲
水享絕世清福而不知己未客睢州河水
最甘庚午至玉陽民居皆有井苦鹹惟迴
峯講院井水清冽予得專而有之是殆天

之所以相玉川而留待桑苧翁也不可以不銘銘曰

家烟江清且瀰寄西沙冽且泚過峯之水寒而旨天所厚我在於是吁嗟乎舉世肥濃淡泊獨甘者此客而已

貞女李氏墓誌銘　衛天民

方公名璲者與余同里言李貞女事甚悉余時爲諸生聞而異之歲在癸卯適授是邑司訓蒞任後瞻

恩建石坊離黌宮數武知即貞女宅也過其門肅然起敬楊李兩姓戚族多列膠庠爲余道厥始終迺知貞女生於雍正甲寅年其聞訃歸楊也在乾隆辛未歲冰霜自矢有烈士風躬理家政井然有條嘗以不得孝養翁姑爲痛其立嗣延祀也在甲申歲嚴慈並用期於成立雖受室生子不忘教誨論者輒比諸陶歐云後經闔邑紳士公舉由學申詳

各憲題請

旌表維時貞女年未五十奇節已達

天廷矣而貞女旋於癸卯臘月棄世其子盛貂將以甲辰孟冬謀合葬焉請誌於余夫砥礪廉節此學校事也闡揚潛德由學官始也往者方公所撰編入邑志待梓已久余豈敢有異詞爰就貞女

之始終於楊氏有功於名教者而爲之紀其歲
月焉爾

銘曰貞魂已仙貞心不滅何以擬之冰清玉潔
鬱鬱佳城在屺在岵既固且寧嗚乎千古

鄉賓楊先佑墓誌銘

邑令　黃仁育堂

歲辛亥余膺
簡命宰是邑公餘間與士人接見楊君咸齋脫略不
羈語言質直心異之後過邑之官塘鎮君率其
子弟來謁觀其氣象類皆恂恂雅飭詢知伯叔
兄弟不異財男女數十口雍睦無間益重之壬
子冬
上憲徵邑志余擬開局纂修計理局事非強有
力者不能勝特延君君即毅然曰是在我此盛

典也文獻攸關當事有大於此者乎亦曠舉也
百年未輯當事有急於此者乎於是勞怨不辭
凡局所需無大小身任之癸丑春三月稿成時
局與君承朝夕者曹生世煥也歸爲余言局無
此人不得然病矣憊欲梓志速爲之余心識生
語而猶以君氣厚神健必可畢乃事詎逾數月
而君病革矣其姪盛世以行狀隨進哀而請誌
於余嗚呼君死矣余以爲雖死而未死也聞疾
革諄諄不忘遺命子啓淵延匠治棗梨俟省鐫

工至即赴局董厥成君何勇於義雖死不貳如此耶嗚呼世之知巧者多矣讀書考道議論風生以析是非宜不難乃知當爲之而卒背而去卽不背而去而有初鮮終又不解其何以故況時當易簀方寸亂矣追計公若君者其亦人傑也哉孔子曰見義不爲無勇也君之勇於義其亦死而不死者哉向使策名太學卽走京師與當世賢豪遊以此不貳之誠益以學任天下事必可觀惜乎止於是悲夫然余以爲有其不朽

者君之志此志與志並存焉可也夫余宰是邑凡賢者皆欲表而出之爲邑勸則君之見於余文也又其宜也君諱先佑字克聲咸齋其號也膺鄉介賓以癸丑冬月卒銘曰

孰不死君自刎兒之明爲之決以此銘也名不滅

督憲畢　通飭各州縣碑記

特授湖北荆門直隸州當陽縣正堂加　級黄　爲

通飭事案奉

本州憲轉奉

藩憲札開乾隆五十七年十一月二十八日奉

督部堂畢　札開照得地方官僉差出票不得不用衙役而若輩中忠厚愿謹者少狡猾貪黠者多大都以硃票爲奇貨以詐賄爲生涯一票承行不論案情輕重事主富貧務欲飽其慾壑

一案入手已將本官前程本戶身家不啻視同秦越戶婚田土說成駭地驚天杻梏鋃鐺逼到水窮山盡鄉愚飲泣雞犬不寧或因花戶攔於見官或因被告素來畏事或窺其家尚溫飽或案外巧以株連白役成羣乘軒坐馬其狀同於羅刹其惡甚於虎狼而其所以敢出此者祇緣城狐社鼠心有藉憑官既以爲爪牙勢遂同於夥伴因而潑天膽大兇焰侈張幸而索詐無事因得安嚼民膏即或通變無辜又有本官曲庇

蓋官已被其挾制只得代爲包荒且謂小民可虐上司可欺而惡役必不可不護豈知天道昭彰人心忿激或被上司察出或被受害者告發甚或激成毆官毆差重案役固不保官亦何益乎何若平時嚴加駕馭慎重出差革除白役既可免約束不嚴之咎一有違犯先自通詳並可免失察之愆而猾役奸胥知官不庇護失其負嵎之勢必斂飛噬之威如此則民間不受荼毒而功名亦得保全視彼以護役爲能終歸瓦裂

者智愚奚啻霄壤耶本部堂披閱案牘見衙役詐贓逼命之案始於本官釀成終於本官受害者不一而足合亟剴切通飭以覺昏迷備札行司即便通行所屬各自警醒悉心體認並責成該府州將本部堂指陳利害之處與所屬州縣佐雜等動色相戒俾知痛懲衙役不令擾民約束既嚴犯案自少是不但爲民實以爲已何苦以辛苦得來之官職甘心付之蠹役之手及身既不保功名即倖免亦流殃後世若經此番痛

切提撕之後尚不幡然覺悟則登彈章干法紀亦其自取爾矣本部堂一片婆心不可謂言之不切也凜之慎之仍將如何遵奉嚴行約束衙役之處由該州縣各自切實稟覆並將此札刊碑豎立該州縣大堂入於交代以期觸目警心等因行司檄州到縣奉此遵即刊碑豎立大堂入於交代永遠遵循以期勿負

憲德陶成之至意 補遺

清溪青雲閣記

曹世煥

方山以朱賢唐子方讀書名下有清溪鎮居民鱗集其間善陶朱術者代有人而能如古讀書方山者則自

國初迄今寥寥焉幸得一二雋才矣卒累市井習不得成或成矣復短折說者謂文風不振故壬子冬居人士謀即鎮故雲樓遺址建青雲閣高數仞以茹納清溪之水内祀

文昌以木主取星神照臨爲萬里雲程計也閣建屬

余記余曰是則然矣邑之書院名迴峯近東城上建文昌閣峻宇隆起望似尖峯聳秀直過沮流胥此意也風水形家言誠有之第讀書種子不絕者不徒以形而以心果心在斯文乎自必尊師重道而善端起矣父兄以善氣薰子弟子弟以善氣承父兄自必上邀

神鑒冥冥中若啓若翼行見戶誦家絃直與方山讀書之流風餘韻相接續於登青雲也何有不然文昌星也光在天幽隱靡不燭所謂祿命將相寧於不善讀者命之祿之乎即以後世道家言梓潼帝君王文昌梓潼帝君晉人也以忠死英靈不沒或有之然讀陰騭文觀功過格諄諄三致意者正有在是欲振文風勿謂閣之建遂可續讀書種子也語及此衆躍然曰然哉然哉盍并記之令後之人益以心力挽頹風閣始於吳君山柏房兄清如成於張君艮臣房姪端熊子文哲嚴君允中堂姪中孚　補遺

當陽縣志卷之九上終

當陽縣志

當陽縣志

卷之九（下）

當陽縣志卷之九下

藝文

四言古

贈士孫文始　士孫萌字文始年十五能屬文初父瑞知王允必敗命萌將家屬至荆州及天子都許昌追論誅卓之功封萌爲澹津亭侯當就粲贈以詩此因詩中遷於荆楚在漳之湄二語故錄之　漢　王粲

天降喪亂靡國不夷我暨我友自彼京師宗守盪失
越用遁違遷於荆楚在漳之湄在漳之湄亦克宴處
和通箎塤比德車輔既度禮義卒獲笑語庶茲永日
無愆厥緒雖曰無愆時不我已同心離事乃有逝止
横此大江淹彼南汜我思弗及載坐載起惟彼南汜
君子居之悠悠我心薄言慕之人亦有言靡喆不思
矧茲嬿婉胡不悽而晨風夕逝託與之期瞻仰王室
慨其永歎良人在外誰佐天官四國方阻俾爾歸藩
爾之歸藩作式下國無曰蠻裔不虔汝德愼爾所主
率由嘉則龍雖勿用志亦靡忒悠悠澹澧鬱彼唐林
雖則同域邈其迥深白駒遠志古人所箴允矣君子
不遐厥心既往既來無密爾音

五言古

過龍泉寺精舍呈易業二公　唐　孟浩然

停午聞山鐘起行散愁疾尋林采芝去谷轉松翠密
傍見精舍開長廊飯僧畢石渠流雪水金子耀霜橘
竹房思舊遊過憩終永日入洞窺石髓傍巖采蜂蜜
日暮辭遠公虎谿相送出

答族姪僧中孚贈玉泉仙人掌茶并序　李白

余聞荆州玉泉寺近青谿諸山山洞往往有
乳窟窟中多玉泉交流中有白蝙蝠大如鴉
按僊經蝙蝠一名僊鼠千歲之後體白如雪
棲則倒懸蓋飲乳水而長生也其水邊處處
有茗草羅生枝葉如碧玉惟玉泉眞公常採
而飲之年八十餘歲顏色如桃花而此茗清
香滑熟異於他者所以能還童振枯扶人壽
也余遊金陵見宗僧中孚示余茶數十片拳
然重叠其狀如掌號爲仙人掌茶蓋新出乎
玉泉之山曠古未覩因持之見遺兼贈詩要

余答之遂有此作後之高僧大隱知仙人掌

茶發乎中孚禪子及青蓮居士李白也

嘗聞玉泉山山洞多乳窟僊鼠如白鵶倒懸深谿月
茗生此中石玉泉流不歇根柯灑芳津采服潤肌骨
叢老卷綠葉枝枝相接連曝成仙人掌似拍洪崖肩
舉世未之見其名定誰傳宗英乃禪伯投贈有佳篇
清鏡燭無鹽顧慚西子妍朝坐有餘興長吟播諸天

玉泉道中作　元　稹

楚俗物候晚孟冬纔有霜早農半華實夕水含風涼

遐思雲外寺峯巒渺相望松門接官路泉脉連僧房
微露上弦月暗焚初夜香谷深烟靄淨山虛鐘磬長
念此清境遠復憂塵事防行行且前路勿滯分寸光

題文定公書堂　宋　張　栻

入門認碧溪循流識深源念我昔此來及今七寒暄
人事幾經變寒花故猶存堂堂武夷翁道義世所尊
永袖霜雪手琴書賁邱園當時經行地尚想笑語溫
愛此亭下水烱若玻璃盤晴看浪花涼靜見潛鱗翻
朝暮迎日月俯仰鑑乾坤因之發深感倚檻更無言

登玉泉來青閣　明　雷思霈

石磴幾千級蓊勃夾長栢奔泉冷山骨臥聽知水脉
夕陽空翠生滿身變衣色倏鼓豐隆怒四顧膺雲黑
驚起老蛟精倒捲銀河瀉素朝天開霽亭檻俯石壁
乍聞深澗濤吼山山欲劈峯饒林木青溪借沙路白
我家萬山中終日對山碧別來已四載見此欣有得
塵上污緇衣城中車馬客

謁關侯墓　國朝　黃聖年

立志在春秋取義慨幽獨凜凜烟霄間耿光灼人目

矧茲登崇封森森羅宰木靈衣颯神爽閟宮儼肅穆
驚飈紫騮怒陰霆寶刀熤流盻感霸圖山川阨全蜀
漢爐自不然丹心此焉燭誰云數尺土英聲馳九服

丁丑八月再往玉泉山有作　邑　李　遙

病廢從人嬾肩輿往玉山目極秋郊迫數峯出雲間
哀蟬厲清響春燕已知還高下路逶迤溪流水潺湲
青林茅舍出空谷足人烟領畧成佳趣突兀已在前
昔遊何倉卒形拘區內緣始信達生者逍遙反自然

贈玉陽栗子山居　前　人

我愛栗長伯篸廓居鄉里勉強應親友一二走城市
廼之見縣官攢眉如重累落葉響空山瀟洒游洲沚
洪崖自高棲安得數倒屣著作大雲樓涵澹如秋水

和李襄水游玉泉見寄　任邱令邑人　楊州彥

巖壑有佳處領要唯異鄉嗟彼住山人不知山低昂
誰能解此趣吾聞李睢陽泉頭厭公事率性解要章
自騎一匹馬披蓁踰崇岡脫鞍踞石坐秋水照衣裳
冥心託長嘯天宇曠茫茫賦詩紀山志聊寄劉柴桑

寄般若上人　學博　方璲　深柳

堆藍以樸尊層嵐森卓絕鬱鬱復葱葱中含太古雪
一井傳珍珠四時長淸冽曩爲智者居隋唐等一瞥
我來黃鐘候正值吹葭節萬木漸就彫孤峯如立鐵
襆被憇僧寮霜月兩澄潔赤髭頗解事玉筍爲余設
所愧手版疲腰瘦向人折不作桑下戀一宿遂長別
幾思續前遊塵網苦羈紲猶記登般舟（堂名）却喜逢圓
澤握麈妙談空坐永爐烟滅回首已三年南華徒願
切會復打包來重理無生說爲我致山靈幸勿掃車
轍

漳上耕讀吟　邑孝廉　林可法

詩書饒寂寞稼穡亦艱難漳上多舊族星棋住河干
家世習耕讀途徑詎云繁朝向家塾去夕從陌上觀
學殖防將落田功課未完兼營誠所誡交資得永安
不讀墮俗流輟耕貽饑寒勿謂儒術濶聖謨昭簡端
邠風深可味無逸卷井殘休助洽禮樂稼事寶琅玕
富教何循循王道興中韓重知詩書吉一唱復三嘆
六經眞世業百畝績女紅農講須成誦硯田肯暫乾
勤勞應思善吾伊足承歡慇懃督子孫能道從此刊

謀身唯兩策並作一體看伏則稱良士出不愧衣冠
珠玉荒年給河洛指上攤及茲日華富努力勉加餐
志莘復希顏野巷天地寬古人樂斯在尚與共盤桓

西屏　副榜　葉文在

巉巉西屏高仰窺一線路捫蘿梯絕巔目眩回頭顧
攀危困力稀隨意歇雙樹哭起雉驚鳴逢人猿似怒
偶爾與老僧老僧知何處但見白雲陰紛紛結寒霧

趨郭孝廉傳後　東吳　許廷鑠

民生無節孝何以立人羣至性誰不具臨難喪其眞

當陽郭孝廉家訓夙所申數窮節以見灑血扶大倫妻也爲夫死子也代父身娥娥小弱女罵賊雙目瞋賊怒揮白刃螓首竟平分至今風雨夜冤憤聲如聞三綱漸凌替一旦光乾坤節孝自古難而乃聚一門激昂表風烈百世垂後昆

七言古

謁關帝祠

明佘一龍

天不少延赤帝子雲長事業空傳史麟經幾向夜挑燈漢鼎那容人染指威逼阿瞞避欲遷神誅吳將封還死當陽遺墓尚依然寄語奸雄休過此

黃平倩至玉泉以書見邀偕道趣之馬上感舊有作

袁宏道

曉枕濃和發淸嚏知是家人呼我字翩然一鵠自東飛鄉得巴江棧子至蠟花滿幅堆明辭邀我共踏青

漢翠怒帆一掣截長波馬不待鞭捶以轡顏藍疊綠瀉平田纈林稠葉點青膩當時京國好兄弟謝堂佳月城西寺幾年拋沒嘆吹雲又作飛鴻留爪地老夫怕逢緣熟人夢回每說金華事欲知銷折幾番心看我衣衫重疊淚

玉泉鐵墖歌

鍾惺

五金惟鐵最愚劣化爲浮圖萬象列立山水中精神子椽幹高莖踈其節日星散氣冰霜結佛數恒沙萬生滅鮫人出波鱗介別商周璺玉漢凹凸似非爐冶出

鐫鍥臥蠶盤螭不瑣屑元氣淋漓取精竭呵育之鉢
藏敢泄鬼物司之莫能竊其中出入風雷截流出蛾
嵋神僧掣關係運數汙隆閱匿光送影大地閉摩挲
情文耳目悅如几案間可罷撤巨細靈頑理難挈勿
云巧力傷樸拙請尋其本仍古鐵

沮漲吟　楊州彥

西潭昨夜老蛟怒黑雲翻落秋霖注雷鞭一派雨聲
飛千溪萬壑奔不注黃河水色瀲預波移來沒郄臨
沮路細魚顚倒駭洪濤巨鱉草翻失故步恍如三家

村裏兒乍踏都城生恐怖洄湍蝕岸入崩沙橫流直
下拔根樹土不勝水木不生遂使五行愆氣數野航
如葉競先登逢人舌敝公無渡眼花逐浪掉頭看怪
底一身坐雲霧

覆舟山行　梁霱

堆藍山色絕比擬西南林壑信尤美如何其形覆如
船爲問何年曾覆此我聞古人善藏舟將誰戚栰將
誰艤逆出流泉珠萬斛遄飛瀉澗雜宮徵蒙茸竹樹
冠其巔晴朝雨暮圍羅綺偕從大漢建安來寺自楊
隋大業始門前車馬足轢礫強半高官稱時宰景物
攖心各有託風雅淋漓良可侈我來騎驢到山巔偃
掌旋烹玉泉水詰曲蘿逕行欲徧躚跣老樹同凭倚
斑駮古錢何時物內有青蛙鳴不已癸未迄今廿載
餘丸轉光陰一何駛疇昔遊者今淪亡爾獨泊此將
焉俟將欲乘爾泛滄溟直踏神山三萬里

李貞女詩　方璲

泉無意而爲醴地不期而產芝惟堆藍紫蓋瑞氣鍾
於斯四座請勿喧聽歌貞女詞貞女李氏子賦性本

柔嫩幽閒貞靜固攸宜一編內則勤提撕喜朱陳郟
近許字好門楣楊郎少崢嶸頗異他家兒譬彼一角
麟獨壓衆髦犧正議納采將結褵一旦玉樓作賦召
同期女聞往弔更麻衣撫棺一慟欲從之生不能爲
比翼鳥死願化作連理枝噫嘘嚱宗祊無主其待誰
父母勸勉苦爲辭不得已強起偷生毀容儀日夜哀
號依繐帷閫外未曾寸步移十餘年如一時無何祝
融肆虐逞其威女抱夫棺不肯離反風滅火事眞奇
天憐貞節殊在茲噫嘘嚱胡笳拍羞文姬失身文藻

亦奚爲爲取女貞木彈作寡女絲彈之不成聲但見千秋萬歲淚空垂

登漳上雙冢　安福邑令郭孫俊

四馬度芳郊側見兩高阜峍兀並峙立培塿俯無數古剎右之巔左阜荊榛護乘興一登臨夕陽照春樹春天樹色依依綠長川掩映村村曲晴嵐如雨氣濛籠烟波杳靄迷人目一時春意入懷中舒眼遥看大地空惝怳忽憶燕門月一聲長嘯落歸鴻茫茫奇矚天涯裏渾忘拳跡身在此何年此地冢成雙烏氏鴛

鴦枝連理唐虞以後羲皇前知道誰生復誰死白日易黄昏千年歷成毁雌雄難辨非與是不然可有豐城劍對壘長埋待雷煥閟歛精華歲月多夜深氣應冲霄漢冷冷野曠山鬼驚光芒曾有誰人見吁嗟乎若梧峯九嶷風景繫人思嬴塚七十二徒貽後世嗤吞凉望古移情久俯仰千載曷勝悲春風雲時飄不住脩然咏入前村去

隋大業十一年鐵鑊歌　邑貢生劉績祖

渾淪一點胎胚結五行斑駁陰陽血天物精多暴則殃楊家阿麼眞横絶舸鳳龍舟木欲竭鑿汴浮鷁水土裂金火再焰樓上屏餘殃又冶堆藍鐵哆然一腹飽千兒指釜饔飧應萬刼禍炭災柴知歲時棄擲荒郊成敗鬻霜月煎燉秋復秋嬴得遊人認大業人生今古何分別古非獨巧今非拙智愚由來邪正岐岐陽石鼓千秋烈

祝家坡古松　郭孫俊

孤根盤鬱旁無倚屹立一幹矗空峙虬枝倒披逼層霄龍鱗半蝕枯不死爪拏烟雲勢伸縮籟發天風浪

奔駛黛色年深成老犖犯雪干霜不知紀憶昔屐齒暫經過下馬摩挲情無已浪跡歸來鬢欲斑柯葉不改尚如此世途平頗多殊形大運升沉靡定理功名事業貴有終慚對貞松汗欲泚

關陵聽灘水　邑貢生張鴻叙

灘水薄暮起烟霧凄聲偏向帝陵訴西嶺寒鴉驚滿樹臨流聽此誰忍渡

題郭孝廉傳後　元和徐　堂

乾坤正氣鍾碩彦奇行表彰逢世變勁草無風等凡

卉志節多由亂離見當明西賊流南東襄陽旣破傾落封萬落千村遍荆杞烽烟處處途路窮當陽郭丈丁𠢕勳孝廉船泊蘆葦旁舊傳一經無長物賊至東縛嗟無償有子毅然請行役一去不還良可傷婦悲夫去神魂失回首小姑禍倉卒駡賊祗愁爲賊汚水火刀兵非所怵翁家不幸蒙艱貞惜哉野乘無其名佳傳幸得大手筆讀之歯頰猶餘馨君不見倪尚書劉中允一門殉節並多人至今青史名耿耿

遠公洞　　張松

大作法洞亦太奇金巒玉嶂相參差石臺啓分雲爲扉鴻濛開闢伊誰爲僕人篝火乃敢入洞裏一逕何遠迤縱目春光眞浩蕩丹青圖畫未可狀松濤萬斛吼如雷彷彿飛泉巖壑上伊子乘輿一朝來躡衣拉友步苺苔洞裏乾坤長不老壺中日月且常開瑤草瓊花儘堪掇森芝秀蕨亦堪襭忽聽元鶴唳九皐文見神蔡飲泉洌間日遠公傲紫霞搗鍊山中歲月賒丹成白晝乘雲去洞口猶開昔日花山寺盤迴幽且僻探奇索異多騷客題鐫何妨破石雲酣飲始知月

旣白幾載提攜方外遊局促猶愧親行役躊躇把酒問春暉遠公丹竈今曾赤

遊遠公洞　　新安　金國瑞　候選縣丞

沮北龍泉之西山峭壁寒巖千尺懸巖半有洞險而仄蒼茫薄暮浮層烟扶醉笑問遊山侶云是遠公趺坐所中有殘碣臥莓苔模糊不解作何語伊子探奇經躋攀捫蘿緣磴何其難撫碑長吟聲激越石竇響應羣峯寒惆悵面壁人何在洞口雲影空盤桓

五言律

送沙門宏景道俊鉉莊還荊州應制　唐 宋之問

一乘歸淨域萬騎餞通莊就日離亭近彌天別路長
荊南旋杖鉢渭北限津梁何日紓真果還來入帝鄉

玉泉寺　明 李維禎

策馬不能去徘徊雙樹間地偏芳草合天迥白雲閒
開徑惟聞鳥閉門猶見山長松挂明月一鶴夜深還

過關王廟　楊洲

三國由來遠英雄跡未沉西風吹雁過黃葉擁階深
山帶吞吳氣天知復漢心當年有遺憾憑吊欲霑襟

平將軍祠　黃輝

嗚咽沮流過低徊榔蔭攢一坏存化碧百戰付圖丹
有子宜陪食無人語禮官未應忠孝魄長共國殤寒

龍泉胡文定墓　袁中道

長鋪拏如析寒枝豁古邱徑荒麋跡亂階淨鶴翎留
風氣有時息松聲不肯休春王正月裏一盞酹康侯

題聖水寺 無跡法師薙髮地有田四十畝　雷思霈

聖水何年寺深山半夜鐘有僧開法席無地即田農
天眼千山月潮音兩澗松僧來籠小栗爲說草茸茸

遊慈化寺　雷思霈

一入臨沮境嵐烟似黛鬟村村皆佛土處處是仙山
暮雨隨舟至春雲逐鳥還漫遊存野性濁酒笑酡顏

登孝先閣　邑孝廉 栗聯芳

閣在最高頭江帆一望收石林虛綵水烟樹臥荒邱
境僻堪逃夏檽空別貯秋孝先呼可起肯令此生浮

正月四日紫蓋道中　袁中道

野客遊山興還隨春草生近雲遮馬過遠樹照人明
西嶺眉如疊南田掌似平斷鴻零落甚仗有道林兄

遊麥城　楊誌 邑人

霽月分江口長歌走麥城野花誰是主芳草不知名
路轉人烟險沙乾馬足輕勝遊咸已醉村笛兩三聲

望音寺崖　僧正誨

說是隋朝寺稜稜在幾層村連雲起伏山接水奔騰
覆嶺千盤樹橫崖一挂藤半峯荆棘路歷望不堪登

再入度門寺　國朝 汪士傑 邑孝廉

昔年曾住此三月解裳莊梅蘂春如結雪廬臘自長

力農皆佛子有客一羲皇入夜蓮花漏聲聲仍殷床

紫紫菴　　郭之都邑孝廉

何必隋朝寺玆菴亦靜幽茶烟生竹霧梧葉報禪秋

鐘曉山還暝雲沉水自浮袁家兄弟好選勝愧吾儔

夜宿紫蓋精舍兼懷深柳　　邑尉王廷相

恐負山靈意禪房借榻眠俗情除筆底吟興動燈前

月上昏如曉雲開洞有天勝遊思友共遲舞讓先鞭

聖水寺尋遍雲和尚結菴處　　栗引之

絕頂流清梵梯危費討尋山能豁鈍眼水亦壞塵心

落葉三秋雨奔濤一帶琴茅菴何處是洞口暮雲深

迴峯對月　　學博方璲深柳

迴峯長作客漸減故園情對此瑤華夜偏令旅思生

乾坤雙鬢白江海一輪明不礙微雲點何嘗滓太清

玉橋晚歸　　前人

攬轡不嫌緩西原意儘睽緣楊一水畔紅樹幾人家

遂響橫寒續僧歸趁晚鴉玉橋閒倚徙猶帶半峯霞

方山　　劉續祖

探奇曾種種晚來得方山塵自無緣入高非不可攀

竹青光欲滴松老韻都閒祗有雲來往勿庸更閉關

又　　前人

一意成孤眺放懷天地寬人家住山脚鳥路入雲端

烽火勞宸慮皇圖華石磐清時真有味白首欲彈冠

普濟寺　　林可法

普濟舊梵宇眞堪作隱眠枕留青澗落簾捲白雲還

日月僧無限行藏士有權陶公猶愛酒破戒却相延

三公臺晚眺　　邑貢生張鴻敍

凌空氣象開翠嶂抱高臺沮水碧千頃錦山翠一堆

暮雲寒樹影粉堞峙烟隈幽賞情無已數聲牧笛來

眞武洞　　貢生邱種芝

眞武何年洞今來興自睽雲飛常近壁樹老自生花

剔蘚看殘碣捫蘿帶斷霞徘徊無限意寒堞夕陽斜

珍珠泉　　邑庠汪在文

此間清趣好重踏板橋頭石老泉聲古山空鳥語幽

散瓔浮水上碎玉漾波流安得尋仙掌評同桑苧儔

佛耳岩　　副榜葉文在

路僻行人少洞深蘿蔦多黃茅如細麥碧蘚似圓荷
山鬼深藏箐野猿渴飲河鵠灘清見底坐石濯流波

玉泉寺贈潤昭上人　貢生　李奏敷

亭午啓松關閑來叅老禪金池堪掬手鐵塔任當肩
空盡想非想再開天上天長留獅子窟勿負此山泉

西屏　李　青

素心依白社曲徑接層巒怪石封苔古孤雲出岫寒
雨過鐘響靜風細鳥聲歡問法逢支老秋高興未闌

春日偕及門諸子陪諸公遊西屏山 八首之一

熊經璧

忽有遊山興西屏想像中攜尊偕好友緩步話春風
槲色侵衣綠桃花照眼紅遙呼二三子仔細認天工

八首之四

漸覺行人少山雲冷未開平岡將盡處一面破空來
隱約浮嵐氣分明絕點埃登高須踴躍歧路莫徘徊

八首之五

到來渾不見對店兩三家竹外鳩呼雨壚頭客喚茶
巖分山骨斷徑劈石梯斜雨覺危坡盡奇峯一望奢

五言排律

紫蓋山還經玉泉寺　唐　張九齡

指途登楚望策馬傍荊岑稍稍松篁入泠泠澗谷深
觀奇逐幽泝歷險忘嶇嶔上界投佛影中天揚梵音
焚香懺在昔禮足誓來今靈異若有對聖僊其可尋
高僧聞逝者遠俗是初心蘚駁經行處猿啼燕坐林
歸真已寂滅留跡豈湮沉法施自此廣何云千萬金

陪張相公祠紫蓋山遊玉泉　唐　孟浩然

望秩宣王命齋心待漏行青衿列胄子從事有參卿

五馬尋歸路雙林指化城聞鐘度門近照膽玉泉清
皂蓋依巖憩緇徒擁錫迎天宮上兜率法界豁幽明
欲就終焉志先聞智者名人隨逝水沒山類覆舟傾
想像若在眼周流空復情謝公還欲臥誰與濟蒼生

遊玉泉寺僧談征調供億之苦因賦　明　李維楨

迤邐泉能遶山迴寺忽逢舟誰藏大壑玉自削羣峯
翠壁芬苔淨丹崖紫氣重登高窮下界選勝疑南京
梵宇隋唐構伊蒲楚蜀供吳流不辨谷風定一[illegible]

樹古曾棲鶴溪深尚臥龍殿陰寒薜荔簷際噴芙蓉
蘚駁生金碣藤牽化石松天花春巳樹雲碓夜猶舂
藻井纏蟲網珠林過虎蹤傳燈遙乞火伐木近支笻
問道無閒士營生亦老農飯牛依磬缽牧豕辦租庸
酥酪清齋少袈裟俗禮恭歲當饑饉後地扼往來衝
上客頻傳食空王豈素封攢眉今夕酒蓮社暫相容

文廟告成恭紀十四韻　　國朝　方璲

十載　黌宮念今朝喜落成賢侯荷締造多士費經
營棨戟規模大齋庖結構精昔年傷草茂一旦見芹
清馬肆方無歎奎文煥可驚但期斯道重頗覺此氈
輕傳舍奚足戀甘棠永足貞
聖靈自茲要愚悰不忘誠咸仰膠庠藹芹看孝秀盈穹
經爲正業講藝乃餘情惟在敦儒行何嘗薄世榮曩
賢崇　廟學後代艷科名輪奐勿徒羨淵源好自宏
閥閱多墜緒紹述望羣英

春日同友登玉陽山　　邑廪生　黃映芝

最是探春好玉陽高處行提壺邀舊侶步屧趁新晴
小阜多幽徑單椒半倚城川遙吞漢沔洞古翳藤荊

荒刹寒烟靜殘碑野蘚橫曠觀情獨渺憑弔興彌清
二妙欣能聚四難喜得并歸來不厭晚鈎月女墻生

七言律

龍泉寺

開化人僉事　方豪

爲訪高賢停使車因愁落日住禪廬龍潭夜逼軒窓冷鼉鼓秋傳澗谷虛竹徑獨行僧定後松花飽喫月明初吾生未必眞凢骨何事頻年理簿書

煉丹井

岳岱

僊井依然梵寺中試窺一鑑倒晴峯飛花水底紅猶積古蘚山中綠自封千載無人丹竈冷一杯留客野僧供我來翹首遼東鶴華表秋雲駐短筇

度門漫興十首之一

僧正誨

天詔曾聞下玉泉一回經此一潸然斷碑有字埋荒草廢墖無名起暮烟衣自六傳滄海變法當千載鬼神憐今人不識唐朝寺只把金沙作墓田

百家洞

栗聯芳

望中雲竈出巖顛馳馬還從頂上旋一壑朝來能盪日千山閒處不遮天堪宜樵徑依雲闢恰好僧房對月眠已識周何皆有累誓於此地學參禪

九日與伯敬居易在玉泉

譚元春

豈意登高如此清重陽何止愛其名鏤依寒寺藏輿廢葉下平沙聽重輕颯爽能飛四時雨蕭森不學衆峯晴閒心一意尋泉去尋到源邊月亦明

登仲宣臺

袁聖年

彈丸四塞本嚴疆荊首西來抱玉陽編都陰森權口遠沮漳迢遞楚陵荒金砂漫憶仙攀井石馬猶驚古戰場惆悵王孫歸計錯山川搖落賦空長

紫蓋寺

梁焜

古道青莎過雨痕上方登陟未黃昏禪心不比堦前

草逕興偏蒔嶺下源春至藥苗常自種夜來貝葉幾人繙欃槍四合天難問且坐山扉聽鳥言

紫蓋寺

國朝　汪士傑

策杖閒探紫蓋奇白衣隨處染松脂遊山戴雨頻侵骨載酒逢僧不綴眉採藥問人收幾種談禪傍我坐三尼夜深頓覺諸緣靜疑是雪峯星見時

堆藍山

楊州彥

到處名巖推險峭堆藍翻以樸成尊安禪趺坐降諸衲短髮蒼顏俯衆孫亂石僩泉醒鶴夢卷雲匝樹冷

山魂幾時移向濤聲裏小結茅亭倒桂門

玉泉寺　梁山金

欲譜名山恨未全堆藍絶勝可人憐細尋石路無蹤
寺不讓茶經第一泉意到忘時方味佛身經刼後且
逃禪從今穩作烟霞計載酒長吟踞此巔

玉泉寺　栗引之

堆藍不與衆峯羣涎玉沫珠眼底分雲裏鐘聲衝斷
壑樹迴嵐氣湧層雲典型拜指前朝鼎苔蘚斜封短
碣文萬古名山誰護法臨風却憶漢將軍

智者洞　邑舉　汪鴻勛

春深入尋願從容信步禪扉問北宗怪石巉巖蹲虎
豹蒼藤曲澗舞虯龍佛書讀罷山花落僧偃雞聲野
客逢趺坐伊人不可見空餘洞口暮雲封

尋桂嶺大通寺　邑令　李芳

公餘躭靜不關扉爲訪天香到翠微十里坡長官路
窄三家店冷野田肥丹楓半染黄沙樹夕照全堆藍
水磯舊桂千年山寺裏大唐留偈長苔衣

謁胡文定公墓　楊州彦

皂帽青衫拜棘叢忠魂應繞舊邱中循環治亂　同
古挽轉艱難我夢公龍老臥殘徒噴沫松寒禿盡尚
號風深山是處傳豺虎愁近黄昏山月空

拜謁胡文定墓　前人

西風颯沓弔忠魂間拂殘碑剔蘚痕蔡耿深譏名愈
重春秋絶學道長尊千層嵐影留華表一脈泉流繞
墓門舊是先生結茅地亂鴉古木正黄昏

萬壽觀　劉績祖

當年先子藏修處他日哲人提命堂（謂許白雲）已向夢中
悲手澤還從笛裏哭山陽蛙鳴湖水依前綠雨過山
松照舊蒼回首生成空彷彿何堪燈火影凉凉

玉泉後山道中　邑孝廉　李作人

朦朧曙影啓霜天踏踏衝寒向玉泉松響千山成爽
籟野燒十里剩孤烟藤蘿仄徑我初入虎豹沿溪人
蚤還策馬雲窩翹首望羣峯四合總蒼然

登三星寺後山　副榜　李作朋

葛衫箬笠手相牽喘步巉巖倒地眠茗椀清凉來下
路漁舟欵乃指前川荒邱一碣魯魚字荻窩千年野

狐禪踏到絕巔談往事三星可摘欲捫天

臨沮山行　　粟宗高

紅紫摧殘綠漸稀萬峯還峙野雲飛穿蘆馬疾頻粧頰落葉人驚亂點衣擡眼路窮無隙入破顏林外有樵歸鳳山曾與高安並何處天空仰翠微

鄖亭夕照　玉泉寺　　郭孫俊

斜日諸天巳半昏空亭殘照帶山門泉沉霞影凝花片烟鎖林光作雨痕倦客指村急飛鳥野樵歸逕亂啼猿上方鐘磬松梢度晚誦遥應貝葉翻

昭王墓　　林可法

漳濱立馬望昭邱封樹依然傍細流溪水有情咽古昔士人無事話春秋賢將六百崇書社教及三千重楚侯南國舊成文物地未應齊魯足中州

謁葛眞人廟　　邑尉　王廷相

不能飯佛擬依仙洗洗塵襟叩洞天千古雲霞常會合兩山龍虎自盤旋疎鐘古磬風聲遠豐草長林日影遷丹竈久無留井在許誰重達巳枯泉

長坂懷古　　邑貢生　劉學朱

坡前聞說舊軍屯血戰當年蹟尚存長使精誠迴日月直教膽氣壯乾坤祠堂擬報千秋烈營壘難招萬古魂憑眺茫茫無限感鴉聲歷亂正黃昏

拜聶韞夫墓　　劉學夔

雲斷寒空滿目秋開來剔蘚拜荒坵粉身惟有丹心在血戰長將浩氣留漠漠山猿啼夜月泠泠花雨淚溪流低徊欲作招魂賦黃葉西風一片愁

知識禪關　　副榜　葉文在

知者高棲臥碧山居人指說舊禪關堆藍猶看峯千仞珠水惟餘綠一灣說法徵時猿共聽談經妙處石

無頑漫教洞口雲深鎖訪古聊偷半日閑

鄖亭夕照　　葉文在

蒼涼古道置鄖亭落照茫茫滿野汀客子愁聞楊柳曲老僧高說涅槃經空山寂歷人全少野店蕭條戶半扃莫道夕陽歸去早晴空水浸一天星

五言絶句

堆藍　袁中道

朝自堆藍去暮自堆藍還堆藍無所慮祇慮樹遮山

乳窟月下聽泉　袁中道

一月在寒松兩山如畫朗欣然已成行樹影寫石上

仲宣樓故址　聶登第

東景巳西馳南棲懷北鳥空憐倒屣迎疇達薦剡表

梯兒巖　邑庠 王應麟

朝看山色青暮看山色紫山色本無情余心得妙理

又

烟深山徑幽葉落風林响一旦步階梯直到青雲上

時余新修山徑

七言絶句

寒亭在玉泉山　無名氏

朔風凜凜雪漫漫未是寒亭分外寒六月火雲天不雨請君來此凭欄干

四賢堂　邑貢生 劉巽

父子康侯朱弟兄象山叢出號明經直言抗疏燈籠錦諸老遺風尚典型

白社　前人

易貌凝鉛妙出神玉津不夜桃長春漉巾白氈林泉隱千載高風白社人

報恩寺留别鄉僧　任諭

仲宣樓下水如烟細草平沙接梵天老去蜀僧歸未得清秋魂斷楚雲邊

子胥港　孔克孝

春漲瀰漫帶雪流柳陰終日繫扁舟伍員已去英名在都付溪翁看白鷗

初得玉泉響水潭　僧正 誨

到處名山策杖行歸來還愛玉泉清乞錢買得蹊三

欹流水聲中過一生

又

斷巖曲氷石磷磷好向茅廬寄此身縱樹不翻紅葉兩青山還照白頭人

歸經玉泉　　鍾　惺

猶是山中九月秋來時流水夜中幽泉聲不在有泉處曾向林蟬嶺月求

大水謡　　區懷瑞

九子山中鳩亂啼合溶鎮上馬頻嘶淫霖十日沮漳泛時有衙官來護隄

玉陽八景　　學博方　璲深椰

紫蓋晨鐘

翠蓋垂垂護紫峯洞天舊有葛仙蹤曉風乍起晨鴉醒時送一聲雲外鐘

龍泉夜月

月到上方分外妍尼珠朗朗映寒泉當年文定讀書地惟剩清光照墓田

堆藍晚翠

松風石鼎妙聞香頻歲南華願渺茫曾記覆舟山下宿半天空翠落禪堂

長坂雄風

突出重圍絶代雄錦屏草木識英蹤至今長坂坡前路膽落常山趙子龍

鵲岸漁歌

鷗灘彷彿舊烟波客是當年張志和爲愛漁舟爭唱晚西屏山下夕陽多

錦山牧篴

寥寥寒山掛落暉無腔短篴放牛歸牧童那識興亡事閒逐飛鴉下翠微

玉橋秋雨

紛紛落葉滿山椒一帶寒林已半凋無限客心悽絶處秋風秋雨玉陽橋

金嶺朝烟

數聲啼起攪人眠鳳嶺春光覺早妍一片迷離三月暮垂楊垂柳帶寒烟

方山八景錄四首　　劉續祖

青史逸芬 謂子方讀書處

掖庭獻媚錦燈籠霜似彈章劾相公直節到今香簡冊阿誰一數讀書功

黄冠斷碣

化鶴歸來應自傷何須世事歎滄桑只今瘞劍曾留石劫火燒殘字幾行

清漳帶玉

如帶淸漳繫不開分明全副水晶裁坐深忘却天然寶道是蘇公賂鎮來

夕陽塔影

七級何年筆太空亭亭描雨復描風伎伊還點東山景界破斜陽兩半紅

梯兒巖 宋光鰲

山寺層層傍水灣雲樓百尺起松間客來漫送憑高目獨鶴秋空意自閒

夏日珠泉即事 熊經璧

活水溪邊一徑斜寒岩古木護僧家風來檻外輕如許醉後呼童好試茶

秋日憩鳳凰山麓 前人

滿岫歸雲掩復開長歌隨意踏蒼苔牧牛兒向山邊笑沽酒人從郭外來

鍊丹井 張致霄 邑庠

紫蓋峯頭一井乾仙人曾此鍊金丹祇今勺水歸何處化作石林烟雨寒

望青溪 前人

一抹白雲西復西遥從天半認青溪不知古木森森處若箇幽人得所棲

叢談附

後漢

昭烈走長坂趙雲大戰曹兵獲一劒乃曹洪劒也切鐵如泥手刃曹兵數百人血戰草上至今草上猶有血點謠云當陽草點點斑斑如血揾借問明公何事因子龍一戰旌旗倒

明

洪武十三年旣徙縣治還舊其萬城舊城磚石移修湘獻王府毁至北門忽有異蜂數十萬螫人爭

射不止衆懼而罷或謂此乃高氏舊城其上有關帝廟神所凭云今此城門甓尚存

萬歷丁卯方開學有一兎從櫺星門躍出學諭吳瑞云此科必卯生者中式及中聶武果辛卯生

玉泉山有獸狀如鹿上下陵谷如飛每鳴於澗谷則雨鳴於岡阜則有高軒過驗之不爽

萬歷乙卯玉泉柴紫菴老桂五月中忽放花大小各一枝寺僧折報令令曰雙桂聯芳此科中式必栗生矣秋聯芳果中式明年公安孝廉袁中道登春榜菴乃袁所建也　以上俱舊志

國朝

檑花總白鶴山側相傳井中有異物示夢山僧曰我浹旬起身汝等可遠避且晒村人語夢亦同適有道人教殺犬瀝血其中覆以鐵鍋石磨須臾血水自雙竇湧出近水草色皆赭至今夏旱不涸號曰龍井

乾隆丙子歲邑合溶向先時家一婢病故葬越兩晝夜有童子經過聞壙內人聲驚告其家趨赴果

然遂掘塚開視身已微起且云板壁好緊喊不出得青衣婆助我及負歸形容如舊

叢者雜也談者古人筆談耳談之類也事近怪正史多不載故佚之然世無是理有是事必欲以理窮泥矣志有雜記者天地之雜也雜而記之備遺也見天地之大固有不可知者也噫雜何可訓雜者叢也爰以叢談終焉

題郭孝廉三烈傳後

馬　棟 大典入邑尉

汾陽著姓稱舊族孝義貞節本世篤當陽孝廉曰之鄴守此傳家講求熟苦遭明季百六時流寇焚掠誠慘酷買舟客竄叢荻間載同兒女免屠毒詎料啟蹤邏卒來搜橐獻金未饜足叱喝翁媪隨之行一時口噤計窮蹙賴有孝兒名毓賢願代父行無艱辣烈女二姑年十七賊復持刀脅使逐聲聲罵賊語森嚴頭顱倏破遭其戮賊去翁媪迺倖存有媳陶氏遁蘆溴歸舟聞夫為賊俘秀才此去安可贖義不從賊必受戕破鏡復圓事難續毅然沉死灘水濱孝子被擄卒未復吁嗟彌時國運衰君父扼腕少心腹甚且偷生闖賊前對此能無增慙恧一門三烈何其盛死而不死入競遞迄今事隔百年餘令我津津仰芳躅 補遺